Religiöse Chiffrierung und soziologische Aufklärung

Europäische Hochschulschriften
Publications Universitaires Européennes
European University Studies

Reihe XXIII

Theologie

Série XXIII   Series XXIII

Théologie
Theology

Bd./Vol. 322

PETER LANG
Frankfurt am Main · Bern · New York · Paris

Detlef Pollack

Religiöse Chiffrierung und soziologische Aufklärung

Die Religionstheorie
Niklas Luhmanns im Rahmen ihrer
systemtheoretischen Voraussetzungen

mit einem Vorwort
von Eilert Herms

PETER LANG
Frankfurt am Main · Bern · New York · Paris

CIP-Titelaufnahme der Deutschen Bibliothek

Pollack, Detlef:
Religiöse Chiffrierung und soziologische Aufklärung :
d. Religionstheorie Niklas Luhmanns im Rahmen ihrer
systemtheoret. Voraussetzungen / Detlef Pollack. Mit e.
Vorwort von Eilert Herms. - Frankfurt am Main ; Bern ; New York ;
Paris : Lang, 1988.
(Europäische Hochschulschriften : Reihe 23,
Theologie ; Bd. 322)
ISBN 3-8204-9893-1

NE: Europäische Hochschulschriften / 23

Gedruckt mit großzügiger Unterstützung der
Vereinigten Evangelisch-Lutherischen Kirche
Deutschlands, Hannover

ISSN 0721-3409
ISBN 3-8204-9893-1
© Verlag Peter Lang GmbH, Frankfurt am Main 1988
Alle Rechte vorbehalten.

Das Werk einschließlich aller seiner Teile ist urheberrechtlich
geschützt. Jede Verwertung außerhalb der engen Grenzen des
Urheberrechtsgesetzes ist ohne Zustimmung des Verlages
unzulässig und strafbar. Das gilt insbesondere für
Vervielfältigungen, Übersetzungen, Mikroverfilmungen und die
Einspeicherung und Verarbeitung in elektronischen Systemen.

Printed in Germany

Vorwort

Der Autor hat mich gefragt, ob ich zu der hier erscheinenden Schrift ein Vorwort schreiben könnte. Der Dank für eine spannende und belehrende Lektüre gebot die Zusage. Freilich war damit eine Aufgabe übernommen, in deren Erfüllung ich gänzlich ungeübt bin. Daher beschränke ich mich auf das Schlichteste: einen Bericht über die Schwerpunkte meiner eigenen Leseerfahrung.

Seit fast zwanzig Jahren liest, studiert, analysiert und meditiert die deutschsprachige Theologie Texte Niklas Luhmanns; in wechselnden Einstellungen, von der faszinierten "Rezeption" über die scharfsinnige Kritik bis hin zum angestrengten Überbietungs- oder Steigerungsversuch, immer aber im modus eines interessierten Re"agierens" auf eine theoretische "Provokation", die ihre Kraft aus demjenigen elementaren Einverständnis über Sinn und Recht (bzw. Unrecht) wenigstens der Fragestellung bezieht, das allein "Betroffenheit" auslösen kann. Denkbar wäre aber auch eine Zuwendung zu den Texten, die ihre Intensität nicht der Annahme verdankt, ein Verständnis von deren ureigenster Intention schon hinter sich zu haben, sondern gerade noch vor sich; und die das Sichtbarwerden des Eigensinnes ihres Gegen-standes erst von seiner aus der Distanz frei schwebender Aufmerksamkeit vollzogenen Beschreibung erwartet.

Diese Kühle der rein analytisch-deskriptiven Haltung ist in der bundesrepublikanischen Luhmann-Debatte nirgends zum Zuge gekommen. Aber in der vorliegenden Leipziger Dissertation Detlef Pollacks herrscht sie ganz; und beweist sogleich ihre Leistungskraft:

Das eigene Sachurteil des Autors wird quantitativ auf das Maß abschließender Randbemerkungen zurückgenommen und qualitativ auf eine fast lapidare Erklärung von Dissens beschränkt. Es gewinnt seine eigene Genauigkeit aus der Klarheit, mit der zuvor die Pointen des systemtheoretischen Konstruktionsprinzips der allgemeinen Gesellschaftstheorie Luhmanns und in ihrem Horizont

dann seiner Religionstheorie herausgearbeitet worden sind.
Diese konzentrierten und zielstrebigen Analysen bilden die
Substanz der Arbeit.

Ihr Gegenstand sind die einschlägigen Texte aus zwei Jahrzehnten. Damit fällt Licht auf die Entwicklung der Luhmannschen
Theoriearbeit. Inwiefern kann von einer solchen Entwicklung
überhaupt gesprochen werden? Etwa im Hinblick auf die Konstruktionsprinzipien der Theorie? Oder hat die im wachsenden
Textbestand dokumentierte Entwicklung nicht der Sache nach
eher den Charakter einer sukzessiven Ausweitung des Gegenstands- und Themenbereichs, auf den ein im Prinzip invarianter
Satz von Regeln der Theoriebildung angewendet wird? Die vorliegende Untersuchung spricht eher für das letztere.

Aber nicht nur die Konstanz des Ansatzes der Theoriebildung
wird entdeckt, sondern ebenso seine spezifische Funktionsweise:
die Interpretation jedweder Bestimmtheit als kontingent-selektive Lösung des Problems der Komplexitätsreduktion durch Fixierung einer System/Umwelt-Grenze.

Das ist der Ansatz für die Beschreibung der spezifischen Leistungskraft der Luhmannschen Systemtheorie: die Erreichung eines Begriffs der Einheit der Weltwirklichkeit gerade durch die
Negation jeder Bestimmtheit als einer gegebenen und absoluten
und somit durch die Beseitigung jeder Möglichkeit einer Festsetzung von Bestimmtem gegen Bestimmtes.

Der unabgelenkten Genauigkeit des distanzierten Beobachters
entgeht aber auch nicht, daß diese funktionalistische Relativierung aller Bestimmtheit ihre eigene Unbegrenztheit der programmatischen Ausklammerung einer bestimmten Frage verdankt;
nämlich der Frage nach der Verfassung derjenigen Selektivität,
die selbst für jede Bestimmtheit in ihrer Kontingenz und Relativität konstitutiv ist: "Ob und warum ein als möglich Denkbares Wirklichkeit wird, interessiert ihn (Luhmann) nicht, da
die Beantwortung dieser Frage den Kompetenzbereich seiner
Theorie überschreitet" (179). Mit dieser Frage (nach der Verfassung der Bestimmtheit konstituierenden Selektivität) sind

dann auch alle ihre Folgeprobleme ausgeklammert. So führt
Pollacks Analyse vor die Frage, ob und inwiefern nicht diese
Ausklammerung ihrerseits der sachliche Grund dafür ist, daß
Luhmann die Erkenntnisbeziehung Wissen/Gewußtes ungestört als
System/Umwelt-Beziehung behandeln und "Wahrheit" derselben
funktionalistischen Deutung unterwerfen kann wie "Bestimmtheit".

Aber nicht nur diese "Kompetenzgrenze" des Ansatzes wird durch
umsichtige Deskription identifiziert, sondern auch seine Konsequenz: die Auswertung der Kontingenz jeder Bestimmtheit als
Entwertung ihrer Wirklichkeit gegenüber ihrer eigenen Möglichkeit und allen anderen möglichen Bestimmtheiten. So erweist
sich Systemtheorie in ihrer Anwendung und Konsequenz bei Luhmann als Triumph des Möglichkeitssinnes über den Wirklichkeitssinn (Robert Musil schwebte etwas ganz anderes vor).

Damit wird das Interesse sichtbar, das sie befriedigen kann:
das Interesse an einer prinzipiellen Unangreifbarkeit durch
Faktisches. Fakten sind kein Argument mehr - jedenfalls nicht
mehr für den, der ihre Kontingenz als Entlastung von ihrer Faktizität behaupten und sich selbst durch programmatische Apositionalität gegen jedes Inanspruchgenommenwerden durch Faktisches sicherstellen will.

Als völlig unirritiert von jedem unmittelbaren, "betroffenen"
Einverständnis erweist sich dann vor allem Pollacks Beschreibung der Religionstheorie Luhmanns. Das die Theologie zur Kooperation einladende Angebot eines leistungsfähigeren Begriffs
ihrer selbst und ihrer Sache wird registriert. Aber der verführerische Charme dieser Geste freundlicher Kondeszendenz
gleitet an der Tatsache ab, daß hier der Theologe zunächst
einmal sich selbst so genau verstanden hat, daß er wenigstens
weiß, wodurch ihm <u>nicht</u> zu helfen ist (: eben durch den
Triumph des Möglichkeitssinnes). So kann jedes "interessierte"
Re"agieren" unterbleiben und statt dessen der schlichte Sinn
des Angebots ausgesprochen werden: die Empfehlung an "Religion"
im allgemeinen, sich in einem theoretischen Horizont selbst zu
begreifen, der zwar nicht explizit, aber de facto ihre Substituierbarkeit durch "Wissenschaft" einschließt. Und dann die

Zumutung an das "positive" Christentum, seine historischen Fundamente zu verflüssigen; m.a.W., durch einen Akt aufgeklärter Selbstrelativierung den Ernst der Wirklichkeit des Glaubens (aber damit - nota bene - auch: des Unglaubens) durch die Einsicht in ihre Möglichkeit zu überwinden.

Dieser Einladung möchte ich so wenig folgen, wie Pollack. Und ich halte diese Übereinstimmung auch angesichts der Vermutung fest, daß wir uns über die nähere Bestimmung dessen, was denn nun als das konstitutive Fundament dieser Wirklichkeit von Glaube bzw. Unglaube und ihres - in der Tat: absolut - verpflichtenden Ernstes in Betracht kommt, vielleicht nicht auf Anhieb einigen könnten; und möglicherweise (man sieht: auch wer nicht an den Triumph des Möglichkeitssinnes glaubt, kann ihn doch besitzen) auch nicht darüber, mit welcher Art von eigener Dynamik und Beweglichkeit diese Wirklichkeit des Glaubens - eben durch ihren konstitutiven Grund - selber ausgestattet ist.

Es fällt auf, daß die vorliegende, durch unerschütterte Distanz scharfsichtige Beschreibung der Luhmannschen Systemtheorie, ihrer eigenen systematischen Struktur und ihres eigenen Problemlösungspotentials (Beseitigung des Terrors der "Fakten") in demjenigen Teil Deutschlands entstanden ist; in dem seit über vierzig Jahren der erlebte Alltag die Menschen an jedem Versuch hindert, sich die Fakten der Vergangenheit und ihre Folgen durch den Gedanken erträglich zu machen, daß alles rein zufällig war und auch ebensogut anders hätte gewesen sein können. Was aber kann überhaupt die Faktizität des Vergangenen erträglich machen, wenn nicht die Einsicht in seine Kontingenz? Offenbar wiederum nur Fakten; und zwar solche mit einer spezifischen "Tragfähigkeit". Diese Überlegung kann dem Leser vielleicht auf die Spur desjenigen Interesses setzen, dem Pollacks Insistieren auf der historischen Faktizität des Glaubensfundamentes seinerseits dient. Also: eine neue "Theologie der Tatsachen"? Jedenfalls keine, die durch bestimmte theologiegeschichtliche Erinnerungen erledigt ist.

Abschließend die bange Frage: Kommt Pollacks Untersuchung als Beitrag zum "Dialog" mit Luhmann in Betracht? Nein, wenn das erstens irgendein Minimum von Einverständnis in der Sache mit dem "Partner" voraussetzt; und zweitens die Erwartung, daß dieser sich auf eine Wahrnehmung von Realität einlassen würde, die von seiner eigenen abweicht. Aus Pollacks Perspektive kann nur erwartet werden, daß Luhmann in Treue zu seinem Theoriebildungsprogramm schon die Inanspruchnahme der Differenz von Wirklichkeit und Möglichkeit als bloß kontingent und deshalb negierbar, also auch nicht verpflichtend einstufen wird. Wobei freilich gerade diese Erwartung nicht die bornierte "Abschreibung" des studierten Autors ist, sondern Ausdruck der Tatsache, daß dieser wirklich gründlich - nämlich hinsichtlich des schlechthin fundamentalen Steuerzentrums seiner "symbolisierenden Tätigkeit" (Schleiermacher) - verstanden ist.

Aber vielleicht ist überhaupt noch eine ganz andere Art von "Dialog" praktizierbar; eine Kommunikation, die ihre Eigenart gerade aus dem distanzierten Verzicht auf jede Zumutung eines wechselseitigen Einverständnisses gewinnt und deren Exemplar die Bewunderung und der Respekt des Laien vor der Virtuosität des Artisten, ihren Motiven und ihren Regeln, ist. Pollack deutet an, daß er selbst diese Einstellung gegenüber der Luhmannschen "Supertheorie" als in sich selbst befriedigender Demonstration der Leistungsfähigkeit und Brillianz eines bestimmten Realitätsverarbeitungsprogramms für sachgemäß hält. Und man kann leicht einsehen, daß diese Einschätzung dem studierten Autor keineswegs zu nahe tritt, sondern gerade echten, nämlich auf Verständnis beruhenden Respekt vor seinen ureigensten Intentionen ausdrückt. Denn gerade der Verzicht darauf, Luhmann irgendwelche Korrektur- oder gar Verbesserungsvorschläge seines Theoriebildungsprogramms anzudienen, ist vielleicht die einzige Möglichkeit, ihm die Erfahrung zu vermitteln, daß die intentio auctoris verstanden wurde. Gleichzeitig schont sie den bewunderten Autor, indem sie ihm die Anstrengung erspart, abermals demonstrieren zu müssen, daß sein Programm universale Leistungskraft besitzt und unwiderlegbare Ergebnisse erzielt.

Natürlich entlastet dieser Umgang mit Luhmanns Systemtheorie dann auch die Theologie. Denn wenn sie sich auf den "Umweg" systemtheoretischer Reflexion einmal eingelassen hat, so weiß sie dann ebenfalls, daß sie sich um ihrer Sache willen keinen Umweg ersparen sollte; aber auch keinen zweimal gehen.

Mainz, St. Nikolaus 1987   Eilert Herms

Vorbemerkung

Bei der Interpretation Luhmanns kann es einem ergehen wie beim Besteigen von Bergen. Immer wieder wähnt man sich dem Gipfel ganz nahe, sieht die Biegung, hinter der die Spitze des Berges erscheinen muß. Dann aber, an die Biegung gelangt, eröffnen sich neue unerwartete Aussichten, ist eine Hochebene oder ein Tal zu überwinden und ein Ende der Anstrengungen nicht abzusehen. Man bleibt unterwegs - oder irgendwo stehen. Gleichviel, man liefert Stückwerk.
Die hier vorgelegte Arbeit versteht sich als vorläufiges Interpretationsangebot, das nach verschiedenen Seiten hin offen ist, das Lücken aufweist, das der Ergänzung, vielleicht der Korrektur bedarf, jedenfalls darauf verzichtet, den Ort, an dem das eigene Nachdenken stehengeblieben und fixiert worden ist, als den Standpunkt zu nehmen, von dem aus die Untersuchung einzig und allein zu erfolgen hätte. Die vorgelegte Interpretation erhebt nicht den Anspruch auf Abgeschlossenheit, und sie enthält sich der naheliegenden Versuchung, den erreichten Erkenntnisstand durch Aufhellung des theoretischen und meta-theoretischen Vorverständnisses zu rechtfertigen, entscheidet sich die Gültigkeit der eigenen Sichtweise doch nicht an ihren impliziten Voraussetzungen, sondern ausschließlich am behandelten Gegenstand: an der Luhmannschen Religionstheorie selbst.
Bei dieser Studie handelt es sich um die stark überarbeitete Fassung meiner von der Leipziger Fakultät für Theologie 1984 angenommene Dissertation, zu der neben Veränderungen in Einzelheiten die Einleitung und einige Kapitel (1.4., 1.10., 2.4., 2.6., 2.7.) neu hinzugekommen sind. Die Anregung für die Beschäftigung mit dem anspruchsvollen Thema erhielt ich von meinem Lehrer, Herrn Prof. Dr. Hans Moritz, Leipzig, dem ich für all die mir in den letzten Jahren zuteil gewordene Hilfe und Unterstützung herzlich danken möchte. Zu besonderem Dank bin ich auch Herrn Prof. Dr. Ernst-Heinz Amberg, Leipzig, der das Zweitgutachten schrieb, Herrn Prof. Dr. Ulrich Kühn, Leipzig, sowie Herrn Rüdiger Otto, Leipzig, der mir in manchem Gespräch mit Ratschlag und Ermutigung zur Seite stand, verpflichtet. Außerdem möchte ich dem Verlag Peter Lang Dank sagen für die zügige Bearbeitung aller anfallenden Probleme, der Verei-

nigten Evangelisch-Lutherischen Kirche Deutschlands, die mit einem Druckkostenzuschuß die Veröffentlichung der Arbeit förderte, und schließlich Frau Karin Limprecht, Lugau/Erzgebirge, für die mit Umsicht und Sorgfalt vorgenommene Erstellung des Typoskripts.

Leipzig, September 1987 Detlef Pollack

Inhaltsverzeichnis

Vorwort - von Eilert Herms   V

Vorbemerkung   1

Einleitung   5

1. Theorie der Gesellschaft (als Voraussetzung der Theorie der Religion)   33
1.1. Funktionale Methode und Systemtheorie   33
1.2. Sinn als Grundbegriff der Soziologie   40
1.3. Zirkularität I   41
1.4. Gesellschaft - Organisation - Interaktion - Person   49
1.5. Soziale Differenzierung   53
1.6. Reflexivität und Reflexion   59
1.7. Zirkularität II   62
1.8. Generalisierung und Spezifikation   67
1.9. Wahrheit - epistemologische Erwägungen   75
1.10. Abklärung der Aufklärung - ein soziologisches Programm   82

2. Theorie der Religion   95
2.1. Die Funktion von Religion   95
2.2. Die Evolution der Religion   113
2.3. Säkularisierung   126
2.4. Zivilreligion und Organisation   139
2.5. Religion und Wissenschaft   147
2.6. Exkurs: Neuere Entwicklungen in der Religionstheorie Luhmanns   168
2.7. Abschließende Bemerkungen   173

Anmerkungen   203

Literaturverzeichnis   255

Einleitung

Seitdem die deutschsprachige religionssoziologische Forschung ihre kirchensoziologische Verengung überwunden[1] und wieder Anschluß an die allgemeine Gesellschaftstheorie gefunden hat, schlagen auch deren Grundprobleme auf die Ebene der religionssoziologischen Analyse wieder durch. Die sozialtheoretische Ausgangsfrage, wie soziale Ordnung überhaupt möglich ist (Luhmann 1981d), erscheint in der Religionssoziologie als Frage nach den gesellschaftlichen Konstitutionsbedingungen von Religion (Luckmann 1963; 1967; Berger 1973b; Dux 1973a; 1982; Mörth 1978b). Die sich aus der unterschiedlichen Beantwortung dieser Ausgangsfrage ergebende sozialwissenschaftliche Kontroverse zwischen System- und Handlungstheorie[2] wiederholt sich im Rahmen der Religionssoziologie in der Diskrepanz zwischen der bei der Beziehung zwischen Gesellschaftssystem und religiösem Handeln/Erleben ansetzenden holistischen und der bei religionsinternen Interaktionen ansetzenden atomistischen Perspektive (vgl. Mörth 1978a: 26ff; Drehsen 1983: 107ff). Die in den Sozialwissenschaften vorgenommene Verhältnisbestimmung von Wertsystem und Gesellschaftsstruktur bzw. von Gesellschaftsstruktur und Person[3] drückt sich religionssoziologisch in der Relationierung von Religion und Kirche bzw. von Kirche und Religiosität aus (Luckmann 1963; 1970a; 1970c). Der Vielfalt gesellschaftstheoretischer Konzeptionen entspricht eine Pluralität von religionssoziologischen Entwürfen, deren Auffächerung die Hauptströmungen der deutschsprachigen Soziologie genau abzubilden scheint (Daiber 1983: 12).
Mit der seit den sechziger Jahren zu beobachtenden Weiterentwicklung der Kirchen- zur Religionssoziologie hat sich zwar das theoretische und methodologische Reflexionsniveau der religionssoziologischen Arbeit erheblich erhöht, aber die durch die Einführung eines umfassenden Theorierahmens erhoffte Eindeutigkeit[4] bei der Interpretation soziologisch relevanter Tatbestände blieb aus. Statt einem einheitlichen universalen Theoriemodell stehen wir heute einer Vielzahl von auseinanderstrebenden, teils Universalitätsansprüche anmeldenden, teils auf Universalitätsansprüche verzichtenden Theoriemodellen gegenüber, so daß nun schon die Wahl des sozialwissen-

schaftlichen Ansatzes über Auswahl, Bewertung und Deutung
der religionssoziologischen Daten entscheidet. Dabei scheint
der Streit zwischen den einzelnen Forschungsprogrammen sich
immer wieder an denselben Kontroverspunkten zu entzünden. Um
einen Einblick in die Gesprächslage zu geben, seien die zentralen Diskussionspunkte angeführt.

Kontrovers zwischen den einzelnen Forschungsrichtungen ist
schon die methodologische Frage, auf welche Weise man an den
Gegenstand religionssoziologischer Analysen herantreten sollte. Soll man versuchen, ihm möglichst nahe zu kommen oder
lieber Abstand halten? Soll die Wissenschaft, um das Wesen
von Religion verstehen zu können, von der Selbstdarstellung
der Religionsangehörigen ausgehen oder soll sie, um das religiöse Alltagswissen nicht nur zu reproduzieren, sondern auch
erklären zu können, die religiöse Eigenperspektive überschreiten[5]? Während die einen meinen, daß der Soziologe die
Bedeutung und den Sinn religiöser Vollzüge und Inhalte nur
verstehen kann, wenn er das Selbst- und Situationsverständnis
der Beteiligten ernst nimmt und "an den Kommunikationen der
Angehörigen zumindest virtuell teilnimmt und so selber zu einem mindestens potentiellen Angehörigen wird" (Habermas 1982:
550), vertreten andere die Auffassung, daß der Soziologe die
gesellschaftliche Wirklichkeit von Religion nur erfassen kann,
wenn er seinen analytischen Blickwinkel ausweitet und auch die
äußeren Bedingungen, die nicht gewußten Implikationen der religiösen Binnenperspektive untersucht[6]. Steht die Methode des
partizipativen Sinnverstehens in der Gefahr, auf die wissenschaftliche Kontrollierbarkeit ihrer Forschungsresultate zu
verzichten und Wissenschaft in eine rekonstruktive Dialogik
zu verwandeln[7], so besteht die Gefahr der Methode des gegenstandsdistanzierten Erklärens darin, sich von der Eigendefinition des Gläubigen so weit zu entfernen, daß dieser seinen
Glauben in den religionssoziologischen Beschreibungen nicht
mehr wiederzuerkennen vermag[8].
Die methodologische Frage nach der gegenstandsangemessenen
Vorgehensweise der Religionssoziologie spitzt sich auf diese
Weise zu der Frage zu, ob Wissenschaft überhaupt in der Lage
ist, Religion zu erfassen, oder ob das, was Religion ausmacht, sich nicht der objektivierenden Analyse entzieht. Der

Religionssoziologe und -wissenschaftler reagiert auf diese
von der Philosophie und Theologie herkommende Infragestellung
seiner wissenschaftlichen Zugriffsmöglichkeiten in der Regel,
indem er "zwischen dem Gegenstand der Religion und dem Gegenstand der Religionswissenschaft" deutlich unterscheidet
(Goldammer 1966: 32) und auf den Anspruch der Erfaßbarkeit
eines hinter den Erscheinungen liegenden 'Wesens' der Religion
verzichtet (vgl. etwa Weber 1972: 317). Er läßt die Frage nach
der Wahrheit der Religion offen und klammert den Anspruch, den
religiöse Aussagen zur Geltung bringen, ein (Rudolph 1978:
26). Eine nicht kleine Gruppe von unter philosophisch-theologischen Prämissen arbeitenden Religionswissenschaftlern und
-soziologen fordert dagegen bis heute, die Differenz von Beobachter- und Teilnehmerperspektive zusammenzuschließen und
zum Geltungsanspruch religiöser Aussagen Stellung zu beziehen,
da ihnen nur so gerecht zu werden sei[9].
Von der Art der Beantwortung der Frage nach der wissenschaftlichen Zugänglichkeit von Religion hängt in starkem Maße die
Bearbeitung eines weiteren Problems ab, des Problems der Religionsdefinition, das vor die Alternative funktionaler oder
substantieller Begriffsbestimmung stellt. Während funktionale
Analyse darauf drängt, auch das einzufangen, was im Rücken der
Handelnden und Erlebenden liegt, will die substantielle Definition ihre Spezifikationen aus dem Selbstverständnis der handelnden und erlebenden Personen gewinnen. Deshalb behandelt
der substantielle Ansatz den von den Religionsangehörigen
selbst zur Geltung gebrachten Transzendenzbezug als konstitutiv für die gesellschaftliche Emergenz von Religion, währenddessen die funktionale Betrachtungsweise die soziale Wirklichkeit von Religion vor allem aus ihren Bezügen zu übergreifenden gesellschaftlichen Zusammenhängen ableitet.
Die Vertreter der funktionalen Religionstheorie (z. B. B. Malinowski, T. Parsons, J. M. Yinger, E. Nottingham, O. von der
Gablentz, Th. Luckmann) weisen den intrikaten Verflechtungszusammenhang zwischen Religion und Gesellschaft auf, sie zeigen,
daß Religion nicht nur einen sich historisch wandelnden, institutionell spezialisierten Teilausschnitt aus der Gesellschaft darstellt, sondern in den Prozeß der Konstitution, Erhaltung, Legitimierung und Verwandlung der menschlichen Sozialverhältnisse umfassend einbezogen ist, und erheben daher

für ihre Religionsdefinition den Anspruch auf universale Verwendbarkeit. Sie müssen sich allerdings den Vorwurf gefallen lassen, daß sie mit ihrer Spezifikation der Funktion der Religion in der Regel auch Handlungs- und Erlebnisweisen (vor allem auf dem Gebiet der Ideologie, der Kunst, der Familie und des Sports) erfassen, die zwar dieselbe Funktion wie Religion erfüllen, aber selbst bei einem weit gefaßten Verständnis nicht als Religion angesehen werden können (Luhmann 1972b: 23f = Luhmann 1977: 83[10]). Ihre Religionsdefinition übergreift zu viel und tendiert zu einer Weite, die sie der Beliebigkeit und Verwechselbarkeit aussetzt. So bestimmt beispielsweise Thomas Luckmann (1963: 43; 1970a: 75) unter Rückgriff auf Durkheimsche und Webersche Aussagen die Funktion der Religion[11] als sozialisierende Einordnung des Individuums in ein das Einzeldasein transzendierendes Sinngefüge. Überall, wo Integration auf sinnhafte Weise vollzogen wird, wo Sozialisierung und Personwerdung zustandekommt, handele es sich um Religion. Religion wird damit zu einem Anwendungsfall ihres soziologischen Konstrukts, unter dessen Bestimmungen auch nichtreligiöse Phänomene fallen können[12]. Die Folge ist dann, daß religiöse Formen und Inhalte, wenn sie ihre Funktionen nicht mehr zu erfüllen vermögen, ihren religiösen Charakter verlieren und nichtreligiöse Inhalte und Formen ihrerseits die religiösen Funktionen wahrnehmen können. Genau dieser doppelte Fall tritt ein, wenn Luckmann (1970c: 11f; 1985: 38) behauptet, daß die traditionelle Religion in der Moderne, in der sie ihre Biographienähe und ihre "sinnintegrierende Funktion für das Handeln im Alltag" einbüße, "in gewisser Weise aufgehört hat, Religion zu sein", und daß umgekehrt eine neue nicht-institutionalisierte Sozialform von Religion im Entstehen begriffen sei, die mit den Themen Selbstverwirklichung, Familismus, Sexualität, Bewußtseinserweiterung, Gruppendynamik im Zusammenhang stehe, aber zur traditionellen Religion kaum noch einen Bezug aufweise[13]. Religiöse Funktion und religiöser Inhalt fallen auf diese Weise in zwei getrennte Bereiche auseinander. Die Funktion der Religion kann auch ohne spezifisch religiöse Inhalte wahrgenommen werden. Die Inhalte der Religion brauchen die spezifisch religiöse Funktion nicht zu bedienen.
Die Vertreter der substantiellen Religionstheorie (z. B. J.

Wach, G. Mensching, T. F. O'Dea, W. Goode, J. Goody, E.
Krausz, P. L. Berger, G. Theißen) hingegen nehmen unter Berücksichtigung der religiösen Eigendarstellung die inhaltlichen Ausprägungen transzendenter Vorstellungsgehalte in ihre
Religionsdefinition mit auf. Dadurch gewinnen sie in ihrer
Religionsbestimmung ein höheres Maß an Gegenstandsnähe und
empirischer Konkretheit, an analytischer Trennschärfe und
Eindeutigkeit. Der Nachteil ihrer Vorgehensweise besteht jedoch darin, daß, wenn der Bezug zum Objekt der Religion zum
konstitutiven Merkmal der Religion erhoben wird, die allgemeine Begriffsbestimmung in partikulare Begriffe zerfällt,
denn als Objekt der Religion kommen dann "das Heilige, das
Numinose, Gott, Götter, überpersonale Mächte, das Übernatürliche, das mich unbedingt Angehende, das Transzendente" (Siemers 1980: 97), aber auch überhöhte gesellschaftliche, personale oder naturale Realitäten in Frage. So definiert Peter L.
Berger (1970b: 52; vgl. 1973b: 167f) Religion "als menschliches Glauben und Handeln gegenüber einem heiligen Kosmos" und
muß deshalb auf die Allgemeingültigkeit seiner Definition verzichten, da von ihr alle immanentistische Religionsformen ausgeschlossen sind[14]. Ist die funktionale Religionsdefinition
universal anwendbar und mehr oder weniger unbestimmt bezüglich
ihres Inhalts, so besitzt die substantielle Religionsdefinition zwar mehr oder weniger inhaltliche Konkretheit, aber dafür nur partikulare Anwendbarkeit.
Freilich müssen sich funktionales und substantielles Vorgehen
nicht alternativ zueinander verhalten. Die Analyse der sozialen Wirkungsweise von Religion kann unter Einschluß der unendlich variablen Gestalt ihrer inhaltlichen Seite erfolgen
(Herms 1977b: 279f); und die Untersuchung spezifischer Inhalte
von Religion ist prinzipiell offen für eine Ergänzung durch
die Angabe ihrer allgemeinen sozialen Funktion. Schon in den
klassischen Arbeiten von Weber und Durkheim sind funktionale
und substantielle Aspekte ineinander verschränkt[15]. Und auch
bei Berger und Luckmann lassen sich trotz ihrer jeweiligen
Präferenz für nur eine der beiden Argumentationsweisen Elemente der jeweils anderen finden[16]. Daß in Luckmanns Religionsdefinition Funktion und Inhalt dichotomisch auseinanderfallen,
erklärt sich nicht schon aus der Tatsache, daß Luckmann funk-

tionsanalytisch vorgeht, sondern erst daraus, daß er mit seiner Funktionsbestimmung die "allgemeine gesellschaftliche Grundform der Religion" angeben will, die nicht an ihre historischen, institutionalisierten Spezialformen gebunden ist (Luckmann 1963: 36, 40, 42, 49; 1967: 201; 1985: 27)[17]. Die damit definitorisch festgeschriebene Trennung von sozialer Allgemeinheit und historischer Spezifikation der Religion, von der den Sinnzusammenhang der Gesellschaft symbolisch repräsentierenden "inneren Form der Weltanschauung" und ihrer in Tradition, Institution und Sprache entfalteten Ausprägung (Luckmann 1963: 36ff)[18] bedeutet eine Aufwertung und Verselbständigung des allgemeinen Funktionsbegriffes von Religion, die diese in einen geschichtslosen Raum hineintreibt und sie ihrer historischen Vermittelbarkeit beraubt. Das führt zu unserem nächsten Problem, zu der Frage nach dem Verhältnis von Religionstheorie und Geschichte.

Hier ist zunächst zu bemerken, daß der Versuch der Religionssoziologen, eine allgemeine Religionsdefinition von transkultureller Gültigkeit aufzustellen, selbst geschichtlich begründet ist, nämlich ausgelöst ist durch die nahezu unübersehbare Formenvielfalt und historische Wandelbarkeit von Religion. Der Religionssoziologe überschreitet die historische Ebene, um diese phänomenale Mannigfaltigkeit begrifflich erfassen und unter eine meist aus vorgängigen gesellschaftstheoretischen Annahmen abgeleitete allgemeingültige Funktionsbestimmung subsumieren zu können. Dadurch gerät der Religionsbegriff jedoch in eine Abstraktionslage, in der die historischen Religionsgestaltungen nicht mehr aus Funktionsaussagen deduziert werden können, sondern sich in das ornamentale Illustrationsmaterial dieser Funktionszuweisungen verwandeln (Matthes 1969a: 19; Drehsen 1983: 106f). Die Bestimmung der allgemeinen religiösen Funktion emanzipiert sich von den konkreten Realisationsformen der Religion - mit dem Effekt, daß der Inhalt einer solchen von allen ihren geschichtlichen Manifestationen gereinigten Religion verblaßt und unaussagbar wird. Aus dem berechtigten Anliegen der Wissenssoziologie, die Enge einer kirchensoziologisch reduzierten Religionsauffassung aufzubrechen, entsteht eine Universalisierungstendenz, in deren Folge allgemeine und spezialisierte Sozialform der Religion unvermittelbar auseinandertreten. Die Wissenssoziologie bleibt mithin den Aporien der Kirchensoziologie verhaftet (Gabriel 1983: 186). Sie überwindet sie nicht, sondern kehrt sie lediglich um. Während die Wissenssoziologie mit einem Begriff allgemeiner Religion arbeitet und daher zwischen Religion und Gesellschaft eine prinzipielle Einheit wahrnimmt[19], worin sie sich durch ethnologische Forschungen über schriftlose Kulturen bestätigt sehen kann, benutzt die Kirchensoziologie einen Begriff spezieller Religion und behauptet daher zwischen Religion und Gesellschaft eine scharfe Differenz[20], worin sie sich durch aktuelle Anschauung bestärkt sehen kann (vgl. Mörth 1978a: 12f). Beide Ansätze aber stimmen überein in der Voraussetzung, daß sich allgemeine und spezielle Religionsform grundsätzlich trennen lassen.

Diese Prämisse weist zurück auf aufklärerische Positionen. Wie der Aufklärung die Differenz von Allgemeinem und Besonderem das Mittel zur kritischen Distanzierung von der bloß geschichtlich zufälligen, positiven Religion und zugleich zur aneignenden Bewahrung der vernünftigen, der natürlichen Religion war[21], so ermächtigt diese Unterscheidung die Wissenssoziologie, die spezielle Religionsform zurückzustellen und sich der allgemeinen Religionsform zuzuwenden. Und wie in der Aufklärung folgt auch in der Wissenssoziologie daraus eine tendenzielle Entgeschichtlichung des Denkens[22].

Aus dieser Schwierigkeit kann eine 'Soziologie des Christentums' heraushelfen, die unter reflexiver Rückwendung auf die Bedingungen ihrer eigenen Möglichkeit einen historisch gebundenen, an der eigenen, der Christentumsgeschichte orientierten Religionsbegriff verwendet und so einerseits die Weite einer allgemeinen Wesens- oder Funktionsaussage vermeidet, ohne andererseits in die Enge eines kirchlich definierten Religionsverständnisses zurückzufallen, das die Möglichkeit außerkirchlicher Religionsformen ausschließt (Matthes 1967; Rendtorff 1969a). Allerdings liegt in dem Verzicht auf die Erstellung eines universal anwendbaren Religionsbegriffs, wie er von der Christentumssoziologie geübt wird (Matthes 1967: 89ff, 117)[23], eine Selbstbegrenzung des Ansatzes vor, die nur berechtigt wäre, wenn nachgewiesen werden könnte, daß sich ein allgemeiner Religionsbegriff prinzipiell gegen seine historische Fül-

lung und Konkretisierung sperrt[24]. Ein solcher Nachweis
scheint unter dem Eindruck der Aporien der Wissenssoziologie
mehr vorausgesetzt als wirklich erbracht zu sein, so daß der
Schluß erlaubt sein dürfte, daß die Selbstbegrenzung der
Christentumssoziologie selbst noch Ausdruck dieser Aporien
ist.
Ein weiteres Problem betrifft die Frage nach der Universalität
oder Partikularität der gesellschaftlichen Wirklichkeit der
Religion. Funktionalistische Theorien tendieren dazu, Religion
eine universale Verbreitung zuzuschreiben. Sie verstehen Religion als ein einheitlich formuliertes, allgemein verbindliches, normatives Symbolsystem, das der Gesellschaft ein normativ-kognitives Fundament gibt, ihre Glieder zusammenschließt
und/oder eventuell auftretende Störungen ausgleicht (Durkheim,
Malinowski, Parson, Luckmann, Berger, Lübbe u. a.). Damit beziehen sie die Funktion der Religion auf die Gefahr des Auseinanderbrechens gesellschaftlicher Beziehungen, auf gesellschaftliche Spannungen, Widersprüche und Verselbständigungstendenzen, also auf das Integrationsproblem der Gesellschaft
und begreifen Religion als das oder ein Mittel zur Lösung dieses Problems. Die Vorstellung, daß die einzelnen Individuen
und Gruppen ursprünglich zentrifugal auseinanderstreben (Durkheim; vgl. Kiss 1975: 53), daß die Gesellschaft potentiell einem "Pulverfaß" gleicht (Parsons; vgl. Schwanenberg 1970:
255), daß es "Handlungssinntranszendente Kontingenz" gibt
(Lübbe 1980: 179; 1986) und "Unsicherheit eine interkulturelle Konstante menschlicher Existenz" darstellt (Tenbruck 1972:
75), erzwingt geradezu die Annahme eines allumfassenden Prinzips, das die divergierenden Momente zusammenzuhalten und Inkonsistenzen zu stabilisieren vermag. Die Behauptung der Universalität von Religion ruht insofern auf einem problematisierten Gesellschafts- und Daseinsverständnis auf[25], das den
konkreten Religionsanalysen axiomatisch vorausgesetzt wird.
Wenn funktionale Analysen Religion vor allem eine integrativ-kompensatorische[26] Funktion zuschreiben, dann erklärt sich das
in erster Linie aus diesem konstitutionstheoretischen Ansatz
beim Problem des gesellschaftlichen Zusammenhalts[27].
Stellen in einer direkten Umkehrung der funktionalistischen
Religionsdefinition Soziologen, Theologen und Philosophen die

desintegrativen, innovatorischen Effekte von Religion heraus, so bedeutet das nicht, daß sie den Bezug auf das Kohärenzproblem der Gesellschaft aufgeben. Auch sie gehen noch von den die Gesellschaft durchziehenden Widersprüchen - seien sie nun politischer, ökonomischer oder geistiger Natur - aus. Sie weisen der Religion nur nicht mehr die Aufgabe zu, eine standardisierende oder kompensatorische Harmonisierung dieser Widersprüche herbeizuführen, sondern die, sich auf eine der beiden Seiten des gesellschaftlichen Widerspruchs zu stellen und seine Überwindung durch die Wahrnehmung emanzipativer Funktionen zu erreichen[28]. Noch immer hat hier Religion die Aufgabe, der Gesellschaft die Einheit zu vermitteln oder doch zumindest bei der Produktion des gesellschaftlichen Zusammenhanges mitzuwirken. Aber sie leistet dies nun nicht mehr vermittels der Einordnung alles Partikularen in das Bestehende oder der ausgleichenden Aussöhnung mit dem gesellschaftlichen Bestand, sondern mittels seiner revolutionären Umgestaltung oder doch zumindest seiner reformierenden Erneuerung[29]. Insofern auch hier die Funktion der Religion in der Überbrückung gesellschaftlicher Diskrepanzen und der Aufhebung gesellschaftlicher Unzulänglichkeiten gesehen wird und Religion diese Funktion nur erfüllen kann, wenn sie gesamtgesellschaftliche Relevanz besitzt, ist also auch hier und hier erst recht der Anspruch auf die universale Notwendigkeit von Religion aus einer ambivalenten Einstellung zur Gesellschaft herzuleiten[30].

Genau die umgekehrte Bewertung des Verhältnisses von Religions- und Gesellschaftsbegriff läßt sich innerhalb der marxistisch-leninistischen Religionssoziologie beobachten. Sie schlußfolgert aus den antagonistischen Widersprüchen der bürgerlichen Gesellschaft nicht die Notwendigkeit der Rückbesinnung auf Religion, sondern die Notwendigkeit ihrer Überwindung. Religion überbrücke die Kluft, die den Menschen vom anderen Menschen, von sich selbst und von der Natur trennt, nicht, sondern trage zu ihrer Verschleierung und damit zu ihrer Kontinuierung bei. Der Weg zur Gewährleistung von Humanität führe nicht über die Aktualisierung religiöser Aussagen und Traditionen, sondern über die vernünftige Organisation gesellschaftlicher Verhältnisse. Die Religion dagegen werde in dem Maße, wie es gelinge, gesellschaftliche Entfremdung und

Ausbeutung aufzuheben, absterben, da sie letztendlich auf
diesen beruhe (Klohr 1966: 15ff; Timofejew 1975; Lutter 1984:
9ff). Stehen in der Wissenssoziologie, in der Christentumssoziologie und teilweise sogar im Strukturfunktionalismus Religion und Gesellschaft in einem notwendigen Ergänzungsverhältnis, so ist das Verhältnis von Religion und Gesellschaft in
der marxistisch-leninistischen Religionstheorie durch die Bestimmung wechselseitigen Ausschlusses gekennzeichnet. Beide
Richtungen leiten die gesellschaftliche Existenz der Religion
von gesellschaftlichen Inkonsistenzen, Gegensätzen und Bestandsproblemen ab[31]. Während die marxistisch-leninistische
Religionssoziologie jedoch einen positiv aufgeladenen Gesellschaftsbegriff und einen pejorativen Religionsbegriff verwendet, nimmt die nichtmarxistische Religionssoziologie zu weiten
Teilen die entgegengesetzte Qualifizierung vor. Der Übergang
von der einen zur anderen Position fällt daher nicht schwer.
Sind Religions- und Gesellschaftsbegriff - um nur einen der
beiden möglichen Fälle[32] vorzuführen - in ein Ausschließungsverhältnis gesetzt, verwundert es nicht, daß in dem Augenblick, wo das Vertrauen in die Selbststeuerungs- und Selbstkorrekturfähigkeit der Gesellschaft schwindet, Religion wieder
an Attraktivität gewinnt. Die Bemerkungen des späten Horkheimer über die Erhaltung der Religion in der niedergehenden Moderne sind ein adäquater Reflex dieses Zusammenhangs. Um die
Vereinigung aller derjenigen Menschen zu ermöglichen, die die
"tiefinnere Überzeugung" teilen, "daß am Bestehenden etwas unrichtig ist", fordert Horkheimer (1970a: 119) die Einführung
einer liberalisierten Religion. Eine echte Liberalisierung
der Religion habe sich auf die Einsicht zu konzentrieren, "daß
die uns umgebende Welt nicht die letzte Wirklichkeit ist" und
ein der "Welt entgegengesetztes Absolutes sei" (ebd.). Worin
dieses Absolute besteht, vermögen wir nicht zu sagen (118).
Das entspreche dem Anliegen der liberalisierten Religion, denn
"Gott als positives Dogma wirkt als trennendes Moment. Die
Sehnsucht hingegen, daß die Wirklichkeit der Welt mit all ihrem Grauen kein Letztes sei, vereint und verbindet alle Menschen, die sich mit dem Unrecht dieser Welt nicht abfinden
wollen und können. (...) Ein so verstandener Glaube gehört unabdingbar zu dem, was wir menschliche Kultur nennen" (119)[33].

Wie jeder originäre Marxist erhofft auch noch der späte Horkheimer die Humanisierung der in Destruktion geratenen Welt, die Heilung der zerbrochenen Mitte. Offensichtlich erwartet er aber - anders als der Marxist - die Synthese nicht mehr innerhalb der Gesellschaft, sondern außerhalb ihrer: in einer nur noch religiös zu umschreibenden Zukunft, und anscheinend kann er - gleichfalls im Gegensatz zum Marxisten - nicht mehr glauben, daß sich seine Hoffnung überhaupt jemals erfüllt. Die Religion ist für ihn etwas ebenso Notwendiges wie Ungreifbares, Unwirkliches, Unzugängliches. Die aus der Zerrissenheit der Welt geborene Sehnsucht nach der Einheit des ganz Anderen vermag dann innerhalb der Gesellschaft doch nur protestativ-kritisch zu wirken. Die idealistischen Voraussetzungen des Marxismus bleiben so zwar selbst in der Form seiner Preisgabe erhalten; im Zuge seiner Aufhebung tritt aber offenbar zugleich eine Erschlaffung dieser Voraussetzungen ein, aufgrund derer sie zur bloßen Negation verblassen.

Idealistische Voraussetzungen sind überall zu vermuten, wo sich die Soziologie auf die Suche nach bestandssichernden Einheitsgrößen begibt. In der Übernahme dieser idealistischen Voraussetzungen hat die Überwechslungsmöglichkeit von marxistischen zu nichtmarxistischen Positionen ihren Grund. Angesichts der zunehmenden Entgegenständlichung von Einheitsgrößen und des wachsenden Verbrauchs ihres Wirklichkeitsgehalts verliert jedoch das abwechselnde Einnehmen von Positionen, die Religion entweder als notwendig oder als überflüssig ausgeben, zunehmend an Plausibilität, denn notwendig oder überflüssig ist Religion jeweils nur für Bestrebungen, die politische oder semantische Letztsynthesen noch für erreichbar halten.

Wenn wir in einem nächsten Punkt auf die Säkularisierungsproblematik zu sprechen kommen, dann liegt zunächst die Annahme nahe, daß deren Bewertung in starkem Maße von der Beantwortung der Frage nach der Allgemeingültigkeit oder überhaupt der Gültigkeit von Religion abhängt. Religionsaffirmative Konzeptionen, so könnte man meinen, werden den Prozeß der 'Säkularisierung' als gesellschaftlichen Verlust einstiger Transzendenzbindungen, religionskritische Ansätze dagegen als Emanzipation von theologisch-kirchlicher Bevormundung interpretieren. Obwohl eine solche Zuordnung für viele Fälle zutrifft, hat sich das Säkularisierungstheorem im Laufe seiner Verwendungsge-

schichte jedoch derart unterschiedlich entwickelt, daß es zu einer multivalenten Interpretationskategorie[34] geworden ist, deren Benutzung keine eindeutige Wertung mehr impliziert. "Ein positives Wertvorzeichen der Säkularisierung kann es durchaus auch theologisch geben" (Blumenberg 1974: 11). Bereits die dialektische Theologie in ihrem Bemühen, die Unverfügbarkeit Gottes sicherzustellen, ist an der Weltlichkeit der Welt interessiert, um die Andersartigkeit des göttlichen Heils deutlich herausstellen zu können (vgl. Lübbe 1965: 86ff). Wer an dem postulierten Zusammenhang zwischen theologiespezifischem Erkenntnisinteresse und Abwertung des Säkularisierungsvorgangs festhalten will, müßte sich angesichts dessen dazu entschließen, die Säkularisierungsbejahung der dialektischen Theologie als eine Wirkung des Säkularisierungsprozesses selbst zu interpretieren, als einen Versuch, die Folgen des religiösen Substanzverlustes durch eine entschlossene Preisgabe des ohnehin Verlorenen aufzufangen und durch eine nicht minder entschlossene Wendung zum Unverfügbaren theologisch zu überwinden[35]. Schon daran zeigt sich, wie eng Erkenntnisinteresse und historische Beschreibung, Bewertung und Verlauf, Interpretation und Wirkung des Säkularisierungsprozesses ineinander verflochten sind. Der Perspektivenreichtum des mit politischen, ideologischen, philosophischen und theologischen Vorentscheidungen unentwirrbar verknüpften Theorems, das Fürstenberg (1961: 1027f; 1970: 13ff) als eine der Leithypothesen der Religionssoziologie bezeichnet hat, kann mithin hier nur angedeutet werden.
Zu unterscheiden ist vor allem zwischen den beiden gebräuchlichsten Verwendungsweisen des Säkularisierungsbegriffs, auf die sich andere Begriffsformen (vgl. z. B. Shiner 1967) weitgehend zurückführen lassen (so Wagner 1986: 197, Anm. 150). 'Säkularisierung' wird einmal als Prozeß des Bedeutungsrückgangs von Religion in der Gesellschaft, der Umverteilung von Anteilsverhältnissen gefaßt, zum anderen aber auch als Prozeß der Umwandlung religiöser Gehalte in Säkularisate (Rendtorff 1966: 119). Im ersten Falle handelt es sich um ein quantitatives, im zweiten um ein qualitativ-substantielles Begriffsverständnis.

Ansätze, die die These von der Allgemeingültigkeit der Religion vertreten, haben nicht geringe Schwierigkeiten, die gesellschaftliche Positionsschwächung von Religion und Kirche zu erklären. Sie begegnen diesen Schwierigkeiten, indem sie sowohl die Formulierung der Säkularisierungsthese aus ihren definitorischen, methodologischen und sozio-kulturellen Voraussetzungen herleiten und damit ihr inhaltliches Gewicht entkräften als auch aus historischen Gründen ihre sachliche Relevanz überhaupt bestreiten. Trutz Rendtorff (1966: 128)[36] zum Beispiel vertritt die Auffassung, die Säkularisierungsthese sei "religionssoziologisch nicht mehr materialiter interessant", sondern könne nur noch "als ein Moment in der Analyse der gegenwärtigen Selbstauslegung der Gesellschaft (...) Leitfaden für die Religionssoziologie sein". In der Säkularisierungsthese werde der Stellenwert von Religion in früheren Gesellschaften überzeichnet und das bis in die Gegenwart reichende Weiterwirken von Religion in neugebildeten außerkirchlichen Formen weitgehend übersehen (1975: 10ff). Die Voraussage des nahe bevorstehenden Verschwindens und Absterbens von Religion beziehe ihre Überzeugungskraft aus der in ihr vorausgesetzten Reduktion von Religion auf Kirchlichkeit (1966: 119). Die kirchlich nicht ableitbare Gewißheit des Glaubens, wie sie durch das Ereignis der Reformation der Christenheit als Erfahrung eingestiftet ist (1969b: 61), gehe aber gerade über die Anstalt Kirche hinaus (1985: 570). Eine Kirche, die ihren theologischen Schwerpunkt nicht außerhalb ihrer selbst habe, stehe im Gegensatz zur Gesellschaft (1975: 60f). Die von der Kirche emanzipierte religiöse Subjektivität könne dagegen in die Welt "als sie selbst eingehen" (1966: 134). Ja, sie werde als Gewißheit der unbedingten Freiheit von der neuzeitlichen Gesellschaft sogar dringend gebraucht, denn die Moderne ziehe aus der "Freiheit und dignitas des Menschen (...) ihre Kraft", und die Freiheit und Unverrechenbarkeit des Menschen könne "nur dann wahrhaft zur Geltung kommen", wenn sie durch eine Religion gesichert werde, für die das soziologisch, psychologisch, historisch unableitbare Verhältnis des Menschen zu sich selbst einen Ausdruck der Nähe Gottes darstellt (1985: 571f). Die Unterscheidung von institutionell verwalteter Religion und religiösem Selbstbewußtsein ist für Rendtorff das Mittel, mit dem er die Gültigkeit der Säkularisierungsthese relativiert. Indem er das Zentrum der Religion in die Ursprünglichkeit des Glaubensaktes verlegt und die in dieser Ursprünglichkeit implizierte Überschreitung der kirchlichen Institution als den "Schritt von der Reformation der Kirche zum Selbstbewußtsein der Neuzeit" identifiziert (570), hat er sich die begriffstechnischen Instrumente verschafft, um die Religion zur "Sachwalterin der Moderne" hochzustilisieren (572). Oder anders ausgedrückt: Indem zunächst die "gefährdete Substanz auf einen intangiblen Kernbestand" reduziert wird und dann die gerettete Unbedingtheit in die Bedrohungsmacht als deren Ermöglichungs(ab)grund selber eingenistet wird, kann schließlich das, was auseinanderzubrechen drohte, als "Identität des _einen_ Interesses" (Blumenberg 1974: 13) enthüllt und vorgezeigt werden. Die Sorge um das Überleben der Religion, "diese unmittelbare Selbstsorge", ist dann, "sowohl in einem geistlichen wie in einem historischen Sinne, letztlich unbegründet" (Rendtorff 1985: 568). Der Schwund an universaler Bedeutung erscheint nun als "Entlastung von totalen Zuständigkeitsforderungen", die Befreiung vom sozialen Druck der Kirche als "Emanzipation der Kirche" von ihrem früheren gesamtgesellschaftlichen Geltungsanspruch (1966: 130f).

Auch Luckmann bedient sich des Schemas der Differenzierung von subjektiv-allgemeiner und institutionell spezialisierter Religionsform, um die Anwendbarkeit des Säkularisierungstheorems einzuschränken[37]. 'Säkularisierung' definiert er nicht als "eine Art individualpsychologischen Glaubensverlustes en masse", sondern als Verselbständigung der gesellschaftlichen Institutionen gegenüber einem übergreifenden, religiös symbolisierten Sinnzusammenhang, als "die Lösung institutioneller Bereiche aus dem Kosmos religiöser Sinngebung" (Luckmann 1970a: 78). Die Entfremdung der abgegrenzten institutionalisierten Funktionsbereiche vom gesamtgesellschaftlichen Sinnzusammenhang, die auch die Kirche betrifft, erklärt, warum die von ihr "verwalteten traditionellen Lebensdeutungen ihre Relevanz für den Alltag der Bevölkerung industrieller Gesellschaften" immer mehr verlieren (1970c: 11). Die Säkularisierung der Sozialstruktur bedeutet aber nicht, daß auch das In-

dividuum säkularisiert ist (1969: 172). Im privaten Lebensbereich kann Religion, auch wenn sie an Transzendenzspannweite verliert und weitgehend ohne Außenstützung bleibt, weiterhin sinnintegrierend wirken (1963: 66ff; 1970c: 13f; 1985: 41).
Nicht von einem theologischen Interesse ist die Entdramatisierung des Säkularisierungsprozesses hier geleitet, sondern von einem soziologisch vordefinierten Bedarf an Religion. Wenn Religion einmal - sei es für die Personwerdung des Menschen oder für die humanitas der Gesellschaft - als notwendig bestimmt ist, dann kann Säkularisierung nur noch im eingeschränkten Sinn zugelassen werden. Die Säkularisierungsproblematik weist so zurück auf die Problematik der Religionsdefinition. Dieser Zusammenhang gilt auch für die marxistisch-leninistische Religionstheorie, die Religion nicht als notwendige Sozialisierungsinstanz, sondern als überflüssigen Restbestand überlebter Gesellschaftsformationen behandelt. Ihr Problem besteht folgerichtig nicht in der Explikation des Bedeutungsrückgangs von Religion, sondern darin, zu erklären, warum Religion trotz ihres reaktionären Charakters noch nicht untergegangen ist, aus welchen politischen, sozialen und geistigen Gründen sich Religion auch unter sozialistischen Gesellschaftsbedingungen weiter reproduziert[38]. Dieses Problem resultiert freilich nicht allein aus der Verwendung eines negativ qualifizierten Religionsbegriffes, sondern vor allem aus seiner Verknüpfung mit einem hypostasierten Gesellschaftsbegriff. Wenn nämlich nach marxistisch-leninistischem Verständnis Religion auf Ausbeutung und Entfremdung beruht und im Sozialismus Ausbeutung und Entfremdung überwunden sind, dann sagt jede Erklärung der gesellschaftlichen Existenzgrundlage der Religion im Sozialismus zugleich etwas über den erreichten Realisierungsgrad des Sozialismus aus. Die marxistisch-leninistische Religionstheorie steht mithin vor der Alternative, ob sie das Vorhandensein von Entfremdungserscheinungen im real existierenden Sozialismus anerkennt und damit eine Neubewertung des Entwicklungsstandes des sozialistischen Aufbaus vornimmt oder ob sie die Bindung der Reproduktionsmöglichkeit von Religion an gesellschaftliche Entfremdungszustände auflöst und sich damit zu einer Umformulierung ihres traditionellen Religionsverständnisses entschließt. Zu keinem von beiden scheint

sie bereit zu sein, und wie so oft, wenn man die Entscheidung zwischen zwei in Frage kommenden Möglichkeiten aufschiebt, läuft dann die Entwicklung in beide Richtungen zugleich. Zum einen weicht die bis in die siebziger Jahre hinein vertretene Auffassung, daß Religion in jeder Gesellschaft reaktionär sei (Timofejew 1975: 214), der Einsicht in den ambivalenten Charakter von Religion, derzufolge Religion je nach den gesellschaftlichen Verhältnissen, unter denen sie wirkt, entweder fortschrittshemmende oder fortschrittsfördernde Effekte haben kann (Stoppe 1984: 3; Lutter/Klohr 1985: 877ff). Zum anderen zeichnen sich aber auch religionstheoretische Akzentverlagerungen ab, die aus einem Wandel im gesellschaftlichen Selbstverständnis resultieren. In den fünfziger und sechziger Jahren, in denen man die für den Aufbau des Sozialismus erforderliche Zeit relativ kurz veranschlagte, erwartete man den Untergang der Religion als ein nahe bevorstehendes Ereignis. Heute, da sich die Erkenntnis durchgesetzt hat, daß der Übergang vom Sozialismus zum Kommunismus ein komplizierter, langwieriger Prozeß ist, hält man sich mit Aussagen über das Ende der Religion zurück, verzichtet auf Zeitangaben, ja will die Frage nach dem Absterben überhaupt ausblenden (Lutter 1986: 22). Nicht nur zwischen dem Säkularisierungs- und dem Religionsbegriff, sondern auch zwischen dem Säkularisierungs- und Gesellschaftsbegriff besteht also ein enger theoretischer Zusammenhang.

Im qualitativ-substantiellen Verwendungssinn wird Säkularisierung als Lösung religiöser Formen und Inhalte aus ihren transzendenten Bindungen definiert. Die Frage, die sich hier sofort stellt, lautet, ob 'Lösung' als selbstverursachter oder fremdbewirkter Prozeß anzusehen ist. Luckmann (1970c: 10f), Berger (1973) und andere führen die Lösung der Institutionen aus dem religiösen Sinnkosmos auf den seit dem Mittelalter zu beobachtenden Prozeß zunehmender gesellschaftlicher Segmentierung zurück. Rendtorff (1985: 566), Pannenberg (1972: 127f), Rössler (1968: 91ff) und andere diagnostizieren die Säkularität der neuzeitlichen Gesellschaft in ihrem genuinen Sinn als ein Produkt des christlichen Glaubens selbst. Max Weber[39] verbindet religionsinterne und -externe

Aspekte miteinander und nimmt zwischen beiden ein Folgeverhältnis an: Religion habe durch Sinnstiftung einen Rationalisierungsprozeß in Gang gesetzt, der zu einer Verselbständigung der einzelnen Gesellschaftsbereiche geführt habe, aufgrund derer sie selbst ins Irrationale abgedrängt worden sei. Die Schwächung der religiösen Funktion sei nicht zuletzt eine Folge ihrer Ausübung. Die religiöse Bejahung von innerweltlicher Askese, Konsumtionsverzicht und rastloser, stetiger Berufsarbeit habe sich in den Geist kapitalistischen Wirtschaftens übersetzt und sei damit zu einer Wurzel der rational gestalteten modernen Gesellschaft geworden. Das Säkularisierungs- oder Rationalisierungskonzept wird von Weber benutzt, um die Situation der eigenen Gegenwart auszulegen. Die nach Weber zu bewältigende Aufgabe besteht dann aber nicht darin, zu prüfen, welche Motive und Interessen hinter der Säkularisierungsthese stehen und welche Funktionen sie zu erfüllen hat, sondern welche Argumente dafür oder dagegen sprechen, sie als das tragende Theorem zur Klärung der Herkunft und Zukunft der Moderne, zur Erhellung ihrer Spezifik, ihrer Dynamik, ihrer Ambivalenz, ihrer Legitimität oder Illegitimität[40] heranzuziehen.

Damit sind wir bei unserem letzten Thema, der Frage nach dem religiösen Subjekt. Die Diskussion des Säkularisierungstheorems im ersten Verwendungssinn läuft auf die Frage zu, ob Religion in institutionell spezialisierter oder in unartikulierter, diffuser, subjektivierter Form (oder überhaupt nicht) überlebt. Das sich daraus ergebende Problem des Verhältnisses von moderner individueller Religiosität und traditioneller kirchlicher Religionsgestalt kam schon früh auf. Bereits 1957 fragte Schelsky, ob und wie sich die für das moderne Bewußtsein signifikante Dauerreflexion des religiösen Subjekts institutionalisieren läßt, "d. h. wie eine moderne religiöse Spiritualität die ihr angemessene soziale Verbindlichkeit und Stabilität durch die Zeiten hindurch zu einem sozialen Außenhalt gewinnt" (Schelsky 1957: 293). Obwohl Schelsky davon ausgeht, daß Institutionen die "dauernde Möglichkeit" für die Sicherung und Abstützung subjektiver Glaubensformen garantieren können, hält er die Institutionalisierung der Dauerreflexion für einen "institutionalisierten Selbstwiderspruch" (294), in dessen Rahmen die Beziehung zwischen Institution und reflektierender Subjektivität ständig gefährdet bleibt. Der Eindruck der "Entzweiung zwischen dem Allgemeinen, das in den Institutionen von alters her verkörpert ist, und der Subjektivität des modernen Menschen" verschärft sich, wenn Schelsky in einer späteren Veröffentlichung (1970b: 24) fordert, diese Spannung selbst zu institutionalisieren. Daß dies nicht gelingen kann, scheint eine der Grundannahmen der neueren Religionssoziologie nach und unabhängig von Schelsky zu sein.

Die Konstatierung des scharfen Widerspruchs zwischen Individuum und Gesellschaft, zwischen der Unverrechenbarkeit des Subjekts und der rationalen Instrumentalisierung der Welt oder - in soziologisch präziserer Formulierung[41] - zwischen personaler Lebenswelt und dem System wissenschaftlich-technischer Weltbewältigung, zwischen personaler Sozialbeziehung und versachlichter Wirtschaftsbeziehung, zwischen sinnstiftender und technischer Integration - oder wie auch immer die Kontradiktionen lauten mögen - durchzieht fast die gesamte religionssoziologische Literatur sowohl wissenssoziologischer wie christentumssoziologischer wie auch dialektisch-kritischer Provenienz. Dabei wird der Konflikt zwischen ökonomisch-wissenschaftlich gesteuerter Gesellschaft und intersubjektiv getragener Gemeinschaft vielfach als Ergebnis des neuzeitlichen Säkularisierungs- und Differenzierungsprozesses interpretiert. Der Verlust eines von jedermann akzeptierten Werte- und Normenbestands, die Differenzierung der Gesellschaft in autonom funktionierende Teilbereiche, die Ablösung der einzelnen Funktionsbereiche von hochgeneralisierten semantischen Mustern, die noch das Gemeinsame der Gesellschaft zu symbolisieren vermochten, habe zu einer Neutralisierung der Gesellschaftsstruktur geführt, die die Würde und Autonomie des einzelnen bedrohe, so daß sich das Individuum einer 'herzlosen' Welt gegenüberfinde, die auf seine Bedürfnisse nicht eingerichtet ist und auf die es seinerseits kaum noch gestaltend Einfluß nehmen kann. Der rekonstruierte Endpunkt des Säkularisierungsprozesses erweist sich in Wahrheit als der hermeneutische Ausgangspunkt. Weil Individuum und säkularisierte Sozialstruktur heute auseinanderfallen, muß es eine Zeit gege-

ben haben, in der beide in Übereinstimmung standen. Die
Schlußfolgerung aus dieser Konstruktion lautet dann: Nur der
erneute Bezug auf ein übergreifendes Allgemeines, das Subjektivität und Institution zusammenzuschließen vermag, kann
das Individuum noch vor dem Absinken in die Anonymität und
Bedeutungslosigkeit retten. Einzig durch "die religiöse
'Reliierung' der Individuen in einem gemeinsamen Seinsgrund"
kann die "Freiheit" und "Soziabilität des Menschen" in einer
durchgängig kausalmechanisch determinierten Welt" "sichergestellt werden (Koslowski 1985b: 93)[42]. Die vielfach postulierte Notwendigkeit der Religion erklärt sich aus der prekären Lage des einzelnen in der modernen Gesellschaft. Welche
Art von Religion aber diese höchst notwendige Funktion soll
erfüllen können, bleibt offen[43]. Die "Idee des Guten" vermag
nur dann das "Zentrum des Seienden" zu sein, wenn es das Jenseits des Seienden ist, sagt Platon (Politeia, 509b). Dieses
Jenseits kann aber nur präsent gehalten werden durch ein Subjekt, das aufgrund seiner inneren Unendlichkeit im Endlichen
nicht aufgeht. So schließt sich der Kreis. Die Freiheit des
Subjekts, die durch das übergreifende Allgemeine erst garantiert werden soll, wird nun selbst zum Ermöglichungsgrund der
Verwirklichung des Allgemeinen[44]. "Religion und Person fallen
zusammen (natürlich ohne wirklich ganz zusammenfallen zu können)"; "Religion und Person entfernen sich beide von der Gesellschaft (natürlich ohne ganz frei zu kommen)", so kann
Luckmann (1970c: 11) den hier gemeinten Sachverhalt ausdrükken. Rendtorff (1975: 42f, 75) ernennt das Individuum, dessen
tätiges Selbstsein durch eine unaufhebbare Differenz zur historisch-endlichen Sozialität der Welt definiert ist, sogar zum
Platzhalter Gottes. Und Horkheimer (1968; 1970b) schließlich
- um es bei diesen Beispielen bewenden zu lassen - verankert
im verdinglichten, gleichwohl "noch lebendigen Subjekt" die
Sehnsucht nach dem ganz Anderen, nach einem Zustand des höchstmöglichen "Glücks aller Individuen", der von einer Zweck und
Mittel verkehrenden Gesellschaft nicht hervorgebracht zu werden vermag.
So werden Religion und Subjektivität auswechselbar. Beide
sind ebenso notwendig wie ungreifbar. Beide stehen im Gegensatz zu einer zugänglichen und kontingenten Gesellschaft[45].

Und auch historisch scheint sie das gleiche Schicksal zu ereilen. Beide führen sie die moderne Situation herauf, deren Opfer sie heute sind[46]. Der Grund für diese strukturelle Konvergenz von Religions- und Subjektbegriff liegt in der Abkopplung der allgemeinen Funktionsbestimmung der Religion von ihren historisch spezifizierten Sozialformen, in der Auflösung des Zusammenhangs zwischen den Institutionen und dem sich ursprünglich in ihnen verkörperndem (Schelsky) Allgemeinen. Ein weltlos gewordenes Allgemeines kann mit allem zusammenfallen und am leichtesten mit dem, das selbst weltlos ist. Ein vom Allgemeinen entfremdetes Besonderes dagegen verschließt sich gegen seine Einbeziehung in eine ganzheitliche Synthese. Wird die Beziehung zwischen generalisierten Symbolisierungen und institutionalisierter Sozialstruktur zerschnitten, dann wird das Subjekt zu dem Ort, an dem Allgemeines und Besonderes allein noch verbunden sind, und dann ist nicht mehr auszuschließen, daß die beiden gestaltlos gewordenen Pole einander aufsaugen und ineinander verschwinden. Sollte diese Beschreibung zutreffend sein, dann wäre es die Aufgabe der Religionssoziologie, sofern sie an einer Aufhellung der Struktur sowohl der allgemeinen Religionsform wie des religiösen Subjekts interessiert ist, theoretische Funktionsbestimmung und historische Forschung aufeinander zu beziehen und das sozialphilosophisch hochbesetzte Religionskonstrukt mit empirisch aufweisbaren Konkretionen zu beschweren. Die Bestimmung des Verhältnisses von Religionstheorie und Geschichte scheint das Organon für die Gewinnung eines Fortschritts in der religionssoziologischen Arbeit, auch und gerade für einen Fortschrittsgewinn bei der Analyse der religiösen Subjektivität zu sein.

Die hier nur kurz angeschnittenen Themenkomplexe lassen sich zweifellos durch weitere ergänzen und natürlich auch inhaltlich weiter komplizieren, konkretisieren und differenzieren. Dennoch kann auch die hier im Interesse der Übersichtlichkeit vorgenommene Auswahl von Fragestellungen und exemplarischen Positionen bereits einen Eindruck von der vielschichtig verwobenen, theoretisch anspruchsvollen Gesprächslage in der Religionssoziologie vermitteln, der sich jede religionssoziologische Konzep-

tion, will sie gehört werden, stellen muß.
Obwohl Luhmann auf alle hier angesprochenen Problempunkte eingeht, steht sein Entwurf - wie ein Blick auf die Referatslisten der letzten Tagungen der CISR zeigen kann - jedoch eher am Rande als im Zentrum der religionssoziologischen Diskussion. Auch wenn in einzelnen Äußerungen von verschiedener Seite immer wieder Interesse und Hochschätzung bekundet wird, begegnet die religionssoziologische Fachgenossenschaft seiner Theorie doch unverkennbar mit einer respektvoll-distanzierten Reserve (vgl. Dux 1982: 151ff; Matthes 1978). Mehr Beachtung, wenn auch nicht unbedingt Anerkennung, findet Luhmann bei den Theologen. Die theologische Beschäftigung mit seiner Sozial- und Religionstheorie, die Mitte der siebziger Jahre anlief, zeigt in letzter Zeit eine leichte Aufwärtsentwicklung, kommt über eine bestimmte Aufmerksamkeitsschwelle aber offenbar auch nicht hinaus[47]. Vier Verarbeitungstypen lassen sich unterscheiden[48].

1) Für eine positive Aufnahme haben sich von evangelischer Seite vor allem Karl-Wilhelm Dahm (1971; 1975; 1978) und von katholischer insbesondere Herbert Kaefer (1977a, 1977b) eingesetzt. Um dem in Theologie und Kirche verbreiteten Gefühl eines Wirklichkeitsverlustes zu begegnen und den Abstand zwischen theologischem und außertheologischem Wissensstand zu minimieren, empfehlen sie, die theologische Arbeit durch die Rezeption human- und sozialwissenschaftlicher Forschungsergebnisse zu ergänzen und bei der Ortsbestimmung von Religion und Kirche im sozialen Kontext auf das entwickelte Methoden- und Begriffsinstrumentarium der Systemtheorie zurückzugreifen. Durch allgemeinverständlich gehaltene Darstellungen (Dahm 1975) tragen sie und andere zur Popularisierung, durch organisations- und pastoralsoziologische (Kaefer 1977a; Dahm 1971), evolutionstheoretische (Dahm/Hörner 1975) und anwendungsbezogene (Hild (Hg.) 1974) Untersuchungen zur Weiterentwicklung der Systemtheorie bei[49], ohne dabei immer der Gefahr ungewollter Simplifizierungen zu entgehen.

2) Kritisch zu einer weiterverarbeitenden theologischen Rezeption von Luhmanns Konzept haben sich Hans-Eckehard Bahr (1974; 1975a; 1975b), Norbert Mette (1978), W. Weber (1984: 95ff), Hans-Joachim Höhn (1985: 245ff; 1986) u. a. geäußert,

wobei das Spektrum des Grades ihrer Ablehnung von der affektiv-polemischen Zurückweisung (Bahr) bis zum Entsprechung nicht ausschließenden Widerspruch (Höhn) reicht. Die entscheidenden Punkte ihrer Kritik betreffen zum einen die konsequent funktionalistische Betrachtungsweise religiöser Inhalte und Formen, die die Wahrnehmung des Selbstverständnisses und materialen Gehalts von Religion unmöglich mache, eine erkenntnistheoretische Indifferenz gegenüber der religiösen Wahrheitsfrage impliziere und den in Leistungs- und Nützlichkeitserwägungen unerfaßbaren Geschenkcharakter des religiösen Glaubensvollzugs verfehle. Zum andern wird der Systemtheorie vorgeworfen, daß sie die Religion auf ihren Beitrag zur Bestandserhaltung des gesellschaftlichen Systems reduziere, das emanzipativ-kritische Potential der Religion unterschlage und damit in ein manipulierbares Instrument zur Herrschaftsstabilisierung verwandle. Auch wenn sich die Arbeiten dieses Reaktionstyps durch ihre dezidierten Hinweise auf neuralgische Punkte in Aufbau und Methodologie der Systemtheorie auszeichnen, erliegen sie doch oft der Versuchung, inadäquate Perspektiven in diese einzuzeichnen, sie einseitig auf Alternativen festzulegen, die die Systemtheorie gerade überwinden will, und auf diese Weise die wirklich brisanten Differenzpunkte, an denen sich Theologie und Systemtheorie trennen müssen, zu verkennen.

3) Reflexionstheoretisch orientierte Anfragen an die funktionale Systemtheorie kamen aus den Reihen solcher Theologen, deren eigener Ansatz in starkem Maße von idealistischen Denktraditionen mitbestimmt ist (Eilert Herms (1974), Trutz Rendtorff (1975), Falk Wagner (1975), Wolfhart Pannenberg (1978a, b), Frithard Scholz (1981), Jürgen Werbick (1981), Gunda Schneider-Flume (1984)). Ihre Arbeiten stellen die bisher gewichtigsten Beiträge in der theologischen Auseinandersetzung mit Luhmann dar. Ausgehend von grundlagentheoretischen Problemstellungen nehmen sie aus naheliegenden Gründen vor allem am Universalitätsanspruch von Luhmanns Sozial- und Religionstheorie Anstoß und bemühen sich um die Relativierung dieses Anspruchs durch seine subjektivitätstheologische Überbietung. Dabei gehen sie in der Regel so vor, daß sie die Fülle systemtheoretisch-funktionaler Bestimmungen auf einige

gedankliche Grundfiguren reduzieren und in diesen Grundfiguren eine tautologische Struktur aufzuweisen versuchen, die sich aufgrund ihrer interdependenzlosen Zirkularität zu einer einzigen Größe zusammenziehen läßt. Diese indifferente isolierte Fundamentalgröße (System oder Umwelt oder Welt oder Begriff oder Methode) eignet sich dann in hervorragender Weise, um von ihr aus die gesamte Theoriekonstruktion aus den Angeln zu heben und/oder an sie den eigenen theologischen Ansatz anzuknüpfen. Indem man nach der Herkunft des Unbestimmtheitskoeffizienten, nach seinem Grund oder seiner Konstitutionsweise oder seiner Intention fragt und selbst Modi seiner Einführung, seiner Relationierung oder Bestimmung vorschlägt, begibt man sich auf den Standpunkt, von dem aus man den eigenen Ansatz als überlegen anbieten und als notwendige oder zumindest mögliche Ergänzung der Systemtheorie in einer immanenten Logik bewähren kann. Den reflexionstheologischen Arbeiten kommt das Verdienst zu, auf theoretisch hohem Argumentationsniveau die bislang gründlichste Auseinandersetzung mit der Religionssoziologie Luhmann geführt zu haben. Dennoch darf nicht übersehen werden, daß es bei der Eruierung des kiritischen Punktes, an dem dann die eigene Überbietung ansetzt, nicht immer ohne Gewaltsamkeiten abging.
4) Eine völlig neue Reaktionsweise stellt der von Michael Welker (1985a) herausgegebene Sammelband "Theologie und funktionale Systemtheorie" dar. In ihm wird erstmals der in der Systemtheorie vollzogene Paradigmenwechsel von am Teil/Ganzes-Verhältnis orientierten zu selbstreferentiellen System/Umwelt-Theorien ernstgenommen und Luhmanns Entwurf als Exponat eines relativistischen Theorietyps interpretiert, ohne ihn ontologisch oder subjektivitätstheoretisch zu unterlaufen oder zu übergreifen. Das bedeutet einen erheblichen Fortschritt gegenüber früheren Reaktionsweisen. Allerdings macht sich eine gewisse Unsicherheit und Unflexibilität im Umgang mit Luhmanns Theorie in einigen Beiträgen störend bemerkbar.

Überschaut man die theologische Beschäftigung mit Luhmann, so muß man feststellen, daß die überwiegende Zahl der Beiträge nach dem Schema: Vereinnahmung oder Abwehr, Überbietung oder Zurückweisung, Aneignung oder Kritik gearbeitet ist. Was nicht

übernommen werden kann, wird widerlegt. Zu einem Dialog, in dem man aufeinander hört und voneinander lernt, ist es zwischen Theologie und Systemtheorie bisher kaum gekommen[50]. Und noch etwas fällt auf: Es fehlt, trotz der größeren Studien von Rendtorff, Kaefer und Scholz, an einer soliden Gesamtdarstellung der Religionssoziologie Luhmanns aus theologischer Sicht[51]. Beide Aspekte hängen offenbar eng miteinander zusammen. Sie zeigen, daß die Theologie zu weiten Teilen noch immer nicht bereit ist, die mit der Systemtheorie Luhmanns gestellte Herausforderung anzunehmen und sich auf seine Theorie wirklich einzulassen. So konstatiert denn auch Luhmann (1986a: 2) selbst, daß die Diskussion über die "Funktion der Religion" "im ganzen unbefriedigend verlaufen" ist.
Die Gründe dafür dürften zum einen in dem hohen Abstraktionsniveau der funktionalen Systemtheorie liegen und vielleicht auch in der Unvertrautheit ihres äußeren Erscheinungsbildes. Die Systemtheorie präsentiert ihre Bestimmungen als Konstruktionselemente eines in seiner Universalität imponierenden Theoriegebäudes, in einer ebenso assoziationsreichen wie esoterischen Sprache, also "im Stil'ausgesprochen rücksichtslos" (14). Und sie scheut sich nicht, unter Abbruch alteuropäischer Kontinuitätslinien unkonventionelle Hypothesen zu vertreten, die sich der schnellen Einordnung entziehen. Zum andern dürfte in diesem Zusammenhang auch das Selbstbehauptungsstreben der Theologen eine Rolle spielen, ihr permanentes Gefühl der Ungleichzeitigkeit, das es ihnen erschwert, im Umgang mit außertheologischem Wissen den angemessenen Abstand zu finden. Beide Gründe wirken anscheinend daran mit, daß Theologie sich zumeist nicht der Mühe einer allseitigen Aufarbeitung der systemtheoretischen Position unterzieht, sondern, sofern sie sich nicht überhaupt verweigert, vielfach lediglich flüssig zitables Stückgut importiert, das herausgelöst aus seinem ursprünglichen Problemkontext zum interpretatorischen Fehlgebrauch geradezu drängt.
Wenn Luhmann - wie er erklärt (1977: 8) - "auf seiten der Theologie mehr als bloße Immunreaktionen und mehr als bloße Wortübernahmen" auszulösen hofft, wenn er mit seiner Theorie die Theologie zu einer Stellungnahme bewegen (1984c: 7) und mit ihr in einen über Theorie laufenden Dialog treten will,

dann müssen offenbar die Bedingungen und die Ziele dieses
Dialogs neu definiert werden. Luhmann meint, daß die Frucht-
barkeit des Kontakts zwischen Theologie und Soziologie erhöht
werden kann, indem der Dialog nicht etwa erleichtert, sondern
erschwert wird (1986a: 14). Durch ein Höhertreiben des theoretischen Artikulationsniveaus könne "einer voreiligen Sozio-
logisierung der Theologie entgegengewirkt", "der Respekt vor
den 'Eigenwerten' des anderen Systems" gewahrt und damit –
wie wir über Luhmann hinausgehend sagen wollen – eine theologische Besetzung soziologischer Theorieelemente weitgehend
vermieden werden (ebd.). Als vorherrschendes Ziel des Dialogs
gibt Luhmann nicht "Konsensfindung", sondern "Dissensfindung"
an (ebd.). Indem die Gesprächspartner gemeinsam nach dem
Punkt suchen, an dem sich ihre Wege scheiden, könne "jede
Seite umso mehr darüber nachdenken (...), weshalb sie der
anderen unaufgebbare, mit der Autopoiesis ihres eigenen Systems verknüpfte Positionen entgegenzusetzen hat" (ebd.), und
daher – wie wir wiederum hinzusetzen wollen – umso leichter
darauf verzichten, die andere Seite nur nach dem Grad der
Übereinstimmung mit der eigenen Position zu beurteilen. Wenn
es allerdings zutreffen sollte, daß wesentliche Voraussetzungen des interdisplinären Gesprächs in der Erhöhung der Zu-
griffsbarrieren und in der Preisgabe des Interesses an Konsensfindung liegen, dann hieße das, daß sich die Theologie,
sofern ihr wirklich etwas am Dialog mit der Systemtheorie
liegt, auf deren Religionskonzeption so desinteressiert und
umfassend wie möglich einzulassen hat. Genau darauf richtet
sich unser Bemühen.

Vorrangiges Ziel der hier vorliegenden Arbeit ist die immanent-kritische Rekonstruktion der Religionstheorie Luhmanns
und ihrer systemtheoretischen Voraussetzungen. Immanent ist
das Vorgehen insofern, als die Arbeit bestrebt ist, die
Theorielinien nachzuzeichnen und aus ihnen die den Theorie-
aufbau leitende Intention zu erheben. Kritisch ist das Herangehen insofern, als sie die theorieintern gefällten Entscheidungen auf Nebengründe und Folgeprobleme befragt und an der
eruierten Intention immer prüft. Eine immanent-kritische Methodik schließt kritische Distanz zur Eigenperspektive des

untersuchten Gegenstandes nicht aus. Sie macht sie nur nicht
zu ihrem Ziel und wendet sich daher sowohl gegen theologische
Vereinnahmungs- und Harmonisierungsbemühungen, die das Selbstverständnis der Systemtheorie einfach übergehen, wie gegen
theologische Widerlegungs- und Entlarvungsversuche, die dieses Selbstverständnis einfach nur zu Fall bringen. Indem die
Arbeit das Bemühen um ein immanent-kritisches Verstehen dem
Bemühen um eine theologische Stellungnahme sachlogisch vorordnet, formuliert sie die zentrale Bedingung für die Erstellbarkeit einer theologischen Antwort, die Eigenständigkeit und Lernbereitschaft miteinander verbindet.
Bei einer immanent-kritischen Rekonstruktion kann es freilich
nicht bleiben. Um auch die nichtthematisierten Implikationen
der Systemtheorie in den Blick zu bekommen, ist es vielmehr
notwendig, die systemtheoretische Innenansicht zu überschreiten und auch eventuell auftretende perspektivische Inkongruenzen in Kauf zu nehmen. Am Ende der Untersuchung wird deshalb versucht, die Religionstheorie Luhmanns in die aktuelle
religionssoziologische Diskussion, wie wir sie in ihren Hauptkonturen hier bereits grob skizzierten, einzuordnen und auf
die wesentlichen Themenkomplexe zurückzubeziehen. Auf diese
Weise läßt die Untersuchung die funktionale Systemtheorie
nicht wie einen erratischen Block, als den sie sich selbst
nicht ungern anbietet, stehen, sondern bemüht sich darum, ihr
einen adäquaten Ort auf dem Arbeitsfeld der Religionssoziologie zuzuweisen und dadurch zugleich den ihr eigenen Reiz der
Fremdheit zu neutralisieren[52]. Gerade durch einen solchen
Rückbezug der sich unangepaßt gebenden Sozial- und Religionstheorie Luhmanns auf allgemein verhandelte religionssoziologische Fragestellungen wird es dann aber auch wieder möglich,
ihre Leistungsfähigkeit zu prüfen und ihre unverwechselbare
Eigenart herauszuarbeiten.
Die Interpretation folgt dem Entwicklungsstand der Luhmannschen Theorie von etwa 1972 bis 1978 (natürlich unter Hinzuziehung früherer Arbeiten), denn in diesen Zeitraum fallen
fast alle religionssoziologischen Veröffentlichungen Luhmanns. Das heißt, die Theorie Luhmanns wird auf einer Ausbildungsstufe vorgeführt, auf der sie sich noch nicht als Theorie
selbstreferentieller Systeme, sondern noch als System/Umwelt-

Theorie präsentierte. In wie starkem Maße das Prinzip der Selbstreferentialität allerdings auch schon in dieser Phase systemkonstitutiv wirkte, wird die Darstellung zeigen. In einigen Beiträgen aus neuerer Zeit weist Luhmann (1984c; 1985a; 1985b; 1985c; 1986a) die Konsequenzen, die sich aus dem Paradigmawechsel in der Systemtheorie für die Religionstheorie ergeben, auf. Ihnen ist ein eigenes Kapitel (2.6.: Exkurs) gewidmet.

Um die Religionsauffassung Luhmanns aus ihrem Zusammenhang mit seiner allgemeinen Theorie sozialer Systeme verstehen zu können, sei der Behandlung seiner Religionstheorie die Darstellung seiner Gesellschaftstheorie vorangestellt.

1. Theorie der Gesellschaft (als Voraussetzung der Theorie der Religion)

1.1. Funktionale Methode und Systemtheorie

In einem hier als ersten zu behandelnden Schritt[53] - ausgeführt vor allem in der frühen Abhandlung "Funktion und Kausalität" von 1962, seitdem aber in vielen Veröffentlichungen aufgenommen, weitergeführt und präzisiert - stellt Luhmann[54] die Eigenart der funktionalistischen Methode gegenüber kausalen Erklärungsweisen heraus. Während die kausalwissenschaftliche Methode die Feststellung eines gesetzmäßigen oder mehr oder weniger wahrscheinlichen Zusammenhangs zwischen bestimmten Ursachen und bestimmten Wirkungen zum Ziel hat (1962a: 14, 23) und dadurch die Entdeckung von anderen Reaktionsmöglichkeiten und von Ersatzlösungen sowie kompensatorischen Leistungszusammenhängen ausschließt (15), kommt es der funktionalen Methode "auf die Feststellung der funktionalen Äquivalenz mehrerer möglicher Ursachen unter dem Gesichtspunkt einer problematischen Wirkung" (13) an (1968a: 116). Sie fragt nicht: Bewirkt A immer oder fast immer B, sondern: Sind A, C, D, E, in ihrer Eigenschaft, B zu bewirken, funktional gleichwertig (1962a: 23)? Sie abstrahiert die konkrete Welt nicht auf konstante Züge hin, auf die Form von Wesenskonstanten, die dann in Generalisierungen und Klassifikationen einfließen und verdampfen (15). Vielmehr sieht funktionale Analyse alles Gegebene im Hinblick auf Probleme, die damit gelöst sind, und behandelt es unter diesem Gesichtspunkt als kontingent: in praktischer Hinsicht als variabel, in theoretischer als vergleichbar (1969a: 260; 1975e: 6).
Die Behandlung des Bestandes als kontingent, d. h. als auch anders möglich (1973a: 73), impliziert nun aber nicht die Annahme unbegrenzter Änderbarkeit und beliebiger Vergleichbarkeit, denn dem Funktionalismus geht es ganz im Gegenteil um die Erstellung von <u>Regeln der Variation bzw. der Vergleichbarkeit</u>, die einerseits bei praktischer Orientierung die Substitutionsmöglichkeiten bzw. bei theoretischer Orientierung den Vergleichsbereich einschränken (1968a: 162), andererseits selber eine relative Invarianz besitzen (ebd.). Diese problembezogenen Regeln der Vergleich- oder Ersetzbarkeit nennt Luh-

mann Funktionen (1971a: 89).
Im Unterschied zur kausalwissenschaftlichen Methode, die ihren Erklärungen ein Verständnis von "Kausalität als invariante Beziehung zwischen einer Ursache und einer Wirkung" (1962a: 16) zugrunde legt, begnügt sich der Äquivalenzfunktionalismus mit der Invarianz einer Größe: der Ursache oder der Wirkung (17)[55], die er jeweils auf mehrere alternative Wirkungen oder Ursachen bezieht. Dadurch entgeht er dem Zwang, die unendliche Komplexität des Kausalgefüges auf die Eindeutigkeit determinierter Beziehungen zwischen Ursache und Wirkung einzugrenzen, wodurch die Mannigfaltigkeit der Realität verpaßt würde (1964a: 43f). Darüber hinaus erlaubt die Orientierung an einem Problem, das einen Bereich funktionaler Äquivalenten organisiert (1962a: 14), "die funktionale Beziehung nicht länger als eine spezielle Art der Kausalbeziehung, sondern umgekehrt Kausalität als einen besonderen Anwendungsfall funktionaler Kategorien" zu betrachten (10). Die Kritik an der Kausalwissenschaft hat also nicht die Beseitigung der Kausalität als Erkenntniskategorie zum Ziel[56], vielmehr erstrebt sie die Umkehr des Fundierungsverhältnisses von kausaler und funktionaler Beziehung (16): Daß weder im Bereich der Ursachen noch im Bereich der Wirkungen andere Möglichkeiten bestehen, ist dann denkbar allenfalls noch "als Grenzfall absolut reduzierter Äquivalenz" (17). Der Sinn funktionaler Analyse liegt aber nicht darin, diesen Grenzfall zu erreichen und andere Möglichkeiten auszuschließen, sondern darin, sie zu erfassen und zu ordnen (ebd.). Funktionales Denken bemüht sich mithin nicht um die Erkenntnis des Seienden als es selbst (26). Es stellt nicht fest, daß das Seiende so und nicht anders ist, sondern fixiert "abstrakte Gesichtspunkte, unter denen dem Seienden ein anderes gedanklich oder faktisch substituiert werden kann" (1964a: 47), d. h., es fragt nach konstanten Variationsbedingungen für andere Möglichkeiten (1962a: 15).

Diese Variationsbedingungen sind nicht etwa letzte Prinzipien, selbstgenügsame Substanzen oder invariable Wesenskonstanten. Der Funktionalismus macht sich, von der Philosophie dazu angeregt, auf den Weg, alle Substanzen in Funktionen (1967a: 72), alle Evidenzen in Probleme aufzulösen (78; 1967b: 119), die ihre Lösungsvarianten bedingen, sie aber nicht bewirken, sondern regulieren (1966: 92). Auch als Funktionen und Probleme sind diese Variationsbedingungen nicht von einer unumstößlichen Invarianz. Vielmehr lassen sich Probleme durch Wechsel der analytischen Perspektive als Lösungen anderer Probleme behandeln wie auch umgekehrt jede Alternative, sofern sie gewählt wird, "neue funktionale Bezugsprobleme auf einer sekundären Ebene" mit sich bringt (1962a: 19). Dadurch entsteht ein Geflecht von Problemen, Lösungen, Folgeproblemen, das nicht in einer höchsten Spitze oder einem letzten Grund abschließbar ist, sondern in welchem das, was jeweils als Abschluß festgehalten wird, immer noch als Ausgangspunkt neuer Analysen dienen kann. Ein solches ins Offene tendierende Vorgehen setzt sich dem Vorwurf des unendlichen Regresses aus. Auf Akzeptanz stößt dieser Vorwurf freilich nur bei einem Denken, das Gewißheit über das Wesentliche und das Bleibende des Seienden, über das Seiende als es selbst verlangt und daher bereit ist, einen Grund dafür anzunehmen, daß etwas ist und nicht nicht ist (1962a: 15). Der funktionalistischen Methode dagegen geht es gerade um die Begründung der Feststellung, "daß etwas sein und auch nicht sein kann, daß etwas ersetzbar ist" (ebd.) und daß es daher "unter bestimmten Voraussetzungen nicht nötig ist, daß das Seiende es selbst bleibt" (1964a: 47). Insofern untersucht funktionale Analyse die Bedingungen für andere Möglichkeiten, also auch für Möglichkeiten der Veränderung, des Austausches, der Substitution, und erörtert insofern den Rahmen, innerhalb dessen auch sozialer Wandel denkbar ist (1962a: 16). Mit einer solchen Konzeptualisierung der funktionalen Methode grenzt sich Luhmann (26) von der "alteuropäischen" - eine Bezeichnung von "polemischer Sanftheit" (Lepenies 1971: 11) - Tradition des Substanzdenkens ab und setzt an die Stelle des Strebens nach letzten invarianten Prinzipien ein Bemühen um Flexibilisierung der Analysetechniken zum Zwecke ihrer besseren Operationalisierbarkeit.

Welche Bedingungen die funktionale Methode als Rahmen ansetzt, kann sie selber nicht entscheiden, denn rein logisch sind alle Vergleichsgesichtspunkte von Handlungen (sei es Dauer, Kalorienverbrauch oder Zuschauerzahl) in gleicher Weise angemessen

oder unangemessen[57] (Luhmann 1964a: 37). Die Wahl des Bezugsproblems aber hat andererseits einen Einfluß auf das, was als funktional äquivalent, mithin als variabel und vergleichbar gilt, und darf daher nicht beliebig erfolgen (1977: 45). So hatte zum Beispiel der Strukturfunktionalismus Parsons' seine Leitformel auf den Bestand sozialer Systeme abgestellt (1964a: 33) und fragte deshalb nur nach Leistungen, die erbracht werden müssen, damit Systeme erhalten bleiben (1967b: 113). Er ordnete den Strukturbegriff dem Funktionsbegriff vor (ebd.), untersuchte soziale Phänomene auf ihren Beitrag zur Stabilisierung des Gleichgewichtszustandes der Gesellschaft und konnte deshalb auch Religion mehr oder wenger nur in ihrer Funktion für gesellschaftliche Integration, für die Integration und Reintegration des Individuums in das Sozialsystem, die Legitimierung des kulturellen Wertsystems und die Internalisierung dieses Wertsystems durch das Persönlichkeitssystem (Drehsen/Kehrer 1975: 166ff; Milanes 1976: 80) wahrnehmen. Aufgrund des Primats des Strukturbegriffs war strukturell-funktionale Theorie außerdem gezwungen, die Verfassung sozialer Systeme als unwandelbar zu behandeln[58], alle Prozesse, Werte, Institutionen als im Anbeginn der menschlichen Gesellschaft schon angelegt aufzufassen und das Auftauchen neuer Phänomene lediglich als Systemdifferenzierung zu deuten (Mörth 1978: 34). Dadurch, daß sich diese Theorie ein strukturiertes System voraussetzte, dessen Erhaltung sie als Problem ansah, nahm sie sich "die Möglichkeit, Strukturen schlechthin zu problematisieren und nach dem Sinn von Strukturbildung, ja nach dem Sinn von Systembildung überhaupt zu fragen" (Luhmann 1967b: 114). Eine solche Möglichkeit ergibt sich jedoch, wenn man die funktionale Fragestellung <u>radikalisiert</u> (1968b: 14) und den Funktionsbegriff dem Strukturbegriff vorordnet (1967b: 114).
Um die Frage nach der Funktion von Systemen und Strukturen, nach ihrer Konstitution und ihrem Wandel stellen zu können, sucht Luhmann deshalb nach einem Bezugsproblem, das "die Grenzen des Systembegriffs transzendiert" (115) und als äußerster Regulationspunkt für jeden Systemaufbau grundlegend ist. Anstatt sich wie ältere Lehren[59] an der aus Teilen bestehenden und diesen Perfektion garantierenden Ganzheit von Systemen zu orientieren und damit die Aufmerksamkeit nach innen zu lenken[60]

(1964b: 38f, 47; 1964c: 23; 1967a: 75; 1968a: 36, 120ff; 1968b: 8; 1975b: 194f u. ö.), überschreitet Luhmann Systeme auf Umwelt hin (1964a: 39), indem er Grundbegriffe der Systeme ebenfalls auf Umwelt beziehenden Kybernetik[61] aufnimmt, weiterführend verallgemeinert (1964: 333f; 1970c: 143) und über eine Analyse des Sinnbegriffs eine Theorie sinnkonstituierender, nämlich psychischer und sozialer Systeme entwickelt, die dem Stand kybernetischer Maschinen-, Organismus- und Organisationsmodelle entspricht (1971a: 93). Durch eine solche Entgrenzung der Analyse, die Systeme aus ihrem Verhältnis zur Umwelt erklärt und diese Beziehung funktional interpretiert, soll die strukturell-funktionale durch eine funktional-strukturelle Theorie überboten (1967b: 117) und das Kontinuum des Begreifbaren auf Welt hin ausgeweitet werden (1971c: 297). In diesem Streben nach Universalisierung der theoretischen Analyse, nicht in einer von Luhmann-Exegeten immer wieder eruierten oder unterstellten, jedenfalls fast durchweg kritisierten Entscheidung innerhalb der Dichotomie von Technik und Praxis, Herrschaft und Vernunft, Ideologie und Wahrheit, Apologie und Kritik, Bestandserhaltung und Wandel, auf die sich die Auseinandersetzung mit Luhmann seit dessen Debatte mit Habermas weitgehend eingespielt hat[62], sehe ich die den "Konstruktionsplan" (1969a: 264) der Systemtheorie bestimmende Intention Luhmanns (1971c: 297)[63]. Und eben um diesen Universalitätsanspruch seiner Theorie einlösen zu können, muß Luhmann den Ansatz für seine funktionalen Analysen bei einem Problem suchen, das nichts ausschließt und insofern nicht zu überschreiten und auch nicht zu unterlaufen ist.

Als das äußerste, für alle Systeme geltende Bezugsproblem schlägt Luhmann die Welt vor[64]. Welt kann nicht als System begriffen werden, denn dieses impliziert eine dazugehörige Umwelt, gegen die es sich abgrenzt. Welt aber hat kein "Außen" und kann daher auch nicht verendlicht werden. Wollte man Welt als begrenzt denken, müßte man sofort das "Jenseits" der Grenze mitdenken, und der das Denken leitende Weltbegriff bezöge sich sofort auch noch auf dieses "Jenseits" (ebd.). Die Welt läßt sich folglich nicht transzendieren; sie konstituiert sich im Prozeß des Transzendierens lediglich um (1977: 179)[65]. Zugleich heißt das, daß die Welt unnegierbar ist, denn solange

Negationen sind, also "überhaupt etwas ist, ist auch Welt"
(1967b: 115). Zum Problem wird Welt daher nicht unter dem Gesichtspunkt ihres Bestandes, sondern unter dem Gesichtspunkt
ihrer Komplexität[66]. In erster Annäherung an diesen schwierigen Begriff definiert Luhmann Komplexität als "die Gesamtheit
möglicher Ereignisse" (1967b: 215; 1971a: 312; 1975d: 211
u. ö.). Er gibt damit eine Definition auf der Ebene des Möglichen, nicht auf der Ebene des Vorhandenen, Geltenden, Selektierten und betont auf diese Weise, daß "Welt" nicht nur
faktische Welt- oder Systemzustände bezeichnet (1971c: 311),
sondern "darüber hinaus alles Mögliche einschließt" (1973a:
88f) und insofern als Totalität aller möglichen Ereignisse zu
gelten hat (1975d: 211).
Bei der weiteren Bestimmung des Komplexitätsproblems tauchen
zwei einander entgegengesetzte Gefahren auf, denen Luhmann,
obwohl er um sie weiß (so schon 1969a: 261; offensichtlich
nach der Kritik von Habermas 1971c: 298), nicht immer ganz
entgangen ist. Die erste Gefahr ist angezeigt durch das Bemühen Luhmanns, bei seiner Suche nach einer ultimativen Problemstellung ein solches Bezugsproblem aufzuspüren, das - wie er
sagt - "keine systemstrukturellen Voraussetzungen mehr impliziert" (1967b: 115). Infolge dieses Bemühens, das wohl durch
Abgrenzung gegen den Strukturfunktionalismus Parsons' und Negativfixierung auf diesen ausgelöst worden sein dürfte
(Scholz 1981: 84), entstehen in der Systemtheorie neben erkenntnistheoretischen auch organisatorisch-strukturelle
Schwierigkeiten. Denn wenn Weltkomplexität als ein vor aller
Strukturbildung gestelltes Problem eingeführt werden soll,
dann muß Welt nicht nur - wie Habermas (1971: 153f) bemerkt -
"als Problem 'an sich' gedacht werden", was natürlich eine
Unmöglichkeit darstellt, sondern dann muß - wie Luhmann den
Habermas'schen Einwand umspricht (Luhmann 1971c: 297) - Welt
als indifferent, unlimitiert, als "leer" gedacht werden, so
daß zwar ihre Unüberschreitbarkeit gesichert, zugleich aber
ihre Verarbeitbarkeit und "Lesbarkeit" ausgeschlossen sind
(1967b: 117; 1975d: 211; 1977: 16). Da aber im unstrukturierten Raum des Voraussetzungslosen nichts entscheidbar ist
(1977: 84), läßt sich das ultimative Bezugsproblem und lassen
sich überhaupt alle in Frage kommenden Bezugsprobleme niemals

unabhängig von möglichen Systemstrukturen bestimmen (1971c: 297) (= "Problemverschiebung"; 1967b: 117ff). Deshalb kann und muß die Beliebigkeit der Wahl des jeweiligen Problemgesichtspunktes durch die Systemtheorie eingeschränkt werden, die damit der funktionalen Methode ergänzend an die Seite tritt (1964a: 37; 1969a: 260).
Die andere Gefahr zeichnet sich ab, wenn Luhmann erklärt, daß auf allen Ebenen der Systembildung "Welt durch Selektion erst erzeugt (wird)" (1971c: 307f). Denn sofern Welt ein Systemprodukt ist, handelt es sich bei dem intendierten äußersten Bezugsproblem nicht mehr um die Welt im Sinne von Wirklichkeit überhaupt, sondern um die sozial, psychisch oder physisch aufgebaute Welt im Sinne des Umweltentwurfes von Systemen (so auch 1971a: 33f)[67], und das Problem wäre dann nicht Weltkomplexität, sondern die Frage, wie das jeweilige System mit sich selbst und seinen eigenen Projektionen fertig wird. Während im ersten Gefahrenfalle die systemstrukturellen Voraussetzungen der Weltproblematik unterschlagen werden, wird hier die Weltproblematik als eine Problematik der Welt ausgeblendet und auf Systembedingungen reduziert. Deswegen läßt sich das Weltproblem nicht nur nicht unabhängig von möglichen Systemstrukturen begreifen, sondern auch nicht aus seiner systemstrukturellen Determiniertheit allein herleiten (= "De-Sozialisation" der Welt; 1973a: 74, 88; 1977: 88, 95ff). Um sowohl die Abhängigkeit der Weltkomplexität von möglichen Systemen wie ihre Unabhängigkeit von jedem bestimmten System garantieren, also das Weltproblem angemessen formulieren zu können, bezieht sich Luhmann auf den Begriff "Sinn", den er als Grundbegriff der Soziologie einführt (1971a: 25f; 1971c: 299). Durch die Verbindung von Funktionsbegriff und Sinnanalyse, also der theoretischen Ansätze von Parsons und Husserl, verschafft sich Luhmann das Instrumentarium, das es ihm erlaubt, das Verhältnis von System und Welt angemessen zu formulieren. Gleichzeitig dient ihm der Sinnbegriff dazu, psychische und soziale Systeme von nicht durch Sinn gesteuerten Systemen, etwa Maschinen oder Organismen, abzugrenzen (1968b: 11ff; 1971a: 28f, 93f).

1.2. Sinn als Grundbegriff der Soziologie

"Sinn ist Selektion <u>aus</u> anderen Möglichkeiten und damit zugleich Verweisung <u>auf</u> andere Möglichkeiten" (1967b: 116). Sinn hat seine Identität in der Selektivität einer Strukturfestlegung (1971c: 302) und ist insofern systemrelativ[68] konzipiert (1977: 21). Diese Relation von Sinn und System bezeichnet Luhmann als "Konstitution", was nicht besagen soll, daß sinnkonstituierende Systeme Energiequelle, Substrat oder Ursache von Sinn seien[69] (1971a: 28ff); vielmehr hat der Begriff der "Konstitution" gerade umgekehrt die Aufgabe, die Gleichursprünglichkeit von System und Welt auszudrücken (1971c: 307). Insofern besitzt Sinn außer seiner systemabhängigen Identität gleichzeitig auch universelle, das System überschreitende Relevanz, was sich auch so formulieren läßt, daß Sinn Selektionen laufend als Selektionen erfaßt (1973a: 83) und gerade dadurch alle Selektionen in einen Horizont[70] anderer und weiterer Möglichkeiten versetzt (1977: 21)[71]. Mittels Ausgrenzung unbestimmter, nichtmanipulierbarer Komplexität strukturiert Sinn die Möglichkeiten vor, die von den psychischen und sozialen Systemen ergriffen und realisiert werden können (1968b: 19, 24); dabei ordnet er den Zugang zu jener indeterminierten Komplexität so, daß sie als "Woraus" der Selektion erhalten bleibt (1967b: 115f; 1971a: 34). Deshalb kann man auch sagen: "Durch den Gebrauch von Sinn wird Welt konstituiert als derjenige Gesamthorizont", der bei jeder Bestimmung als appräsentierte Unendlichkeit mitfungiert (1977: 22). Sinn wirkt also komplexitätsreduzierend und komplexitätserhaltend oder auch -steigernd zugleich (20). Was in den Blick kommt, wird sinnhaft bestimmt (1971a: 31f). Insofern ist Sinn das Gegenstück zu besagter Komplexitätsindeterminiertheit, die er im Akt seiner Konstitution pauschal eliminiert (1977: 21). Was sinnhaft bestimmt ist, konstituiert sich aber gleichzeitig in unbestimmt bleibenden Horizonten (1975d: 212). Insofern ist mit allem Sinn Unbestimmbarkeit gegeben (1977: 35), die als "Woraus" immer neuer und immer anderer Selektionen, als Welt bewahrt bleibt (1971a: 34). Das heißt, im Bereich sinnhaften Erlebens und Handelns bedingen sich bestimmte und unbestimmte Komplexität gegensei-

tig (1975d: 212). In dieser Form wechselseitiger Bedingtheit
wird Komplexität zum Grundproblem der funktional-strukturellen Theorie. Welt erzwingt Selektivität und erscheint immer
ihrerseits schon als systemabhängige Selektion. Die systemabhängigen Selektionen reduzieren Welt und sind zugleich mit
Verweisungen auf Welt durchsetzt. Das Komplexitätsproblem ist
also den es bearbeitenden Systemen nicht kausal oder logisch
vorgeordnet, sondern präsentiert sich in der Form eines Zirkels von System und Welt. Weltkomplexität wird von Systemen
durch Pauschalabweisung prinzipiell unerkennbarer und unverfügbarer Möglichkeiten grob schematisiert (1968b: 19f) und
setzt deshalb Systembildungen immer schon voraus (1967b: 116).
Systembildung wiederum ist ein Mittel zur Lösung des Komplexitätsproblems (1969a: 261) und läßt sich insofern sein Bezugsproblem "vorgeben" (1971c: 229). Diese Zirkelhaftigkeit
entspricht der erwähnten Gleichursprünglichkeit von System
und Welt (302, Anm. 16). Aus ihr folgt darüber hinaus, daß
Problemstellung und Problemlösung sich wechselseitig implizieren.
Im weiteren soll der Zuschnitt des System/Welt-Zirkels und damit die Art und Weise, in der das Komplexitätsproblem auftaucht und behandelt wird, genauer erläutert werden.

1.3. Zirkularität I

Systeme lösen - um von dieser Seite her zu beginnen - ihr
Problem, indem sie Komplexität erfassen und reduzieren; darin besteht ihre Funktion (1967b: 116). Die Reduktion von Komplexität erfolgt zunächst durch Stabilisierung einer <u>Grenze</u>
zwischen System und Umwelt[72], innerhalb derer eine höherwertigere und unwahrscheinlichere Ordnung, d. h. eine Ordnung,
die mehr Möglichkeiten ausschließt als die der Welt, invariant gehalten wird (1964b: 47; 1964c: 23f.; 1967a: 76f;
1967b: 116; 1968a: 120f; 1972c: 11 u. ö.). Die mit der Grenzsetzung eingeführte Differenz von Innen und Außen trennt also
höhere Umweltkomplexität von geringerer Systemkomplexität.
Dieses Komplexitätsgefälle ist übrigens schon dadurch bedingt,
daß jedes System zu den Umwelten vieler anderer Systeme gehört

und umgekehrt in der Umwelt eines jeden Systems sich viele
andere Systeme befinden (1977: 14, 75).
Die Systemgrenzen wirken als hochselektive, relativ konstante
Kontaktverengungen, die Punkt-für-Punkt-Entsprechungen zwischen System- und Umweltzuständen unterbinden (14) und damit
dem System eine gewisse Autonomie gewähren (1967b: 117). Aufgrund der Unterscheidung von Innen und Außen ist das relativ
autonome System in der Lage, auf Umweltveränderungen mit unterschiedlichen Handlungsalternativen zu reagieren, die unter
systemeigenen Gesichtspunkten funktional äquivalent sind
(1964a: 44), also mit seiner Struktur vereinbar sind (1967b:
116). Grenzsetzung verhindert mithin, daß jede Umweltänderung
durch Systemwandel beantwortet werden muß. Das heißt nicht,
daß Grenzen als feste Scheide zwischen Starrheit und Bewegung
zu verstehen seien (1964a: 40) oder daß grenzüberschreitende
Prozesse gar von vornherein abgeblockt würden. Vielmehr bringen Änderungen der Umwelt für das System Anpassungs- und Erhaltungsprobleme mit sich, auf die es je nach Eigenkomplexität durch Indifferenz, aber auch flexibel reagieren kann
(1962a: 18f; 1967b: 116). Die relative Invarianz von Systemgrenzen schließt also die Wandlungsfähigkeit von Systemen
nicht aus. Sie besagt nur, daß Umweltinformationen nach Maßgabe systeminterner Regeln und Strukturen behandelt werden[73]
(1967b: 117; 1971b: 65).
Jedes System seligiert, typisiert, simplifiziert seine Umwelt[74], läßt ferner liegende Fakten, unwahrscheinlichere Möglichkeiten, nicht qualifizierbare Unbestimmbarkeiten weg und
entwirft so ein Komplexitätsmuster der Umwelt, das ihm als
Realitätsdefinition dient (1977: 15ff). Es liegt auf der Hand,
daß die Umwelt eines Systems nicht in dem pauschal strukturierten Entwurf, den das System von ihr entwickelt, aufgeht,
umfaßt doch die Umwelt eines Systems alles, was nicht zum System gehört, auch das, was sich nicht bestimmen läßt und als
unmanipulierbare Komplexität ausgegrenzt wird (1968b: 19, 24;
1977: 13, 18). Unbestimmbare Komplexität und bestimmte Komplexität werden durch <u>Horizonte</u>[75] sinnhaften Erlebens und Handelns diskretiert (1971c: 301). "Eine für ein System fungierende Umwelt ist deshalb notwendig eine zweiteilige Rekonstruktion der Umwelt selbst, ist Horizont und Transzendenz,

Erwartung und Enttäuschung, Selektion und Risiko, Ordnung und Zufall" (1977: 16). Wenn freilich Transzendentes, Unzugängliches, Unerkennbares, Unerwartetes zur Umwelt von Systemen gehört und der Umweltbegriff systemrelativ definiert ist, dann ist offensichtlich das Verhältnis von Immanenz und Transzendenz in die System/Umwelt-Relation eingegliedert (ohne daß es deshalb mit ihr zusammenfällt) und dann kann die Zweiseitigkeit erscheinender und nichterscheinender Umwelt – ein bekanntes Thema der Erkenntnistheorie – als systemabhängig, reduktionsbedingt und sozial variabel dargestellt und damit die Erkenntnistheorie in einen Anwendungsfall von Systemtheorie aufgelöst werden (17). Wenn aber die Diskretierung der Umwelt in gegebene und nicht gegebene Zustände als systembedingt behandelbar ist, dann verwundert es nicht, daß Luhmann die Auffassung vertritt, daß Systeme sich auch noch zu dem Bereich des Unerwarteten, Unverfügbaren, Unbestimmten Zugang verschaffen können. Dabei unterscheidet Luhmann zwei Zugangsweisen. In beiden Fällen ist das, was jeweils als Realität fungiert, Start- und Vollzugsbedingung für die Aufarbeitung dessen, was als unbekannt gilt (16). Im ersten Fall jedoch wird das Unbekannte dem Bekannten, "das Neue dem Alten, das Überraschende dem Vertrauten angeglichen" (1971a: 45). Luhmann erklärt: "Unerwartetes, Überraschendes, Enttäuschendes ist nur momenthaft unfaßbar wie der Knall hinter dem Rücken; es wird alsbald (nämlich in dem Maße, als Operationen des Systems anlaufen) über Reduktionen, Typisierungen und Normalisierungsstrategien zur Realität" (1977: 17)[76]. Im zweiten Fall dient zwar die Realitätsdefinition ebenfalls als Ausgangspunkt für den Zugang zu anderen Möglichkeiten (20), aber hier wird durch diesen Zugang der Ausgangspunkt selbst verändert. Unter Umständen sind Systeme nämlich in der Lage, durch Steigerung der Eigenkomplexität das Komplexitätsmuster ihrer Umwelt tieferzulegen, den Umwelthorizont hinauszuschieben und auch relativ Unwahrscheinliches noch in ihren Reaktionsbereich einzubeziehen (17). Die Möglichkeit zu einer solchen Variation ihrer Realitätsdefinition haben Systeme, weil sie bei der Konstitution ihres sinnhaften Umweltentwurfes das als irrelevant Ausgeklammerte nicht ausmerzen, vernichten oder verbauen, sondern neutralisieren (1971a: 33).

Aufgrund dieses Erhaltungsmodus der Pauschalabweisung können jene ständig mitfungierenden Implikationen und unbestimmt gebliebenen Verweisungen thematisiert - Luhmann nennt dies "Wiedereinführen des Appräsentierten durch Repräsentation" (1977: 23f) - bzw. bereits erfolgte Pauschalabweisungen fallweise korrigiert werden (1971a: 37) - dies läuft bei Luhmann unter dem Titel "Strukturänderung"/"Strukturproblematisierung" (45).

Beide Zugangsweisen begreifen das Appräsentierte, Unbekannte nicht als es selbst, sondern wenn sie es begreifen, dann überführen sie es entweder durch Angleichung an die Realitätsdefinition oder durch Steigerung der Komplexität der zugänglichen Welt in Bestimmtes oder Bestimmbares (1977: 22ff)[77]. Die Transzendenz kann über Normalisierungs- oder Steigerungsstrategien auf ein erfaßbares Format heruntertransformiert werden; aber sobald sie in Griff genommen wird, verliert sie ihren transzendenten Charakter. Luhmann negiert nicht, daß Transzendenz Realität hat (1975d: 212)[78], er definiert[79] sie um: Transzendenz ist nicht mehr das der Welt Entgegensetzte, sondern wo Transzendenz erscheint, da erscheint Nicht-Erwartetes, Unbekanntes, Überraschendes. Das Beispiel, das Luhmann selbst verwendet: Weiße Mäuse springen plötzlich aus der Suppenschüssel (1971a: 45). Natürlich - ganz gleich, ob es sich wie hier um die Kontingenz eines Einzelfalles oder die der Welt im ganzen handelt (Scholz 1981: 120f) - kann das Überraschende auf das Vertraute zurückgeführt oder zur Veränderung der Realitätsdefinition benutzt werden. Das überraschende Ereignis bedeutet allenfalls eine Strukturproblematisierung, die zu steuern ist, niemals aber einen Bruch in den bekannten Natur- und Lebenskonstanten; "es gibt keine Wunder, kein Glück (im Sinne von Kairos oder fortuna), keine heiligen Orte usw." (Luhmann 1968b: 19): Die in die Suppenschüssel geratenen weiße Mäuse sind "ganz gewöhnliche, dem Typus nach schon bekannte Tiere, die irgendjemand da hineingetan haben muß" - zum "Scherz" vielleicht (1971a: 45), der in seiner hintergründigen, reflexiven Form: im Humor, Religion "inkognito" anbietet (1977: 47f; siehe dort auch zum "heimlichen Konkurrieren zwischen Heiligem und Komischem")[80]. Der Überraschungseffekt der weißen Mäuse in der Suppenschüssel beruht also lediglich auf der wie selbstverständlich vorgenommenen Ausgrenzung unwahrscheinlicherer Möglichkeiten, auf einem eingespielten Verhältnis zur 'Realität', auf der erwähnten Diskretierung der Umwelt. Entsprechend ist auch Transzendenz nur ein im Augenblick ausgeblendeter, indirekt jedoch stets implizierter "Hintergrund der Umwelt" (20), ein appräsentierter "Horizont", der, solange er im Hintergrund bleibt, nicht interessiert, der, sobald er jedoch in den Vordergrund rückt, entweder in die systemrelative Weltperspektive eingeordnet wird oder als etwas bislang Unbekanntes diese teilweise korrigiert, in keinem der Fälle aber den Weltbegriff sprengt, überschreitet, relativiert, sondern ihn jeweils höchstens umkonstituiert (179)[81]. Transzendenz ist folglich nicht der Terminus für eine wie auch immer gedachte, besser: undenkbare Außerweltlichkeit, sondern ein Ausdruck der niemals ausschöpfbaren indeterminierten Komplexität der Welt selbst. Da aber - wie bekannt - Weltkomplexität und Systemkomplexität sich wechselseitig bedingen, bedeutet die Einordnung der Transzendenz in die Welt, daß Luhmann an die Stelle eines außerweltlichen Prinzips einen Zirkel setzt, die Zirkularität von System und Welt.

Dieses Interdependenzverhältnis von System und Welt ist nach keiner Seite hin auflösbar, denn eine solche Auflösung hieße, daß entweder "die unabhängig existierende Welt in einer Art von Schöpfung oder Emanation Systeme erzeuge oder umgekehrt ein erstes System die Welt konstituiere" (1971c: 298). Dies wäre die theologische (ebd.) bzw. vernunftmetaphysische (1967a: 82ff; 1971b: 65) oder die transzendent- bzw. transzendentalphilosophische Fassung des Problems, nicht aber Luhmanns These, die auf die gegenseitige Implikation von System und Welt, auf ihre unüberspringbare Interdependenz bzw. deren "begriffliche Erfassung und Rekonstruktion" abzielt (1971c: 298). Die unüberspringbare Interdependenz von System und Welt kann aber nur über ihre gleichzeitige Independenz gesichert werden. Nur wenn System und Welt letztlich unabhängig voneinander sind, ist ausgeschlossen, daß innerhalb des Zirkels ein Kurzschluß entsteht, bei dem sich die gleichursprüngliche Zweiseitigkeit auf eine Größe zusammenzieht. Die Unabhängigkeit von System und Welt garantiert Luhmann über ihre Asymmetrie, über jenes erwähnte Komplexitätsgefälle von System und Umwelt (1975d: 210)[82], das nach Luhmann unumkehrbar ist und sich im Laufe der Evolution sogar verstärkt (1977: 14, 19). Freilich können Systeme durch Steigerung der Eigenkomplexität das Komplexitätsmuster ihrer Umwelt tieferlegen, vordem Appräsentiertes repräsentieren, ihr Auflöse- und Rekombinationsvermögen ins Unwahrscheinliche hinein steigern und damit das Komplexitätsgefälle beeinflussen (1977: 17, 19). Wo aber Appräsentiertes repräsentiert, Ausgeklammertes eingeholt, Unbestimmbares bestimmt wird, kann das nur reduktiv erfolgen, können die Horizonte nur hinausgeschoben, nicht aber aufgehoben werden; jede Bestimmung vollzieht sich selektiv oder generalisierend, "jedenfalls im Kontext weiterer Appräsentationen"; die in sinnhaften Selektionen ständig implizierte Welt bleibt unformulierbar (24f). Das heißt, der Zirkel von System und Umwelt ist ein nach außen und nach innen hin (denn Systeme sind auch sich selbst "nicht voll zugänglich"; 1971c: 387) offener Zirkel. Nur weil System und Umwelt sich asymmetrisch zueinander verhalten, können sie sich gegenseitig bedingen[83]. Die wechselseitige Abhängigkeit und Unabhängigkeit voneinander (317, Anm. 44) garantieren die Unüberspringbarkeit und die Irreduzibilität des System/Umwelt-Verhältnisses.

Es ist klar, wogegen sich die Formulierung dieses weder nach innen noch nach außen hin auflösbaren Interdependenzverhältnisses richtet: gegen die Postulierung letzter Prinzipien und Axiome (1967a: 74f, 86), gegen die Prämisse eines aus dem objektiven Kontext hinauskatapultierten Anfangs aller Dinge (1973a: 97, Anm. 32; 1977: 12, 166f), gegen die Voraussetzung eines außerweltlichen Gottes (1977: 179), gegen die feste Vorgabe einer wirklichen Welt (1971a: 25), eines systemunabhängigen Seins an sich (1977: 19, 69), aber auch gegen die Annahme eines der Welt zugrunde liegenden Systems (1971c: 298). Es gibt für stets auf Umwelt bezogene Systeme "keine Anhaltspunkte außerhalb ihrer sinnhaft konstituierten Welt" (1973a: 84). Das heißt, Luhmann wendet sich mit seiner Formulierung des Interdependenzverhältnisses von System und Umwelt gegen die "alteuropäische" Formel der Einheit (1975d: 205), die das zur Einheit Aggregierte hypostasiert, jenseits des Verfügbaren ansiedelt und der Negation entzieht (1973a: 75), und er behandelt deshalb jedes "ursprünglich einheitlich-konkret-kompakt Gegebene" (72), jede "unabhängige Faktizität", auch alles

"Übernatürliche" als an systemrelative Reduktionsstrategien gebunden (1977: 19) bzw. alle die Dialektik des Progredierens abschließenden Identitäten als durch Externes oder Unabhängiges, als durch andere Möglichkeiten hinterfragbare Kontingenzen (1973a: 73ff). Gleichzeitig ist klar, wofür Luhmann mit Hilfe seiner irreduzibel und unüberschreitbar zirkulären Fassung der System/Umwelt-Relation eintritt. Er sichert durch sie sowohl die systemstrukturelle Abhängigkeit aller Zustände und Prozesse als auch die Möglichkeit der Negation, der Variation und Ergänzung von Systemstrukturen und -prozessen (1969a: 262; 1971b: 61f); er sichert die Möglichkeit von Konditionierung und Offenheit, Zugänglichkeit und Transzendenz, Erwartbarkeit und Überraschung, Bestimmbarkeit und Unbestimmbarkeit. Die Komplexität der Welt geht weder in ihrer systemrelativen Abhängigkeit auf, noch ist sie von ihr zu lösen. Der Begriff der Komplexität bezeichnet stets eine asymmetrische Relation zwischen System und Welt (1967b: 115). Insofern kann man auch sagen, daß die Differenz zwischen System- und Umweltkomplexität das Grundproblem der funktional-strukturellen Theorie darstellt (1975d: 210f). Als Verhältnisgröße überwindet der Komplexitätsbegriff einerseits seine unverarbeitbare, "unlesbare" Leere und Indifferenz, ohne sich damit der Gefahr auszusetzen, im Systembezug aufzugehen und den systemüberschreitenden Universalitätsanspruch fallenzulassen, andererseits tritt der Komplexitätsbegriff als Verhältnisgröße "an die Stelle der alten Problemformeln conservatio, Beharrung, Bestandserhaltung" (211), ohne sich damit der Gefahr auszuliefern, den Systembezug preiszugeben.
Damit haben wir den Ausgangspunkt unserer Überlegungen über die Zirkularität von System und Welt wieder erreicht, und wir könnten erneut erörtern, wie Systeme ihr Problem lösen, um wiederum auf die Art und Weise zu stoßen, in der sie ihr Problem stellen. Wenn wir jedoch tiefer in das System Luhmanns eindringen wollen, werden wir genau dies tun müssen, und wir werden es als ein Zeichen dafür nehmen, Luhmann recht verstanden zu haben, wenn, wir aus dem zirkulären Argumentieren nie herausfallen.
Angesichts solcher Erwägungen wird es kaum überraschen, daß Luhmann die Evolution, in deren Verlauf die Systeme das Komplexitätsproblem bearbeiten, durch genau jenes Formprinzip

erklärt, mit dessen Hilfe er das Komplexitätsproblem selbst
erst formuliert: durch die Differenz von System und Umwelt,
durch ihr Komplexitätsgefälle. Aufgrund dieses Komplexitätsgefälles setzen Änderungen unter der Bedingung einer Pluralität von Systemen unterschiedliche Wirkungsreihen in Lauf "je
nach dem, ob man das System, das sich ändert, als solches oder
ob man es als Umwelt anderer Systeme im Auge hat" (1970c: 150;
1971b: 61f; 1971c: 363). Der Antrieb der Evolution liegt in
dieser Nichtidentität der Wirkungsreihen[84]. Ändert sich ein
System, dann bedeutet das eine Umweltveränderung für andere
Systeme, die sie vor Anpassungsprobleme stellt, auf die sie
ihrerseits durch Variation reagieren können, was für andere
Systeme neue Umweltprobleme auslösen würde, die diese wiederum
mit Eigenvariation beantworten können, aber nicht müssen
(ebd.) usw. Auf diese Weise erhöht sich im Laufe der Evolution
der Grad der Komplexität ständig, worauf Systeme immer wieder
mit einer Verschärfung der Selektivität ihrer Reduktionen reagieren müssen. Wenn aber die Erhöhung der Komplexität die Lö-
sungsform des Komplexitätsproblems darstellt, dann heißt das,
daß das Komplexitätsproblem nie endgültig gelöst werden kann,
sondern als Dauerstimulator für Entwicklung stets erhalten
bleibt.

Dieser Gedanke sei noch etwas genauer ausgeführt. Strukturbildung ist die Art, wie Systeme das ihnen aufgegebene Problem
der Komplexitätsreduktion lösen. Sie kommt nicht auf der Ebene
des Faktischen, des unmittelbaren Handelns, zustande, sondern
auf der Ebene des Erwartens (1967b: 121), denn eine Reduktion
aufs Faktische würde zu viele situativ ausgeblendete Möglichkeiten ausschließen und müßte daher laufend korrigiert werden.
"Soziale Systeme gewinnen eine über die Situation hinausrei-
chende, die Systemgrenzen definierende Systemstruktur durch
Generalisierung der Erwartungen für systemzugehöriges Verhalten" (ebd.). Generalisierung bedeutet Vereinfachung, Abstraktion (133, Anm. 30), unschädliche Indifferenz gegen Unterschiede, Pauschalisierung und insofern Reduktion von Komplexität (121). Je stärker Strukturen generalisiert sind, desto
mehr Möglichkeiten lassen sie systemintern zu (123). Das
heißt: Um Weltkomplexität reduzieren zu können, müssen Systeme
selber komplex werden (1967a: 84). Mit der Komplexität eines
sozialen Systems steigt aber auch die Komplexität der Welt,

die Zahl sinnhaft strukturierter und damit bearbeitbarer Möglichkeiten (1969a: 261), die zugleich - wie jeder Sinnentwurf - auf Ausgeklammertes verweisen. Eine solche Steigerung von System- und Umweltkomplexität, von vielfältigen, auch unausgeglichenen, zum Teil widerspruchsvollen und schließlich ungewissen Bestandserfordernissen (1966: 103) schließt es aus, daß Systeme ihre Grundprobleme definitiv zu lösen vermögen, so daß sie verschwänden (1964a: 40). Vielmehr beruhen Strukturen in gewissem Sinne auf einer Täuschung über die wahre Komplexität der Welt (1967b: 120). Daher bleiben sie auf jenem Untergrund veränderlicher, kollidierender und unbestimmter Anforderungen problematisch[85] und wälzen, sofern sie nicht Mechanismen zur Enttäuschungsbewältigung bereitstellen, manche ungelösten Probleme in Form von Spannungen und Verhaltenslasten auf den Einzelmenschen ab (1964a: 43). "Das Risiko, in der Welt zu leben, wird so geteilt: Es wird im wesentlichen durch Strukturen absorbiert, im übrigen fallweise abgearbeitet" (1967b: 120). Strukturbildung vernichtet also das Problem der Komplexität nicht; aufgrund der Sinnhaftigkeit aller sozialen Strukturen bleibt das Komplexitätsproblem gerade erhalten, so daß sich Strukturen immer wieder von neuem konstituieren und umkonstituieren müssen.

1.4. Gesellschaft - Organisation - Interaktion - Person

Die Frage, die sich an dieser Stelle ergibt, lautet indes, wie soziale Strukturen überhaupt zustande kommen können, wie soziale Ordnung überhaupt möglich ist (1981f: 13). Um diese Frage zu beantworten, greift Luhmann auf Parsons (Parsons/Shils (Hg.) 1951: 16; Parsons/Bales/Shils 1953: 35) Konzept der doppelten Kontingenz zurück: Wenn Ego sein Handeln in Abhängigkeit von Alter und Alter sein Handeln in Abhängigkeit von Ego wählen muß und zugleich beide wissen, daß beide in Abhängigkeit vom je anderen entscheiden, dann ist schwer zu erklären, wie es überhaupt zu akkordiertem Handeln kommen kann (Luhmann 1981f: 13). Parsons schlußfolgert aus der Reziprozität der Unfähigkeit zur Selbstbestimmung die Notwendigkeit einer gemeinsam akzeptierten Wertordnung, die wechselsei-

tig zuverlässige Verhaltenserwartungen auszubilden erlaubt.
Luhmann (ebd.) dagegen löst das Problem der tautologischen
Zirkularität nicht durch Berufung auf Vernunft, sondern nimmt
dieses Problem als einen Katalysator, "der Systembildung aus
Zufallsanlässen hochwahrscheinlich macht und dabei selbst
nicht verbraucht wird, sondern als Kontingenzproblem fortbesteht" (14). Die leerlaufende reziproke Interdependenz wird
durch die Benutzung von Zufällen unterbrochen, so daß entlang
an Zufällen eine nicht mehr zufällige Ordnung entsteht (14f).
Nicht durch Bezug auf vernünftige Werte und Normen, sondern
durch Benutzung von Zufallsanlässen kommt der Aufbau sozialer
Systeme zustande. Luhmanns Theorie ist an der Erklärung der
Normalität interessiert, nicht an der argumentativen Begründung einer idealen Norm (1981b: 5). Dementsprechend problematisiert er das Normale, nicht indem er es an der vollen Perfektion mißt, sondern indem er es für unwahrscheinlich hält
und die Bedingungen seiner Möglichkeit untersucht (1981f:
11f).
Möglich wird das Normale, weil es aus dem überreichen Angebot
an Möglichkeiten auswählt und damit die unendlich viele Zufälle zulassenden Wahlmöglichkeiten immer mehr einschränkt.
Unwahrscheinlich ist das Normale, weil es nicht zustandekommen
muß, sondern aufgrund der unendlichen Komplexität der Welt immer auch anders ausfallen könnte. Und genau deshalb, weil jeder Systemprozeß mit der Komplexität des Systems selbst und
der der Umwelt nicht mitkommt (1978b: 103, Anm. 65), bleibt
er ungesichert, auch wenn ihm Wahrscheinlichkeit zukommt. Das
den Aufbau von Systemen motivierende Problem, das Kontingenzproblem, begleitet also auch die Systementwicklung. Es wird
aufgrund des in jeder sinnhaften Selektion erhalten bleibenden
Komplexitätsüberschusses niemals endgültig gelöst, obwohl alle
Selektionen als Formen des Bemühens um seine Lösung betrachtet
werden können.

Soziale Systeme zeichnen sich dadurch aus, daß die von ihnen
vorgenommene Reduktion der Komplexität des Möglichen zur Konstitution eines sinnhaften Zusammenhangs von Handlungen[86]
führt, der sich von einer nichtdazugehörigen Umwelt abgrenzt
(1975f: 9). Je nachdem unter welchen Voraussetzungen der Pro-

zeß der Grenzziehung abläuft, bilden sich Interaktionssysteme, Organisationssysteme oder Gesellschaftssysteme. Das Selektionsprinzip von Interaktionssystemen und damit zugleich ihr Grenzbildungsprinzip ist die Anwesenheit: Interaktionssysteme bilden sich dadurch, daß Anwesende sich wechselseitig wahrnehmen; wer nicht anwesend ist, gehört nicht zum System (10). Typischerweise konzentrieren sich Interaktionssysteme auf jeweils ein Thema, was alle Beiträge in die Form des Nacheinander zwingt und sehr zeitaufwendige Verfahren erfordert. Deshalb können sie weder in ihren eigenen Möglichkeiten noch in ihren Umweltbeziehungen eine sehr hohe Komplexität erreichen (11).
Gesellschaft, obschon sie sich von Interaktionen nicht unabhängig machen kann, ist nicht einfach die Summe aller Interaktionen, sondern - darin folgt Luhmann Durkheim (1895: 105, 114) - "ein System höherer Ordnung, ein System anderen Typs" (Luhmann 1975f: 11). Ihre Grenzen sind "die Grenzen möglicher und sinnvoller Kommunikation, vor allem Grenzen der Erreichbarkeit und Verständlichkeit" (ebd.). Gesellschaft umfaßt also nicht nur alle faktischen Kommunikationen und Handlungen, sondern auch alle möglichen Kommunikationen und alle kommunikativ füreinander erreichbaren Handlungen. Nicht durch die gemeinsame Anerkennung eines Mindestbestandes an Normen und Werten wird die Einheit der Gesellschaft konstituiert. Der strukturell erforderliche wie der faktisch bestehende Konsens wird von Soziologen, die einen normativen Gesellschaftsbegriff vertreten, überschätzt. Die Grenzen der Gesellschaft sind viel weiter und abstrakter gefaßt als diese Soziologen unterstellen. In den Bereich des Sozialen fällt nicht nur konformes, sondern auch abweichendes Verhalten, nicht nur zu Erwartendes, sondern auch Unerwartetes, Böses, Ungewolltes, weshalb nicht ein Normkonsens die Grundlage des Gesellschaftssystems abgeben kann (11f), vielmehr die Gesellschaft einer solchen normativen Grundlage überhaupt nicht bedarf.
Zwischen das Gesellschaftssystem und die einzelnen Interaktionssysteme schiebt sich in neuzeitlichen Gesellschaftsordnungen immer mehr ein dritter Typ von Sozialsystemen, der Typus Organisation (12). Organisationen zeichnen sich durch die nichtkontingente Verknüpfung zweier kontingenter Sachverhalte

aus, durch die Verknüpfung der Entscheidung über Eintritt und Austritt mit bestimmten Mitgliedschaftsbedingungen, die als Strukturmerkmale des Systems fungieren (1972a: 247). Die Verhaltensanforderungen des Systems und die Verhaltensmotive der Mitglieder können unabhängig voneinander variieren, lassen sich aber, wenn zwischen der Attraktivität des Systems und den Verhaltensanforderungen ein allgemeines Gleichgewicht sichergestellt ist, zu relativ dauerhaften Konstellationen verbinden (1975f: 12).

Im Laufe der Evolution kommt es zu einer zunehmenden Differenzierung der Ebene, auf denen sich Interaktionssysteme, Organisationssysteme und Gesellschaftssysteme bilden (13). In archaischen Gesellschaftsformationen sind Interaktion, Organisation nahezu identisch (ebd.). In Hochkulturen verselbständigen sich bereits Organisationen, aber obwohl eine moralische Integration der Gesellschaft bereits unerreichbar geworden ist, wird Gesellschaft selbst noch als Organisation, als politische Korporation begriffen (14). Die Trennung von Gesellschaft, Organisation und Interaktion erfolgt erst in der modernen Weltgesellschaft, obschon natürlich auch für sie gilt, daß alles soziale Handeln nur als Interaktion möglich ist (14f). Indem Luhmann auf diese Weise sowohl über einen allgemeinen und unbestimmten gesellschaftstheoretischen Bezugsrahmen als auch über einen bloß interaktionistischen Ansatz hinausgeht, entwickelt er eine differenzierte theoretische Basis, von der aus hochkomplexe Forschungsansätze produziert werden können, die zur Komplexität der sozialen Wirklichkeit in einem adäquaten Verhältnis stehen (18, 20).

Zur Abgrenzung des Gesellschaftsbegriffs gegen Interaktion und Organisation kommt die gegen Individuen (1975a: 5). Während Interaktion und Organisation wie die Gesellschaft soziale Systeme sind, gehören personale Systeme nicht als Teile zur Gesellschaft, sondern zu deren Umwelt (1964c: 25f; 1971c: 317, Anm. 44; 1977: 30f; 1978b: 31)[87]. Die Konstitution der Gesellschaft erfolgt also nicht durch das Individuum, weshalb die Gesellschaft auch nicht am Menschen zu messen ist (1978b: 32). Indem die Systemtheorie auf diese Weise den privilegierten Status des Subjekts aufhebt (40), vermag sie sowohl der Eigendynamik der Gesellschaft wie der Eigenart des Menschen

besser gerecht zu werden. Beide Seiten stehen nicht in einem
Gegensatz zueinander, in welchem jede Entwicklung der einen
Größe auf Kosten der anderen gehen muß. Indem Luhmann personale und soziale Systeme als füreinander fungierende Systemumwelten behandelt, vermag er vielmehr sowohl ihre Indepen-
denzen wie ihre Interdependenzen zu berücksichtigen und sich
damit gegen reduktionistische Psychologismen oder anspassungs-
mechanistische Soziologismen gleichzeitig abzugrenzen. Dennoch ordnet er offenbar die soziale der personalen Ebene über,
denn soziale Systeme dienen seinen Angaben zufolge primär dazu, die die Fassungskraft des Einzelbewußtseins bei weitem
überfordernde Fülle der Möglichkeiten sinnhaft aufzufangen
und "zwischen der äußersten, unbestimmten Komplexität der Welt
und dem engen Sinnpotential des jeweils aktuellen Erlebens und
Handelns" zu vermitteln (1967a: 76; 1971a: 83)[88], personale
Systeme dagegen, obwohl sie auf der Außenbasis über Interpenetration (1977a) zum Aufbau von Gesellschaft beitragen, haben
gegenüber sozialen Systemen eine ähnlich bedeutsame Funktion
nicht zu erfüllen. Wollen wir die in der Soziologie gebräuchliche Unterscheidung individualistischer und holistischer Zugangsweisen übernehmen, so müssen wir Luhmanns Theorie eindeutig den vom Ganzen der Gesellschaft her denkenden Erklä-
rungsansätzen zurechnen. Daß auch die Ansätze von oben die in
interaktionistischen und individualistischen Modellen verhandelte Thematik mitaufnehmen wollen, dürfte deutlich geworden
sein.

1.5. Soziale Differenzierung

Im weiteren begrenzen wir unsere Interpretation vor allem auf
das Gesellschaftssystem. Gesellschaft, so erklärt Luhmann
(1972a: 246f), hat die Aufgabe, letzte fundierende Reduktions-
leistungen zu erbringen und damit soziale Ordnung in der Form
begrenzter Möglichkeiten zu begründen. Von einer gewissen
Schwelle des Komplexitätswachstums ab entwickeln Gesellschaften eine weitere Strategie der Komplexitätsreduktion, die als
interne Differenzierung (1967b: 123) zu bezeichnen ist. Mit
interner Differenzierung beschreibt Luhmann einen Prozeß, in

dessen Verlauf ein umfassendes System Teile herausbildet, "die ebenfalls Systemcharakter haben, also eigene Grenzen stabil halten und in diesen Grenzen eine gewisse Autonomie besitzen" (ebd.).
Im einzelnen muß man zwischen **segmentierender** (gleiche Einheiten abteilender), **stratifizierender** (ungleiche Schichten hierarchisierender) und **funktionaler** (funktionsorientierte Teilsysteme spezialisierender) Differenzierungsform unterscheiden. Der Grad der Differenzierung und damit der Komplexität der Gesellschaft hängt davon ab, welche Form der Primärdifferenzierung gewählt wird. Allgemein gilt: Archaische Gesellschaften sind in ihrer Primärstruktur segmentär, Hochkulturen schichtungsmäßig, die moderne Gesellschaft dagegen funktional differenziert (1975b: 198). Das funktionale Differenzierungsprinzip ermöglicht die größte Systemkomplexität, weil es auf sekundären Ebenen auch Schichtung und Segmentierung zuläßt (ebd.). Das heißt, im Laufe der Evolution nehmen durch Änderung der Differenzierungsform Systemkomplexität und Differenzierungsgrad zu (1975d: 212). Funktionale Differenzierung, auf die sich Luhmann in seinen Ausführungen vorrangig bezieht, besagt, daß eine im Gesamtsystem zu erfüllende Funktion in einem eigens dafür ausdifferenzierten Teilsystem, also etwa in Politik, Wissenschaft, Wirtschaft, Familie, Recht, Religion oder Erziehung, einen Orientierungsprimat erhält (1977: 50). Funktional differenzierte Systeme haben folglich stets mehr als nur ein Problem zu lösen (84). Sie sind nicht auf eine Funktion hin optimierbar (52). Dies eröffnet Luhmann die Möglichkeit, die abstrakte Einseitigkeit einer einzelnen Funktionsangabe, die zu viel zuläßt und zu wenig leistet, durch systemtheoretische Analysen zu korrigieren und zu komplizieren (84).
In differenzierten Gesellschaften kann es für jedes Teilsystem drei verschiedene Systemreferenzen geben: (1) die Beziehung zum Gesamtsystem; (2) die Beziehung zu anderen Teilsystemen; (3) die Beziehung zu sich selbst (54f). Das Divergieren dieser drei Systembeziehungstypen, das in segmentären Gesellschaften aufgrund der Gleichheit der Teilsysteme bedeutungslos ist, entwickelt sich im Zuge des Umbaus der gesellschaftlichen Differenzierung und gewinnt erst in funktional differenzierten

Gesellschaften eine solche Schärfe, die eine Artikulation der divergierenden Beziehungstypen in korrespondierenden Orientierungsformen erzwingt (55f). Unter der Voraussetzung funktionaler Differenzierung muß jedes Teilsystem seine Beziehung zum Gesamtsystem als <u>Funktion</u>, seine Beziehung zu anderen Teilsystemen als <u>Leistung</u>, die als Input zu beziehen oder als Output zu erbringen ist, und seine Beziehung zu sich selbst als <u>Reflexion</u> artikulieren (1975b: 198). Der Durchfunktionalisierung des jeweiligen Teilsystems sind folglich Schranken gesetzt, denn die Spezialfunktion, für die ein Funktionssystem sich ausdifferenziert, erhält nur den Primat, sie tritt aber nicht als der einzige Bestimmungsfaktor aller Systemoperationen auf (1977: 52). Durch Berücksichtigung von allen drei Systemreferenztypen, von ihren Divergenzen und ihren Interdependenzen, von ihren Kombinationen und ihren Entkoppelungen verschafft sich Luhmann ein weiteres Instrumentarium, mit dem er der Unkonkretheit funktionaler Analysen systemtheoretisch abzuhelfen und damit den Widerspruch zwischen funktionaler Spezifikation und Systembildung (vgl. 49) zu überwinden vermag.

Trotz der erläuterten Begrenzung der funktionalen Spezifikation von Teilsystemen bleibt die als Funktion des jeweiligen Teilbereichs sich artikulierende Beziehung zum Gesamtsystem natürlich auch bei wachsender sozialer Komplexität zentral. Allerdings verändert sich im Laufe der Evolution der Stellenwert, den die Gesamtgesellschaft im Gefüge sozialer Teilsysteme besetzt (79). Mit zunehmender Komplexität kann die Gesellschaft immer weniger garantieren, daß "alle Teilsysteme unter gleichen Strukturen gleichförmig operieren", daß Erfordernisse, Werte oder Normen für alle Funktionsbereiche gleichermaßen gelten (243f) und Selektionsleistungen für die gesamte Gesellschaft einheitlich erbracht werden (79). Heute ist Gesellschaft als alles Zwischenmenschliche übergreifende Weltgesellschaft derart komplex geworden, daß sich ihre Einheit kaum mehr bestimmen läßt (1973a: 86, 89). Teilsysteme werden infolgedessen zwangsläufig unfähig, "Gesellschaft als Ganzes zu repräsentieren" (86). Sie können sie nur noch als innergesellschaftliche Umwelt behandeln, d. h. als je <u>ihre</u> Umwelt, die identisch ist mit den jeweils anderen Teilsystemen (1971b: 59). Auf diese Weise garantiert das umfassende System

seinen Teilsystemen eine bereits geordnete Umwelt, die die
Bildung von evolutionär unwahrscheinlichen Teilsystemen ermöglicht, die sich aufgrund ihrer Selektivität im offenen
Raum unstrukturierter Möglichkeiten nicht halten könnten
(ebd.). Die Integration der hochgradig spezialisierten Teilsysteme kommt also nicht durch den Zugriff der Gesamtgesellschaft auf deren interne Strukturen zustande, sondern muß dadurch vermittelt werden, "daß alle Teilsysteme füreinander
innergesellschaftliche Umwelt sind" (1977: 243). Die umweltlichen Teilsysteme entlasten den jeweiligen Funktionsbereich,
indem sie ihm _Funktionen_ abnehmen, "so daß zum Beispiel das
Religionssystem nicht selbst für hinreichende wirtschaftliche
Produktion, für Forschung in allen denkbaren Wissensberei-
chen, für Rechtsgewähr oder für Erziehung zu sorgen hat"
(244f). Durch diese gegenseitigen _Leistungen_ schaffen die
Teilbereiche füreinander jene strukturierte Umwelt, die die
Voraussetzung ihrer hochgradigen Spezialisierung darstellt.
Erhöhte Spezialisierung und Differenzierung erweitert die innere Komplexität des umfassenden Systems (1971a: 59). Je differenzierter und komplexer das Gesamtsystem, mit desto mehr
möglichen Zuständen der Welt ist es kompatibel (ebd.). Die
Steigerung des Komplexitätspotentials einer Gesellschaft bietet ihr demnach insgesamt bessere Bestandsaussichten (1966:
107)[89].
Neben der Steigerung von Komplexität und damit zusammenhängend führt funktionale Differenzierung gleichzeitig zu einer
unvermeidlichen gesamtgesellschaftlichen Überproduktion von
Möglichkeiten (1971b: 60). Die offenen Horizonte funktional
differenzierter Systeme lassen fast alles als möglich erscheinen, so daß Inkompatibilität zwischen den Teilbereichen
nahezu unausweichlich wird, die Abhängigkeit der Funktionssysteme voneinander mit ihrer gegenseitigen Verselbständigung
zunimmt und bei Optimierung im Bereich eines Funktionssystems
unerträgliche Belastungen in anderen Funktionsbereichen auftreten können, etwa Konsensschwierigkeiten in der Politik bei
Optimierung religiösen Eifers, etc. (1977: 245). Auch funktionale Differenzierung löst also das aufgegebene Weltproblem
nicht definitiv. Das Risiko, in der Welt zu leben, wird durch
funktional differenzierte Systembildung, obwohl diese Einzel-

systeme bereitstellt, die dem Komplexitätsproblem taktisch
besser gewachsen sind, nicht verringert; vielmehr vergrößert
es sich sogar (19). Die Komplexität jeder Teilsystemumwelt,
zu der ja auch andere Teilsysteme gehören, wächst nämlich
überproportional im Vergleich zu der eines jeden Teilsystems,
und mit der Komplexität der jeweiligen Umwelt wächst auch die
Zahl der ausgeklammerten Möglichkeiten. Da diese jedoch aufgrund der Sinnhaftigkeit allen Erlebens und Handelns als Verweisungshorizont zugleich erhalten bleiben, kann Welt durch
Komplexitätsreduktion niemals verloren gehen, ja bei erhöhter
Komplexitätsreduktion erweitert sie ihren Horizont sogar. Insofern ist die Verweisungsstruktur von Sinn (1973a: 84) der
Grund dafür, daß funktionale Differenzierung nicht nur höhere
Komplexität aufarbeitet, sondern eben damit auch einen vergrößerten Überhang an Möglichkeiten produziert (1971b: 62), der
eine endgültige Lösung des Weltproblems ausschließt.
Aus diesem Überhang folgt zum einen eine Vermehrung der Chancen, zum andern aber auch ein verstärkter Zwang zur Selektion,
höhere Unwahrscheinlichkeit jeder Festlegung (60), die Notwendigkeit, mit jeder Entscheidung mehr Möglichkeiten zu eliminieren (1967b: 126).Größere Selektionsschärfe wiederum macht
an jeder Selektion umso deutlicher sichtbar, daß sie auch anders möglich wäre (1975d: 206f). Das heißt, aufgrund der mit
der funktionalen Differenzierung gegebenen Erweiterung des
Welthorizonts werden Selektionen zunehmend als Selektionen erfaßbar. Die Verweisungsstruktur von Sinn,die sich durch funktionale Differenzierung verstärkt, impliziert die Konstitution
eines Bewußtseins von Selektivität (1973a: 83). Weil in der
sinnhaften Selektion das Woraus der Selektion erhalten und
sichtbar bleibt, können Selektionsprozesse des Erlebens und
Handelns ihre eigene Selektivität ergreifen und kontrollieren
(ebd.). <u>Reflexion</u> ist mithin durch den Verweis auf Welt, durch
ein Mitfungieren des Unbestimmbaren bedingt. Diese Verweisungsstruktur und die darin steckende Rückbezüglichkeit aller
sinnorientierten Prozesse können nicht ausgeschaltet werden
(84), denn das würde erfordern, die Unbestimmbarkeit als Unbestimmbarkeit bzw. die Diskunktion als Disjunktion zu bestimmen, wofür es nach Luhmann weder Formeln noch Symbole gibt
(1974a: 184). Mit dem Gebrauch von Sinn wird daher Selbstrefe-

renz "unausweichliche Grundbedingung für den Aufbau von Systemen" (1977: 27). Da sinnhafte Operationen im Horizont weiterer und anderer Möglichkeiten stehen, bezieht sich jedes Sinnsystem in jeder seiner Operationen zwangsläufig auf sich selbst (ebd.). Die in allen Sinnprozessen geleistete Erhaltung des Ausgegrenzten und die in der Verweisungsstruktur von Sinn angelegte Selbstreferentialität von Sinnprozessen sind es auch, die es erlauben, Selektionen einer Korrektur zu unterziehen (1973a: 83) oder an sie andere Selektionen anzuschließen (1971c: 308). Durch Vernichtung und Neubau kann das Risiko des Weglassens kompensiert werden (1977: 18). Natürlich läßt es sich dadurch nicht abschließend beseitigen. Vielmehr machen sich infolge der Uneinholbarkeit der Fülle des Appräsentierten laufend neue Variationen und Folgeselektionen nötig; und genau in dieser ständig von neuem erforderlichen Kompensationsleistung besteht der Sinn von Evolution (ebd.)[90].

Sieht sich aufgrund der sinnhaften Bewährung von Welt ein Teilsystem dazu veranlaßt, sich als Teil in einer komplexeren Welt zu reflektieren, dann vermag es sich als einen Teilbereich unter anderen zu erkennen, als einen Bereich, der im Gesamtsystem seine Funktion neben anderen Systemen erfüllt und logisch gesehen keinen Vorrang zu beanspruchen hat (50). In der Selbstreferentialität der einzelnen Funktionssysteme ist insofern die Fähigkeit eingebaut, sich selbst entsprechende Beschränkungen aufzuerlegen, die Belastungen und inkompatible Probleme zwischen Teilsystemen abfangen können (245). Ob es aber zu derartigen Selbstbegrenzungen überhaupt kommen kann, hängt vom Grad und damit von der Form der sozialen Differenzierung ab, denn das Komplexitätsniveau der Gesellschaft bestimmt die Weite des jeweils implizierten Welthorizonts, auf dessen Erscheinen die Möglichkeit von Reflexion oder, wie Luhmann sagt, von Selbst-Thematisierung beruht (1973a).

Nachdem wir von dem höchsten Problem, dem Problem der Weltkomplexität, ausgegangen und über Gesichtspunkte wie Problemverschiebung, De-Sozialisation, Sinn, System/Umwelt-Zirkularität, Differenzierung, Gesellschaft, Organisation, Interaktion, Person, Selbstreferentialität gewissermaßen ins Innere der Luhmannschen Systemvorstellung vorgedrungen sind, wollen wir uns nun schrittweise wieder nach außen bewegen. Dabei werden wir wiederum die Erfahrung machen, wie eng im Konzept Luhmanns Innen und Außen zusammenhängen - so eng, daß uns die Bewegung weder zum Innersten noch nach "draußen" führen wird.

1.6. Reflexivität und Reflexion

Selbstreferentielle Systeme, so erklärt Luhmann, - und dies sei ein weiterer Schritt, den wir Luhmann in dem Bemühen unterstellen, das nicht auf einmal erfaßbare Ineinander seines theoretischen Labyrinths auf eine sequentielle Form zu bringen - erscheinen strukturlogisch gesehen als "instabil und unbestimmbar oder doch unterbestimmt" (1977: 28). Diese Unbestimmtheit hat darin ihren Grund, daß Systemkomplexität nicht nur einfach als Menge der strukturell ermöglichten Relationen, sondern als zweiseitig variable Relation von Elementmenge und Struktur definiert ist, also bei der Definition von Systemkomplexität zwischen der Zahl der Elemente eines Systems und der Zahl der strukturell zugelassenen Beziehungen zwischen den Elementen zu unterscheiden ist (1975d: 206ff). Dadurch wird verdeutlicht, daß die Struktur eines Systems eine Selektion aus eigenen Möglichkeiten darstellt und daß die ständig zunehmende Menge der Elemente weitaus mehr abstrakt mögliche (denkbare) Beziehungen zuläßt, als realisierbar sind (206). Bezieht sich ein System auf sich selbst, erscheint dieses abstrakte Relationierungspotential, diese volle Interdependenz von allem mit allem, diese Menge beliebig relationierbarer Elemente, als ein weder als Ordnung noch als Chaos qualifizierbares Unbestimmbares, das Selektionsbewußtsein erzeugt (206, 209). Im Innern selbstreferentieller Systeme gibt es mithin ein Pendant zur Unbestimmbarkeit der Umwelt (1977: 28). Dem äußeren Horizont entspricht ein innerer Horizont, dem unausschöpfbaren "Und so weiter" des Außen ein in der Selbstreferentialität nicht erreichbares, wohl aber mitfungierendes Innen (1972a: 250; 1977: 23). Alteuropäische Interpretationen bezeichnen diese Horizonte als Welt und als Seele oder als Natur und als Reflexion; solche Interpretationen erweisen sich jedoch insofern als unzulänglich, als sie den gesellschaftli-

chen Bereich und dessen Unzugänglichkeiten auslassen (1972a: 250). Luhmann erklärt, daß alle Bestimmungen, auch soziale Systeme, in Unbestimmbarkeiten eingebaut sind (ebd.) und insofern auf der Ausblendung weiterer Möglichkeiten beruhen, die bei Selbstreferenz bewußt werden und alle Selektionen, eben auch soziale Strukturen, als kontingent erscheinen lassen.
Luhmann führt aus: "In sozialen Systemen liegt die Selbstreferenz darin, daß man, über was immer man kommuniziert, immer auch über die Kommunikation, über sich selbst und über die Partner kommuniziert; daß man zu Selbstdarstellungen gezwungen ist, deren Brüchigkeit man kennt, und daß man weiß und mitberücksichtigt, daß die Partner rückfragen, negieren, abbrechen oder gar Streit anfangen können" (1977: 31). Der Streit zwischen den Partnern ist beliebig weitertreibbar, denn durch Bezug auf außer acht gelassene Möglichkeiten läßt sich jede Bestimmung hinterfragen, jede Entscheidung bezweifeln, differenzieren oder ausweiten, so daß der Eindruck entsteht, als blieben selbstbezügliche Operationen ohne Abschluß. Diese Unabschließbarkeit von Selbstreferentialität tritt bei Luhmann explizit unter dem Titel Reflexivität auf. Im Unterschied zur Reflexion, in deren Verlauf ein (psychisches oder soziales) System ein Verhältnis zu sich selbst herstellt, meint Reflexivität die Anwendung eines (psychischen oder sozialen) Prozesses auf sich selbst bzw. auf einen Prozeß gleicher Art (1973a: 73f). Ein Prozeß oder Akt kann jedoch, erklärt Luhmann, intentional nur auf anderes, nie auf sich selbst gerichtet sein, da er sich selbst im Vollzuge aufhebt (1966: 99). Deshalb ist die "Rück"-bezüglichkeit der Reflexivität nicht im strengen Sinne Beziehung auf den beziehenden Akt selbst, sondern Beziehung "auf einen anderen Akt gleicher Art" (102). Systeme hingegen können innerhalb ihres selbstreferentiellen Verhältnisses Aktformen bereitstellen, die zwar auch nicht den intentionalen Akt selbst, wohl aber das handelnde System zu vergegenständlichen vermögen (99). Während durch Reflexion die Einheit des Systems für Teile des Systems - seien es Teilsysteme, Teilprozesse, gelegentliche Akte - zugänglich wird (1973a: 73) - allerdings auch nicht vollständig -, ist es im Falle von Reflexivität ausgeschlossen,

daß der intentionale Akt sich selbst erreicht. Versucht man, der Reflexivität auf den Grund zu kommen, so findet man keinen (1966: 106). Reflexivität könnte - anders als Reflexion, durch die die systeminterne Unendlichkeit geschlossen und das Ganze des Systems, wenn auch über Selbstsimplifikationen, sinnhaft identifiziert zu werden vermag (1977: 23) - ins Grenzenlose weitergetrieben werden. In immer neuen Schritten könnte man sich auf das Besinnen besinnen und sich damit aus der Welt in die Unverfügbarkeit reiner Innerlichkeit zurückzuziehen suchen (1966: 106f). Alles Gedachte ließe sich nochmals bedenken, jede Selektion wiederum seligieren, jede Bestimmung negieren, und nur diese Fähigkeit zu unendlich weiterführbaren Befragungen wäre unüberfragbar. Ist aber nur diese nicht überfragbar, dann heißt das, daß die Unabschließbarkeit der Prozeßreflexivität in nichts anderem als der "Nichtnegierbarkeit der Fähigkeit zu selbstbezüglichen Negationen" ihre Begründung hat (1973a: 75).
In dieser unnegierbaren nach innen (und natürlich auch nach außen) gerichteten Negierfähigkeit des Systems läßt sich unschwer eine Zurücknahme des aus dem nach außen (und innen) gerichteten Zweifel erwachsenen cartesischen Prinzips der unnegierbaren Selbstgewißheit erkennen. Es leuchtet ein, daß sich Luhmann mit dieser Zurücknahme - wie schon bei der Ablehnung eines außerweltlichen systemunabhängigen Anhaltspunktes - gegen die Hypostasierung einer Einheit in der Vielfalt und deren Unnegierbarkeit wendet - nun aber nicht gegen die Hypostasierung einer systemexternen Einheit, sondern gegen die Perfektion des Systems selbst (ebd.). Luhmann geht es darüber hinaus im Gegensatz zu Descartes nicht um eine Selbstaufklärung des Ich (1971c: 386) oder gar um ein Ernstnehmen dessen, was sich im Denken des Denkens als Identität durchhält, um eine Wiederherstellung des Subjekts oder ein Einlösen seiner unvollendeten Freiheiten (1973a: 72). Sein Ziel ist vielmehr "die Aufhebung des Subjekts in einer Generalisierung seiner Form, in einem Versuch der Ausweitung auf sinnhafte Prozesse und Systeme schlechthin" (ebd.; vgl. 1978b: 40). Deshalb behandelt er einerseits Personen als Systeme und ersetzt handlungstheoretische durch systemtheoretische Analysen (Mayntz 1971: 62f),und deshalb versteht er andererseits

Reflexion als eine nicht nur geistige Kategorie, sondern
überträgt den Reflexionsbegriff auf soziale Systeme (Luhmann
1973a: 72). Gelangt ein System im Zusammenhang von Prozeßreflexivität zu
der Einsicht, daß für unnegierbar gehaltene Selbsthypostasierungen immer wieder negierbar sind, und erkennt es aufgrund
dessen, daß die Fähigkeit zu nach innen (und außen) gerichteten Negationen unnegierbar ist, hat das Konsequenzen für die
Möglichkeit seiner Selbst-Thematisierung (75). Denn nun kann
das System die Negierfähigkeit nicht nur auf seine Prozesse,
sondern auch auf seine Strukturen anwenden und strukturell
festgelegte Relationen in einzelne Elemente zerlegen und die
Einheit dieser Elemente beliebig weiter auflösen (1975d:
209). Da Systemkomplexität als zweiseitig variable Relation
von Elementmenge und reduktiver Ordnung definiert ist und
diese Relation in sich selbst nicht zureichend bestimmt ist
(210), kann ein System, sofern es sich auf sich selbst bezieht, niemals Halt finden. Das heißt nicht, daß ein System
für sich selbst nicht bestimmbar wäre. Wie die Umwelt eines
Systems trotz der unausschöpfbaren Fülle ihrer Möglichkeiten
nicht als unerfaßbar erscheint, ebensowenig bleibt das Innere
eines Systems trotz seiner unendlichen Selbstbezugsmöglichkeiten faktisch unerfaßbar. Für sich selbst bestimmbar wird
ein System durch <u>Interdependenzunterbrechungen</u>; Luhmann nennt
zwei Formen von Interdependenzunterbrechungen: Umweltbezug
und Zeit (1977: 28).

1.7. Zirkularität II

"Umwelt (die es ohnehin immer und im Überfluß gibt) wird <u>systemintern</u> als Interdependenzunterbrecher eingesetzt, wenn
das System seine selbstreferentiellen Prozesse auf die Umwelt
bezieht, <u>ohne die Umwelt in die Selbstreferenz einzubeziehen</u>"
(ebd.). Dies besagt einerseits, daß ein System seine systemintern angelegte selbstreferentielle Instabilität abbaut, indem es Umwelt als unabhängige Variable, als das andere, als
Nicht-Ich oder Nicht-Wir einführt, andererseits besagt dies,
daß Interdependenzunterbrechungen immer systemintern erfolgen

(ebd.). Durch Umweltbezug wird in Systemen das jeweilige System als System-in-einer-Umwelt themafähig (1973a: 74). Da zu jedem System eine Umwelt gehört, vermag ein System sich nur selbst zu bestimmen, wenn es sich zugleich auf seine Umwelt bezieht. Auch die im Prozeß der Reflexion oder Selbst-Thematisierung hergestellte Identität als Form dessen, was in den internen Relationierungen durchgehalten wird - also die Schließung der appräsentierten Unendlichkeit des Systeminnern durch selbstreferentielle Identifikation (1977: 23) -, ist dem System nur durch Umweltkontakt erreichbar. Erst der Umweltbezug legt fest, "was in einem System als Element und was als Beziehung zwischen Elementen fungiert. Etwas forciert kann man deshalb formulieren: das System ist seine Beziehung zur Umwelt, das System ist die Differenz zwischen System und Umwelt" (1975b: 194). Diese Beziehung oder Diskontinuität (jede Relation zwischen zwei Größen setzt deren Differenz voraus) dient als Kontext für die Beziehung des Systems zu sich selbst (1973a: 76). Als Kontext gibt sie Bedingungen der Möglichkeit an, grenzt sie Unbestimmtheiten ein, konstituiert sie - Luhmann nennt dies <u>Relationierung von Relationen</u> (1975d: 213) - Relationen als (für diesen Kontext) nichtkontingente Beziehung zwischen Kontingentem (1973a: 73). In unserem Falle definiert sie die Beziehung des Systems zu sich selbst und garantiert ihr eine (allerdings aufhebbare und insofern lediglich) relative Nicht-Kontingenz (76). Das heißt, nur weil das System eine Umwelt hat, kann es sich in sinnhafter Form auf sich selbst beziehen (ebd.). Die Kritik an der Vorstellung vom selbstgenügsamen Ganzen, das seine Teile auf die eigene Bestandserhaltung orientiert, betrifft also genau den Punkt, der zur Bildung selbstreferentieller Begriffe zwingt (1975b: 195).

Zeit dient <u>systemintern</u> insofern als Interdependenzunterbrecher, als die evolutionär erreichten Systemzustände nicht mehr beeinflußt werden können, wohl aber, da sie das Repertoire für weitere Problemlösungen festlegen (1975d: 207), auf die Zukunft Einfluß ausüben und dadurch die Beliebigkeit der Selbstreferenz einengen (1977: 28f). Die Einführung von Zeit versetzt die Änderung von Systemstrukturen in Abhängigkeit von deren nicht mehr änderbarer Geschichte und fixiert auf

diese Weise die Bedingungen, unter denen Systeme sich auf
sich selbst beziehen.
Die durch unabhängige Instanzen stabilisierte Zirkularität der
Selbstreferenz kann jedoch re-instabilisiert werden, sofern
das System auf seine Umwelt einwirkt, so daß es nun auch zu
seiner Umwelt wieder Zirkularität herstellt, bzw. sofern es
sich im Hinblick auf eine erwünschte oder zu vermeidende Zukunft ändern will und dadurch die Gegenwart aus einer unabhängigen in eine von vorgestellten künftigen Zuständen abhängige
Variable verwandelt (29). Aufgrund der Zirkularität des System/Umwelt-Verhältnisses, auf das wir uns jetzt im weiteren
allein konzentrieren wollen, kommt es also zum Abbau von Interdependenzunterbrechungen. Das System richtet seine internen
Relationen nicht nur an den externen Relationen aus, sondern
kann seine Umwelt auch seligieren oder gar ändern und dadurch
diejenigen Bedingungen erzeugen, denen es sich anzupassen vermag (1975d: 210). Von der Umwelt hängt nicht nur ab, wie das
System eigene Zustände auf eigene Zustände bezieht (1977: 27),
sondern die Art, in der Umwelt systemintern repräsentiert
wird, bestimmt auch die Rasterung der dem System zugänglichen
Umwelt (32). Den Interdependenzunterbrechungen im System, die
das System für sich selbst bestimmbar machen, entsprechen die
Diskretierung und Typenbildungen für die Umwelt (30). Wird
das System durch Umweltbezug, so wird die Umwelt durch Systemreferenz bestimmbar gemacht und jede Bestimmung durch Horizontbildung von Unbestimmbarem abgesetzt. Innen ebenso wie
außen entsteht daher ein Zugleich von Bestimmtheit und Unbestimmtheit (ebd.). Werden diese Innen- und Außenhorizonte jeweils isoliert für sich betrachtet, lassen sich die im Horizontbereich liegenden Strukturen beliebig weit zerlegen. Werden sie dagegen relationiert, "limitieren sie sich wechselseitig durch Begrenzung der für ein System relevanten Umwelt
und durch Festlegung der dafür relevanten, in einer spezifischen Systemreferenz nicht weiter auflösbaren Elemente"
(1975d: 209). Wie schon das Verhältnis von Außenhorizont und
Transzendenz wird mithin nun auch das Verhältnis von Innenhorizont und innerer Komplexität in die System/Umwelt-Relation überführt. Damit gibt Luhmann die Bedingungen an, unter
denen das Unbestimmte erfaßbar ist.

Luhmann geht überdies bekanntlich davon aus, daß personale
und soziale Systeme wechselseitig füreinander Systemumwelt
sind. Deshalb stehen im Rahmen der systemtheoretischen Konzeption auch Individuum und Gesellschaft in einem zirkulären
Verhältnis, in welchem sie sich gegenseitig bedingen, ohne
aufeinander zurückführbar zu sein (1977: 30). Entsprechend
definiert Luhmann das scheinbar sozial unbestimmte innerliche
Erleben - im Gegensatz zum Handeln, dessen Reduktivität vom
jeweiligen System ausgeht - als einen Selektionsprozeß, dessen
Selektivität der Umwelt des jeweiligen Systems zuzurechnen,
also als schon vorgegeben zu behandeln ist (1971a: 75ff;
1971c: 305f). Auch wenn sie auch anders möglich ist, hängt die
Zurechnung, so Luhmann, folglich von kulturellen und sozialen
Prozessen ab (1972b: 17 = 1977: 74).
Die "Innerlichkeit"[91] steht demnach nicht im Bereich der Unverfügbarkeit, sondern ist in das System/Umwelt-Verhältnis
eingeordnet und dadurch theoretischen und praktischen Zugriffen zugänglich gemacht. An die Stelle einer gesellschaftsexternen Geistigkeit, eines transzendentalen Bewußtseins, das
sich der Gesellschaft gegenübersetzt und sie sich in Akten
des reinen Denkens erklärt, tritt der unüberspringbare und
irreduzible Zirkel, innerhalb dessen Gesellschaft sich selbst
thematisiert (1973a: 81). Gleichzeitig stehen soziale und
psychische Systeme natürlich auch dann, wenn sie aufgrund ihres Umweltkontaktes für sich selbst bestimmbar sind, innen wie
außen im Horizont weiterer Möglichkeiten. Wenden sich Systeme
auf sich selbst zurück, dann thematisieren sie sich als Elemente der nach außen und innen hin offenen System/Umwelt-Relation und werden damit für sich selbst kontingent, also in Anpassung an Umwelt oder durch Bezug auf systemintern ausgeklammerte Möglichkeiten variierbar (74). Die durch Umweltkontakt
zustande gekommene selbstreferentielle Identifikation, d. h.
die Festlegung dessen, was im Systeminnern als Element und was
als Beziehung zwischen Elementen fungiert, vernichtet also die
appräsentierte Unendlichkeit des "Innenhorizontes" nicht,
vielmehr schließt sie das offen Appräsentierte auf eine solche
Weise ab, daß es zugleich erhalten bleibt und als Voraussetzung weiterer Operationen benutzt werden kann (1977: 23).
Ebenso wie das "Woraus" der Selektion, die Welt, mitfungieren-

der Horizont allen Erlebens und Handelns ist, erfährt sich
auch das System selbst bei allen sinnhaften Selektionen als
mitfungierend (22f), und ebenso wie der äußere bietet auch
der innere Hintergrund Möglichkeiten für anschließende oder
korrigierende Selektionen. Innen wie außen kann es demnach,
wenn ein Kommunikations- oder intrapsychischer Prozeß auf
sich selbst zurückgreift und die unbestimmt gebliebenen Verweisungen früherer Prozesse thematisiert, zu jener Repräsentation des Appräsentierten kommen, durch welche die Komplexität der nach innen und außen hin zugänglichen Welt immens gesteigert, niemals aber die Fülle des Appräsentierten einge-
fangen zu werden vermag (24f). Selbst Repräsentation des
Seins, der Welt, des Ganzen impliziert "ein Risiko des Außerachtlassens", das nur durch Negation des Repräsentierten und
Neubau kompensiert werden kann, also nur wiederum durch Repräsentation, die zwangsläufig ebenfalls reduktiv verfährt,
selbst wenn sie "vom Sein aus das Nichts, von der Welt aus
den transzendenten Gott oder das extramundane Subjekt" konzipiert (ebd.). Das heißt, das Zirkulieren von System und Umwelt
ist weder durch eine äußere noch durch eine innere Repräsentation beendbar. Auch außerweltlicher Gott und transzendentales Subjekt lassen sich noch durch weiterführende Analysen
negieren. Die Einordnung der internen Unbestimmbarkeit (sei
sie sozialer oder personaler Natur) in die zirkulare System/
Umwelt-Relation richtet sich - analog zur Einordnung der
Transzendenz - nicht nur <u>gegen die Unverfügbarkeit</u> des systemintern Appräsentierten, sondern auch und damit zusammenhängend <u>gegen dessen unnegierbare Hypostasierung</u>; beruht doch
die Nicht-Negierbarkeit dieser Hypostasierung auf dem Dunkel
des Verhältnisses, welches das System zu ihr hat (1973a: 75).
Umgekehrt formuliert besagt dies, daß die Bestimmtheit des
Verhältnisses, welches das System aufgrund des Umweltkontaktes
zu seiner Einheit besitzt, den Grund für deren Negierbarkeit
darstellt und insofern der Rückzug in die weltlose Innerlichkeit oder die Nischen der Gesellschaft ebenso ausgeschlossen
ist wie die unhinterfragbare Aufwertung des sozialen oder personalen Systems, handele es sich nun um die Perfektionierung
der Gesellschaft (81) oder die Privilegierung des Subjekts al,
des Trägers der Welt (72). Quer dazu formuliert läßt sich wie-

derholen, daß auch nach außen hin offen Appräsentiertes nicht jenseits der Welt liegt, dort jedoch, wo es durch Systemreferenz bestimmt, also repräsentiert wird, eben deshalb als kontingent erscheint und insofern sowohl zugänglich gemacht wie nicht abgeschlossen werden kann.
Die Wirklichkeit als ganze kommt also innerhalb des System/Umwelt-Verhältnisses zu stehen, und gleichzeitig lassen sich ihre Horizonte ständig ausweiten, ohne daß eine Grenze jemals zu erreichen wäre. Damit ist gesichert, daß funktionale Analyse auf Gegenstände aller Art anwendbar ist und daß sie zugleich niemals an ein Ende gelangt. Immer muß beides beachtet werden; daß Welt eine selbstsubstitutive Ordnung ist, die sich nicht überbieten läßt, weil alles, was sie ablösen könnte, wiederum die Form von Welt annimmt (133), und: daß Welt von einer solchen Unbestimmtheit ist, daß sie unformulierbar bleibt (25). Verwehrt der erste Gedanke dem Religionssystem die Möglichkeit, sich in Bereiche (etwa Subjektivität oder Transzendenz) zu flüchten, die dem Zugriff der soziologischen Untersuchung entzogen sind, und garantiert er auf diese Weise die Universalität der sozialwissenschaftlichen Forschung, so begründet der zweite Gedanke die Vorläufigkeit aller soziologischen Aussagen und fordert daher dazu auf, von letzten Repräsentationen auf Entwicklung, Steigerung, Evolution und von unnegierbaren Hypostasierungen auf Reflexion umzudenken (vgl. 1973b: 167). Die Komplexität der Welt hat heute ein derartiges Niveau erreicht, daß der Welt nicht zu entkommen, daß die Welt aber auch nicht einzuholen ist.

1.8. Generalisierung und Spezifikation

Aufgrund des äußeren und inneren Komplexitätsüberhanges, der in das Verhältnis zwischen System und Umwelt Indeterminiertheit bringt (1977: 15), läßt sich jede Bestimmung relativieren und Kontingenz nur über Relationierung von Relationen, also über die gegenseitige Festlegung dessen, was im System und was in der Umwelt als Element bzw. Relation fungiert, limitieren (1975d: 212). Diese bekanntlich durch Komplexitätsasymmetrie zwischen System und Umwelt überhaupt erst ermög-

liche wechselseitige Limitierung kann natürlich durch den
vor allem von der Umwelt bereitgestellten Komplexitätsüberschuß wiederum entgrenzt und in einen unfertigen Zustand versetzt werden. Das heißt, mit Steigerung der Komplexität wächst
der Bedarf an Selektionen, die mit höherer Komplexität kompatibel sind, der Bedarf an Negationsleistungen, die den Eliminierungseffekt minimieren, veränderten oder auch noch nicht
absehbaren künftigen Entscheidungsanforderungen standhalten
können und insofern höhere Beständigkeit besitzen (1975d:
214f)[92]. Luhmann nennt diese Fähigkeit, mit steigenden und
wechselnden Komplexitätsanforderungen fertigzuwerden, Rationalität (1964a: 47). Rational ist ein System in dem Maße, wie
es Komplexität zu absorbieren und sich daher in einer überkomplexen Welt stabil zu halten vermag (1966: 108). Mit dem Entstehen einer komplexeren Welt wächst aber auch der Bedarf an
schärferen Selektionen, deren Negationsbreite zunimmt und deren Konsistenz insofern gerade problematisch wird (1975d:
214). Rationalität muß daher in der Lage sein, hohe Beliebigkeit und Spezifikation zu kombinieren (1975b: 200f).
Dies gelingt ihr jedoch nicht durch Aufstellung materialer Repräsentationen, selbst wenn sie auf scheinbar höchstmöglichem
Generalisierungsniveau erfolgen - lassen sich doch auch diese
angeblich höchstabstrakten Repräsentationen noch beliebig
weit hinterfragen und immer wieder durch neue ersetzen; dies
gelingt ihr schon gar nicht durch Fixierung eines Sachverhaltes, von dem man gegebenenfalls auch absehen könnte, auch
nicht durch Bevorzugung von Umweltbeziehungen des Systems vor
anderen Strukturen und Prozessen (196), sondern nur mittels
Erstellung formaler Prinzipien der Relationierung von Relationierungen (1973a: 73, 80). Begrenzt Relationierung von Relationen die in sich offenen Relationen zwischen möglichen
Elementen und möglichen Ordnungen in System und Umwelt durch
Bezug auf die wechselseitigen Bedingungen ihrer Kompatibilität (1975d: 213) und kann zugleich diese Bestimmung immer
auch anders vorgenommen werden, so geht es jetzt um nichtkontingente Prinzipien in diesen System/Umwelt-Beziehungen,
die imstande sind, sowohl den Aufbau von Strukturen wie ihre
Auflösung zu regulieren. Diese Prinzipien sind Kriterien für
die Konsistenz von Relationen und vermögen gleichzeitig die

zunächst nichtkontingente Beziehung zwischen Kontingenzen als ihrerseits kontingent zu behandeln (1973a: 73). Sie kontrollieren die Art, wie System und Umwelt ihre jeweils eigenen Beziehungen gegenseitig fixieren und wie sich System und Umwelt (gerade weil sie sich wechselseitig bestimmen, also voneinander differieren) gegenseitig kontingent setzen können; d. h., sie geben die Form an, in der System und Umwelt die Möglichkeiten ihrer Beziehungen limitieren (vgl. 1973b: 146). Die Kohärenz der Negationsleistungen dieser Prinzipien wird also durch einen zweistufigen Ansatz gewährleistet. Während auf der unteren Ebene die externen und internen Relationen stets auflösbar sind und System und Umwelt deshalb jeweils als kontingent erscheinen, erfolgt die Konsistenzregelung auf einer Ebene, die die verschiedenen möglichen System/Umwelt-Beziehungen verbindet (vgl. 150). Dadurch sind die Formeln für Rationalität mit rationalen Unentscheidbarkeiten in den Einzelrelationen kompatibel (1975d: 213) und können dennoch hohe Spezifikation verkraften.

Als Beispiele für solche Formeln führt Luhmann Gerechtigkeit und Wirtschaftlichkeit an - "Gerechtigkeit nicht mehr nur verstanden als Gleichheit innerhalb der Tausch- und Vergeltungsbeziehungen (Gleiches für Gleiches), sondern als Konsistenz der verschiedenen Beziehungen von Rechtsbedingungen und Rechtsfolgen" (1973a: 73), als Kriterium des Selektionsstils der vorneuzeitlichen, nacharchaischen Hochkultur, in der der politisch-rechtliche Komplex den Primat beansprucht (1970b: 225f); "Wirtschaftlichkeit nicht mehr nur verstanden als Maximierung eines durch Aufwand erreichten Ertrags, sondern als Optimierung des Verhältnisses verschiedener möglicher Beziehungen zwischen Aufwand und Ertrag" (1973a: 73), "als Reflexionsprinzip der bürgerlichen Gesellschaft, das _alle_ ihre Werte und Bestrebungen zu vermitteln in der Lage sein soll" (80). Wie wir sehen, richten sich die Selektionskriterien nach gesellschaftsstrukturellen Bedingungen und wandeln sich mit ihnen (1977: 202). In vorneuzeitlichen Gesellschaftsformationen waren sie mit <u>Kontingenzformeln</u> identisch (1973b: 141f).

Kontingenzformeln dienen dazu, Negationsgebrauch zu domestizieren (1977: 186) und die unbeschränkte Kontingenz der Welt - alles könnte anders sein - innerhalb eines besonderen Funk-

tionsbereiches in sinnvolle Negations- und Bestimmungsmöglichkeiten, in strukturierte Kontingenz zu transformieren (201; 1978b: 14). Durch soziale Differenzierung verstärken sich die divergierenden und wechselnden Komplexitätsanforderungen gegenüber den einzelnen Teilbereichen, so daß diese ihre Kommunikationsprozesse und -strukturen nur aufrechtzuerhalten vermögen, wenn sie sie in einer solchen Weise modalisieren, daß Identität und Nichtidentität, Kontinuität und Diskontinuität zugleich möglich sind (1977: 188). Unter Abstraktionsdruck bilden Teilsysteme deswegen Dualkonstruktionen wie Recht/Unrecht, Haben/Nichthaben, Wahrheit/Unwahrheit aus, die auch Kontingenzen aufnehmen und dadurch Vollständigkeit erreichen. Die Disjunktionen sind aber nicht nur vollständig, sie betreffen auch jeden Teilnehmer des Gesellschaftssystems. Sowenig wie jemand, wenn Eigentum einmal institutionalisiert ist, weder haben noch nichthaben kann (202), sowenig kann er unter den Bedingungen des Rechtssystems aus der Unterscheidung von Recht und Unrecht herausfallen (vgl. 1973b: 141). Kontingenzformeln begründen die operative Einheit der Duale, versehen sie mit hinreichend instruktiven Prämissen für selektive Praxis und bringen Beteiligung _aller_ am System zum Ausdruck (1977: 201f). Sie sind mithin "_Universalformeln für die Gesamtkonstruktion eines Funktionsbereichs unter spezifischen_ Relevanzgesichtspunkten" (202). Als Beispiele für solche Kontingenzformeln nennt Luhmann Knappheit für den Bereich der Wirtschaft, Limitationalität für das Wissenschaftssystem, Gott für das Religionssystem, Gemeinwohl bzw. Freiheit für den Bereich der Politik (203).
Mit der Zunahme an Komplexität im Laufe der Evolution reichen die binären Rekonstruktionen der Kontingenz als Selektionsanweisungen allerdings nicht mehr aus (201). Weder gibt Wahrheit genügend instruktive Entscheidungsgesichtspunkte für die Auswahl richtiger Sätze an die Hand, noch stellt Gerechtigkeit einen anwendbaren Maßstab der Rechtsfindung dar (ebd.). Kontingenzformeln und Selektionskriterien trennen sich daher im Gefolge gesellschaftsstruktureller Wandlungen, genauer mit dem Entstehen der bürgerlichen Gesellschaft etwa in der Mitte des 18. Jahrhunderts (1973b: 131, 142). Das hängt damit zusammen, daß seit diesem Zeitpunkt die _Idee der Perfektion_,

in der die zwei Funktionen noch eine undifferenzierte Einheit
bildeten, durch den beide Funktionen unterscheidenden Ent-
wicklungsbegriff abgelöst wird (134; 1977: 221). Die Idee der
Perfektion bezeichnet bei Luhmann unüberbietbare Repräsentationen und unnegierbare Hypostasierungen; sie steht für ne-
gierte Kontingenz bzw. für nicht mehr negierbare Notwendigkeit (etwa für Gott, Wahrheit, Ursprung oder Subjekt); ebenso
kann sie eine komperatistische Form annehmen, mit der man über
die ganze Breite sprachgegebener Steigerungsmöglichkeiten argumentieren kann und, sei es in Mystik oder Politik, Wissens-
erhaltung oder häuslicher Lebensführung, jeweils einen nichtnegierbaren Kulminationspunkt anvisiert, in dem alle Steige-
rungen konvergieren (1977: 219ff). In all diesen Fällen absorbiert Perfektion Kontingenz dadurch, daß sie in sich selbst
zurückläuft, setzt sie sich selbst als notwendig nicht-kontingent, blockiert sie ihre eigene Negierbarkeit (130ff). Dadurch
ist sie geeignet, das (genaugenommen: unlösbare) Begründungs-
problem von Ordnungen zu lösen, die nicht durch andersartige
Ordnungen ersetzt, sondern nur im Anschluß an sich selbst
fortentwickelt werden können (1973b: 135), die also wie die
Welt selbstsubstitutiv sind, etwa Wissenschaft, Recht, Kunst,
Religion, Politik, Familie. Erst in der Neuzeit können aufgrund weit getriebenen Auflösevermögens und heterogener Stei-
gerungsperspektiven Perfektionsvorstellungen temporal gesprengt, possibilistisch überboten und epistemologisch bedingt werden (1977: 221f). Damit gerät das Perfekte in eine
Lage, in der es außerstande ist, mit den erhöhten Komplexitätsanforderungen noch fertigzuwerden, und wird genau aus
diesem Grunde selbst kontingent (222), nämlich von nicht ab-
gefangenen Möglichkeiten aus überfragbar. Das unlösbare Be-
gründungsproblem erscheint nicht mehr als lösbar, vielmehr
fällt gerade der Unlösbarkeit von Problemen die Aufgabe zu,
strukturelle Entwicklungen dauerhaft zu stimulieren (207)[93].
Nicht Antworten, Gewißheiten, Begründungen, sondern Probleme
treten nun als permanente Gegebenheiten auf, die, weil sie
durch Systemstrukturen nicht definitiv gelöst werden können
(1964a: 40), als unverbrauchbare Katalysatoren für den Aufbau
komplexer Systeme dienen (1977: 207). Lösungen gelten folglich nur insoweit, als sie geändert werden können. Werden sie

perfektioniert, verlieren sie ihre Kohärenz. Nur durch Negation und Neukonzeption kann das Risiko des Weglassens, mit dem auch noch so komplex angesetzte Bestimmungen zwangsläufig verbunden sind, kompensiert werden. Dies macht es erforderlich, nicht-kontingente Prinzipien auf einer Ebene anzusiedeln, auf der sie mit evolutionärem Wandel und divergierenden Anforderungen kompatibel sind.

Die Frage, die sich hier nun ergibt, lautet jedoch, ob die Systemtheorie, ausgerüstet mit solchen abstrakten Kriterien, nicht nur höchste Universalitätsansprüche stellen darf, sondern auch bis zur schärfsten Konkretion vorzudringen vermag, oder ob sie ihre Allgemeinheit mit einem Mangel an empirischer und inhaltlicher Relevanz erkauft. Diese Frage, die gegenüber systemtheoretischen Konzepten oft erhoben wird[94], beantwortet Luhmann in bewußter "Bescheidung" (1967b: 128). Die Tatsache, daß der funktional-strukturelle Ansatz allgemein anwendbar ist, besagt - so erklärt Luhmann - nicht, daß er allen sozialen Phänomenen in ihrer vollen Konkretheit und in allen nur möglichen Hinsichten gerecht würde (1964a: 45; 1971c: 379; 1975c: 150; 1978b: 17). Der Ansatz wählt aus, wie jede Theorie, er gibt die Ordnung des Verhältnisses des Seienden zu seinen anderen Möglichkeiten an (1962b: 56) und fixiert die Gesichtspunkte, unter denen sich diese Ordnung formiert (1964a: 47) und verändert, aber er entwirft kein "Axiomensystem, aus dem sich deduzieren ließe, daß die Welt in einem bestimmten Zustand ist und nicht in einem anderen" (1967b: 128)[95]. Die funktional-strukturelle Analyse skizziert lediglich den strukturell-umrissenen Bereich von Möglichkeiten, von denen eine sich ereignet (130). Oder dasselbe mit anderen Worten: sie rekonstruiert die Realität, "in der alle Probleme immer schon gelöst sind" (1978b: 20), jeweils im Hinblick auf ein Problem, das immer auch anders gelöst werden könnte. Welche Lösung Wirklichkeit wird, kann sie nicht vorhersagen, denn für eindeutige Prognosen und lineare Erklärungen sind soziale Systeme zu komplex strukturiert[96]. Die Realität in ihrer Konkretheit, das Seiende als es selbst zu erreichen, ist nicht das Ziel der funktional-strukturellen Theorie (1975c: 150), denn das "Wesen" einer Selektionsleistung erhellt sich aus dem, was sie nicht ist (1962b: 58), aus dem

Verhältnis zu ihrem Bezugsproblem und aus dem Vergleich mit ihren funktionalen Äquivalenten. Damit ist natürlich nicht gemeint, daß Systemtheorie auf den Kontakt zur wirklichen Welt verzichtet (1969a: 261) - benennt sie doch Kriterien, die die Konstitution und Variation von Strukturen steuern, lokalisiert sie doch in den Strukturen die jeweils maßgebenden "Bedingungen der Möglichkeit" und ist doch schließlich Möglichkeit als "eine Generalisierung von Wirklichkeit" zu begreifen (1971c: 315). Der Systemtheorie kommt es nur darauf an, die Kategorien, Kriterien und Vergleichsgesichtspunkte, die sie aufstellt, so zu wählen, daß sie möglichst viele Sachverhalte übergreifen. Da aber die Komplexitätsanforderungen ständig steigen, muß die Systemtheorie, interessiert daran, mit minimalen begrifflichen Mitteln höchste Weltkomplexität zu kontrollieren (1977: 132), ihre Aussagen immer abstrakter gestalten, so daß ein Bedarf an <u>Respezifikation</u> entsteht, der Bedarf, die hochgeneralisierten Formeln und Begriffe zu präzisieren (1973b: 154).
Respezifikation wird durch eine Technik geleistet, die sowohl eine Mehrzahl von sich wechselseitig einschränkenden Variablen (Größe des Systems, Varietät, Interdependenz, Generalisierungsgrad, Nebenfunktionen usw.) (155f) als auch unterschiedliche, ihre Aussagemöglichkeiten gegenseitig limitierende theoretische Ansätze (System-, Evolutions-, Kommunikationsmedientheorie) in ihre Analyse einbezieht (1975b: 196). Durch eine solche Kombination unterschiedlicher Variablen und Theoriestücke werden - so hofft Luhmann - die Bedingungen der Möglichkeit so stark restringiert, daß bis zu empirischen Aussagen vorzudringen ist (1976a: 49ff). Durch eine solche Kombination entstehen aber zugleich - wie Luhmann ebenfalls erklärt - "unübersichtliche Verhältnisse" (1975b: 196), und wir werden diese wohl als ein unträgliches Zeichen dafür nehmen müssen, daß die theoretische Analyse die Empirie tatsächlich erreicht hat. Das heißt, mit Respezifikation geht der Gewinn der Theorie, ihre durch Reduktion, Generalisierung, Abstraktion errungene Klarheit und Allgemeinheit, verloren; andererseits bringt Universalisierung der Begriffe einen Mangel an Konkretion mit sich, durch den die Bestimmtheit und inhaltliche Vielfalt der theoretischen Leistung Einbuße erleidet

(1973b: 154; 1975f: 9). Hohe Beliebigkeit und Spezifikation
widersprechen sich, worin sich übrigens der Gegensatz von
Systemtheorie und funktionaler Analyse wiederholt. Dennoch
kann Luhmann auf beides nicht verzichten, denn er will eine
einheitliche Theorie mit universeller Anwendbarkeit und anschlußfähigen Begriffen aufbauen (1977: 34), er will die Untersuchung von geschlossenen Systemen auf Umwelt hin ausdehnen, auch ausgeklammerte Möglichkeiten noch in die Theorie
mitaufnehmen, um die Konsistenz ihrer Aussagen (Negationsleistungen) zu erhöhen; d. h. er will der Wirklichkeit als ganzer, auch ihrer Kontingenz, gerecht werden, was unvermeidlich
zu begrifflichen Unschärfen und Überlastungen (1970a: 5)
führt[97]. Und er will seine Theorie mit Detailliertheit, Instruktivität, Operationalisierbarkeit versehen, was ihren
Universalitätsanspruch (die Stabilität ihrer Negationsleistungen) und die Übersichtlichkeit ihrer Bestimmungen beeinträchtigt. Deshalb muß er hohe Beliebigkeit und Spezifikation
miteinander zu verbinden versuchen und dort, wo das nicht gelingt (etwa beim Komplexitätsbegriff), zu Respezifikationstechniken greifen, die durch Kombination verschiedener Theoreme eine gewisse Verdichtung erzielen, aber auch ein Überangebot an Abstraktionsmöglichkeiten schaffen (1975a: 5), so daß
sich errungene Konkretisierungserfolge wieder kompensieren.
Offenbar steht die Systemtheorie Luhmanns in der Gefahr, ihr
"Rationalitätskontinuum" in Richtung auf Konkretion wie in
Richtung auf Abstraktion zu überschätzen (so Luhmann in bezug
auf Religion; 1977: 188). Selbst wenn dies zutreffen sollte,
muß dies jedoch nicht der Theorie selbst als Unzulänglichkeit
angelastet werden, sondern läßt sich dies noch als eine sachliche Entsprechung zu dem ihr vorgegebenen Problem uneinfangbarer Weltkomplexität verstehen (so 1973b: 154).
Wenn nun aber funktionale Analyse das Seiende nicht als es
selbst festhält, sondern über die Realität nur ein hoch generalisiertes Kategoriennetz wirft, dann steht die Frage, ob
und wie es zur Gewinnung von Wahrheit überhaupt kommen kann
und welches die Bedingungen der Möglichkeit theoretischer
Wahrheit sind.

1.9. Wahrheit - epistemologische Erwägungen

In der alteuropäischen Tradition wurde Wahrheit als Angleichung des Denkens an die Sachverhalte oder umgekehrt als Angleichung der Sachverhalte an das Denken verstanden (1973a: 91). Versucht im ersten Fall ein Weltrealismus, durch die Annahme einer Fremdselektion oder Selbstselektion des Seins, durch eine Theorie der Schöpfung oder Evolution plausibel zu machen, daß letzte unbestimmte Kontingenz am Gegenstand selbst limitiert ist (1974a: 184), so geht im zweiten Fall ein Begriffsrealismus davon aus, daß das Subjekt die Größe ist, die Komplexität reduziert. Beide Positionen haben ihre Naivität in der Voraussetzung, daß über die wirkliche Welt bzw. den richtigen Begriff schon entschieden sei (1971a: 25), und rechnen die Wahrheit entweder external oder internal, entweder dem Sachverhalt oder dem Denken, in jedem Fall aber nur *einer* Trägergröße zu (1973a: 72, 91). Systemtheorie dagegen stellt sich unter die Prämisse, daß weder die Welt noch die Begriffe als feste Vorgaben behandelt werden können (1971a: 25); sie problematisiert die Beziehung zwischen Denken und Sachverhalt und setzt damit Wahrheit kontingent (1973a: 91). Für sie stehen Erkenntnis und Gegenstand wie System und Umwelt (1978b: 27) in einem Zirkel, in dem jede Entscheidung von beiden Seiten abhängt. Nicht Erkenntnisgründe (ebd.) wie Substanz (1962a: 26) oder Subjekt (1971a: 26ff) gewährleisten die Übereinstimmung zwischen Denken und Sein, vielmehr sind es Probleme, die der Soziologie die Einheit mit ihrem Thema, der Gesellschaft, vermitteln (1969a: 262). Das Problem, das soziologische Theorie und gesellschaftliche Praxis verbindet, "ist aber das Problem der Komplexität: daß es mehr Möglichkeiten gibt, als Berücksichtigung finden können" (256)[98]. Mithin gibt Theorie Realitäten dann in angemessener (sinnvoll verkürzter) Weise wieder, wenn sie ihrem Ansatz nach hinreichend komplex und zugleich bestimmt und instruktiv genug ist (vgl. 1971b: 53). Kriterium des Wahrheitswertes einer Theorie ist, so können wir formulieren, der Grad der bestimmbar gemachten Komplexität. Die Frage nach den Bedingungen der Wahrheitsfähigkeit von Theorien verwandelt sich damit in die Frage nach deren Fassungsvermögen. An die Stelle

des Gesichtspunktes der Richtigkeit der Wiedergabe des Vorhandenen, unter dem bisher die Eignung einer Theorie beurteilt wurde, tritt der Gesichtspunkt der Erfassung und Reduktion der Kontingenz möglicher Welten (1971a: 26), unter dem über deren Positivität a priori noch nichts ausgemacht ist.
Diese Transformation ist ein Reflex der systemtheoretischen Einsicht, daß das Seiende nicht nur im faktischen, sondern auch im erkenntnistheoretischen Sinne in einem unüberspringbaren und irreduziblen Zirkel steht. Das besagt, Widersprüche zwischen theoretisch möglichen Aussagen lassen sich nicht am Gegenstand selbst entscheiden (1975b: 195), da es einen solchen objektiv feststehenden, vorgegebenen, isolierten "Gegenstand" (das liegt schon im Begriff: Gegenstand) gar nicht gibt. Wo Widersprüche auftreten, gehören sie zur Komplexität der Gesellschaft, die in der Verschiedenheit ihrer Perspektiven die Welt als eine sozial kontingente überhaupt erst konstituiert (1967a: 74, 78). Wenn aber das Problem der sozialen Kontingenz der Welt nicht durch Rückgang auf sichere Grundlagen zu umgehen ist (68, 74), dann muß man es ernstnehmen und den Anspruch auf intersubjektiv zwingend gewiß übertragbare Wahrheit bzw. auf einen auf der Vernünftigkeit aller Menschen beruhenden Konsens und damit den Optimismus in bezug auf die Herstellbarkeit richtiger Zustände fallenlassen (67; 1969a: 261).
Hier rekurriert Soziologie nach Luhmanns Verständnis auf Fragestellungen der <u>Aufklärung</u>, an deren Anliegen sie einerseits bejahend anknüpft und von deren Intentionen sie sich andererseits in dem Versuch, der Aufklärung ihre Grenzen zu weisen, distanziert (1967a: 67, 71). Mit der Aufklärung konform geht Soziologie insofern, als sie das Ziel hat, mehr Komplexität zu erfassen, als im alltäglichen Handeln aktualisiert werden kann, und als ihre Analyse dadurch in eine wachsende - übrigens typisch aufklärerische - Distanz zur Eigenperspektive des Handelns gerät (74)[99]. Soziologie unterscheidet sich von der Aufklärung, weil sie Komplexität nicht durch den Erwerb von immer mehr Wissen zu erfassen sucht und nicht der Utopie erliegt, daß schon die Befreiung des Menschen zur Vernunft die Adäquität dieses Wissens sicherstelle, sondern weil sie stattdessen wirkungsvolle Mechanismen der Reduktion von Kom-

plexität - Systeme - entwickelt und dadurch zugleich das menschliche Potential zur Erfassung von Komplexität effektiv steigert, ohne doch jemals der Hoffnung nachzugeben, daß an ein Ende zu kommen, alles zu wissen, also letztgültige Wahrheit herstellbar wäre (73, 77; 1978b: 27). Und Soziologie weiß sich von der Aufklärung unterschieden, da sie aufgrund ihres höheren Komplexitätsniveaus und ihres Verzichtes auf sichere Maßstäbe die Inkongruenz zwischen wissenschaftlicher Interpretation und Selbstdarstellung des Handelnden nicht zu überziehen, mithin die Eigenperspektive des Handelnden nicht rücksichtslos zu Fall zu bringen braucht, diese vielmehr auf übergreifende Gesichtspunkte, nicht auf latente Ursachen, sondern auf latente Funktionen und Strukturen, auf ausgelassene Möglichkeiten beziehen kann und daher den Handelnden nicht als Vollzugsorgan eines einzigen beschämenden Grundmotivs begreifen muß, sondern ihn als einen durch Weltkomplexität Überforderten sieht (1969a: 71). Indem Soziologie der Aufklärung ihre Grenzen zuweist - Luhmann nennt dies Abklärung der Aufklärung (67) - und sowohl auf Letztbegründungen von Erkenntnis (gemeinsamer Vernunftbesitz, gegenständliche Evidenz, Substanz-, Subjektbegriff) wie auf die Annahme einer unreduzierten Erfaßbarkeit der Komplexität von Welt verzichtet, kann sie einerseits die Herrschaft einer besserwisserischen und gleichmacherischen Vernunft bekämpfen und in bezug auf ihre eigenen Aussagen sich um eine Steigerung von Komplexität durch Reduktion von Komplexität bemühen und andererseits eben aufgrund dieser Steigerungstendenz auch noch soziale Strukturen und Funktionen, also auch sozial bedingte Unterschiede des menschlichen Erlebens und Handelns berücksichtigen und damit dem jeweiligen Selbstverständnis des Handelnden, das die totalitäre Vernunft lediglich entlarvt, besser gerecht werden (67f, 73). Dadurch, daß Soziologie an einer Erhöhung ihres Fassungsvermögens für Weltkomplexität arbeitet, stellt sie sich jedoch zugleich unter das Postulat der Aufklärung, denn deren verborgenes Problem wird durch die Frage bezeichnet, wie übermäßig komplexe Informationsbestände bewältigt werden können (72, 86).

Vermittelt nun aber weder Vernunft noch das Seiende selbst eine Garantie für die Wahrheit einer Aussage, dann muß gefragt werden, wie die Wissenschaft den Realitätsgehalt ihrer Analysen kontrollieren kann und welches die Ermöglichungsgründe von Wahrheitsgewißheit sind. An dieser Stelle hat das Luhmann'sche Konzept von Supertheorie seinen logischen Ort. Supertheorien betreuen innerhalb des ausdifferenzierten Wissenschaftssystems die Systemreferenz Reflexion (1978b: 10). Sie sind die Auffang- und Abwehrebene für epistemologische Ansprüche (9). Ihr Auslöseproblem haben sie in dem Verhältnis von Erkenntnis und Gegenstand, denn dessen Zirkularität verhindert es ja, daß sich Widersprüche zwischen verschiedenen theoretischen Auffassungen am Gegenstand selbst entscheiden lassen (22f; 1975b: 195). Systemtheorie stellt diese Zirkularität in der Form der System/Umwelt-Relation dar und erklärt die Unentscheidbarkeit der Widersprüche in den Urteilen durch die Unüberspringbarkeit und Irreduzibilität des Zirkels und die Entstehung von Widersprüchen durch die Möglichkeit unterschiedlicher System/Umwelt-Relationen, also nicht nur durch die Kontingenz möglicher Welten, sondern auch durch die Komplexität der Gesellschaft. Daran wird klar, "daß und weshalb Entscheidungsleistungen, die der Gegenstand nicht erbringt, aus der Sachdimension in die Sozialdimension verschoben oder sogar in die Zeitdimension aufgeschoben werden müssen" (1978b: 23). Supertheorien antworten auf diese Problemlage, indem sie nicht die "Natur", sondern den Gegner und dessen "Natur"-auffassung in den eigenen theoretischen Rahmen einbeziehen. Sie orientieren sich an den Beziehungen des Gegners zum Gegenstand, d. h., sie sind nicht selbst gegenstandsbezogen, sondern relationieren Relationen zum Gegenstand, um sich an ihnen gegen sie zu entscheiden (ebd.). Dies geschieht dann, wenn es gelingt, die Theorie des Gegners zu reproblematisieren und dabei auf Probleme zu beziehen, die die eigene Theorie, wie sich dann herausstellt, besser lösen kann (20). Die Gefahr einer solchen Taktik besteht darin, daß sie ein Seitenproblem für das Hauptproblem erklärt und die gegnerische Position einer inkongruenten Perspektive unterstellt (ebd.). Um dieser Gefahr zu entgehen, entscheidet sich Luhmann für eine Mehrstufigkeit des Ansatzes, die die eigenen Kriterien von den Intentionen des Gegners unterscheidet, ohne

diese deshalb zu entwerten (1975d: 215), und die gerade dadurch die Analyse befähigt, die Intentionen des Gegners mitzuerfassen und mit eigenen begrifflichen Mitteln zu rekonstruieren (1978b: 20). Auf diese Weise kann die Totalisierungsstrategie für den Gegner einen berechtigten Platz im eigenen Aussagesystem finden und sowohl verständlich machen, weshalb er opponiert, als auch, weshalb man sich selbst im Gegensatz befindet (18).
Auch sofern eine Theorie ihre eigene Negation mitreflektiert, ist allerdings die Garantie einer objektiven Entscheidung aller Konkurrenzlagen nicht zu erbringen (24). Die Gewinnung einer unnegierbaren Wahrheitsgewißheit scheitert an der Unnegierbarkeit der Fähigkeit zu selbstbezüglichen Negationen. Das schließt aber nicht die Nennung von Kriterien aus, die es erlauben, über die Güte der konkurrierenden Supertheorien zu urteilen (ebd.). Systemtheorie stellt Komplexität und Lernfähigkeit (= Komplexität in der Zeitdimension) als übergreifende Kriterien auf und mißt alle Theorien an ihrem Potential für Erfassung und Reduktion von Komplexität (1967a: 86). Einerseits richtet sie sich deswegen gegen Theorien, die in ihrer Selbstbestimmung auf appellative Begriffe angewiesen sind und dadurch ihre Lernfähigkeit limitieren, vor allem ihre Fähigkeit zur Aufnahme konstruktiver Fremderfahrungen (1978b: 25). Andererseits darf der systemtheoretische Entwurf, sofern er alle Theorien auf ihr Komplexitätsniveau hin untersucht, nicht nur andere Konzeptionen auf das Komplexitätsproblem beziehen, sondern muß auch sich selbst diesem Problem unterstellen und damit sich als ein System unter anderen seinem eigenen Gegenstandsbereich einordnen (1967a: 86). Freilich ist Anwendung der Soziologie auf sich selbst keine Technik zur Entwicklung selbstreferentieller Gewißheit. Auch innerhalb der Selbstrelationierung bleibt Soziologie an ihre eigene Formtypik gebunden und analysiert sich als ein System, das Komplexität erfaßt und reduziert (1977: 19). Ausgestattet mit kritischer Reflexivität kann sich soziologische Aufklärung allerdings selbst aufklären und, statt an der Entlarvung anderer zu arbeiten, zu sich selbst Distanz gewinnen (1967a: 86), sich mit anderen Möglichkeiten vergleichen und die eigenen Erkenntnisse der historischen Relativierung aussetzen

(1978b: 12).
Ob freilich das Kriterium, unter dem sie sich und die konkurrierenden Bestrebungen begutachtet, richtig gewählt ist, vermag sie auch nicht mit Hilfe von Supertheorien definitiv auszumachen. Es scheint, daß eine Entscheidung darüber nicht - wie Luhmann meint (1977: 66, Anm. 16) - anhand der Frage zu gewinnen ist, welche der Theorien größere Material- und Wissensbreiten zu aktivieren in der Lage ist (vgl. 1971c: 398) - wäre doch damit das erst zu bestimmende Kriterium bereits vorausgesetzt[100] -, sondern, sofern wir in Luhmanns Argumentationsrahmen bleiben wollen, allein anhand der Frage, welcher Theorie es besser gelingt, die jeweils andere zu rekonstruieren, in den eigenen Rahmen zu stellen und zu überbieten[101], also allein in der Sozialdimension[102]. Außerdem ließe sich gegenüber der Wahl des Komplexitätskriteriums ein methodisches Argument kritisch geltend machen. Das Kriterium, dessen sich Supertheorie bedient, wurde nämlich ebenso wie die Unterscheidung von System und Umwelt, deren zirkuläres Verhältnis die Generierung von Supertheorien erst auslöste, aufgrund von systemtheoretischen Analysen eingeführt, und man könnte Luhmann einen Zirkel nachweisen, innerhalb dessen die Geltung der Theorie 1 durch die Theorie 2 begründet werde, die voraussetze, daß Theorie 1 begründet sei (1978b: 26). Luhmann antwortet, "daß man im Wissenschaftssystem in der Tat so verfährt und so verfahren muß" (ebd.), denn ein System (beispielsweise eine Theorie) kann nicht in sich selbst seinen Abschluß finden und sich auch nicht überspringen, sondern sich nur *in* den - inzwischen sattsam bekannten - Zirkel stellen. Das läuft deshalb auf keine Tautologie hinaus, weil für alle Systeme verschiedene Grenzen in Kraft sind und verschiedene Umweltaspekte relevant werden (27). Und das endet solange nicht in einer Tautologie, solange man nicht alles weiß (bzw. solange nicht alles realisiert ist) und sich nicht die aneinander anschließenden und voneinander emanzipierenden Erkenntnisbestrebungen (bzw. Praxisanstrengungen) in einer kognitiven (bzw. energetischen) Entropie erschöpfen. Läßt man sich aber auf Komplexität als äußerstes Kriterium ein und stellt man Bedenken, gleich welcher Art, zurück, dann gilt, daß der funktionale Primat jeweils dem System zufällt, das

sich mit jeweils höherer Eigenkomplexität ausdifferenzieren
und strukturieren läßt (1970b: 226).
Das System mit dem höchsten Komplexitätsniveau - und damit
wollen wir Luhmanns Konzept von Supertheorie wieder verlassen - ist aber gegenwärtig nicht irgendeine wissenschaftliche
Theorie und überhaupt nicht das Wissenschaftssystem, sondern
die Wirtschaft. Luhmann ist freilich der Auffassung, daß es
dabei nicht bleiben muß. Schon heute projektiert das Wissenschaftssystem den Anspruch auf die gesellschaftliche Führungsrolle (227), den es auch in dem Maße, wie es die Einzelbereiche der Gesellschaft kontrolliert und deren Autonomie
relativiert (1975b: 194), imstande ist einzulösen[103]. Überführt Wissenschaft ihren gesellschaftlichen Führungsanspruch
in die Realität, so muß das nicht bedeuten, daß sie sich
selbst für das Ganze nimmt und rücksichtslos hypostasiert.
Selbsthypostasierung wurde in früheren Gesellschaften von Bereichen wie Politik und Religion aufgebaut, um die Totalität
der Gesellschaft einheitlich zu interpretieren (vgl. 1977:
150). Wissenschaft, die sich ihrem Gegenstandsbereich selbst
einfügt, reflektiert sich dagegen als Teilsystem in einer gesellschaftlichen Umwelt (1973a: 92). Sie setzt sich als
selbstreferentielles System nicht an die Stelle des Ganzen,
sondern zur Gesellschaft in Beziehung und erkennt daher, daß
sie in Korrelation zur gesellschaftlichen Evolution steht und
lediglich historisch und sozial kontingente Wahrheit bieten
kann (1975b: 200). Ob das Wissenschaftssystem den funktionalen
Primat in der Gesellschaft einmal übernimmt, wird natürlich
nicht durch Reflexion, sondern durch Leistungen der Forschung
entschieden. Auf der Ebene der Reflexion aber entscheidet
sich, ob der Primat "wiederum die Form der Selbsthypostasierung annimmt, oder ob er sich daraus begründen läßt, daß die
Wissenschaft die relativ höchste, noch bestimmbare Komplexität
unter den Teilsystemen der Gesellschaft erreicht" (1973a: 95).
Will das Wissenschaftssystem jedoch höchste Komplexität wirklich erlangen, dann muß es - soviel ist klar - auf Grundlagensicherheit verzichten, denn unbezweifelbare Gewißheiten fungieren als Stopp für die Aufnahme von Neuem. Das oberste Gebot
einer auf die Steigerung ihres Komplexitätsniveaus ausgerichteten Wissenschaft lautet deshalb: "Keine Einschränkung der

Lernfähigkeit akzeptieren! Auch nicht durch Wahrheiten!"
(1975b: 201). Genau dieser Forderung entspricht eine Theorie,
die aufgrund ihrer selbstreferentiellen Strukturierung in der
Lage ist, ihre Wahrheiten als vorläufig anzusetzen und bei
Bedarf zu ändern (vgl. 1971c: 389).

1.10. Abklärung der Aufklärung - ein soziologisches Programm

Niklas Luhmann setzt seine Theorie immer wieder in Kontrast
zu einer Denktradition, die er nicht ungern als 'alteuropäisch'
bezeichnet. Mit dem unaufdringlich distanzierenden Etikett
'alteuropäisch' versieht Luhmann das Denken eines Aristoteles,
eines Thomas von Aquin, Leibniz oder Hegel ebenso wie das von
Karl Marx, Max Weber oder Jürgen Habermas. Seine eigene Theorie präsentiert er unter dem Titel 'soziologische Aufklärung'
(vgl. Luhmann 1967a; 1970a; 1975a; 1981b) - darin sowohl auf
eine kultur- und geistesgeschichtliche Bewegung Bezug nehmend,
die der Soziologie vorgearbeitet hat, als auch den Anspruch
anmeldend, das Anliegen der an das Ende ihrer Dialektik gelangten Aufklärung umformulieren und unter Ablehnung ihrer
einstigen Prämissen neu zur Geltung bringen zu können.
Bevor wir - gewissermaßen als Zusammenfassung des ersten
Hauptteiles - Luhmanns eigenes Aufklärungsprogramm vorstellen
und die Frage seiner Einlösung aufwerfen wollen, soll sein
Begriff von Aufklärung als geistesgeschichtlicher Bewegung
kurz skizziert werden. Anhand seines Aufklärungsbegriffes
dürfte am ehesten deutlich werden, in welchen Punkten der
Jungeuropäer - wie er sich nun nennen lassen muß - alteuropäische Traditionslinien abzubrechen oder zu kontinuieren gedenkt und in welcher Weise er über sie hinauszugehen bestrebt
ist. Ob und inwiefern er seinem Anspruch auf Umformulierung
eines alten Anliegens gerecht zu werden vermag, kann erst daraufhin in einem dritten Schritt geprüft werden.

Unter Aufklärung versteht Luhmann (1967a: 66) "das Streben,
die menschlichen Verhältnisse frei von allen Bindungen an
Tradition und Vorurteil aus der Vernunft neu zu konstruieren".
Der Aufklärung sei es, so Luhmann, darum gegangen, übermäßig

komplexe Informationsbestände zu verarbeiten und sich der
Wirklichkeit durch Wissenserwerb rational zu bemächtigen (72).
Im unreflektiert vorausgesetzten Glauben an eine allen Menschen gemeinsame Vernunft habe man die Überzeugung ausgebildet, daß in zwangloser öffentlicher Diskussion Wahrheit herstellbar sei (67), "sofern nur Menschen zum Gebrauch ihrer
Vernunft freigesetzt werden würden" (1981b: 6). Am Gebrauch
der Vernunft hätte man sich vor allem durch die Fesseln der
Vergangenheit und die Macht der Institutionen gehindert gesehen. Aufklärung konstituiere sich daher als Gesellschaftskritik und als bewußte Lossagung von der Geschichte (1967a: 82).
(Zu fragen wäre, ob Luhmann hier die aufklärerische Tendenz
zur Emanzipation von der Geschichte nicht überzeichnet und
ob zur Aufklärung nicht auch der Versuch gehört, Geschichte
als einen sinnvollen Prozeß zu interpretieren und zu bewahren.
Zu denken wäre dabei zum Beispiel an Lessing.)
Luhmann (67) sieht Aufklärung weiterhin charakterisiert durch
einen "erfolgssicheren Optimismus in bezug auf die Herstellbarkeit richtiger Zustände". In der Annahme, daß theoretische
Einsichten als Handlungsanleitungen für jedermann dienen könnten, habe man unterstellt, daß Kritik an überlebten Herrschaftsformen und vernünftiger Entwurf freiheitlicher Zustände
genügen würden, um diese freiheitlichen Zustände auch herbeizuführen. (Ob in der Aufklärung durchgängig die Auffassung
vertreten wurde, daß Theorie problemlos in Praxis zu überführen sei, darf schon wieder mit einigem Recht bezweifelt werden. Moses Mendelssohn (vgl. Piepmeier 1979: 577) beispielsweise trennt aufklärerische Erkenntnis und gesellschaftliche
Verwirklichung und reduziert so den Anspruch der Aufklärung.)
Zuzustimmen ist Luhmann aber wohl, wenn er meint, daß es Aufklärung auf eine Überwindung von Differenzen ankam, der Differenz von Individuum und Gesellschaft, von Subjekt und Objekt,
von Besonderem und Allgemeinem. Dabei versteht Luhmann das
aufklärerische Bemühen um Herstellung der "menschheitlichen
Synthese des Ganzen" (1981b: 6) als eine Reaktion auf die zunehmende Differenzierung der Gesellschaft (1977: 108). Aufgrund der sich verstärkenden Sozialdifferenzierung entwickle
sich in der philosophischen Anthropologie der Aufklärung zunehmend eine Distanz zu den sich verselbständigenden Bereichen

der Gesellschaft, zur Politik, zur Religion, zur Jurisprudenz. Die aufklärerische Kritik an der gesellschaftlichen und geschichtlichen Bestimmung des Menschen, an den institutionellen und traditionellen Formen der Religion, an der Positivität des Rechts sei daher ebenso Korrelat der Aufsplitterung der Gesellschaft in einzelne Teilbereiche wie die Suche nach dem Menschen im Menschen, nach der wahren und ursprünglichen Religion, nach einem allgemeinverbindlichen Naturrecht Korrelat des Bestrebens sei, diese gesellschaftliche Aufsplitterung zu überwinden.

Entgangen sei den Aufklärern, so Luhmann, daß das, was sie zum Beispiel als die wahre, natürliche, vernünftige und ursprüngliche Religion oder als Kennzeichen der Humanität entdeckten, ein Produkt ihrer eigenen Verstandestätigkeit war und daß dort, wo sie religiöse Formen und Inhalte in ihrer historischen und sozialen Bedingtheit entlarvten, oder dort, wo sie eine auf die Verwirklichung von Humanität zielende Gesellschaft als Gesellschaft unvollendeter Freiheiten durchschauten (1978b: 33f), daß sie dort selbst unter den kritisierten geschichtlichen und gesellschaftlichen Bedingungen operierten. Statt sich auf ihre Voraussetzungen und Ankerpunkte in der Realität zu besinnen, habe die Aufklärung kontrafaktisch auf ihre eigene Normativität gesetzt (1981b: 5). Wenn aber Ideal und Wirklichkeit in einen scharfen Gegensatz zueinander gebracht werden, dann führt der Versuch, diese Ideale, beispielsweise die natürliche Religion oder die Humanität, bis in ihre Sollwerte hinein zu sozialisieren und zu historisieren zur Entdeckung der Krise (1978b: 37). Die im Festhalten an ihren Idealen sich konsolidierende Aufklärung reflektiert alle gesellschaftlichen Funktionen im Modus ihrer Defizienz: die Wirtschaft als Entfremdung und Ausbeutung, die Politik als Herrschaft, die Erziehung als Ausübung symbolischer Gewalt (34). Als Gegenhalt dazu bejaht sie Postulate wie Freiheit, Gleichheit, Brüderlichkeit oder Hypostasierungen wie Subjekt, Substanz, das Ganze oder das Wahre-Postulate, die genau jenen Einheitspunkt in der Vielfalt bezeichnen, der alle Differenzen in sich aufhebt. Dadurch verliert die Aufklärung in der Folge jedoch den "Bezug auf das, was ist" (ebd.). Die moralisierende Bewertung aller Zustände behindert die Ausschöpfung wissenschaftlicher Analysemöglichkeiten und beschränkt die Aufnahmekapazität für Komplexität (29). Durch die Aufrechterhaltung einer kontrafaktischen Norm und die Kritik aller gesellschaftlichen und geschichtlichen Realisierungsformen am Maßstab dieser Norm kommt es zu einem immensen Wirklichkeitsverlust, der nicht nur die kritisierten Gehalte und Formen erfaßt, sondern die Normen, Ideale und Werte in den allgemeinen Prozeß des Verschwindens mithineinzieht, so daß am Ende die unnegierbare, nur noch negierende Vernunft, sobald sie positiv, konkret oder gar praktisch werden will, sich immer wieder selbst verschlingt.

Luhmann zieht aus dieser negativen Dialektik die Konsequenz. Er sagt: Solange das Denken Theoriemodellen verpflichtet ist, nach denen das einheitliche Ganze oder ein außergesellschaftlicher Letztwert das Höchste ist, wird die Erfahrung nicht ausbleiben, daß die gesellschaftliche Praxis die Verheißungen und Versprechungen der Theorie widerlegt. Deshalb sei es erforderlich, die am Ganzen und Letzten orientierten Theoriemodelle der Aufklärung aufzugeben und Neues zu denken (1978d: 303). Heutiger Soziologie könne es nicht genügen, das jeweils aktuelle Theoriedesaster kritisch-lamentierend zu begleiten und als Scheitern der Aufklärung als Liquidation der Emanzipation, als Ende des Individuums oder als Selbstzerstörung der Freiheit zu beklagen (1981b: 6). Vielmehr komme es darauf an, das aufklärerische Theoriemodell auf die Typik der modernen Gesellschaft einzustellen, in der das Ganze und Allgemeine nicht mehr das Eigentliche (1978d: 303) und das Subjekt nicht mehr das Maß aller Dinge (1978b: 34) ist, also den Anspruch der Aufklärung zurückzunehmen und der Aufklärung ihre Grenzen zuzuweisen (1967a: 67). Eine solche Begrenzung des aufklärerischen Anliegens nennt Luhmann Abklärung der Aufklärung (ebd.). Damit sind wir bei dem Programm angelangt, daß Luhmann mit seiner Soziologie selbst durchzuführen beabsichtigt. Luhmann möchte für den Aufklärungsgedanken eine der heutigen Bewußtseinslage adäquate Fassung finden. Insofern verbinden sich in seinem Konzept soziologischer Aufklärung Zustimmung und Distanz zur Aufklärung.

Noch immer kommt es Luhmann auf eine ins Universale gehende Wissenserweiterung an. Aber Luhmann möchte die Welt nicht

über öffentliche Diskussionen, über die Vernunft des Subjekts
oder über das bloße Sammeln von Informationen rational verfügbar machen, denn dabei komme es zwangsläufig zur Überforderung des einzelnen durch eine überkomplexe Welt (73). Das Medium der Aufklärung seien Systeme, nicht das Publikum oder Informationsspeicherungsprozesse (77). Systeme könnten zwischen
der äußersten Komplexität der Welt und der geringen Aufmerksamkeitsspannweite des einzelnen vermitteln, denn sie erfaßten Komplexität, indem sie sie gleichzeitig reduzierten (76).
Noch immer geht es der soziologischen Aufklärung Luhmann zufolge darum, Latenzen aufzudecken, und noch immer setzt sie
sich deshalb in Distanz zur Eigenperspektive des Handelnden
(69). Aber Soziologie heute ist nicht mehr daran interessiert,
den Handelnden als Vollzugsorgan eines einzigen beschämenden
Grundmotivs zu entlarven, sondern weist ihn auf mitspielende
Gesichtspunkte und andere Möglichkeiten hin (71). Denn das
Aufklären heute beschränkt sich nicht mehr auf den Nachweis
der eigentlichen Ursachen. Es bedeutet Aufhellung latenter
Funktionen und Strukturen (ebd.). Noch immer bemüht sich Luhmann um ein sinnvolles Verhältnis von Theorie und Praxis. Aber
er geht nicht mehr davon aus, daß Ermahnung und Belehrung und
die Ausbreitung von Tugend und Vernunft imstande sind, gesellschaftliche Veränderungen zu bewirken (1978b: 41). Zwar sind
in seinen Augen Theorie und Praxis mit ein und demselben Problem beschäftigt, nämlich mit dem Problem der Reduktion von
Weltkomplexität, aber unter den Bedingungen der funktionalen
Differenzierung der Sozialität hat sich das Problem der Übertragbarkeit wissenschaftlicher Einsichten in gesellschaftliche
Praxis komplizierter gestaltet, als daß der Theorie noch die
Verantwortung für ihre gesellschaftlichen Folgen aufgebürdet
werden könnte (1969a: 265). Das ist ein Grund, warum Luhmann
den praktischen Optimismus der Aufklärung in bezug auf die
Herstellbarkeit richtiger Zustände nicht mehr teilen kann
(1967a: 67).
Verdächtig geworden ist ihm auch die Prämisse der Aufklärung,
daß alle Menschen im gleichen Maße an einer gemeinsamen Vernunft beteiligt wären (ebd.). Statt von dem Gedanken der
Gleichverteilung der Vernunft geht gegenwärtige Soziologie
von dem Bewußtsein sozial bedingter Verschiedenartigkeit der

Weltanschauungen aus, von der Einsicht in die soziale Kontingenz des Wissens (67f).
Kritisch stellt sich Luhmann aber vor allem normativen Ansprüchen und unnegierbaren Perfektionierungen (1981f: 11), seien sie nun _praktischer_ oder _theoretischer_ Natur. So wendet er sich gegen ein kontrafaktisches Festhalten an Idealen auf _praktischer_ Ebene und fordert dazu auf, die sozialen Entstehungsbedingungen dieser Ideale zu bedenken (1978b: 42) und die gesellschaftlichen Bedingungen ihrer Realisierbarkeit ins Bewußtsein zu heben (1981b: 6). Wenn man nämlich die soziale Bedingtheit von Idealen wie Emanzipation, Freiheit, Gleichheit, Gerechtigkeit begreife, dann könne man - im Gegensatz zum traditionsverhafteten Konservatismus - auch eine Einsicht in ihre Variabilität und Steuerbarkeit entwickeln. Und wenn man auf die sozialen Verwirklichungsbedingungen von Idealen reflektiere, dann könne man - im Gegensatz zu utopieverhafteten Revolutionären - erkennen, wieviel an Emanzipation schon geleistet ist, "wie schnell wir schon fahren" (1976a: 51), daß die Gesellschaft schon jetzt mehr Raum für Individualität bereitstellt als subjektiv ausfüllbar ist (1971c: 375). Gegen ein dogmatisch-normatives Vorgehen auf _theoretischer_ Ebene richtet sich Luhmann, wenn er die Unhinterfragbarkeit ontologischer Prämissen wie Anfang, Gott, Substanz, Sein problematisiert und die auf Unverfügbarkeit beruhende Unnegierbarkeit subjektiver Letztbegründungen wie Wahrheitsgewißheit oder Evidenz bestreitet. Auch hier fordert er wieder dazu auf, die Bedingungen der Herstellung dieser letzten Prinzipien zu thematisieren. Wo Soziologie diese Thematisierung vollzieht, kommt sie nach Luhmann zu der Erkenntnis, daß die Repräsentation des Übernatürlichen oder der Innerlichkeit stets an sozial variierende Reduktionsstrategien gebunden ist. Diese Erkenntnis macht die Soziologie, wie Luhmann weiter ausführt, jedoch nicht nur für nichtsoziologische Theoriebildungen geltend; sie unterstellt sich selbst dieser Erkenntnis. Indem sie sich als ein soziales System unter anderen begreift und auf die evolutionäre und gesellschaftliche Lage reflektiert, in der sie selbst ihre Analysen vornimmt, gewinne die soziologische Aufklärung die Fähigkeit, sich selbst aufzuklären und zu den Ergebnissen der eigenen Analysen Distanz aufzubauen. Unter

Abklärung der Aufklärung versteht Luhmann vor allem eine solche kritische Selbstreflexion.

Zu fragen wäre allerdings, ob nicht auch schon die Aufklärung des 18. Jahrhunderts zur Reflexion und Selbstbegrenzung drängte, so wenn Kant die Bedingungen der Möglichkeit vernünftiger Erkenntnis untersucht und deren Reichweite auf Gegenstände möglicher Erfahrung einschränkt. Während jedoch - so wird man antworten müssen - die Aufklärung einschließlich Kants den Zusammenhang reflexiver Prozesse als Einheit hypostasierte und ihn - sei es als transzendente Substanz oder als transzendentales Subjekt - der Negation entzog, setzt die systemtheoretische Soziologie Luhmanns alle ihre Bestimmungen als kontingent an und behandelt sie als vorläufige, sozial abhängige, als änderbare Wahrheiten.

Die Frage, die sich hier ergibt, lautet natürlich, ob es Luhmann tatsächlich gelingt, in der angegebenen Weise über die Aufklärung hinauszugelangen oder ob er den Abstand seiner Theorie zur Aufklärung zum Zwecke ihrer Profilierung nicht überbetont. Über die Aufklärung deutlich hinaus geht Luhmann insofern, als er die aufklärerische Prämisse der Gleichbeteiligung aller Menschen an der Vernunft preisgibt und an ihre Stelle den Gedanken der sozialen Komplexität setzt, weiterhin insofern, als er neben der gesellschaftlichen auch der geschichtlichen Dimension der Wirklichkeit mehr Beachtung schenkt, als er nicht mehr das Subjekt, sondern Strukturen als das Konstituens der historisch-sozialen Wirklichkeit betrachtet, vor allem aber insofern, als er die aufklärerische Forderung nach Überwindung der Differenzen aufgibt und sowohl in bezug auf die Frage nach der Herstellbarkeit richtiger Zustände wie in bezug auf die Frage nach der Herstellbarkeit zwingend gewiß übertragbarer Wahrheit die überzogenen Ansprüche der Aufklärung zurücknimmt. Statt in einem letzten unerreichbaren und daher unnegierbaren Punkt alle Differenzen zu synthetisieren, entwickelt Luhmann eine durchrelationierte, nach außen hin offene Theorie, in der von jedem Punkt aus jeder andere Punkt erreichbar, korrigierbar und überschreitbar ist, eine Theorie, die mittels dieser Selbstreferentialität ihre eigenen Bestimmungen zu relativieren vermag. Ob und inwieweit Luhmann entgegen seiner eigenen Ansicht dem Programm der Aufklärung noch verhaftet ist, werden wir erst nach dem Durchgang durch Luhmanns Religionstheorie genauer erörtern können. Hier sollte nur kurz auf einige Entsprechungen zwischen theoretischem Anspruch und theoriepraktischer Einlösung hingewiesen werden.

Werfen wir von hier aus noch einmal ein Blick auf das System zurück, dann sehen wir, daß Luhmann mit seiner Theorie nicht praktische, sondern theoretische Intentionen verfolgt, womit er aufklärerische Optionen sowohl aufnimmt wie abbricht. Nicht - wie ihm oft vorgeworfen wird - auf die Bewahrung des status quo, auf Bestandserhaltung oder Herrschaftsstabilisierung, aber natürlich auch nicht auf Revolutionierung der Verhältnisse kommt es ihm an. Vielmehr ist seine Theorie auf Beschreiben und Erklären des Faktischen und des Möglichen, auf die Befriedigung einer unersättlichen theoretischen Neugierde, auf die <u>standpunktlose und komplexitätsadäquate Realisierung eines höchsten Maßes an Erkenntnis</u> ausgerichtet. In diese Richtung weist die Tatsache, daß Luhmann nach einem äußersten Problem aller Analysen sucht, daß er die Umwelt von Systemen in seine Überlegungen einbezieht, daß er unterschiedliche Theorieansätze verwendet, die der Analyse sowohl einen hohen Allgemeinheitsgrad wie ein hohes Maß an Konkretion garantieren sollen, und daß er sich bemüht, über Steigerungsstrategien auch noch das Unzugängliche in den Bereich des Verfügbaren hereinzuholen, womit er zugleich die Ausdehnbarkeit der Welt des Begreifbaren als einen Zielpunkt seiner Bestrebungen ins Auge faßt. Vor allem an dem letzten Gesichtspunkt wird Luhmanns mehr theoretische als praktische Ausrichtung sichtbar. Die theoretische Intention läßt sich auch daran erkennen, daß alle sozialen Strukturen und Prozesse im Komplexitätsproblem ihr letztes Bezugsproblem finden, daß derart unterschiedliche Phänomene wie Wirtschaft (1970b: 226f), Rationalität (1968a: zit. nach 1973: 14), Gerechtigkeit (1973b: 142ff), Aufklärung (1967a: 72) und Vertrauen (1968c: 23) - um es bei diesen Beispielen bewenden zu lassen - auf das Komplexitätsproblem hin umdefiniert werden und daß zugleich eben dieses Komplexitätsproblem als der letzte Bezugspunkt funktionaler Analysen fungiert (1968a: 240).

Wenn aber der Systemtheorie zufolge Analysiertes und Analyse
sich auf dasselbe Problem beziehen, dann kann gefragt werden,
ob Luhmann bei der Ausarbeitung seiner Theorie nicht von der
durch Komplexitätsanforderungen und -überforderungen[104] ge-
kennzeichneten Situation des alles begreifen wollenden Theo-
retikers ausgegangen ist und ob er diese Situation, die in
der Tat zur Produktion von gedanklichen Systemen als Komplexität reduzierenden Einrichtungen zwingt, nicht auf völlig
andere Situationen, auf die historische Situation der Aufklärung ebenso wie auf die soziale Form von Hilfe (1973: 144f),
auf die Situation der Wirtschaft ebenso wie auf die des steigenden Vertrauensbedarfs nur einfach übertragen hat. Dies
würde den mehr oder weniger ausschließlich kognitiven Gehalt
vieler seiner universal angewandten Begriffe (wie Umweltentwurf, Generalisierung, Spezifikation, Auflöse- und Rekombinationsvermögen) erklären; dies würde erklären, weshalb Luhmann den Wert einer Unterscheidung von analytischen und rea-
len System als zweifelhaft ansieht (1972e: 204ff) und weshalb
er ein Interesse daran hat, Arbeit an Theorien als ein Handeln "wie jedes andere Handeln auch", also Theorie als Praxis
darzustellen (1969a: 256) - eine Aussage, die er später revi-
diert (1971c: 387f). Auch an dem eigentümlichen Begriff "adäquate Komplexität" (1970c: 145) kann noch einmal deutlich
werden, worauf es Luhmann ankommt: auf die Aufarbeitung höchster Weltkomplexität, auf eine Weltbewältigung, die bei der
Analyse des Vorfindbaren nicht Halt macht, sondern auch die
nicht realisierten Möglichkeiten der Welt und damit deren
Kontingenz berücksichtigt, ohne sie dadurch zu nivellieren.
Der Sinn eines solchen um höchste Komplexitätserfassung be-
mühten Vorgehens, das zwangsläufig in eine hochabstrakte,
hoch generalisierte Begrifflichkeit führt, besteht darin, daß
dadurch die Möglichkeit eröffnet wird, der eigenen theoretischen Konstruktion Beständigkeit bzw. Rationalität zu sichern
und notwendig werdende Änderungen, ohne größere Verluste und
ohne auf den Anfang zurückzufallen (1974a: 190, Anm. 45), im
eigenen Begriffsgefüge unterzubringen. Luhmann sagt: "Je
komplexer ein System (...), desto umweltadäquater, desto
sinnvoller, desto aufgeklärter (...), desto weltgemäßer"
(1967a: 76). Wenn man Luhmann ein Interesse an Bestandser-

haltung vorwerfen will, dann nicht das an der Herrschaftsstabilisierung des Staatssystems, sondern das an der Widerstandsfähigkeit seines eigenen Systems. Bei der Ausarbeitung einer kohärenten Theorie im geschützten Raume einer je nach Jahreszeit kühlen oder geheizten Bibliothek ist "Herrschaftsfreiheit" für den Theoretiker tatsächlich "eine schlichte Selbstverständlichkeit" seines Denkens, so daß er Herrschaft weder kritisieren noch verteidigen muß (1971c: 401f). Der Versuch, eine sich derart neutral gebende Haltung als Apologie des Status quo zu entlarven, greift zu kurz[105]. Nötig ist vielmehr, auch noch an Luhmanns Apositionalität die Frage nach ihrem funktional latenten Sinn zu stellen. Und da zeigt sich, daß sie einen, je höher die Schwellen der Indifferenz gemauert sind (1969a: 265), desto bedeutsameren Beitrag zur Stabilisierung und Immunisierung seiner Theorie leistet[106], mangelt es dieser doch - wie Luhmann selbst zugibt (258ff) - an einer ausreichenden Kontrollierbarkeit und Verifizierbarkeit. Verzicht auf gesellschaftspolitisches Engagement oder moralisches Bekenntnis stellt sich nunmehr dar als der Versuch, einer letzten theoretischen Unsicherheit standzuhalten. Die konstruktiven Elemente der Theorie werden wertungsneutral angelegt, um höhere Komplexität und ein höheres Arrangiervermögen zu erreichen (1978b: 25), denn komplexe Systeme sind stabiler. Theorien dagegen, die auf appellative Begriffe hin angelegt sind, werden letztlich Opfer ihrer eigenen Unwiderlegbarkeit, ihres damit verbundenen Mangels an Manövrier- und Lernfähigkeit, ihres limitierten Fassungsvermögens für Komplexität (ebd.). Wenn Luhmann auf politische Parteinahme verzichtet, dann bemüht er sich also auf diese Weise darum, eine Einschränkung der Verarbeitungskapazität seiner Theorie zu vermeiden und ihre Überlebensfähigkeit angesichts konkurrierender Bestrebungen zu erhöhen. Statt vor der aporetischen Abschlußproblematik wissenschaftlichen Arbeitens ins politische Engagement zu flüchten, entscheidet sich Luhmann für eine Praxis der Theorie, die sich erst in der Durchführung als durchführbar erweist (1971c: 399; 1975e: 9; 1978b: 27, 43). Mit einer gewissen methodischen Unbekümmertheit übersetzt er "die wissenschaftliche Not (...) in die Tugend eines pragmatischen Vorgehens" (1971c: 404) und entwickelt so eine Systemtheorie, mit der er "vorläufige Erfahrungen" sammelt (1977: 10). Ob sein Vorgehen "wissenschaftstheoretisch zu rechtfertigen" ist, beschäftigt ihn nicht. Umgekehrt: Wenn systemtheoretische "Erfahrungen vorliegen, wird die Wissenschaftstheorie wohl in der Lage sein, eine Begründung dafür nachzuliefern" (ebd.). Das heißt, der theoretische Pragmatiker ersetzt Grundlagensicherheit durch Zusammenhangssicherheit (306), eben: durch den Aufbau einer Systemtheorie. Mithin hat die Systemtheorie keine andere Begründungsinstanz als sich selbst. Sie ist "auf Einfälle und Arbeitserfolge im Bereich wissenschaftlicher und empirischer Verzahnungen angewiesen", die nicht a priori gewährleistet werden können (1978b: 43).

Das impliziert Überforderungen in mehrere Richtungen. Einmal: Grundlagensicherheit ist erst dann durch Zusammenhangssicherheit wirklich ersetzt, wenn alles erfaßt ist. Die ungeheure, sich auf immer mehr Bereiche (Verwaltungswissenschaft, Rechtssoziologie, Politikwissenschaft, Evolutionstheorie, Religionssoziologie, Ethik, Pädagogik, Semantik u. a.) erstreckende Produktivität Luhmanns ist insofern Teil seines theoretischen Programms. Dann: Wenn sich die Systemtheorie nur durch sich selbst zu rechtfertigen vermag, dann muß sie alle Vorzüge, die eine Theorie nur haben kann, in sich vereinigen, dann muß sie als funktionale Analyse nicht nur auf alle Gegenstände anwendbar sein, sondern an ihnen auch zu den schärfsten Distinktionen gelangen, dann muß sie allgemein und konkret zugleich sein, gelehrt und interessant, neu und nicht absonderlich, gleichzeitig originell und seriös (vielleicht daher jene oben bemerkte Mischung aus glättender Sanftmut und kontrastierender Polemik), dann muß sie sowohl überraschend, tiefgründig, witzig wie solide gearbeitet (vgl. den staunenerregenden Anmerkungsapparat), sowohl auf der Höhe der Zeit wie traditionsbewußt sein, integrativ und operationabel, umfassend und bündig usw. Überlegenheit über andere Theorien erstrebt die Systemtheorie jedoch nicht allein über die Erhöhung ihres Komplexitätsniveaus. Auch wenn sie auf das Problem theoretischer Grundlagenunsicherheit durch den Aufbau komplexer Zusammenhänge reagiert, kann sie es dadurch nicht lösen. In einer ständig unübersichtlicher werdenden Welt ist das Unsicherheitsproblem überhaupt unlösbar (1978b: 22). Die Systemtheorie hat gerade aufgrund ihres Komplexitätsgrades gegenüber anderen Ansätzen dann allerdings den Vorteil, daß sie sich auf ihre eigene gesellschaftliche Lage hin zu reflektieren vermag (20) und theoretische Fundamentlosigkeit als weltadäquat begreifen kann. Aufgrund ihres differenzierten, sich kombinatorisch verdichtenden Zusammenhangsdenkens ist sie darüber hinaus aber auch fähig, Unsicherheiten und Aporien auch zuzulassen und die Unabschließbarkeit grundlagentheoretischer Erwägungen zu akzeptieren.

Fragen wir, wodurch jene theoretischen Unsicherheiten bedingt sind, dann dürfte es wohl berechtigt sein, darauf hinzuweisen, daß theoretische Grundlagenunsicherheit im Rahmen einer auf letzte Anhaltspunkte verzichtenden Konzeption Ausdruck einer letzten Haltlosigkeit des Lebens überhaupt ist, eine Form des Risikos, in der Welt zu leben, ein Aspekt der Komplexität der Welt. Entsprechend wären ein sich originell gebender und darin durchaus überzeugender Pragmatismus und eine seriöse Produkte hervorbringende Rastlosigkeit wohl als Mittel aufzufassen, um der Ungesichertheit des Lebens der Komplexität der Welt und den sich daraus ergebenden Ansprüchen vorläufig zu begegnen.

2. Theorie der Religion

2.1. Die Funktion von Religion

Luhmanns religionssoziologisches Interesse gilt der Erarbeitung eines "universell verwendbaren Religionsbegriffs" (1977: 83). Nicht nur die institutionalisierten, kirchlich organisierten Religionsformen, sondern "alle Phänomene, die im alltäglichen Leben heutiger oder früherer Gesellschaften mit Religion assoziiert werden", also auch Formen impliziter Religiosität, zivilreligiöse Einstellungen und Wertungen oder private Glaubensvorstellungen und -haltungen sollen erfaßt und auf den Begriff gebracht werden (34). Kritisch stellt sich daher Luhmann zu allen Versuchen, Religion substantiell, als Glaube an übermenschliche Wesenheiten oder als Bezug auf Heiliges, Numinoses, Übermächtiges zu definieren (10, 83). Mit solchen Definitionen glitte man ab "in einen historisch relativierten, nicht mehr universell verwendbaren Religionsbegriff" (83). Außerdem käme man seinem Gegenstand "zu rasch zu nahe" (10); der Prozeß der soziologischen Analyse würde zu früh gestoppt, denn die Begriffe "Heiliges" und "Glaube" insinuieren die Vermutung, daß es Bereiche gibt, die sich gesellschaftlichen Bedingungen und damit dem wissenschaftlichen Zugriff entziehen und sich als innerlicher Ort religiösen Erlebens und als Transzendenz von sozialen bzw. denkerischen Bestimmungen kontrastierend absetzen lassen[107]. Statt einer das religiöse Selbstverständnis aufnehmenden Defensivbegrifflichkeit bevorzugt Luhmann eine distanziertere Herangehensweise, "die auf Anschlüsse nach außen, auf vielseitige Verwendbarkeit der Begriffe und auf Import von Theorieerfahrungen aus anderen Gegenstandsbereichen Wert legt" (10). Deshalb entscheidet sich Luhmann bei der Definition von Religion für den Gebrauch der funktionalen Methode, die in besonderem Maße geeignet ist, die Beziehungen zwischen Religion und Gesellschaft hervortreten zu lassen.
Die funktionale Methode vermag, so Luhmann, jeden beliebigen Gegenstand zu erfassen (50, 68). Indem sie den behandelten Gegenstand auf das ihm zugrunde liegende Bezugsproblem bezieht und dem Vergleich mit anderen Lösungen desselben Problems aus-

setzt, distanziert sie von der vom Gegenstand verfolgten Intention, behandelt seine Leistung als kontingent (26) und versetzt so die untersuchte Problemlösung "wieder in einen unfertigen Zustand" (1975b: 202). Durch die Relationierung des Gegenstandes auf zugrunde liegende und alternative Bezugsgrößen wird der Erfassungsbereich der Analyse erheblich ausgeweitet. Das Problem der funktionalen Analyse besteht daher folgerichtig in der Unbestimmtheit und Uneindeutigkeit ihres Gegenstandsbezugs. Der Haupteinwand gegen eine funktionalistische Religionsdefinition lautet: Jede Spezifikation der Funktion von Religion übergreife zu viel, da sie auch Prozesse und Strukturen erfasse, die zwar "dieselbe Funktion erfüllen, aber selbst bei einem weit gefaßten Verständnis nicht als Religion angesehen werden können" (1977: 9)[108]. Luhmann begegnet dieser Kritik nicht, indem er die Funktionsbestimmung inhaltlich anzuheben oder durch Angabe des "Wie" der Funktionserfüllung zu konkretisieren versucht (83). Vielmehr weist er darauf hin, daß monierter Überschußeffekt durch funktionale Analyse nicht nur in der Tat erzielt, sondern gerade intendiert wird (9). Die Kritik am Funktionalismus beleuchtet zugleich seine Vorzüge (1967a: 72), denn Prinzip funktionaler Methode ist es, ihren Gegenstand durch Bezug auf ein Problem mit anderen Gegenständen vergleichbar zu machen (1977: 9) und ihn dadurch sowohl in das direkte Licht eines auswählenden und abgrenzenden Gesichtspunktes als auch in das seitliche Licht anderer Möglichkeiten zu setzen (1964a: 36). Funktionale Analyse zeigt, wie ihr Gegenstand zur Problemlösung beiträgt, und sie klärt außerdem, daß er, es nicht so tut wie andere, funktional äquivalente Formen (1977: 9f). Auf diese Weise kann sie Anknüpfungspunkte für übergreifende und grundlegende Systemprobleme eruieren und gleichzeitig die wechselseitige Spezifizierung (10) und die gedankliche oder faktische Austauschbarkeit von Systemlösungen in Rechnung stellen (1964a: 47).
Eine erste sich daraus ergebende Frage lautet, ob Religion in ihrer Eigenart erfaßt werden kann, wenn man sie in ihrer Ersetzbarkeit und Leistung für anderes begreift, ob sie von anderen Phänomenen abgrenzbar ist, wenn ihr Bezugsproblem sich gleichermaßen auf funktional Äquivalentes außer ihr bezieht, und ob das Bezugsproblem so gewählt zu werden vermag, daß es

dem Selbstverständnis von Religion gerecht wird und letzteres
nicht unter der inkongruenten Perspektive eines externen Gesichtspunktes diskreditiert (vgl. 1978b: 20). Problematisch
ist also, ob funktionale Analyse angesichts der Ausweitung
ihres Vergleichsbereiches und der Beliebigkeit ihres Bezugsproblems in der Lage ist, ihren Gegenstand zu respektieren
und dessen Bezugsproblem sinnvoll zu spezifizieren (1977: 45)
oder ob sie vom Inhalt ihres Gegenstandes einfach absieht und
"statt dessen" zwar nicht im Namen des Heiligen Geistes (vgl.
316), wohl aber in bezug auf ihre viel zu komplexe, zu viele
Möglichkeiten enthaltende (1967a: 72) und möglicherweise willkürlich gewählte Bezugseinheit (1964a: 36) spricht. Eng damit
verbunden ist eine zweite Schwierigkeit, die in dem Zwiespalt
zwischen der Abstraktheit funktionalen Herangehens und der
immensen Streubreite und Unterschiedlichkeit religiöser Phänomene besteht (1977: 77f) und Systemtheorie damit vor die
Aufgabe stellt, Konkretionen und historische Differenzierungen
zu gewinnen, ohne die universale Verwendbarkeit des Religionsbegriffes deshalb historisch zu relativieren. Beide Problemstellungen werfen die Frage auf, ob "die abstrakte Einseitigkeit einer einzelnen Funktionsangabe" nicht zu viel zuläßt
und zu wenig leistet (84).

Die teilweise hochabstrakten, teilweise verkürzten, zuweilen
nicht unpolemischen und auch nicht immer völlig miteinander
vereinbaren Definitionen[109] der Funktion von Religion, die
Luhmann an verschiedenen Stellen gibt, lassen sich auf eine
durchgängige Grundbestimmung zurückführen: Religion hat die
Funktion, unbestimmbare/unbestimmte Komplexität in Bestimmbarkeit/Bestimmtheit zu transformieren[110].
Eine erste Schwierigkeit ergibt sich aus der Frage, ob Religion Unbestimm<u>bares</u> oder Unbestimm<u>tes</u> in Bestimmbarkeit/Bestimmtheit überführt. In 1972b bevorzugt Luhmann den Terminus "unbestimmt" (21, 25, 29, 47, 50 u. ö.), aber nicht ausnahmslos (29, 87). In 1972a verwendet Luhmann an zentraler
Stelle stattdessen "Unbestimmbarkeit" (250). 1974 setzt er
beide Termini in ihrer Bedeutung für die Funktion von Religion
ausdrücklich gleich (1974b: 20). Während in 1977 eine eindeutige Präferenz für "unbestimmbar" festzustellen ist (20, 26,

30, 33, 35, 36, 44, 46, 47, 249 u. ö.), freilich wiederum nicht ohne Ausnahmen (34, 37, vgl. Kap. 2^{111}), taucht in 1978a wieder "unbestimmt" (350) auf. Der Befund läßt also einen Ausgleich der unterschiedlichen Verwendung der beiden Ausdrücke durch zeitliche Differenzierung nicht zu[112].
Vielleicht kann die Ambivalenz des Bezugspunktes der Religion auf sachlicher Ebene geklärt werden. Die Unterscheidung von (un)bestimmt bzw. (un)bestimmbar leitet sich aus der Differenz zwischen "der Ebene des je Verwirklichten" und "der Ebene des Möglichen" her (1971c: 300f, Anm. 14). Möglichkeit aber wird in der Systemtheorie bekanntlich als "eine Generalisierung von Wirklichkeit" begriffen (315). Wenn folglich Luhmann einmal "unbestimmt" und ein anderes Mal "unbestimmbar" gebraucht, dann lassen sich diese beiden Varianten nicht kontrastieren[113], vielmehr wird mit beiden Verwendungsmöglichkeiten lediglich ein unterschiedlicher Generalisierungsgrad der Aussagen bezeichnet, und es ist anzunehmen, daß Luhmann bei weniger verallgemeinerten Bestimmungen (etwa in bezug auf Einzelfälle oder auf frühe Gesellschaften mit einem niedrigeren Abstraktionsniveau, vgl. 1977: 37) für "unbestimmt", bei umfassenderen Formulierungen für "unbestimmbar" optieren würde.
Soll das Bezugsproblem von Religion genauer erläutert werden, so ist von der Selektivität sinnhafter Strukturen und Prozesse auszugehen (so auch Kaefer 1977: 150). Die sich aus der Überfülle des Möglichen zwangsläufig ergebende Reduktivität von Systemoperationen impliziert sowohl in ihren selbstreferentiellen Identifikationen wie in ihren Umweltentwürfen ein Risiko des Außerachtlassens, das, so oft es auch durch noch so hoch generalisierte Repräsentationen kompensiert wird, nie zu beseitigen ist. Alle internen und externen Bestimmungen lassen sich gegen einen Hintergrund weiterer Appräsentationen absetzen und von dort aus relativieren, so daß innen ebenso wie außen ein <u>Zugleich</u> von Unbestimmbarkeit und Bestimmtheit entsteht. Genau dieses Zugleich gibt zur Ausdifferenzierung spezifisch religiöser Sinnformen den Anstoß (Luhmann 1977: 30). Den Anknüpfungspunkt für die Generierung von Religion bildet also die <u>Kontingenz</u>[114] aller <u>sinnhaften</u> Strukturen und Prozesse (1972a: 250f), die äußere und innere Unabschließbarkeit der Welt (1977: 26), die Negierbarkeit aller Selektionen. Als Be-

zugsprobleme von Religion fungieren die korrelierenden Außen- und Innenhorizonte von Systemen, die als Ausschließungen von Transzendenz zugleich ein Übergehen in Transzendenz anzeigen (Scholz 1981: 116). Damit ist festgehalten, daß es die Hochform von Religion nicht mit der Transzendenz allein zu tun hat, sondern mit der Transzendenz als dem unnegierbaren Hintergrund der Immanenz, also mit der sich gegenseitig voraussetzenden Zweiseitigkeit von Transzendenz und Immanenz (Luhmann 1977: 46). Wenn Luhmann dennoch des öfteren die Unbestimmbarkeit (200), die Unformulierbarkeit der Welt (25), die alle Typisierungen und alles Seiende transzendierende Komplexität (313) als Thema der Religion angibt, dann hat das seinen entscheidenden Grund wohl darin, daß Religion, sofern sie ihr Problem bewältigen will, sich auf jene Dimension des Zugleichs konzentrieren muß, durch deren Mitfungieren die sinnhaften Prozesse und Strukturen erst als kontingent erscheinen, also das Problem überhaupt erst entsteht. Die Überführung von unbestimmter/unbestimmbarer in bestimmte/bestimmbare Komplexität ist dann also die Art und Weise, in der Religion das ihr aufgegebene Problem löst[115]. Außerdem will Luhmann durch die ausschließliche Ausrichtung der Religion auf das Unbestimmbarkeitsthema an vielen Stellen anscheinend nur überpointiert zum Ausdruck bringen, daß es in der Religion nicht um einzelne Bestimmungen, sondern um die Selektivität von Selektionen, um die Bestimmbarkeit von Welt (79) und eben damit um ihre Unbestimmbarkeit geht. An anderen Stellen wieder scheint Luhmann durch den alleinigen Bezug von Religion auf Transzendenz die Inadäquanz religiöser Formen in polemischer Absicht herausstellen zu wollen (so 179f, 313). Interessanterweise macht Luhmann auf diese Weise der Religion nicht Absehen vom Jenseits (Ideologie), sondern Absehen vom Diesseits (d. h. nach Luhmanns eigener Erklärung: Rauschsucht) zum Vorwurf (46f) – ein Hinweis darauf, in welchem Maße sich Luhmann an das Verfügbare hält und dort seine Überraschungen erlebt, die ihn dann auch zu einer Erweiterung seines Gesichtskreises veranlassen können.

Konzentrieren wir uns nunmehr auf die systeminternen Anknüpfungspunkte von Religion. Allgemein gilt, daß aufgrund der internen Rezipierung von Umwelt als Interdependenzunterbrecher

jede selbstreferentielle Zirkularität im Kontakt zur Umwelt
steht. Die Instabilisierung durch Selbstreferentialität nimmt
in personalen und sozialen Systemen, obwohl Luhmann die Funktion der Religion für psychische und soziale Systeme mit einem
einheitlichen konzeptuellen Schema behandelt (vgl. 1972a: 271,
Anm. 75), natürlich verschiedene Formen an, denn auch wenn
beide Größen voneinander abhängen, läßt sich keine der beiden
auf die andere reduzieren. Entsprechend ist zwischen personalen und sozialen Quellen für Religiosität zu unterscheiden
(1977: 30f). In personalen Systemen zum Beispiel kann es zur
Entstehung religiöser Sinnbezüge kommen, wenn gegen Selbstreferenz gesetzte Interdependenzunterbrechungen (Umwelt, Zeit)
nicht zu einem Außenhalt des Individuums, sondern lediglich
zur Wahrnehmung der Unverfügbarkeit des Seins oder der Zeit
führen und damit in eine Erfahrung des ruhelosen, ins Alleinsein tendierenden Selbstbezuges ausmünden (31f). Ob nun aber
in personalen oder in sozialen Systemen, in beiden Fällen
kommt es zur Ausbildung von Religiosität nur im Zusammenhang
mit Interdependenzunterbrechungen, also nur dort, wo <u>trotz</u>
Umwelt- bzw. Zeitreferenz die Unendlichkeit systeminterner
Interdependenzen nicht geschlossen werden kann. Das heißt,
selbst wenn aufgrund von Grenzerfahrungen der Sinnlosigkeit
"personeigene (nicht aus der sozialen Umwelt importierte) Religiosität" entsteht (32), kann daraus nicht geschlußfolgert
werden, daß es in den Augen Luhmanns rein individuelle Formen
der Frömmigkeit ohne jeden Sozialbezug gibt.
Wesentlicher für die Generierung von Religion als die Innenhorizonte sind im Rahmen des systemtheoretischen Konzepts die
Außenhorizonte. Dies wird daran deutlich, daß Luhmann als das
Bezugsproblem der Religion mehrfach die Umwelt des Gesellschaftssystems benennt und systeminterne Unbestimmbarkeiten
unberücksichtigt läßt (19f, 38, 51, 68f). Eine solche Favorisierung der Außenproblematik des Gesellschaftssystems hängt
wohl damit zusammen, daß einerseits das Gesellschaftssystem,
da alle selektiven Bestimmungen von ihm ausgehen, sich nicht
auf eine bestimmte Umwelt stützen kann (78), andererseits
aufgrund des Komplexitätsgefälles zwischen Umwelt und System
die Selektionsschärfe aller auf Umwelt bezogenen Bestimmungen
größer ist als die der systemreferentiellen Bestimmungen

(vgl. 1975d: 206f) und insofern jene für Religion mehr Anknüpfungspunkte bieten als diese. Die Betonung der Umweltproblematik bedeutet nun natürlich nicht, daß die Bedeutung, die interne Fragen für die Ausdifferenzierung religiöser Formen besitzen, nivelliert würde. An zentralen Stellen bezeichnet Luhmann oft nicht Umwelt, sondern Welt als das Bezugsproblem von Religion (1977: 25, 77, 79). Welt ist jedoch systemtheoretisch als "Totalität aller Innen- und Außenhorizonte" definiert (1975d: 211). Auch wenn den Außenanschlüssen eine gewisse begründete Priorität zukommt, bleibt die Relevanz der Außen- und Innenhorizonte für die Ausbildung von Religion erhalten. Nicht nur die Umwelt, sondern auch das jeweilige System und auch jede Relationierung von System und Umwelt und damit überhaupt jede Bestimmung profiliert sich gegen die Komplexität der Welt als kontingent (1975d: 211f). In diese Unbestimmbarkeit von Welt sind alle Systemstrukturen und die durch Systeme konstituierten Umweltentwürfe eingebaut (1972a: 250). Religion findet daher im Innern wie im Äußern von Systemen jenes Zugleich von Unbestimmbarkeit und Bestimmtheit, das zur Ausdifferenzierung ihrer Formen den Anstoß gibt.

Wenn aber Religion ihren Anknüpfungspunkt in der Kontingenz von Selektionen hat und Kontingenz mit jeder sinnhaften Bestimmung gegeben ist, dann "kann das Bezugsproblem der Religion in jedem Moment, an jedem Thema, in jeder Enttäuschung oder Überraschung aufbrechen" und dann besitzt Religion folglich universale Relevanz (1977: 35). Die Allgemeinheit des Bezugsproblems[116] von Religion zeigt sich zunächst an einem diffus gestreuten, okkasionell auftretenden Bedarf, der zusammengefaßt und auf das Zugleich von Unbestimmbarkeit und Bestimmtheit bezogen werden muß (36). Eine solche Spezifizierung der Funktionsorientierung impliziert die Focussierung religiöser Typisierungen und Handlungsmuster, die Reservierung von Orten und Mitteln, schließlich von besonderen Rollen, Rollensystemen oder Organisationen (34, 20). Durch Spezifizierung der Funktionsorientierung differenziert sich im Laufe der Evolution Religion als ein besonderes Teilsystem im gesellschaftlichen Gesamtsystem aus. Dadurch kommt es zu einer Distanz zwischen Religionssystem und Gesamtgesellschaft (51). Das heißt, der gesellschaftliche Alltag verliert

in vielen Vollzügen seine unmittelbare religiöse Relevanz
(36); die Welt wird nicht mehr wie noch in vorneuzeitlichen
Gesellschaften religiös erlebt (51f, 77). Die Unbestimmbarkeit
der Welt, wenngleich in allen Bestimmungen mitfungierend, erreicht entsprechend der Abnahme der Bedeutsamkeit des Ganzen,
die sich während der Evolution vollzieht, immer seltener Ak-
tualität. Deshalb entsteht für Religion das Problem, "das Problem erst schaffen und bewußt machen zu müssen, das zu behandeln sie in der Lage ist" (37). "Anlässe müssen sozusagen den
Weg zur Religion erst finden" (52). Als Mittel der Problematisierung (oder: Reproblematisierung) dienen die Duale Leid/
Heil und Sünde/Erlösung (51). Leid ebenso wie Sünde sind "un-
verzichtbare Aggregatoren", mit deren Hilfe Sachlagen des täglichen Lebens religiös qualifiziert und für das Religionssystem fruchtbar gemacht werden können (198, 51f).
Ausdifferenzierung des Religionssystems aus dem Zusammenhang
der Gesamtgesellschaft bedeutet durchaus nicht, daß Religion
ihre gesamtgesellschaftliche Funktion verliert (50f, 242).
Religion hat es weiterhin mit der Transformation unbestimmba-
rer/unbestimmter in bestimmte/bestimmbare Komplexität zu tun,
mit der Thematisierung der kontingenten Selektivität des Verhältnisses zwischen Gesellschaftssystem und Welt (1972a: 250,
254)[117]. Nicht in jener Beziehung, die sie an die gesamtgesellschaftliche Ebene bindet, hat sich Religion geändert,
sondern wegen dieser Beziehung (1977: 79). Denn wenn im Laufe
der historischen Entwicklung die Einheit der Gesellschaft
sich immer mehr differenziert und die einzelnen ausdifferenzierten Teilbereiche nicht mehr durch ein übergreifendes Ganzes integriert werden müssen oder auch nur können, sondern
stattdessen von ihrer jeweiligen innergesellschaftlichen Umwelt profitieren, dann nimmt der Bedarf und die Möglichkeit
einer (gar einheitlichen, d. h. für alle Teilbereiche geltenden) Reformulierung der Totalität von Welt und Gesellschaft
ab, und Religion kann sich nur noch situationsweise Relevanz
verschaffen, aber nicht mehr die Gesellschaft im ganzen religiös anheben (50f, 79f). Die damit zusammenhängenden Probleme
werden vom Religionssystem unter dem Titel "Säkularisierung"
behandelt.

Transformation von unbestimmbarer/unbestimmter in bestimmbare/bestimmte Komplexität bezeichnet nun aber innerhalb des systemtheoretischen Konzepts denjenigen Problemgesichtspunkt, "unter dem alles mit allem vergleichbar ist" (1978b: 97, Anm. 9), diejenige Funktion, die alle Systeme erfüllen, die Funktion von Systembildung überhaupt (1967b: 116f). Indem Luhmann die Funktion der Religion als Reduktion von Komplexität bestimmt, setzt er sich dem oben bereits erwähnten, häufig erhobenen Vorwurf aus, daß funktionale Definition von Religion ihren Gegenstandsbereich zu weit fasse, auch nichtreligiöse Erlebnis- und Handlungsweisen als Religion behandle, Religion damit der Verwechselbarkeit und Ersetzbarkeit preisgebe und insofern ihr Proprium verfehle. Die Verteidigung Luhmanns läuft in zwei Richtungen. Zum einen erklärt er, daß die Weite und Unbestimmtheit des funktionalen Religionsverständnisses von funktionaler Analyse gerade intendiert werde, um vom Gegenstand zu distanzieren, ihn mit anderen Gegenständen vergleichen zu können und Anschlüsse zu übergreifenden theoretischen Erwägungen zu ermöglichen (1977: 9f, 34; 1978a: 350). Zum anderen führt Luhmann aus, daß die Rückführung des Bezugsproblems der Religion auf die Kontingenz von System/Umwelt-Relationen und von Sinnstrukturen schlechthin natürlich nicht besagt, "daß jede System/Umwelt-Beziehung oder jeder Sinn religiöse Qualität hat, und auch nicht, daß alles überhaupt als funktionales Äquivalent für Religion in Betracht kommt, weil alles überhaupt Komplexität reduziert" (1977: 45). Luhmann geht vielmehr davon aus, daß sich Bezugsprobleme im Laufe der Evolution _spezifizieren_. In frühen Gesellschaften kann Religion in fast jeder Lebenslage abgerufen werden (36). Ihre Sinnformen sind daher leicht ersetzbar. Mit der Verstärkung der sozialen Differenzierung werden der Religion jedoch zunehmend Funktionen entzogen und auf sich selbst gestellt (z. B. die Legitimation politischer Herrschaft), wie auch das Religionssystem selbst sich zunehmend auf seine spezifischen Funktionen konzentriert. "Sobald Religion eingespielt ist auf das Problem der Simultaneität von Unbestimmbarkeit und Bestimmtheit (oder: Transzendenz und Immanenz), gibt es für die Lösung dieses Problems außerhalb der Religion keine funktionalen Äquivalente mehr. Das Religionssystem wird zur selbst-

substitutiven Ordnung" (46). Idolatrie, Ideologie, Staatsfeiern vernachlässigen das Jenseits, Rauschmechanismen das Diesseits; "man müßte, um die Funktionsstelle der Religion zu erreichen, Marxismus und Rauschsucht kombinieren können, aber Versuche dieser Art sind bisher nicht sehr überzeugend ausgefallen" (47). Am ehesten kommen nach Luhmann noch die Ambivalenzen von Komik und Ironie dem Grundproblem der Religion nahe, ohne daß ihre Formen der Religion substituiert werden könnten. Mit dem Nachweis der Unersetzbarkeit von Religion ist, so schlußfolgert Luhmann, die Berechtigung zu einer funktionalen Definition des Religionsbegriffes aufgezeigt (48). Das heißt, es ist sowohl die Universalität der Gegenstandserfassung, die Kontaktfähigkeit nach außen, die Anschließbarkeit generalisierter Theorieeinsichten als auch die Unverwechselbarkeit des Gegenstandes, seine Respektierung sichergestellt (vgl. 45).
Gibt es aber, so muß man über Luhmann hinausgehend weiterführen, für die Lösung des Bezugsproblems der Religion neben ihr keine funktionalen Äquivalente mehr, dann fällt eine wesentliche Leistung funktionaler Analyse weg. Religion kann nun nicht mehr in die Seitenbeleuchtung funktional gleichwertiger Formen gesetzt werden. Allenfalls für religiöse Einzel- und Sonderformen lassen sich noch Äquivalente bereitstellen (vgl. etwa 115f, 118ff). Ansonsten vermag die funktionale Methode nur noch zu zeigen, wie und was ihr Gegenstand selbst zur Problemlösung beiträgt. Mit der Ermöglichung der funktionalen Definition von Religion geht also ein wesentlicher Vorteil des Funktionalismus, die Eröffnung eines Bereichs alternativer Vergleichsmöglichkeiten verloren.
Außerdem könnte man fragen, ob es wirklich das <u>Problem</u> des Zugleichs von Unbestimmbarkeit und Bestimmtheit ist, das religiöse Formen und Sinnstrukturen schlechthin differenziert, denn auch Sinn reduziert ja die Komplexität der Welt und verweist <u>"zugleich"</u> auf sie (1967b: 116), oder ob nicht die <u>Art der Lösung</u> dieses Problems Religion und Sinn trennt, während das Problem selbst: die Kontingenz von Selektionen, allgemeiner Natur ist. Ist es aber universal, dann müßten sich auch im Rahmen der Systemtheorie andere, funktional äquivalente Behandlungsweisen finden lassen: Evolution[118] (Praxis, Theorie

als Praxis), die sich dem Problem immer wieder mittels Vernichtung und Neubau stellt, ohne es dadurch jemals definitiv bewältigen zu können; Mechanismen selbstreferentieller Planung, die ihre Kontingenz durch systemimmanente Korrigierbarkeit kompensieren (1977: 286); Formen des Humors und der Ironie, die das Problem nicht lösen, aber auch nicht verstellen, sondern übersteigern und damit ins Bewußtsein heben; Erfahrungen der Sinnlosigkeit, die sich in heroischer Geste jedem Versuch einer Antwort verschließen, die Unlösbarkeit des Problems aufrechterhalten und dann entweder in Pragmatismus oder in Verzweiflung oder in Ironie oder dann doch in Religion umschlagen.

Funktionale Analyse von Religion wird nun nicht nur wegen ihrer Weite und ihres ungenügenden Gegenstandsrespekts kritisiert, sondern auch - und darauf kamen wir gleichfalls schon zu sprechen - wegen ihres häufig festzustellenden Mangels an historischer Konkretion und wegen ihrer oft unzureichenden Berücksichtigung historischer Veränderungen. Zur Abwehr dieser Kritik bedient sich Luhmann mehrerer Instrumentarien. Eine Methode, um die formale Abstraktheit der Funktionsbestimmung von Religion zu überwinden, stellt das Unternehmen dar, genauer anzugeben, "<u>wie</u> die Funktion der Religion erfüllt wird" (Hervorhebung von mir) (1977: 33). Dabei trifft[119] Luhmann, so sagt er selbst, auf phänomenologisch-deskriptiv arbeitende Analysen, die "einen besonderen Sinnbezirk des 'Heiligen' beschrieben haben", und hofft, daß bei diesem Zusammentreffen, wie oft gefordert (vgl. z. B. Dux 1973a: 19f), "funktionale und substantielle Argumente (konvergieren)" (Luhmann 1977: 33)[120]. Ein solches Vorgehen verwundert insofern, als Luhmann in 1972b: 24 (= 1977: 83) eine Angabe des "Wie" der Funktionserfüllung mit derselben Begründung ablehnt, mit der er sie hier einführt: eine Modalbestimmung der Funktionserfüllung würde den Religionsbegriff historisch spezifizieren, damit aber eben seine universelle Verwendbarkeit, auf die es gerade ankomme (Anschließbarkeit anderer Theoriestücke = Einfügbarkeit in die Systemtheorie), einschränken. Überhaupt zeigt Luhmann eine auffällige Distanz zu Definitionsversuchen, vor allem zu substantiellen Definitionsversuchen des Phänomens

Religion, nicht nur in 1972b (20), sondern auch in 1977 (10, 227, 233). Das hängt, wie Luhmann erklärt, zum einen mit der Vielfalt und Variabilität religiöser Erscheinungen zusammen (1977: 77f), die sich nur schwer einem kategorisierenden Begriff fügen. Das liegt zweitens aber auch daran, daß aufgrund der Schwierigkeit, einen streng wissenschaftlichen Begriff des Transzendenten (Übernatürlichen, Absoluten, Letzten) zu formulieren, Versuche, Religion mit Bezug (oder als Bezug) auf Heiliges, Numinoses, Übermächtiges zu definieren, genauso unscharf bleiben wie funktionale Religionsanalysen und daß daher Wissenschaft nur das Bezugsproblem von Religion zwingend abzuleiten vermag, nicht dagegen ihre einzelnen Antworten, die auf das Problem inhaltlich reagieren (10, 70). Schließlich hat die Distanz Luhmanns zu Bemühungen um eine substantielle Religionsdefinition auch damit zu tun, daß Luhmann eine Begrifflichkeit bevorzugt, die ihrem Gegenstand nicht zu nahe kommt, sich ihm nicht ausliefert, sondern nach außen hin offen und vielseitig verwendbar ist, auf die Benutzung religiöser Zeichen verzichtet und "das Heilige mit unheiligen Mitteln" analysiert (33, 10). Wenn Luhmann hier dennoch eine Angabe des "Wie" der Funktionserfüllung von Religion intendiert und dabei sogar bereit ist, auf die Kategorie des Heiligen zurückzugreifen, dann zeigt sich darin, daß er sich mit dem Verzicht auf historisch-inhaltliche Präzisierungen doch nicht so ohne weiteres abfinden kann und will. Andererseits scheint er zu wissen, daß solche historisch-inhaltlichen Spezifizierungen die Leistungsfähigkeit funktionaler Analysen überfordern, weshalb er sich darauf verlegt, sie als unscharf, als unnötig, als Beeinträchtigungen der Universalität wissenschaftlicher Analysen zu bagatellisieren. Offensichtlich wiederholt sich darin jener Widerspruch zwischen dem hohen Beliebigkeits- und Spezifikationsgrad systemtheoretischer Aussagen, den wir schon oben (S. 74) als einen Ausdruck der Überlastung der Theorie durch den gleichzeitigen Anspruch auf die allgemeine Anwendbarkeit und die instruktive Detailliertheit ihrer Bestimmungen interpretierten.

Auf die Frage, wie Religion ihre Funktion erfüllt, gibt Luhmann verschiedene Antworten. Als strittig anzusehen ist dabei vor allem, ob Religion nach Luhmann wie die Gesamtgesellschaft im Voraussetzungslosen operiert (1970c: 145) und dort grundlegende Reduktionen (1972c: 11; 1968b: 16), integrative Werte und Normen, typenfeste Handlungs- und Erlebnismuster einrichtet (1977: 36, 78, 102f) oder ob sie eine nachgeschaltete Funktion besitzt (263) und nur das Risiko bereits vollzogener Selektionen verwaltet (249), also lediglich die Aufgabe erfüllt, die an sich kontingente Selektivität konstituierter gesellschaftlicher Strukturen und Entwürfe tragbar zu machen (1972a: 250f) und dort, wo es zu Strukturbrüchen, Enttäuschungen, Unsicherheiten, Ängsten, Unverständlichkeiten usw. kommt, diese auszugleichen (1977: 52, 114 - 119). Prinzipiell gilt, daß in der Religionstheorie Luhmanns "die Absorption von Enttäuschungen und die Begründung von Sinnstrukturen als Einheit" aufgefaßt werden (118, Anm. 102). Dennoch behandelt Luhmann religiöse Kompensation bzw. Legitimierung und religiöse Konstitution nur recht selten als zusammengehörig (etwa 77, anders aber schon wieder 78). Das findet seine plausibelste Erklärung darin, daß Luhmann die Ansicht vertritt, daß ebenso wie das Bezugsproblem der Religion auch die Art ihrer Funktionserfüllung evolutionärer Variation unterliegt (34) und sich entsprechend auch das Verhältnis von grundlegender und nachgeordneter Funktion der Religion verändert. Grob schematisiert und unter Absehen von Unausgewogenheiten läßt sich die Auffassung Luhmanns folgendermaßen rekonstruieren: In archaischen Gesellschaften erfüllt Religion ihre Funktion, indem sie vorrangig Unsicherheiten und Enttäuschungen absorbiert (37, 117ff). Dann übernimmt sie vor allem die Begründung oder zumindest die Deutung und Legitimation der Erwartungsstrukturen selbst[121] (= Standardisierung), d. h., sie vermittelt den einzelnen Teilbereichen eine allgemeingültige Weltsicht und erfüllt insofern - auf der Ebene der Gesamtgesellschaft agierend - eine primär integrative Funktion (37, Anm. 43, 102f, 103, Anm. 74, 119). Im Laufe der Zeit verschiebt sich jedoch der Schwerpunkt der religiösen Funktionserfüllung von der Standardisierungs- zur Rechtfertigungs- und Kompensationsfunktion, so daß Religion in der Neuzeit schließlich nur noch als "nachgeschaltetes System" dient (263). Neben der Integrations- und Kompensationsfunktion kann Religion früher wie heute aber auch gesellschaftskritische, systemverneinende

Funktionen übernehmen (10f, 37, 51f, 109, 214). Sie überführt, so Luhmann, nicht nur Unbestimmtes in Bestimmbares, sondern versieht bestimmte Reduktionen auch mit Elementen der Unbestimmbarkeit (36), was auf eine Kritik zum Beispiel von politischer Herrschaft oder auch von Familienhaushalten hinauslaufen kann (37). Aufgrund des höheren Generalisierungsgrades des Unbestimmbaren einerseits und der relativ lebensweltnahen Kommunikations-, Seelsorge- und Kultbedürfnisse der lebendigen Religiosität andererseits (1972a: 254, Anm. 267; 1973d: 223; 1977: 206) müssen die Unbestimmtheitselemente jedoch wieder spezifiziert benannt, konkretisiert, also in Bestimmbarkeiten überführt werden (1977: 37). Insofern werden durch Wahrnehmung kritischer Funktionen tradierte Muster der Kontingenzbewältigung zwar möglicherweise aufgelöst, dies aber nur, um dann auf höherem Niveau der Generalisierung neu formiert zu werden (ebd.) und auf diese Weise wiederum zur Kompensation und Integration gesellschaftlicher Kommunikationsformen beizutragen.
Ob nun aber Religion Strukturen einrichtet, umkonstituiert oder lediglich deren Risiko bearbeitet, in allen drei Fällen erfüllt sie ihre Funktion dadurch, daß sie an die Stelle des bei jedem Sinnvollzug auftretenden Verhältnisses von Thema und Appräsentation ein Verhältnis von Repräsentation und Gegenrepräsentation setzt, das die Frage nach den in allen Repräsentationen notwendig implizierten Appräsentationen nicht stellt und so gewissermaßen den Anspruch auf Vollständigkeit erhebt (25f). Wenn die Beziehung von Repräsentation und Gegenrepräsentation auf Vollständigkeit insistiert, dann beansprucht sie für sich Unnegierbarkeit (26). Da aber natürlich auch Religion nicht die Fülle des Appräsentierten einzufangen vermag (44), blendet sie das Appräsentierte auf eine solche Weise aus, daß ihre Reduktionen als endgültige erscheinen. Luhmann nennt diesen Vorgang <u>Chiffrierung</u> (1977: 84). Chiffrierung meint einen Prozeß, der Unbestimmbares/Unbestimmtes in Bestimmbares/Bestimmtes transformiert und als dessen Resultat sich genau das begreifen läßt, was als spezifische Sinnform des Religiösen, als Numinoses oder Heiliges beschrieben worden ist (33). Chiffren relationieren sich nicht auf etwas anderes, Unzugängliches, für das sie als Symbole, Zeichen, Hinweise

auftreten, sondern sie sind dieses andere selbst. "Sie konstituieren Wissen, indem sie das Bestimmte an den Platz des Unbestimmten setzen und dieses dadurch verdecken" (ebd.)[122]. Das heißt, genaugenommen findet im Prozeß der Erfüllung der religiösen Funktion keine Transformation von Unbestimmbarkeit in Bestimmbarkeit statt, das Unbestimmbare wird vielmehr abgeriegelt und durch die Beziehung von Repräsentation und Gegenrepräsentation, also durch bestimmte/bestimmbare Chiffren ersetzt, die alle Überschreitungsversuche auffangen (vgl. Luhmanns Perfektionsvorstellung, 133)[123].
Es scheint, als könnte Religion diese Überschreitungsversuche und damit das Selektionsrisiko nur abfangen, indem sie den Horizont zwischen Bestimmtem und Unbestimmbarem, Repräsentiertem und Appräsentiertem transzendiert. Will sie aber den Horizont transzendieren, dann besitzt sie keine andere Möglichkeit, als dafür die Typik der Lebenswelt, die immanenten Strukturen und Bedingungen zu benutzen (18). Auch die Religion hat sich also, wenn sie Kontingenz bewältigen will, "an zugängliche Sinnformen zu halten, hat Appräsentiertes zu repräsentieren" (27). Deshalb spezialisiert sie im Laufe einer langen Geschichte ihre besonderen Anstrengungen auf solche Repräsentationen, die durch sich selbst das Repräsentationsrisiko absorbieren (ebd.), also, wenn ich Luhmann recht verstehe, auf <u>Hypostasierungen</u> bzw. Perfektionierungen. Nur mit Hilfe von Hypostasierungen, die alle Überschreitungsversuche in sich auffangen und ihre eigene Unüberschreitbarkeit auf das Dunkel ihres Verhältnisses zur appräsentierten Unbestimmbarkeit gründen, kann Religion die Selektivität ihrer Strukturen vergessen machen, die Frage nach den unbedacht gebliebenen Appräsentationen ihrer Repräsentationen niederhalten und aufgrund der Unnegierbarkeit ihrer eigenen Formen und Sinnbezüge auch die Kontingenz von System/Umwelt-Relationen bzw. von Welt schlechthin kompensieren.
Wenn aber Religion hypostasierte Bestimmtheiten an den Platz des Unbestimmbaren setzt und dieses dadurch verdeckt, wenn sie also die kontingente Selektivität von Reduktionen durch einen Schein von Vollständigkeit überspielt und sich ihrem Problem gar nicht stellt, sondern es stattdessen lediglich chiffriert, dann bedeutet das, daß ihre Antworten nach sy-

stemtheoretischer Auffassung einen <u>illusionären Charakter</u> besitzen[125]. Die Tatsache, daß Luhmann den Illusionsverdacht gegenüber Religion nirgends selber ausspricht, obwohl ihn seine Ausführungen über die Art und Weise der religiösen Funktionserfüllung meines Erachtens implizieren, dürfte wohl dadurch erklärbar sein, daß die Systemtheorie davon ausgeht, daß es kein systemunabhängiges "objektives Sein", also auch keine Gewißheiten vom Sein der Welt gibt, sondern nur mehr oder weniger bewährte Strategien der Objektivierung von Welt (19, 69) und daß sich daher die besserwisserische Entlarvung von Religion verbietet[125]. Das Illusionsverdikt über Religion bedeutet im systemtheoretischen Sinne also nicht eine Entscheidung über Wahrheit oder Unwahrheit von Religion. Vielmehr beruhen im Rahmen der funktional-strukturellen Theorie <u>alle</u> Strukturen "auf Täuschung über die wahre Komplexität der Welt" (1967b: 120), so daß es an dem Standpunkt fehlt, von dem aus Religion desillusioniert werden könnte. Eine derartige Zurückhaltung in der Aufstellung von Wahrheitsurteilen schließt es aber nicht aus, unter Zuhilfenahme supertheoretischer Methoden die Art, wie Religion ihr Problem behandelt, mit der systemtheoretischen Problemlösung zu vergleichen und auch den Gegensatz zwischen beiden noch supertheoretisch zu erklären (1978b: 18)[126]. Während nämlich kognitiv ausgerichtete Systeme (z. B. Systemtheorien) die in allen strukturellen Lösungen notwendig implizierte Täuschung über die Komplexität der Welt durchschauen und auf die unvermeidliche Selektivität aller Strukturen und Entwürfe, also auf die Unlösbarkeit des Kontingenzproblems mit immer neuen Veränderungen, Negationen und Umbauten reagieren, läßt Religion das unlösbare Kontingenzproblem als ein lösbares erscheinen und schreibt dadurch ihre eigenen Lösungsformeln normativ fest (1977: 205ff, hier in bezug auf Kontingenzformeln schlechthin). Der Illusionscharakter religiöser Formen und Inhalte hat seinen Grund demnach darin, daß Religion meint, (zeitlich) unüberholbare, (sachlich) letztgültige und vielleicht sogar (sozial) allgemeinverbindliche Antworten geben zu können[127], die der evolutionären Bedingtheit, der Selektivität und vielleicht sogar der Perspektivität entzogen sind und insofern die zeitliche, sachliche und möglicherweise auch soziale Unabschließbarkeit der Welt ver-

passen. Die Illusion der Religion besteht systemtheoretischen Analysen zufolge also letztlich in einer Täuschung über sich selbst, in einer Verkennung der eigenen Kontingenz und - damit zusammenhängend - in einer Verharmlosung der zeitlichen, sachlichen, sozialen Komplexität der Welt[128]. Würde Religion andere Möglichkeiten (Zukunft, andersartige Selektionen, Fremderfahrungen) mit berücksichtigen, dann würde sie auch die Nicht-Notwendigkeit ihrer Chiffren erkennen und in Erwägung ziehen, ob diese nicht auch anders ausfallen könnten (1973a: 86). Weil aber das Religionssystem kein Bewußtsein von der Welt, d. h. von seinem Problem, seinem Funktionsbezug besitzt, glaubt es, die "Lösungen" seines Problems als invariabel, als unüberbietbar, als nicht hinterfragbar ansetzen zu können. Die Möglichkeit für die Installation religiöser Scheinlösungen (Chiffren) ist mithin bedingt durch einen Mangel an Reflexion (1977: 84f), denn Reflexion ist Selbst-Thematisierung in bezug auf andere Möglichkeiten.
Die Festschreibung eigener Antworten als unnegierbar bedeutet jedoch nicht nur eine Verkennung der eigenen Kontingenz, sondern darüber hinaus sogar eine Verschärfung dieser Kontingenz. Denn wenn ein System seine Lernfähigkeit limitiert, dann beeinträchtigt es sein Fassungsvermögen für Komplexität (1978b: 25) und dann kann es den sich wandelnden Problemlagen immer weniger gerecht werden (1977: 183f). Gerade dadurch, daß es sich nicht ändert, ändert es sich, gewinnt es zugespitzte Riskiertheit und höhere Kontingenz (1975c: 156). Das heißt, gerade dadurch, daß Religion endgültige Lösungen erstrebt und auf diese Weise ihr Komplexitätsniveau fixiert, während sich die Horizonte der Welt ständig erweitern, nimmt die Inadäquanz ihrer Chiffren zu.
Neben der Angabe des "Wie" der Funktionserfüllung stellt die uns schon bekannte <u>Spezifizierung des Bezugsproblems</u> der Religion ein weiteres Mittel dar, historisch-inhaltliche Präzisierungen zu gewinnen. Die Methode der Spezifizierung des Bezugsproblems dient mithin nicht allein zur Garantierung der Unersetzbarkeit von Religion, sondern auch zur Abwehr des Vorwurfes der Abstraktheit funktionaler Analysen. Wie bereits erörtert, geht Luhmann davon aus, daß Bezugsprobleme, obschon relativ konstant (1969a: 260), von evolutionären Verän-

derungen nicht ausgenommen sind (1977: 34). Ein Grundproblem kann daher in der Form von sozial abhängigen Sonderproblemen erscheinen, die im Kontext der allgemeinen Bestimmungsfunktion stehen und diese konkretisieren (114). Zwei von diesen Sonderproblemen behandelt Luhmann. Einmal geht es ihm um die sogenannten rites de passage (Gennep 1909), bei denen die Identität des jeweils Überzuleitenden unklar und unbestimmbar wird und sich insofern das Problem der Bestimmung des Unbestimmten stellt, ohne als Weltproblem aufzutreten (Luhmann 1977: 115). Das andere Sonderproblem bezieht sich auf Erwartungsenttäuschungen, die als Einbruchsstellen unbestimmbarer Möglichkeiten Angst und Unsicherheit hervorrufen können und insofern ebenfalls mit der Hauptfunktion von Religion zusammenhängen (117f). In beiden Fällen führt Luhmann funktionale Äquivalente an, die die Religion bei ihrer Funktionserfüllung entlasten und den Bedarf für religiöse Antworten zurückdrängen. Zur Lösung des Übergangsproblems können stärker differenzierte Gesellschaften Sozialbeziehungen anbieten, die den Wechsel überdauern, die Identität abstützen (etwa: Liebesbeziehungen zum Zeitpunkt des Berufseintritts) und so den Unbestimmbarkeitscharakter des Wechsels aufheben (115f). Erwartungsenttäuschungen lassen sich bewältigen, wenn man die enttäuschte Erwartung ändert, anstatt sie kontrafaktisch beizubehalten, sich auf die Realität einläßt und dadurch der Erwartung selbst eine kognitive Färbung gibt (118). Die Angabe solcher Leistungen, die an die Stelle von religiösen Leistungen treten können, bedeutet nicht, Religion überhaupt als ersetzbar darzustellen, denn keine der beiden Teilfunktionen ist in der Lage, "für sich allein die Funktion der Religion ausreichend (zu) charakterisier(en)" (121). Obwohl Luhmann der Religion Selbstsubstitutivität zuschreibt, kann er daher Teilfunktionen des Religionssystems einem Vergleich mit funktionalen Äquivalenten unterziehen bzw. Substitutionsprozesse erläutern. Sofern aber Luhmann an der Unauswechselbarkeit von Religion festhält, vermag er dies nur noch in bezug auf Sonderfunktionen.

Als das entscheidende Instrument, das die abstrakte Einseitigkeit der Funktionsangabe von Religion korrigiert und kompliziert, bezeichnet Luhmann jedoch immer wieder die Kombination von funktionaler Methode und Systemtheorie (1972a: 250, Anm. 14; 1972b: 24 = 1977: 84; 1977: 49ff). Da die Ausführungen hierzu im Religionskonzept Luhmanns einen breiten Raum einnehmen, sei ihnen ein eigener Abschnitt gewidmet.

2.2. Die Evolution der Religion

Einbeziehung systemtheoretischer Analysen in die funktionale Untersuchung von Religion bedeutet, daß das Religionssystem zu seiner Umwelt in Beziehung gesetzt wird, daß auch nichtreligiöse Faktoren Berücksichtigung finden, daß also die Veränderungen des Religionssystems in ihrem Zusammenhang mit dem Wandel der Gesellschaft erörtert werden. Während jedoch die auf Bestandserhaltung des Gesellschaftssystems orientierte Theorie Parsons gesellschaftlichen Wandel nur als im Anfang mehr oder weniger schon angelegten Differenzierungsprozeß beschreiben kann und aufgrund der Befragung aller ausdifferenzierten Teilsysteme auf ihren Beitrag zur Erhaltung des sozialen Gleichgewichts den Zusammenhang zwischen Religion und Gesellschaft besonders eng fassen muß (vgl. S. 36), vermag die Systemtheorie Luhmanns durch Rekurs auf die Umwelt des Gesellschaftssystems nicht nur die Differenzierung von Strukturen, sondern auch die Änderung von Strukturen zu erklären und dadurch, daß sie die Funktion der Religion auf die System/Umwelt-Relation der Gesellschaft bezieht (1977: 68f), sowohl den Zusammenhang wie den Abstand zwischen Religion und Gesellschaft zu erklären (246f), also nicht nur die gegenseitigen Abhängigkeiten voneinander, sondern auch die gegenseitigen Spannungen, aufgrund derer sich das Religionssystem zu nicht in ihm liegenden Wandlungen gezwungen sieht (vgl. 105, bes. 227ff) bzw. das Religionssystem seinerseits Gesellschaft zu Veränderungen auffordert (37, 51). Die funktional-strukturelle Analyse vielseitiger System/Umwelt-Relationen überwindet auf diese Weise die Einlinigkeit der Geschichtsauffassung früherer Sozialtheorien und braucht Religion nicht mehr auf ihre integrative Funktion festzulegen. Sie kann die eigene Ausrichtung auf die Untersuchung eines einzigen Bezugsproblems bzw. seiner funktional äquivalenten Lösungen und die Erklärung

evolutionärer Variation durch Substitutionsvorgänge dieser
Äquivalente (1962a: 16) ergänzen, indem sie die Spezifikation
des Bezugsproblems aus übergreifenden Bezügen herleitet und
aus derartigen übergreifenden Gesichtspunkten und ihrer Kombination weitere historische Konkretionen gewinnt. Dabei gelingt
es ihr nicht und ist es nicht ihr Ziel, den jeweils aktuellen
Zustand des evoluierenden Systems kausalgesetzlich zu deduzieren oder gar zu prognostizieren; ihr Erkenntnisinteresse liegt
vielmehr primär in der Formulierung der Bedingungen und Folgen
von Evolution (1975c: 152).
Evolution definiert funktional-strukturelle Theorie als Strukturänderung, die durch das Zusammenspiel von Variations-, Selektions- und Stabilisierungsmechanismen[129] und durch Differenzierung erzeugt wird (1975b: 195). Sowohl Differenzierungsprozesse wie die Variations-, Selektions- und Stabilisierungsmechanismen sind auf Umwelt bezogen, wobei im Laufe der Evolution einerseits die Umweltgefährdung ab- bzw. die Umweltkontrolle zunimmt, weil sich das Komplexitätsniveau der Gesellschaft erhöht, andererseits aber aufgrund des mit jeder Erhöhung der Systemkomplexität überproportional wachsenden Komplexitätsgrades einer jeden Systemumwelt sich die Kontingenz,
die Selektivität und Riskiertheit aller sozialen Strukturen
und Prozesse nicht verringert, sondern vergrößert (1977: 19,
231). Die unterschiedlichen Formen der Differenzierung und
der Ablösungsvorgänge zwischen den angegebenen Mechanismen
verwendet Luhmann, um die gesellschaftliche Entwicklung einer
globalen, in der Soziologie nicht selten gebräuchlichen[130]
Dreiteilung in archaische, hochkulturelle und moderne Gesellschaften zu unterziehen, die er mit deren Hilfe charakterisiert: Archaische Gesellschaften, die in ihrer Primärstruktur
segmentär (in gleiche Einheiten: Familien, Stämme, Wohngemeinschaften) differenziert sind, können Mechanismen der Variation
und Selektion nicht recht trennen und müssen daher gewonnene
Bestimmungen alternativenlos akzeptieren; in den primär
schichtungsmäßig differenzierten (durch Stadtbildung und
Schrift ausgezeichneten) Hochkulturen, die Variation und Selektion voneinander ablösen können, verschiebt sich das Trennproblem zwischen die Mechanismen für Selektion und Stabilisierung, so daß sich ihre Selektionen an letztlich invarianten,

moralisch-religiösen Geltungen begründen müssen; erst in der
(sich im Übergang zur Neuzeit herausbildenden) modernen Gesellschaft wird auch die Identität von Selektion und Stabilisierung noch gesprengt, indem die "Funktionssysteme für
Politik, Wirtschaft, Wissenschaft und Intimfamilie gegeneinander und gegen die Religion stärker differenziert werden"
(Hervorhebung von mir) und sich als Systeme selbst stabilisieren, indem sie sich verändern (1975b: 200; 1975c: 152f;
1977: 38).

Nach diesen allgemeinen Vorbemerkungen sei nun die Entwicklung
der Religion, wie sie die Systemtheorie Luhmanns vorstellt,
anhand der Abfolge der drei eben charakterisierten Epochen
kurz skizziert. In archaischen Gesellschaften, in denen die
Absorption von Unsicherheit "unter Überspringen von Kontingenz" erfolgt, also die Form eines mehr oder weniger alternativenlosen Realitätsglaubens annimmt, ist das religiöse Erleben "auf Enttäuschung, Überraschung und Angst gestimmt"
(1977: 80; 1972a: 251). "Das Problem liegt in der Erhaltung
gesellschaftlicher Interaktionsmuster über Angst und Erwartungsenttäuschung hinweg" (1977: 80). Religion, die sich dazu nicht auf "gewagte Interpretationsleistungen", sondern
auf Rituale stützt, erfüllt ihre Funktion durch Negationsausschaltung (87), durch "unmittelbare Sakralisierung des Problems" (z. B. Tabuierung von Bruchstellen in der Ordnung)
(80f). Insofern hat sie in sehr frühen Stadien der gesellschaftlichen Entwicklung eine stabilisierende, rechtfertigende, kompensatorische Funktion. Daneben übt Religion in dieser
Zeit jedoch auch eine "ins Unsichere gebaute Standardisierungsfunktion" aus (37, Anm. 43). Das heißt, Religion etabliert gegen das Unbestimmbare der Welt gesetzte Bestimmungen, die von der Gesellschaft alternativenlos akzeptiert werden müssen, da es an einer elaborierten systeminternen Umwelt
fehlt, die andere Kriterien oder Bedingungen ins Spiel bringen könnte; Religion "interpretiert Umwelt für die Gesellschaft"; sie behandelt Grenzphänomene, indem sie in Mythen[131]
erzählt, wie Typendifferenzen (Himmel und Erde beispielsweise)
entstanden sind (37f). Demnach ist ihre Funktion nicht nur auf
die Absorption von Erwartungsenttäuschungen, auf die Überwin-

dung von Strukturbrüchen ausgerichtet, vielmehr beteiligt
sich die Religion der archaischen Gesellschaften selbst an
der Einrichtung von Erwartungsstrukturen und besitzt (obschon
in 1972b: 22, 51 bestritten, anders 1977: 38) insofern eben
auch eine interpretatorische Funktion. Allerdings dürfte der
Absorptionsfunktion gegenüber der Standardisierungsfunktion,
sofern beide nicht ohnehin eine Einheit bilden, eindeutig der
Primat zukommen, denn in einer Gesellschaft, der aufgrund ihres geringen Differenzierungsgrades nur ein niedriges Komplexitätspotential zur Verfügung steht, der es folglich an anderen Möglichkeiten mangelt, fallen Strukturbrüche, Anomalien,
Enttäuschungen, Ängste usw. ebenso häufig wie willkürlich an,
so daß sich ein Abbau von Desorientierungen, aber auch von
Unsicherheiten, Unklassifizierbarkeiten, Unklarheiten usw.
laufend erforderlich macht und der Alltag in vielen seiner
Vollzüge unmittelbar religiöse Relevanz besitzt (36).
Mit dem geringen Differenzierungsgrad archaischer Gesellschaften hängt ein weiteres Merkmal ihrer Religiosität zusammen:
die Projektion sozialer Beziehungen auf außermenschliche Wesen
(Totemtiere, Totengeister), denen man Interaktionsfähigkeit,
Erwartungen und intentionales Verhalten unterstellt, und die
Projektion soziomorpher Ordnungsmodelle (Eltern/Kind-Verhältnis, Regulativ für Lohn und Strafe) auf die Welt im ganzen
(94). In beiden Projektionsweisen drückt sich der Sachverhalt
aus, daß das Soziale noch nicht von der außermenschlichen
Welt differenziert wird; außerdem zeigt sich, daß Gewißheitssicherungen noch nicht individualisiert werden, sondern unmittelbar von sozialer Resonanz abhängig bleiben, also auch
die Differenzierung sozialer und personaler Systeme noch
nicht entwickelt ist (94, 101).
Mit der Herausbildung vorneuzeitlicher Hochkulturen, die zugleich die Prototypen hochentwickelter Religiosität hervorbringen (1977: 93), kommt es infolge der Zunahme der Komplexität und Kontingenz der Welt verstärkt zu Differenzierungsprozessen, nämlich zur Ausdifferenzierung der Gesellschaft
aus der für sie relevanten Umwelt, zu einer verstärkten Differenzierung des Gesellschaftssystems selbst und damit zusammenhängend auch zu einer zunehmenden Innendifferenzierung des
Religionssystems (95, 110). Als Korrelat dieser Entwicklung

setzen auf der symbolisch-motivationalen Ebene Prozesse der
Generalisierung ein, die durch die Bereitstellung allgemeingültiger Orientierungsmuster die entstandenen Differenzen
übergreifen und daher die Schaffung von Unmittelbarkeit und
Konkretheit garantierenden Respezifikationsmechanismen erforderlich machen (89).
Zu welchen Zeitpunkt die jeweiligen Entwicklungsprozesse ein-
setzen bzw. variieren, läßt sich aus dem Konzept Luhmanns
nicht immer eindeutig erheben. Schon in früher Zeit jedenfalls stehen die religiösen Funktionen unter Komplexitätsanforderungen, die nur durch Ausdifferenzierung besonderer,
meist kultischer Veranstaltungen, unterschiedlicher Rollen-
verantwortungen und schließlich permanent fungierender Teilsysteme für Religion bewältigt werden können (103f). Diese
Differenzierung von Religion und Gesellschaft hat mehrere Konsequenzen. Erstens nimmt das Religionssystem der Gesamtgesellschaft eine ihrer Funktion ab, so daß sich nun das Sozialsystem bei der Erfüllung seiner Aufgaben auf die Religion ebenso
stützt wie das Religionssystem - mit Zunahme der gesellschaftlichen Differenzierung in zunehmendem Maße - von der Gesellschaft als Umwelt profitiert (50, 104). Zweitens kommt es nun
aber auch unausweichlich zu Spannungen zwischen Religion und
Gesellschaft oder anderen Teilsystemen, die sich zum einen in
einem Überziehen religionsspezifischer Momente auf Kosten der
Gesellschaft bzw. anderer Teilsysteme, zum anderen in der selektiven Behandlung religiöser Erwartungen durch die Gesellschaft bzw. andere Teilsysteme ausdrücken (105, 245). Damit
stellt sich die Frage nach der Kompatibilität der Religion
mit anderen Teilbereichen und mit Gesellschaft überhaupt, eine Frage, die nach Luhmanns Ansicht über die gesellschaftliche
Relevanz religiöser Inhalte und Formen bis heute ganz wesentlich mitentscheidet. Drittens bedeutet evolutionäre Differenzierung der Gesellschaft hinwiederum einen Gewinn an Autonomie
für das Religionssystem (214). Hochreligionen können sich von
gesellschaftlich durchgehenden Normalerwartungen ablösen; sie
brauchen die Heilsaussichten nicht mehr von der Erfüllung fa-
miliärer, militärischer, rechtlicher, politischer oder sonsti-
ger Pflichten abhängig zu machen, sondern koppeln die Heils-
chancen in ihren Erfolgsbedingungen von andersartigen gesell-

schaftlichen Funktionskreisen ab (106, 155). Aufgrund ihres gewachsenen Abstandes gegenüber der Gesellschaft sind sie außerdem in der Lage, an anderen Systemen (z. B. an politischer Herrschaft oder am Familienhaushalt) **Kritik** zu üben, gegen Sinnverkehrungen in anderen Bereichen zu **protestieren** und die (abweichende) Umwelt religiös zu qualifizieren (1972a: 251; 1977: 10f, 37, 51f, 214). Viertens birgt jedoch eine derartige Verselbständigung des religiösen Systems die Gefahr des **Kontaktverlustes** und der Isolierung in sich (1977: 52, 108, 142). Je stärker das Religionssystem aus der Gesellschaft ausdifferenziert ist, was natürlich nicht als zunehmende Außergesellschaftlichkeit von Religion mißzuverstehen ist (1972a: 251, Anm. 17)^{132}, desto weniger kann es die Gleichartigkeit von fremden und eigenen Strukturen voraussetzen (1977: 243). Zum Beispiel kann es nicht mehr wie selbstverständlich davon ausgehen, daß "die Tapferen und Kriegstüchtigen in den Himmel kommen oder daß, was für die Familie gut ist, auch Gott gefällt" (106). Das heißt, durch Innendifferenzierung der Gesellschaft verringert sich die Möglichkeit und der Bedarf für gesamtgesellschaftlich gültige Selektionsleistungen (79f). Stärkere **Differenzierung erfordert** daher stärkere **Generalisierung** gesellschaftlicher Integrationsmittel (1972a: 251f; 1977: 108).

Religion reagiert auf dieses Erfordernis mit einer Schwerpunktverlagerung der Religiosität von rituellen Praxen zu übergreifenden **Glaubensfragen** (1977: 108). Angesichts erhöhter sozialer Komplexität sind alternativenarm angesetzte Kultformen zunehmend Mißerfolgen ausgesetzt, denen zunächst durch Erklärung von Enttäuschungen, Verschweigen von Mißerfolgen, ja durch Verschweigen von Intentionen begegnet wird (104). Dann entsteht jedoch ein Bedarf an komplexeren Antworten, an Nachfragen standhaltenden Lösungen, ein Bedarf, der durch die Einführung situationsfrei fungierender Auslegungen, durch die Entwicklung einer abstrakteren Symbolik und schließlich durch den Aufbau einer religiösen **Dogmatik** abgedeckt wird (85f). Dogmatiken sind insofern "Nachfolgeeinrichtungen für Rituale auf höherer Ebene" (86). Sie ersetzen die Unmittelbarkeit der in Ritualen praktizierten Negationsausschaltung durch möglichst begründete und abgesicherte Negationsverbote, halten an Unnegierbarkeiten auch

unter steigenden Komplexitätsanforderungen fest (87) und sind
aufgrund ihres höheren Abstraktionsgrades in der Lage, gesellschaftliche Systemdifferenzierungen zu überbrücken (109).
Folglich ist es das Komplexitätsniveau religiöser Problemlösungen, das über die gesellschaftliche Reichweite der Religion, d. h. über "die Zahl und die Verschiedenartigkeit der
Zustände des Gesellschaftssystems, über die hinweg Religion
mit anderen Bereichen kompatibel ist", entscheidet (1972a:
252). Wenn daher Religion in vorneuzeitlichen Gesellschaften
die Verbindung der einzelnen Bereiche religiös vermittelt und
ausdifferenzierte Teilsysteme auf eine einheitliche Weltsicht
hin interpretiert (Integrationsfunktion) (1977: 102f), dann
bedeutet das, daß sie in dieser Zeit noch ein Generalisierungsniveau besitzt, das den gesellschaftlichen Anforderungen
an strukturelle Kompatibilität genügt (88), und daß sie damals, obschon als Teilsystem bereits ausdifferenziert, noch
deutlich einen Status von gesamtgesellschaftlicher Relevanz
innehat, also sowohl eine spezifische wie eine universelle
Funktion erfüllt (8, 106).
Die mit zunehmender sozialer Komplexität notwendig werdende
Entwicklung einer abstrakteren religiösen Symbolik ist weitgehend identisch mit dem Prozeß der allmählichen Differenzierung von Welt und Gesellschaft, den Luhmann im Anschluß an
Luckmann (1970b) als "De-Sozialisation" der Welt bezeichnet
(Luhmann 1977: 95). In dessen Verlauf nimmt die religiöse
Vorstellungswelt die "außermenschliche Sozialität" in Form von
"Leitmotiven wie Vater, Gebot, Strafe, Kommunikation, Wort,
Liebe" in sich auf und entzieht sie damit der Welt (ebd.).
Parallel und als Voraussetzung der Ausdifferenzierung des Gesellschaftssystems aus seiner Umwelt läuft der Prozeß der
Genesis der Individualität, die sich in dem Maße profiliert,
wie sozial angelegte Möglichkeitsüberschüsse die Selektivität
des Handelns sichtbar machen und nach der zurechenbaren Identität des Auswählenden fragen lassen (96)[133]. Sowohl die Differenzierung personaler und sozialer Systeme[134] wie die Desozialisation der außermenschlichen Welt beruhen folglich auf
einer Zunahme an gesellschaftlicher Komplexität.
Die Zunahme der Komplexität der Gesellschaft ist auch der Grund
für die stärkere Innendifferenzierung des Religionssystems, die

insofern mit der Ausdifferenzierung des Religionssystems aus der Gesellschaft im Zusammenhang steht (110)[135]. Mit der in der spätrömischen Phase sich vollziehenden Umstellung des Religionssystems von primär segmentärer auf funktionale Differenzierung schälen sich neben der Funktion des Religionssystems, die seine Beziehung zur Gesamtgesellschaft zum Tragen bringt, zwei weitere Bestimmungsfaktoren heraus: Formen der Leistung, die seine Beziehungen zu anderen gesellschaftlichen Teilbereichen verwalten, und Mechanismen der Reflexion, die seine Selbstbeziehung betreuen (54ff, 106, 112). Die Funktion der Religion wird durch das System geistlicher Kommunikation "als Kirche" erfüllt (56). Dafür sind Rituale unentbehrlich. Auch wo es zu Schwerpunktverlagerungen auf Glauben und Dogmatik und einer damit verbundenen gewissen Entritualisierung kommt, bleibt Religion an rituelle Kultformen gebunden, die freilich im Kontext einer Glaubensreligion neu auf ihren Sinn befragt und theologisch interpretiert werden müssen (108f, 112).
Leistungen, sofern sie für andere gesellschaftliche Teilsysteme erbracht werden, nennt Luhmann Diakonie; Leistungen für personale Systeme bezeichnet er als Seelsorge (58). Die Probleme der Diakonie sind zwar stets sozialstrukturellen Ursprungs (z. B. Ungleichverteilung, Armut), werden aber zumeist nur in personalisierter Form wahrgenommen; entsprechend behandelt Diakonie ihre Probleme nicht dort, wo sie entstehen, sondern entwickelt Verantwortlichkeit für "'Restprobleme' oder Personbelastungen und Schicksale", die in anderen Funktionssystemen erzeugt, aber nicht bewältigt werden (ebd.). Gegenüber anderen Funktionssystemen nimmt Religion also wiederum einen nachgeordneten Platz ein.
Für die Reflexion des Religionssystems ist die Theologie zuständig (59). Die Theologie vertritt die Systematizitätsinteressen des Religionssystems und bringt dessen Identität, sofern diese in sachlicher, sozialer oder zeitlicher Hinsicht problematisch, negierbar, also kontingent werden sollte, zur Geltung (59ff, 112). Außerdem gehört zu ihren Aufgaben immer auch die Formulierung der anderen beiden Systemreferenztypen (60). Die theologische Reflexion ist nicht selbst heilige Handlung und nicht selbst gutes Werk, aber sie partizipiert an beiden, in-

dem sie sie als Reflexionswissenschaft steuert und sich in
ihnen voraussetzt (ebd.). Insofern scheint der Theologie innerhalb des Religionssystems die Führung zuzukommen[136] (vgl.
in bezug auf die Dogmatik: 109).
Wie schon des öfteren erwähnt, machen die verschiedenen auf
die Komplexitäts- und Kontingenzzunahme der Welt reagierenden
Differenzierungsprozesse Generalisierungen erforderlich, die
die sozialen Unterschiede auf möglichst hohem Komplexitätsniveau übergreifen und insofern ebenfalls unter Komplexitätsanforderungen stehen. An dieser Stelle sei von den im Luhmannschen Konzept vorgeführten religiösen Generalisierungsformen
die zentrale erläutert: der Gottesbegriff. Der Gottesbegriff
ist nach Luhmann - wie wir wissen - die Kontingenzformel der
Religion (126, 204). Ebenso wie die Kontingenzformeln (vgl.
S. 69f) anderer Funktionsbereiche begründet auch der Gottesbegriff die operative Einheit von Dualen, die die Kontingenz
des jeweiligen Teilsystems vollständig rekonstruieren (189,
201f). Im Falle des Religionssystems handelt es sich dabei um
die ebenfalls bereits bekannten Duale Leid/Heil und Sünde/
Gnade (194). Diese beiden binären Schematismen treten an die
Stelle der alten Unterscheidung des Sakralen und Profanen
(ebd.). Sie fallen nicht mehr wie Sakral/Profan mit den Innen/
Außen-Differenzen des Religionssystems zusammen, sondern werden innerhalb des Religionssystems praktiziert (196). Deshalb
kann die religiöse Praxis selbst die Transformation von Leid
und Sünde in Heil und Gnade zu leisten beanspruchen (194).
Sie begreift sich als von sich selbst abhängig (196), gerät
aber damit zunehmend in Differenz zu anderen Funktionssystemen
(189). Zunahme sozialer Differenzierungen zwingt das Religionssystem bekanntlich zur Erhöhung des Generalisierungsgrades
seiner Lösungen. "In der Gottesfrage hat die Wendung vom spätarchaischen Polytheismus zum Monotheismus den entscheidenden
Abstraktionsgewinn gebracht" (126). Der monotheistische Gottesbegriff ist mit höherer Komplexität des Gesellschaftssystems
kompatibel (128). Seine weltdistanzierte (ebd.), weltbezogene
(206), weltuniversale (90), abstrakte Einheit (129) läßt sowohl
zeitliches Nacheinander wie soziale und sachliche Verschiedenartigkeit und Gegensätzlichkeit zu (128f). Zuletzt besagt die
Formel Gott Kompatibilität jeglicher Kontingenz der Welt mit

der Unüberbietbarkeit der göttlichen Allmacht (130). Damit ist der Spielraum für gesellschaftliche Weltkonstitution ins fast Beliebige ausgedehnt und auf Chiffrierung der Selektivität dieser Weltkonstitution so gut wie verzichtet (1972a: 254). Gott repräsentiert formal (simpliciter et universaliter) selbst den selbstsubstitutiven Charakter der Welt (1977: 133). Alles, was ihm widersprechen, ihn negieren, also auch bestimmen könnte, führt wieder zu ihm hin (173). Alles Kontingente, also auch alles Böse und Willkürliche muß ihm zugeschrieben werden (130). Die Überspanntheit einer so weit abstrahierten Kontingenzformel ist das Korrelat der übermäßigen Komplexität des Gesellschaftssystems und der immens gewachsenen Kontingenz seiner strukturellen Reduktionen und Handlungsselektionen.

Zugleich gerät mit zunehmender sozialer Komplexität der übergeneralisierte Gottesbegriff unter gesellschaftsbezogene Respezifikations- und Präzisierungsanforderungen (204, 130). "Damit wird es notwendig, die Einheit des Gottes selbst als Differenz zu denken: als Gutheit des Handelns, die die Differenz von gut und schlecht (gut und böse) schafft, ohne damit selbst schlecht zu handeln oder Böses zu wollen; oder als Anfang und als Prinzip der Selbstrelationierung auf eine Welt hin, für die Gott dann in der Relation ein anderer wird" (205)[137]. Das hier angesprochene Problem von Überspanntheit und Respezifikation artikuliert sich besonders eindrücklich in der Technik der Perfektionierung des Gottesbegriffes: Der Gottesbegriff saugt nämlich nicht nur alle Kontingenz einer zunehmend komplexen Welt auf; er schützt sich zugleich gegen weitere Übertreibungen, indem er die eigene Kontingenz als notwendig nicht-kontingent ansetzt (130); er absorbiert die Kontingenz der Welt mit Hilfe immer weiter ausgezogener Generalisierungen, immer weniger bestimmter Abstraktionen, also "letztlich mit Hilfe von Negationen" (ebd.)[138], die selber nicht negiert werden können, sondern, wo sie überfragt werden sollen, stets in sich selbst zurücklaufen (133). Eine solche supramodale Notwendigkeit fängt aber - im Gegensatz zu ihrem Anspruch - weder alles ein, und zwar gerade wegen ihres perfektionierten, abgeschlossenen, vollendeten Charakters, noch ist sie - wie etwa die Gottesbeweise zeigen - in der Lage,

sich derart in Bestimmbares herunterzutransformieren (130),
daß sie mit den zunehmend komplexer werdenden innerweltlichen
Strukturen Kompatibilität oder gar gegenüber den Gläubigen
Kommunikabilität und Kultfähigkeit erlangt (1972a: 254, Anm.
26). Insofern könnte man in probeweise essayistischer Form -
aber entspräche das nicht weitgehend der Darstellungsweise
Luhmanns - formulieren, daß die nicht mehr überbietbare Generalisierung und Perfektion der Gottesvorstellung einen zu
hohen Spezifizierungsgrad mit einem zu hohen Grad an Beliebigkeit verbindet und auf diese Weise eine Koppelung von Negationsblockierung und Sterilität an die Stelle der im Sinne
Luhmanns erforderlichen Kombination von Universalität und Konkretheit setzt.

Neben diesen auch und vor allem von philosophischer Seite vorgebrachten, nach Luhmanns Ansicht allerdings gescheiterten
Versuchen, die Selbstlimitierung des Absoluten zu begründen
oder verständlich zu machen (Einheit als Differenz, Perfektion) (1977: 206), führt Luhmann eine ebenfalls die göttliche
Selbstrespezifikation beinhaltende nicht-philosophische,
christliche These an: die Vorstellung der **außerweltlichen
Personalität** Gottes (131), die er ebenfalls als "unglaubwürdig" kennzeichnet (180). Für erfolgreicher hält Luhmann den
Ausgleich der Überabstraktion der ins Transzendente ausgreifenden nicht negativ gemeinten Negationen durch die **Christologie** und den **Schöpfungsgedanken** (206). Beide Ausgleichsmöglichkeiten formulieren anspruchsvolle und zugleich plausible
Lösungen des Kontingenz-Problems; der Schöpfungsgedanke beispielsweise macht die Kontingenz und Selektiertheit der Welt
akzeptierbar, weil in Gott die Garantie der Perfektion dieser
Selektion liegt (131f). Beide Interpretamente können darüber
hinaus trotz "aller Radikalisierung weltbezogener Transzendenz (...) eine ausreichende Nähe zu den Seelsorgebedürfnissen
der professionellen Praxis wahren" und so ein Auseinanderfallen von Hochreligion und Volksreligion verhindern (206f).
Der evolutionäre Erfolg dieser Version von Religion verdankt
sich dem Niveau ihrer Generalisierung und Komplexität, das mit
den unterschiedlichsten Anforderungen in den übrigen Bereichen
der hochkulturellen Gesellschaft, namentlich in Politik und
Wirtschaft, kompatibel ist (207). Gleichzeitig gilt aber, daß

in dem Maße, wie solche hochgeneralisierten Leistungen in einer für Religion spezifischen Weise gelingen, sie "die Differenz zu anderen Funktionssystemen steigern, nämlich Problemlösungen anbieten, die nicht zugleich auch politische, wirtschaftliche oder wissenschaftliche Zentralfunktionen erfüllen können, mit der Folge, daß die sozialstrukturelle Differenzierung, deren Folgeprobleme gelöst werden sollten, im Effekt wiederum gesteigert wird" (189f). Das heißt, weder die Erhöhung des Abstraktionsgrades ihrer Lösungen, mit der Religion traditionell auf die Zunahme sozialer Differenzierung antwortete, stellt ein noch geeignetes Mittel dar, die ausdifferenzierten Teilsysteme zu übergreifen und zu vermitteln, noch ist die Perfektionierung dieser höher abstrahierten Lösungsformeln in der Lage, einen nichtnegierbaren Kulminationspunkt aufzurichten, an dem sich alle divergierenden Funktionsbereiche orientieren. Im Gegenteil: Je anspruchsvoller die religiösen Muster gestaltet werden, desto stärker beziehen sie sich nur noch auf das Religionssystem selbst (218). Daraus folgt, daß jeder Versuch, soziale Differenzierung mit religionsspezifischen Mitteln zu überwinden, die Differenzierung der Gesellschaft lediglich verstärkt (247).
Damit stellt sich die Frage, ob Religion, wenn sie ihre Funktion erfüllen und ihre zentrale Bedeutung für die Konstitution des Gesellschaftssystems bewahren will, jeden Grad der Ausdifferenzierung verträgt (113). Freilich ist in Luhmanns Augen eine gewisse Verselbständigung der Religionspflege für die Entstehung und Erhaltung dogmatisierbarer Hochreligion erforderlich (ebd.). Aber mit dem Prozeß der Ausdifferenzierung ist eine Aspekthaftigkeit der Interpretation verbunden, die die Welt in ihrer vollen Komplexität verpaßt; "und im Verzicht auf die Interpretation der Welt liegt schon der Beginn des Verzichts auf die gesellschaftliche Funktion" (113f)[139].
Die Abstraktheit religiöser Lösungen liefert gerade den Ermöglichungsgrund für die Verselbständigung und Neuformierung von ursprünglich religiös integrierten Bereichen, von Bereichen wie Politik, Wissenschaft, Kunst, die dann ihre Eigenständigkeit behaupten etsi non daretur Deus (132f). In einer bis in die Neuzeit hinein wirksamen Weise beruhen in anderen Bereichen gebrauchte Kontingenzformeln "auf Religion, übernehmen

ihre Funktion - und distanzieren zugleich von Religion" (83) (so das jeweilige Prinzip politischer Legitimität; die Fähigkeit, Weltkomplexität begrifflich zu fassen; die Schönheit in der Kunst)[140]. Treten religiöse Perfektionsvorstellungen in den Vordergrund, wird es aufgrund der Spannung zwischen dem überhöhten Anspruch der religiösen Formeln und dem Ausmaß sozialer Differenzierung schließlich sogar notwendig, die der Perfektion immanenten Negationsblockierungen ihrerseits moralisch, politisch oder wissenschaftlich zu stützen (132). Wir sehen, daß in Luhmanns Darstellung der historischen Entwicklung der Religion das Differenzierungskonzept den Primat besitzt, während die Theorie der Ablösemechanismen von Variation, Selektion und Stabilisierung zwar programmatisch ausgearbeitet ist, in der konkreten historischen Untersuchung aber kaum Verwendung findet. Dennoch liegt sie Luhmanns historischen Forschungen zur Evolution der Religion implizit zugrunde, denn man kann sagen, daß die Alternativenarmut der archaischen Gesellschaften, das laufende Anfallen von Überraschungen und Strukturbrüchen und die daraus resultierende ständige Relevanz von Religion auf die Unfähigkeit zur Trennung von Variations- und Selektionsmechanismus zurückzuführen ist, daß die Integrations- und Legitimationskraft einer mit letzten Invarianzen arbeitenden Religion in den Hochkulturen auf der Untrennbarkeit von Selektion und Stabilisierung beruht und daß sich die Autonomie der einzelnen gesellschaftlichen Teilbereiche einschließlich der ihre gesamtgesellschaftliche Verbindlichkeit einbüßenden Religion in der Neuzeit aus der Verselbständigung der drei Mechanismen erklärt. Es wird an dem "mangelhaften Ausarbeitungsstand der Evolutionstheorie" (Schimank 1985: 426) liegen, daß Luhmann bei seinen historischen Forschungen zum Religionssystem kaum auf das Zusammenspiel von Variations-, Selektions- und Stabilisierungsmechanismus Bezug nimmt und immer wieder das gängige Differenzierungskonzept heranzieht. Hier scheint die Religionssoziologie Luhmanns durch Einzelstudien ausbau- und erweiterungsfähig zu sein.
Aus der Zunahme der sozialen Differenzierung und ihren problematischen Folgen erklärt Luhmann auch die Rolle, die Religion in der gegenwärtigen Gesellschaft spielt. Den problematischen Rückwirkungen der zunehmenden sozialen Differenzierung auf das

Religionssystem wendet sich Luhmann vor allem unter dem
Stich- und Reizwort "Säkularisierung" zu. Damit kommen wir
auf ein Problem zu sprechen, das Luhmann als das "Leitmotiv"
seiner Religionstheorie bezeichnet, auf die "Frage, ob Religion noch möglich ist" (Luhmann 1977: 8)[141].

2.3. Säkularisierung

Gemeinsam mit vielen Religionssoziologen (und Theologen)
bringt Luhmann Vorbehalte gegenüber der Diffusität des Säkularisierungsbegriffs zur Geltung und ist daher bereit, die
wissenssoziologische Kritik an diesem Begriff zu akzeptieren
(1977: 225). Anders als ein Großteil der Soziologen (und
Theologen) hält er aber die etwa von Matthes (1962; 1964;
1967) und Rendtorff (1962b; 1966) versuchte Destruktion der
Säkularisierungsthese oder auch die von Lübbe (1965) vorgetragene Darstellung der ideenpolitischen Verwendung und Geschichte des Säkularisierungsbegriffs für unzureichend, denn
eine Kritik an der Vieldeutigkeit eines Begriffs erledigt
nicht das in ihm verhandelte Problem (Luhmann 1977: 225, 229).
Auf den Sachverhalt, der sich unter dem Terminus "Säkularisierung" verbirgt, kommt es Luhmann allerdings an.
Dieser Sachverhalt erhellt sich nun aber - das entspricht der
Logik einer auf komplexe Zusammenhänge bezogenen Systemtheorie - nicht durch sich selbst, weshalb auch "die Frage, was
Säkularisierung eigentlich ist", "offensichtlich" - so Luhmann - nicht weiterführt (225). Die Analyse des Säkularisierungsprozesses muß vielmehr bei allgemeinen Problemen des
hochdifferenzierten Gesellschaftssystems ansetzen (229). Nur
wenn sie von weiterreichenden gesellschaftsstrukturellen Gesichtspunkten ausgeht, also nach den gesellschaftlichen Bedingungen der Möglichkeit von Religion fragt (226), kann es zu
einem zureichenden Verständnis des Geschehens kommen. Deshalb
behandelt Luhmann das Säkularisierungstheorem, obschon er dessen oft gesehene Abhängigkeit vom Religionsbegriff nicht bestreitet, ohne Bezug auf die von übergreifenden Theorieeinsichten weitgehend isolierten und perspektivisch eingeengten
substantiellen Definitionsversuche des Phänomens Religion

(227, 233). Entsprechend hält er es ebenfalls für unzweckmäßig, den Säkularisierungsbegriff vorab mit Hilfe der Dichotomie von sakral/profan zu bestimmen, etwa als Profanierung des Sakralen (226, 269)[142], oder diese Dichotomie in einem Begriff von "säkularer Religion" zusammenzuziehen (226) (vgl. z. B. Bellah 1970). Der Ansatz bei gesellschaftsstrukturellen Problemen von universaler Relevanz verlangt natürlich zugleich auch nach der Berücksichtigung struktureller Wandlungen des Gesellschaftssystems. Das schließt es aus, den Säkularisierungsbegriff unhistorisch, als eine "zu allen Zeiten vorkommende und beklagte 'Weltlichkeit' von Einstellungen und Verhaltensweisen", anzusetzen und wie beispielsweise Mary Douglas (1970) Pygmäen und Londoner unter dem Gesichtspunkt der Verweltlichung zu vergleichen (Luhmann: 1977: 232, Anm. 15). Ob nun aber "Säkularisierung" terminologisch kritisiert oder durch sich selbst definiert wird, ob sie aus der Verbindung mit dem Religionsbegriff oder mit Hilfe der Dichotomie von sakral/profan erklärt oder unhistorisch verstanden wird, gegenüber allen diesen Vorgehensweisen nimmt Luhmann deshalb eine ablehnende Haltung ein, weil es ihnen an der Kontaktfähigkeit zu abstrakten, theoriegesteuerten Fragestellungen mangelt (225ff). Daraus muß die Schlußfolgerung gezogen werden, daß Luhmann an einer systemtheoretischen Bewältigung des Säkularisierungsproblems interessiert ist und eine Einordnung des Säkularisierungstheorems in allgemeine systemtheoretische Zusammenhänge beabsichtigt, die die Anschließbarkeit übergreifender Theoriebildungserfahrungen sicherstellt.

Systemtheoretisch ist zunächst zwischen religionsinternen Gründen und allgemeineren gesellschaftsstrukturellen Gründen für Säkularisierung zu unterscheiden (228). Als Säkularisierung erfährt die Religion intern ihre eigenen Größe, bzw. ihren eigenen ins Unwahrscheinliche gesteigerten Anspruch erlebt sie als Indifferenz einer von ihr abweichenden Umwelt (227f). Die Anspruchssteigerung des Religionssystems hängt jedoch gesellschaftsstrukturell mit der Ausdifferenzierung der religiösen Funktion zusammen wie auch die Herausbildung einer nicht mehr von der Religion einheitlich interpretierten innergesellschaftlichen Umwelt eine Konsequenz der zunehmenden

Differenzierung der Gesellschaft darstellt (105f, 227, 259f). Die religionsintern erfahrene Nichtübereinstimmung mit der innergesellschaftlichen Umwelt läßt sich insofern als Folgeproblem zunehmender sozialer Differenzierung bestimmen. Die internen Gründe für Säkularisierung sind demnach auf allgemeinere externe Gründe zurückzuführen (228), mithin systemtheoretisch analysierbar. Dem korrespondiert der Sachverhalt, daß einerseits mit dem Begriff Säkularisierung die Rückwirkungen der Zunahme der sozialen Differenzierung auf das Religionssystem und seine Umwelt bezeichnet werden (229), andererseits der diese Zunahme bewirkende Übergang zur funktional differenzierten Gesellschaft nicht vom Religionssystem betrieben, sondern von ihm nur ermöglicht und dann erlitten wird (255f). Säkularisierung läßt sich daher als Folgeproblem eines vom Religionssystem nicht begehrten Umbaus der stratifizierten in eine funktionale Gesellschaftsordnung definieren, auf den das Religionssystem sich seinerseits einstellen muß[143]. Daraus ergeben sich für Luhmann - wie mir scheint - die Fragen, a) worin präzise die Rückwirkungen funktionaler Differenzierung auf das Religionssystem bestehen, b) ob und inwieweit das Religionssystem mit diesen Rückwirkungen kompatibel ist und c) wie es auf sie reagiert.

a) <u>Veränderungen</u> in der Funktionserfüllung von Religion werden unter anderem durch eine mit dem Umbau auf funktionale Differenzierung verbundene Gewichtsverlagerung des sozialen Handelns von internen Funktionen (Politik, Recht) auf extern ausgerichtete Funktionen ausgelöst. Während sich nämlich Religion in vorneuzeitlichen Gesellschaften vor allem auf die Umweltprobleme der Gesellschaft, auf "Irregularitäten der äußeren Natur und der menschlichen Motive", also auf jene Kontingenzen bezog, "die sich aus der überhohen Komplexität der physisch-chemisch-organisch-psychischen Umwelt für das Gesellschaftssystem ergaben" und von diesem nicht oder nur kaum bearbeitet werden konnten, wandelt sich der Bedarf für Religion in dem Maße, wie sich die soziale Umweltkontrolle sowohl durch Erziehung im Hinblick auf Personen, durch Medizin im Hinblick auf den menschlichen Organismus als auch durch Naturwissenschaften im Hinblick auf die Natur erhöht (229ff). Wenn man bedenkt, daß Religion in den Umweltproblemen der Ge-

sellschaft ihre vorrangigen Anknüpfungspunkte besitzt, dann ist klar, daß durch die effektivere Hinwendung der Gesellschaft zur Umwelt der Religion ein enormer Funktionsverlust zugefügt wird.
Dieser Funktionsverlust ist jedoch nicht (vgl. aber 1972c: 11f; 1975d: 211) - wie man vermuten könnte - das direkte Ergebnis einer besseren Umweltbewältigung, denn die Verstärkung der gesellschaftlichen Umweltkontrolle läuft nicht auf eine Verringerung der umweltlichen Kontingenzen hinaus (vgl. 1977: 19). Vielmehr erhöht sich mit dem Differenzierungsgrad der Gesellschaft die Zahl der Kontingenzen sowohl innerhalb des Systems als auch - überproportional dazu - außerhalb des Systems. Womit es zusammenhängt, daß Religion dennoch an gesellschaftlicher Bedeutung verliert, macht Luhmann an den Auswirkungen funktionaler Differenzierung auf den individuellen (1), den gesellschaftlichen (2) und den naturhaft-welthaften Bereich (3) deutlich.
(1) Für den **individuellen** Bereich begreift Luhmann Säkularisierung "als die gesellschaftsstrukturelle Relevanz der Privatisierung religiösen Entscheidens" (232). Funktionale Differenzierung bringt eine zunehmende Differenzierung von sozialen Rollen (Berufe, Komplementärrollen: Wähler, Konsument, Patient, Rechtsuchender, Schüler) mit sich, deren Zusammenhang sich nicht mehr sozial kontrollieren läßt. Dies liegt darin begründet, daß mit dem Übergang zu funktionaler Differenzierung die Möglichkeit von und der Bedarf für Selektionsleistungen, die für die Gesamtgesellschaft einheitlich erbracht werden, zurückgeht (79). Aufgrund des Schwindens gesamtgesellschaftlichen Konsenses treten - das gilt für alle Teilsysteme der Gesellschaft (232) - individuelle und soziale Rationalität auseinander (241). Die Privatisierung des Entscheidens ist also keine Privatsache, sondern Folge funktionaler Differenzierung (237, 239). Für den Religionsbereich bedeutet Privatisierung, "daß Religiosität nur noch auf der Grundlage individueller Entscheidung erwartet werden kann und daß dies bewußt wird" (239). Da die sozialen Mechanismen, die es ermöglichten, bloß wahrscheinliches Meinen zu heiligen, schwinden, entfallen die gesellschaftsweit akzeptierten stochastischen "Gewißheiten" (239, 241). "Nur auf dieser Basis hatten aber Rituale

und Dogmatiken 'Wahrheit' in Anspruch nehmen und die Negierbarkeit ihrer Symbolik neutralisieren können" (239)[144]. Deshalb gehen Zugänglichkeit und Sicherheit der Religion, mithin die Übertragbarkeit ihrer Formen und Inhalte zurück (ebd.). Dennoch machen diese Veränderungen "die gesellschaftliche Funktion der Religion nicht obsolet" (242), denn sie ändern weder im Innern noch im Äußern die sinnhaften Horizonte des Gesellschaftssystems, auf die sich die Religion bezieht. Es scheint, daß Luhmann, obschon er die Differenzierung von Person und Gesellschaft als einschneidend bezeichnet (101), die Auswirkungen von Säkularisierung im personalen Bereich als am geringfügigsten beurteilt (vgl. 242).
(2) Eine zweite Konsequenz funktionaler Differenzierung betrifft die Integrationsform der <u>Gesellschaft.</u> Integration wurde in früheren, weniger komplexen Gesellschaften auf der gesamtgesellschaftlichen Ebene gewährleistet. Durch die Einrichtung von gesamtgesellschaftlich gültigen Strukturen, Erfordernissen, Werten, Normen sicherte die Gesellschaft, daß alle ihre Teilsysteme gleichförmig operierten (243f). Das Religionssystem, das in seiner Funktion an die gesamtgesellschaftliche Ebene gebunden ist, war neben der Moral (1975c: 152) an der Installation dieser Strukturen und Werte wesentlich beteiligt. Es vermittelte die einzelnen Bereiche durch Reformulierung einer einheitlichen religiösen Weltsicht und nahm in frühen Stadien der Evolution insofern eine für die Gesellschaft integrative Funktion wahr (1977: 102f). Da mit dem Übergang von der stratifizierten zur funktionalen Gesellschaft der Bedarf und die Möglichkeit gesamtgesellschaftlicher Selektionsleistungen zurückgeht und letztere nur noch gelegentlich und dann in hochgeneralisierter Form erbracht werden, erfolgt unter den Bedingungen funktionaler Differenzierung Integration nicht mehr durch das die einzelnen Teilsysteme einbegreifende Ganze der Gesellschaft, sondern dadurch, daß die Teilsysteme "jeweils füreinander ausreichend bestimmbare Umwelten sicherstellen" (1972c: 11f). Das bedeutet zum einen, daß die Strukturen des Religionssystems nicht mehr durch gesamtgesellschaftliche Selbstverständlichkeiten oder Isomorphien gedeckt sind, die Fraglosigkeit ihrer Geltung verlieren und sich ins Unwahrscheinliche ausdifferenzieren,

was für andere Bereiche die Möglichkeit eröffnet, sie zu negieren, und dem verselbständigten Religionssystem die Möglichkeit nimmt, seine Integrationsfunktion zu erfüllen (1977: 247f). Zum andern bedeutet Vermittlung der Integration über die jeweilige innergesellschaftliche Umwelt statt über die Totalität der Gesellschaft, daß natürlich auch die nichtreligiösen Bereiche an Autonomie gewinnen und sich nicht mehr oder kaum noch von gesamtgesellschaftlich gültigen Reduktionen leiten lassen; das wiederum hat für das auf der gesamtgesellschaftlichen Ebene operierende Religionssystem zur Folge, daß ihm seine innergesellschaftliche Umwelt als säkularisiert erscheint (248, 259f), während für die nichtreligiösen Bereiche daraus folgt, daß innerhalb ihres Geltungsbereiches religiöse Formen und Inhalte kaum noch Relevanz erlangen können und auch kaum noch ein Bedarf an ihnen besteht (79f). Religion steht damit in einer ambivalenten Situation. Sie erlebt ihre eigene Selbständigkeit und die Selbständigkeit anderer Bereiche als Chance, um "anspruchsvolle, nicht durch ökonomische, politische, familiale oder wissenschaftliche Nebenerwägungen kontaminierte Antworten" zu finden (248)[145], und als Behinderung, um gesamtgesellschaftliche Wirksamkeit zu erzielen. Unter den Bedingungen funktionaler sozialer Differenzierung "entsteht für das Religionssystem mit der Chance erhöhter Selektivität, Besonderheit und funktionaler Spezialisierung zugleich auch das Problem der Säkularisierung" (247). Daraus ergibt sich für die Religion die doppelte Möglichkeit, entweder die eigene Spezifikation anzunehmen und nur noch gelegentlich gesamtgesellschaftliche Bedeutsamkeit zu besitzen oder mit der Totalität der Gesellschaft generalisiert und, sofern bei so weit getriebener Abstraktion Kommunikabilität überhaupt noch erreichbar ist, ebenfalls nur noch situationsweise abgerufen zu werden (80, 248). Angesichts funktionaler Differenzierung scheitern aber muß jeder Versuch, Säkularisierung mit religionsspezifischen Mitteln aufzuhalten, denn ein solcher Versuch würde "genau die Bedingung verschärfen, die der Auslöser (des Säkularisierungsprozesses - D. P.) ist: funktionale Differenzierung" (247)[146].
(3) Die dritte Konsequenz funktionaler Gesellschaftsdifferenzierung betrifft Veränderungen der Form von <u>Weltkomplexität</u>,

die durch Steigerung des Auflöse- und Rekombinationsvermögens
der Gesellschaft hervorgerufen werden (232, 248). Diese Konsequenz funktionaler Differenzierung ist die von allen dreien
bedeutsamste, denn Steigerung des sozialen Auflöse- und Relationierungsvermögens bedeutet Variation der Realitätsdefinition, Erhöhung der Eigenkomplexität der Gesellschaft bzw.
Tieferlegen des Komplexitätsmusters ihrer Umwelt und damit
Hinausschieben sowohl der gesellschaftlichen Innen- wie der
gesellschaftlichen Außenhorizonte, die bei der Generierung
von religiösen Sinnformen als Anknüpfungspunkte fungieren.

Die Steigerung des Auflöse- und Relationierungsvermögens korreliert mit der Form gesellschaftlicher Differenzierung
(1975b: 198) und hängt insofern von evolutionärem Wandel ab
(1977: 250, 255). Magisch fundierte Religionen gehen von "einer Welt ohne Zufall" aus (253f), die in ihrer quantitativen
und modalen Begrenztheit die Entsprechung zur segmentären Differenzierung alternativenarmer archaischer Gesellschaften darstellt. Dogmatisierte Hochreligionen bannen die mit dem Auftreten stratifizierter Gesellschaften sich erhöhenden Komplexitätsanforderungen, indem sie die Vielheit und Verschiedenartigkeit der Weltelemente als Perfektionsbedingungen benennen, "zum Beispiel als Form, durch die Gott seine Güte dem
Menschen mitteilt" (254). Bei einer weiteren Erhöhung des sozialen Komplexitätsgrades kann diese Vermittlung von Gott und
Weltkomplexität nur noch durch Differenzierung von göttlicher
und menschlicher Erkenntnis, also durch Einführung eines
agnostischen Moments (156), aufrechterhalten werden. Die Komplexität der Welt drückt sich nunmehr in Erkenntnisproblemen
aus (254f). Gegenwärtig verschiebt sich die für Religion relevante Problemstellung abermals, denn heute "sind die Probleme strukturierter Komplexität als Sachprobleme (und nicht nur
als Erkenntnisschwierigkeiten) formulierbar, so wie auch
selbstreferentielle Strukturen und Prozesse in Systemen
schlechthin und nicht nur in der Erkenntnis vorliegen" (254).

An dieser Stelle bleiben die Ausführungen Luhmanns merkwürdig
zurückhaltend. Aus dem bereits erörterten Gesamtzusammenhang
seiner Theorie läßt sich aber das sich hier dokumentierende
Anliegen Luhmanns unschwer rekonstruieren. Im Rahmen der all-

gemeinen einführenden Bemerkungen seines religionstheoretischen Hauptwerkes erklärt Luhmann bekanntlich, daß er "die Erkenntnistheorie in einen Anwendungsfall von Systemtheorie auf(löst)" (17). Das Mittel für diese Auflösung besteht in der Rückführung aller Erkenntnisprobleme auf System- bzw. System/Umwelt-Bedingungen. Ihr Ziel sieht Luhmann in der Bestreitung einer systemunabhängigen Faktizität, eines Seins an sich (19)[147]. Im gleichen Zuge spricht Luhmann dann von der Steigerung des Auflöse- und Rekombinationsvermögens, durch die "auch relativ Unwahrscheinliches noch" in den systemrelativen Reaktionsbereich einbezogen werden kann (17). Die Termini Unwahrscheinliches, Unerwartetes, Überraschendes, Enttäuschendes, Außergewöhnliches usw. gebraucht Luhmann - wie wir wissen - synonym mit dem Begriff der Transzendenz(vgl. 16f). Aber nicht nur der Transzendenzbegriff tritt als Gegenbegriff zum "Bereich des Zugänglichen" (16) auf. Als Unzugängliches bezeichnet Luhmann ebenso die Reflexivität und den Bereich gesellschaftlicher Unbestimmtheiten (1972a: 250). Das heißt, mit der Überführung der Erkenntnistheorie in die Systemtheorie werden Subjektivität, Absolutheit und gesellschaftliche Kontingenz gleichermaßen in die System/Umwelt-Zirkularität, aus der es bekanntlich kein Ausbrechen gibt, eingeordnet. Dadurch ist sowohl die Möglichkeit zum vollständigen Rückzug in die Innerlichkeit des Erlebens bzw. in soziale Enklaven ausgeschlossen wie die Möglichkeit zum Aufschwung in die Außerweltlichkeit verstellt, folglich die Analysierbarkeit von Religion garantiert (1972b: 15ff = 1977: 72ff; 1972c: 11). Zugleich vollzieht sich mit der Einordnung aller Wirklichkeit in die System/Umwelt-Relation jedoch nicht eine Vernichtung der innen und außen appräsentierten Unendlichkeit, sondern lediglich deren vorläufige und aufhebbare Neutralisierung. Dadurch ist die Möglichkeit zur Aufstellung von unnegierbaren Höchstwerten versperrt. Immer kommt es Luhmann auf beides an, darauf, daß alles von überall her erreichbar ist und daß alles von überall her hinterfragbar ist (1978b: 14) Ihm geht es um die "Relationalität aller Wirklichkeit" (1978a: 355). Diesem Anliegen entspricht seine immer wiederkehrende Polemik gegen die Außerweltlichkeit Gottes oder eines anderen anfänglichen Prinzips und gegen das extramundane Subjekt (1971a:

27f; 1971c: 298; 1973a: 72, 75; 1977: 179f u. ö.) wie gegen Letztbegründungen (Vorgegebensein von Welt oder Wahrheit, universales Prinzip, Substanz, Identität) überhaupt (1962a: 26; 1971a: 25; 1973a: 93 u. ö.). Die Relationalität aller Wirklichkeit ist nur gesichert, wenn einerseits sowohl alle scheinbar unzugänglichen Äußerlichkeiten auf Systeme wie alle internen Selbstreferentialitäten auf Umwelt beziehbar sind und andererseits diese internen und externen Größen in ihrer Relationalität nicht aufgehen, sondern auf andere Möglichkeiten verweisen[148]. Luhmann spricht in diesem Zusammenhang von der Verschiebbarkeit und der Unaufhebbarkeit der inneren und äußeren Horizonte (1977: 25). Die Verschiebbarkeit garantiert die Einbeziehung von immer weiteren Appräsentationen in den Zirkel, die Unaufhebbarkeit zeigt an, daß nie die Fülle des Appräsentierten einzufangen ist, daß sich der Zirkel nie erschöpft, daß er vielmehr nur auf einem stets höheren Abstraktionsniveau ansetzt. Genau darin liegen die entscheidenden Schwierigkeiten für heutige Religion, aber auch ihre Möglichkeiten, denn wenn die Unbestimmbares und Bestimmtes trennenden Horizonte der Gesellschaft aufgrund funktionaler Sozialdifferenzierung gegenwärtig immer weiter hinausgeschoben werden, dann bedeutet das für das auf das Zugleich von Unbestimmbarkeit und Bestimmtheit gerichtete Religionssystem, daß es an stets abstrakter werdende und vielleicht zu hoch generalisierte Probleme anknüpfen muß (248, 253)[149]. Wenn aber die Horizonte und damit die Kontingenzprobleme nie aufgehoben werden können, dann bedeutet das gleichzeitig, daß für die Funktionserfüllung von Religion stets ein <u>Erfordernis</u> besteht (vgl. 223, 253) - es sei denn, es gibt im Rahmen der Systemtheorie entgegen Luhmanns Behauptung doch funktionale Äquivalente für Religion, also dasselbe Bezugsproblem behandelnde Strategien; dann müßte man umformulieren und sagen, daß die Unaufhebbarkeit des Zugleichs von Unbestimmbarem und Bestimmtem, also die Unaufhebbarkeit interner und externer Horizonte lediglich die nie zu vernichtende <u>Möglichkeit</u> der Funktionserfüllung von Religion impliziert[150].
b) Ob nun aber innerhalb der Systemtheorie Religion stets erforderlich oder nur stets möglich ist, beides besagt nicht, daß Religion mit dem Komplexitätsgrad der funktional differen-

zierten Gesellschaft kompatibel ist. Vielmehr vertritt Luhmann die Auffassung, daß die durch die Steigerung des sozialen Auflöse- und Relationierungsvermögens hervorgerufenen Veränderungen "die Denkmuster, mit denen die Theologie religiöse Erfahrungen vergangener Gesellschaftsformationen geordnet und aufeinander bezogen hatte, weitgehend obsolet" machen (255). Das heißt, Luhmann ist der Meinung, daß das Religionssystem hinter dem Komplexitätsgrad der modernen Gesellschaft zurückbleibt. In dem zu geringen Komplexitätsniveau der Religion erblickt er den wesentlichen Grund, der neben der Umstellung der Integration von Struktur auf Umwelt (246; 1972c: 11f) und der damit zusammenhängenden Abnahme des Bedarfs und der Möglichkeit gesamtgesellschaftlich verbindlicher Selektionsleistungen, also der Abnahme gesellschaftsweiter Stützungsmechanismen und -vorstellungen für Religion (1977: 79f, 239, 241, 248) zum Rückgang ihrer gesellschaftlichen Rolle beiträgt. Dieser Ansicht korreliert die andere, daß immer demjenigen System die Führung in die Gesellschaft zufällt, das sich mit der höchsten Eigenkomplexität ausdifferenzieren und strukturieren läßt (1970b: 226). Luhmann meint also, daß sich, obwohl die sozialen und umweltlichen Kontingenzen - die Anknüpfungspunkte für Religion - auch unter den Bedingungen funktionaler Gesellschaftsdifferenzierung erhalten bleiben und sogar im Wachsen begriffen sind (1977: 19, 231), die Bedingungen der Entstehung und der optimalen Anpassung von Religion derart gewandelt haben, daß diese ihre "beste Zeit" hinter sich hat (183f). Religion erleidet bzw. ermöglicht den Übergang von der stratifizierten Gesellschaft, in deren Rahmen sie sich beispielhaft entfalten konnte, zur funktional differenzierten Gesellschaft nur noch, aber betreibt ihn nicht mehr selbst[151] wie etwa die Wirtschaft, die Politik, die Wissenschaft oder die Erziehung. Anders als diese Bereiche, die von dem Umbau auf funktionale Differenzierung einen Gewinn an Wachstum, Stärke, Komplexität, Einfluß, Flexibilität usw. davontragen, ist daher Religion von den Konsequenzen dieses Umbaus "eher negativ" betroffen (255f).
c) Wie reagiert nun Religion ihrerseits auf diese eher negativen Konsequenzen funktionaler Differenzierung, die sie ja weitgehend über sich ergehen lassen muß. Luhmann erblickt zwei

einander entgegengesetzte Reaktionstendenzen: Zum einen kommt es am Beginn der Neuzeit, also bevor Säkularisierung einsetzt, zu "Bemühungen um Straffung, Verstärkung und Ausbau von im Prinzip alten Mitteln" (258), also z. B. zu einer Verfestigung zur Orthodoxie, die einen gesellschaftsweiten Anspruch auf Richtigkeit der Meinung mit teilsystemspezifischen Instrumentarien vertritt (257). Zum andern entstehen in dieser Zeit "Bewegungen, die sich aus einer direkten Abhängigkeit von der Orthodoxie ablösen und mit weniger rigide durchartikulierten Positionen auszukommen versuchen" (gelehrtes Freidenkertum, mystische Innerlichkeit, Moral, Humanität) (259). Obwohl im weiteren Verlauf der Entwicklung die Verhältnisse für die funktional-strukturelle Analyse unübersichtlich werden (260), bemerkt Luhmann, daß die Religion auch auf das Problem der Säkularisierung entweder mit Bewahrungs- und Konzentrationsprozessen oder mit Prozessen der Anpassung und Öffnung antwortet (177f, 247). Gerade die Alternativität dieser Reaktionsweisen stößt aber bei ihm auf Kritik, denn "weder Erhaltung noch Anpassung lassen sich in die Ausnahmslosigkeit eines absoluten Prinzips steigern", so daß man, wenn man für eine Richtung optiert, gezwungen ist, das Gegenteil auch zuzulassen (178). Demgegenüber plädiert Luhmann für religionsspezifische Strukturen, "die auf einer Stufe höherer Abstraktion mehr Anpassung und mehr Erhaltung zugleich leisten" (ebd.).

Die Konsequenzen der Durchsetzung funktionaler Gesellschaftsdifferenzierung betreffen jedoch nicht nur das Verhältnis des Religionssystems zur Gesellschaft, sondern auch die Eigenverfaßtheit der Religion. Durch die Ausdifferenzierung des Religionssystems, die Säkularisierung seiner innergesellschaftlichen Umwelt und seine damit zusammenhängende Konfessionalisierung kommt es, erklärt Luhmann (261), im Innern des Religionssystems zu einer stärkeren Differenzierung von Funktion, Leistung und Reflexion und zu aufweisbaren Veränderungen in diesen drei Bereichen.

Im Kernbereich der Funktion, in der Kirche als Form geistlicher Kommunikation, wird vor allem die "'Mikromotivation' privater Teilnehmer" zu einem Problem, das allein über "Mitgliedschaft" nicht befriedigend zu lösen ist (262). Aufgrund der Verstärkung der Differenz zwischen Religion und innergesellschaftlicher Umwelt muß die Kirche zunehmend damit rechnen, daß die Zahl ihrer Angebote und das Maß der von Zufälligkeiten des privaten Lebenslaufes abhängigen Nachfrage divergieren und Möglichkeiten geistlicher Kommunikation leer und erfolglos bereitgehalten werden. Dieses Problem läßt sich nicht durch Rekurs auf Kontingenzen, die in außerreligiösen Teilbereichen der Gesellschaft auftreten, lösen. Die Kontingenzüberschüsse, Irregularitäten und Unbestimmbarkeiten aus dem unkontrollierbaren Hintergrundshorizont der wichtigsten Funktionssysteme wie Wirtschaft, Wissenschaft, Politik oder Erziehung haben eine äußerst abstrakte Form angenommen, "die sie kaum befähigt, als Mikromotive zu erscheinen und den Einzelnen in die Kirche zu führen" (263). Andererseits sind Theologie und Kirche aber auch nicht darauf eingestellt, als nachgeschaltete Systeme zu fungieren, die nur im Bedarfsfalle in Aktion treten (263). Weder außerreligiöse Anknüpfungspunkte noch religionsinterne ad hoc-Aktualisierungen lassen sich also als Instrumente ausbilden, um das Auseinanderfallen von Angebot und Nachfrage aufzufangen.

Aus diesen Schwierigkeiten bei der Erfüllung der gesellschaftlichen Funktion der Religion erklärt sich, warum sich der Schwerpunkt der kirchlichen Aktivitäten aus dem Funktions- in den Leistungsbereich verlagert (264). Die relative Schwäche geistlicher Kommunikation "wird durch ein Mehr an sozialem Aktivismus kompensiert", was Luhmann als "wohl wichtigste Einzelfolge der Säkularisierung" bezeichnet (ebd.). Helfendes Handeln indes erfordert eine Ausrichtung auf Sachgesetzlichkeiten des Erfolgs, auf Wünsche, Normen und Bedingungen der Umwelt, der die diakonischen Leistungen zugute kommen sollen. Eine solche Außenorientierung verhindert weitgehend ein Handeln nach religiösen Gesichtspunkten und reduziert den religiösen Gehalt sozial-diakonischer Aktivitäten letztlich "auf die Bereitstellung des Motivs, überhaupt etwas zu tun" (265).

Den im Funktions- und Leistungsbereich entstandenen prekären Folgen der Säkularisierung kann auch durch die Theologie als Reflexionsinstanz des Religionssystems kaum entgegengewirkt werden. Unter den neuzeitlichen Bedingungen des Konfessionalismus und eines sich herausbildenden Geschichtsbewußtseins kann durch bloßes Bewahren Identität nicht mehr gewährleistet

werden (267). Schon der Anspruch der Theologie auf Wissenschaftlichkeit, zwingt sie, "ständig etwas Neues zur Offenbarung (zu) sagen" (265). Anstatt zum Ausdruck zu bringen, "was Säkularisation für die Identität des Religionssystems bedeutet", werden jedoch die Eigenprobleme der Theologie, die innovative und radikale Fachentwicklungen stimulieren könnten, durch den Problemkontext der Säkularisierung einfach mehr und mehr ersetzt (266). Dadurch kommt es zu einer inhaltlichen Aushöhlung der Dogmatik, deren Sprache zwar metaphorisch weiterbenutzt, deren Gehalte aber nicht einem zu ihrer Erhaltung notwendigen "durchgreifenden" Wandel ausgesetzt werden (265f). Der Platz, von dem aus Religion zu formulieren wäre, wird verbal besetzt gehalten, "ohne daß die so entstehende Verlegenheitsmetaphorik den Bezug zu religiösem Erleben und Handeln noch garantieren könnte" (266).
"Säkularisierung verstärkt demnach nicht nur die Differenzierung von Kirche, Diakonie und Theologie (...); sie erzeugt in jedem dieser Bereiche auch unterschiedliche Eigenprobleme"; und sie führt schließlich zu Ungleichgewichten in den Beziehungen zwischen diesen Bereichen: Die Theologie hat sich mehr der Kirche als der Diakonie zugewandt, da sie die Identität des Religionssystems eher in der Einheit von Gesellschaft, religiöser Funktion und Kirche als in der Vielheit von Leistungsbeziehungen zu unterschiedlichen gesellschaftlichen Teilsystemen finden kann (268). Sie hat sich als "Funktion der Kirche", aber nicht als "Funktion der Diakonie" begriffen und dies, obwohl sich eine Akzentverlagerung aus dem Bereich geistlicher Kommunikation in den der Sozialdiakonie vollzogen hat (ebd.). Luhmann sieht in diesen Disproportionen, sofern sie mit anderen Strukturlinien des Religionssystems konvergieren, die Gefahr einer Interdependenzstörung des Systems, aus der soziale Konflikte oder Orientierungs- und Motivationsprobleme für die einzelnen Mitglieder entstehen können, und plädiert daher für eine Ausbalanzierung der Aufmerksamkeitsverteilung zwischen der Funktions-, der Leistungs- und der Reflexionsorientierung (270)[151]. Theologie habe weder säkularisierte "civil religion" noch Vertreter einer Teilwirklichkeit des Religionssystems zu sein, sondern die religionsinterne Differenzierung von Funktion, Leistung und Reflexion in

bezug auf die moderne Gesellschaft zu reflektieren.

2.4. Zivilreligion und Organisation

Der die Diskussion des Säkularisierungstheorems leitmotivisch begleitenden Frage, ob Religion angesichts des neuzeitlichen Wandels der Gesellschaftsstruktur noch möglich ist, geht Luhmann in spezifizierter Sicht vor allem unter organisationssoziologischen Gesichtspunkten nach. Warum er dieses Problem gerade auf der Organisationsebene untersucht, wird im Laufe des Kapitels deutlich werden. Hier sei nur darauf hingewiesen, daß dies natürlich nicht aus Luhmanns jahrelanger beruflicher Tätigkeit in der Verwaltung herzuleiten ist, sondern in Formentscheidungen der Theorie seine Gründe hat.

Den Ausgangspunkt seiner kirchentheoretischen Überlegungen bildet das schon für die Erklärung der Säkularisation herangezogene Konzept der Gesellschaftsdifferenzierung. Aufgrund der verschärften Differenzierung der Gesellschaft nimmt in der Neuzeit die Bedeutung genereller Integrationsmittel ab (1972a: 254). Für die Religion, die auf der Ebene allgemeiner Grundorientierungen operiert, ergibt sich daraus "die doppelte Möglichkeit, mit der Totalität des Gesellschaftssystems generalisiert und/oder nur noch situationsweise abgerufen zu werden" (1977: 80).

In beide Richtungen entwickelt sich die neuzeitliche Religion. Die "allgemein-menschliche" (1978d: 301), "allgemeingesellschaftliche Religiosität" (303) wird auf der Ebene der Gesamtgesellschaft durch Ausbildung einer Zivilreligion zur Geltung gebracht, die auf die zunehmende strukturelle Differenzierung des Gesellschaftssystems durch zunehmende Generalisierung ihrer Symbolik reagiert (300). Eine entgegengesetzte Reaktionsweise zeichnet sich in der neuzeitlichen Straffung der kirchlichen Organisationsstruktur, in der Zentralisierung der Amtshierarchie auf katholischer und der Systematisierung der Dogmatik auf evangelischer Seite ab (1977: 273, 281f, 291). Diese Straffung stellt den Versuch dar, der gesellschaftlichen Differenzierung durch Ausbau teilsystemspezifischer Mittel zu begegnen.

Im 18. Jahrhundert, in dem sich in der europäischen Gesellschaft der Übergang von Schichtung zu funktionaler Differenzierung als primärer Differenzierungsform vollzieht, sucht Zivilreligion - um damit zu beginnen - Religion als Moral oder als Wertorientierung zu generalisieren (1978d: 300). Die Konstantsetzung des Menschen im Menschen, die im deutschen Idealismus vorgenommene Vergöttlichung des menschlichen Wesens, die religiöse Qualifizierung der Vernunft und die gleichzeitige Kritik an der gesellschaftlich-historischen Bestimmtheit des Menschen sowie die aus dieser Spannung resultierende Formulierung des "Mythos der Emanzipation" oder des "Mythos der, sei es dialektischen, sei es diskursiven Selbstverwirklichung der Vernunft" (299f) - diese und andere Rekonstruktionsbemühungen stellen Formen der Anpassung an die funktional differenzierte Gesellschaft dar, mit denen sich der Anspruch der Religion auf gesamtgesellschaftliche Verbindlichkeit noch aufrechterhalten läßt (301). Sehr bald aber ruiniert die Differenz der gesellschaftlichen Ebenen "den Formenschatz und die Ausdrucksmöglichkeiten, die für ihre Verbindung zur Verfügung stehen" (ebd.). Mit der vollen Durchsetzung der funktionalen Gesellschaftsdifferenzierung hört das Ganze und Allgemeine auf, das Eigentliche zu sein. Die Hochform der Religion findet sich nur noch in teilsystemspezifischen Institutionalisierungen, die "allgemeine religiöse Sensitivität, die mit Sozialität schlechthin gegeben ist", entspezifiziert sich dagegen zum "gesellschaftlich Selbstverständlichen", "das heute nur als Zivilreligion Konsens finden kann" (303).

Daraus ergibt sich für die soziologische Analyse die zweifache Schwierigkeit, "aus den Allgemeinbestimmungen der Gesellschaft (...) die religiöse Komponente begrifflich zu eliminieren" und unter Benutzung von Formulierungen über allgemeingesellschaftliche Religiosität die Anspruchslage von Hochreligionen und religiös stark engagierten Menschen zu erfassen (ebd.). Auch wenn es schwierig ist, Religion und Gesellschaft auf der allgemeingesellschaftlichen Ebene voneinander abzuheben, sieht sich die Soziologie aufgrund theorieinterner Dispositionen zur Anerkennung der Notwendigkeit von Zivilreligion gezwungen, denn aufgrund der Annahme einer unauflöslichen Wech-

selbeziehung zwischen Religion und Gesellschaft muß sie, sofern sie die Existenz der Gesellschaft nicht leugnen will,Religion als einen bei der Konstitution der Gesellschaft unentbehrlichen Faktor behandeln (302). Andererseits läßt sich jedoch das diffuse gesellschaftliche Religionspotential, soll sein Allgemeinheitsgehalt gewahrt werden, nicht konkretisieren, obschon es erst so als Religion ausweisbar wäre (304). Die entscheidende Frage lautet dann also: "Ist Zivilreligion formulierbar?" (ebd.).
Die systemtheoretische Soziologie reagiert auf diese Frage, indem sie Theoriemodelle aus der ständischen Tradition, nach denen das Ganze das Höchste und der Endzweck sein müsse, aufgibt und auch das Umkippen in eine bloße Kritik der Gesellschaft vermeidet und stattdessen mit einem "Doppelbegriff der Gesellschaft als System und als interne Umwelt für Systeme" arbeitet (303). Sie ordnet das, was als Zivilreligion vertreten wird, der Gesamtgesellschaft zu und führt anspruchsvollere Bewußtseinshaltungen und kirchlich organisierte Religionsformen auf Teilsystembildungen innerhalb der Gesellschaft zurück (ebd.). Diese Ebenendifferenzierung der Systembildung bedeutet, daß Zivilreligion und kirchlich orthodoxierte Religion um den Allgemeingültigkeitsanspruch nicht konkurrieren müssen, sondern zusammenbestehen können (305). "Religiöse Dogmatik (...) und Interaktion im kirchlichen Leben können sich in dieser Situation begreifen als dasjenige Instrument, das Zivilreligion erst eigentlich zur Religion macht. Erst in der Reflexion durch Bekenntnis, Gesichtspunkte rechten Glaubens und religiöse Kommunikation (das heißt: Kirche) erweist und präzisiert sich das, was als Zivilreligion unterstellbar ist, als Religion" (ebd.). So zeigt sich also, daß die institutionalisierte Spezialform der Religion für die Explikation der Zivilreligion geradezu notwendig ist. Der Analyse dieser institutionell verfaßten Religion wollen wir uns nun zuwenden.

Mit dem Umbau der Gesellschaftsordnung von Schichtung auf funktionale Differenzierung vollzieht sich gleichzeitig ein Auseinanderziehen der Ebenen der Systembildung, durch das Gesellschaftssysteme, Organisationssysteme und Interaktionssysteme zunehmend an Selbständigkeit und Unabhängigkeit voneinander gewinnen (1972a: 248; 1977: 276f). Durch diese Ebenendifferenzierung, die keine vollständige Trennung der Systeme bedeutet, wird Organisation zugleich wichtiger und unentbehrlicher (1977: 283). Die Frage lautet nun, ob die durch die Abnahme des Bedarfs und der Möglichkeit genereller Integrationsleistungen bedingte gesamtgesellschaftliche Funktionsschwächung der Religion auf der Ebene der Organisationssysteme kompensiert werden kann (1972a: 249). Kann wie in anderen Funktionsbereichen Organisation als Mittler zwischen Gesellschaft und Interaktion auftreten? Inwieweit und in welchem Sinne läßt sich religiöses Handeln und Erleben organisieren und Religion in der Form von Kirche als Organisation begreifen (ebd.; 1977: 287)?

Um diese Frage beantworten zu können, muß zunächst geklärt werden, was Organisation ist. Luhmann sieht Organisationen als soziale Systeme an, "die Handlungen so behandeln, als ob es Entscheidungen wären" (1977: 284). Das Spezifische organisierter Sozialsysteme besteht in der Verknüpfung der Entscheidung über Mitgliedschaft (also über Eintritt und Austritt) mit der Entscheidung über Strukturmerkmale (Personal, Programme, Kommunikationsstruktur), die im Falle einer Mitgliedschaft akzeptiert werden (1972a: 247). Durch Einbeziehung von Entscheidungen über Entscheidungsprämissen entsteht ein selbstreferentiell geschlossenes System, das die Kontingenz des eigenen Entscheidens durch systemimmanente Korrigierbarkeit kompensiert, indem es "Stellen" als Adressaten für Rückfragen und Korrekturwünsche und als Absender für die Realisierung von Änderungswünschen einrichtet (1977: 286). Auf diese Weise "werden Entscheidungen letztlich mit Hilfe ihrer eigenen Kontingenz gerechtfertigt, nämlich mit Hilfe der Möglichkeit des Übergangs zu anderen Entscheidungen" (ebd.). Dabei suchen Organisationssysteme durch Kontrolle von Eintritt und Austritt die Motivstrukturen personaler Systeme als Entscheidungen zu erfassen und unter Orientierung an ihnen über die eigenen Entscheidungsprämissen zu disponieren (286f). Die selbstreferentielle Steuerungsfähigkeit von Organisationssystemen ist neben ihrer Mittlerstellung zwischen Gesellschaft und Interaktion ein weiterer Grund, warum Luhmann die Frage nach der Kompatibilität der Religion mit den gesellschaftsstrukturellen Wandlungen der Neuzeit anhand organisationsso-

ziologischer Überlegungen behandelt. Luhmann sagt: "Auch Strukturen von Systemen, die selbst keine Organisationen sind, lassen sich ändern, wenngleich wohl nur mit Hilfe von Organisation" (1972a: 278).
Die Frage, ob Kirche gesamtgesellschaftliche Funktionsdefizite der Religion auffangen kann, erfordert also die Klärung der Frage, ob Kirche überhaupt ein Organisationssystem ist.
Mit der steigenden Komplexität der Gesellschaft kommt es im Laufe der Neuzeit zur "Konstituierung von Selektivität in früher alternativenlosen Handlungsbereichen" (256). Die überlieferte Gestalt der Kirche wird durch die Ausweitung der Bestimmbarkeitshorizonte "gleichsam von außen her als eine unter anderen Möglichkeiten kontingent gesetzt" und damit zum Gegenstand persönlicher Entscheidung (ebd.). Sofern man von der gesellschaftlich bedingten Remobilisierung der Möglichkeit von Eintritt und Austritt, von Mitgliedschaft und Nichtmitgliedschaft ausgeht, könnte man annehmen, daß es sich bei der Kirche in der Neuzeit um den Formtypus eines organisierten Systems handelt (257). Andererseits zeichnen sich Organisationssysteme durch die Relationierung von Mitgliedschaftsentscheidungen und Entscheidungen über Strukturmerkmale aus, die beide in bezug aufeinander variiert werden können, so daß also zur Annahme der Organisationsform neben der Mobilisierung von Ein- und Austrittsmöglichkeiten die Mobilisierung der Struktur des Systems hinzukommen müßte (ebd.). Eine Mobilisierung der Dogmatik - ähnliches gilt von der Kirchenpolitik oder der kirchlichen Amtshierarchie - wäre jedoch nur dann erreichbar, "wenn der religiöse Charakter von Eintritts- und Austrittsbereitschaften unabhängig von der vorhandenen Dogmatik ermittelt und der Strukturänderung zu Grunde gelegt werden könnte" (257).
Das erscheint jedoch als nahezu unmöglich, da die Kriterien der Religiosität zu unbestimmt geworden sind, als daß sie die Identität des Systems, das sich aufgrund der doppelten Entscheidungsverknüpfung von Mitgliederverhalten und Systemstruktur (z. B. Dogmatik) aus seiner gesellschaftlichen Funktion auch hinausvariieren könnte (258), noch zu sichern vermögen. Umgekehrt versagt aber auch die Dogmatik - oder überhaupt die Kirche - in ihrer Funktion, das Verhalten der Kir-

chenmitglieder durch Einsatz von Entscheidungsprämissen zu
bestimmen oder gar Entscheidungen zur Mitgliedschaft zu provozieren (1977: 295). Auch dies ist letztlich eine Konsequenz
der mangelnden Eindeutigkeit und Standardisierbarkeit der gesellschaftlichen Funktion der Religion, eine Konsequenz der
Unfähigkeit der Kirche, die Chiffrierung ihrer gesellschaftlichen Funktion in ein variables Programm zu übersetzen, das
als kirchenpolitisches Steuerungsinstrument fungieren kann
(1972a: 262). Sowohl die Beeinflussung der dogmatischen Entwicklung durch religiös eindeutig bewertbare Eintritts- und
Austrittsentscheidungen wie die Beeinflussung des Mitglieder-
und Ein- und Austrittsverhaltens durch Respezifikation von
Entscheidungsprämissen und Handlungskontexten ist aufgrund der
Unbestimmtheit der gesellschaftlichen Funktion der Religion
erschwert, wenn nicht gar ausgeschlossen. Den Kirchen fehlt also
das für Organisationssysteme kennzeichnende Merkmal: die
durchgehende Verknüpfung von Mitglieder- und Strukturentscheidungen (1977: 295). Insofern finden sie sich widerspruchsvollen Bestandsbedingungen ausgesetzt: "Der Organisationsstatus
wird ihnen als Konsequenz ihrer eigenen Selektivität zugemutet, ja aufgedrängt" (1972a: 258), aber es gelingt ihnen
nicht, die Entscheidungen der Mitglieder und des Systems zu
relationieren, da es sowohl an einem hinreichend eindeutigen
Prinzip funktionaler Identifikation wie an einem dieses Prinzip übersetzenden Steuerungsprogramm mangelt. "Gerade soziologisch und organisatorisch scheint mithin das Hauptproblem
der Kirche ein theologisches zu sein. Ihre generelle, nicht
nur problemspezifische Verunsicherung geht letztlich darauf
zurück, daß es nicht gelingt, ihre gesellschaftliche Funktion
im theologisch dogmatisierten Programm faßbar zu machen"
(262).
Der Grund dafür ist in der Komplexitätssteigerung des modernen
Gesellschaftssystems zu suchen, in der neuzeitlichen Erweiterung der Möglichkeitshorizonte, dem Ausbau von jeweils systemspezifischen Sonderperspektiven der Teilsysteme, der Konstitution unterschiedlicher Systemgrenzen, kurz: in der Erhöhung
des Differenzierungsgrades des gegenwärtigen Gesellschaftssystems, aufgrund derer die einheitliche Interpretation, die
Chiffrierung der Selektivität der Gesellschaft, also die Er-

füllung der gesellschaftlichen Funktion der Religion, äußerst schwierig (und vielleicht sogar unnötig) wird (254). Bedenkt man dies, so ist klar, daß Kirche nicht in der Lage ist, die auf der gesamtgesellschaftlichen Ebene auftretenden Funktionsdefizite der Religion auf der organisationsspezifischen aufzufangen; die Kirche partizipiert vielmehr an der gesamtgesellschaftlichen Problematik der Religion. Anstatt zur Respezifikation der Mitgliedschaftsbedingungen kommt es als Reaktion auf die Unbestimmtheit der Mitgliedsanforderungen innerhalb der Kirche zu unterschiedlichen Ausprägungen von Mitgliedschaft, also zur Unterscheidung von a) rein rechnerischen, lediglich Geldleistungen beitragenden Mitgliedern, b) aktiven, auch Anwesenheit und Interaktion beitragenden Mitgliedern und c) Amtsträgern, die hauptberufliche Arbeitsleistungen beisteuern (1977: 299f). Anstatt die Weiterentwicklung des Lehrgebäudes und der Reflexionsstruktur der Kirche auf die Entscheidung zur Mitgliedschaft zu beziehen, entwickelt sich die Dogmatik wie zu Zeiten, als die Grenze zwischen Christen und Heiden mit der Gesellschaftsgrenze zusammenfiel, unabhängig von Eintritts- und Austrittsentscheidungen (291). Anstatt eine funktionale Identifikation und eine Operationalisierung von Variationsschranken vorzunehmen und sich insofern an Erfahrungen zu orientieren, gründet sich die Dogmatik auf eine historische und textuelle Faktizität (1972a: 284; 1986a: 13), "so daß sich die Instrumente der Systemsteuerung daneben entwickeln müssen" (1972a: 262). Anstatt die gesellschaftliche Funktion der Religion zu einem instruktiven, handlungsanleitendem Programm zu spezifizieren (280f), dehnt Kirche mit ihren überzeugungsstarken Chiffren - "es gibt den Gott, es gibt ein Leben nach dem Tode, der Christus ist geboren" (281) - den Spielraum für gesellschaftliche Weltkonstitutionen "ins fast Beliebige" aus und verzichtet insofern fast auf eine Chiffrierung der gesellschaftlichen Selektivität (254). All diese "statt dessen"-Reaktionen sind Formen der Anpassung an die immens erhöhte Komplexität der Welt bei weitgehender Bewahrung der alten Strukturmerkmale. Sie sind ein Reflex auf die Unfähigkeit der Kirche, sich als ein Organisationssystem zu institutionalisieren. Für Organisationssysteme ist Komplexität ein aufgegebenes,

aber letztlich unlösbares Problem (übrigens im Gegensatz zur Gesellschaft, für die Steigerung der Komplexität die Lösung des Problems ihrer Umweltbeziehungen ist) (1977: 308). Organisationssysteme dekomponieren Entscheidungszusammenhänge und lösen sie in Teileinheiten auf, aber sie stoßen an Grenzen der Kontrollierbarkeit, auf Komplexitätsindeterminiertheiten und gewinnen so einen Bezug zum Bezugsproblem der Religion (305, 313). Auf diese Weise können Organisationssysteme Komplexität organisationsintern in entscheidbare Problemlagen überführen und zugleich als unlösbares Problem draußen lassen (309, 313). Kirche dagegen behandelt das Komplexitätsproblem als ein lösbares, sie macht die alle Einteilungen und Typisierungen, alles Seiende transzendierende Komplexität zu ihrem Thema und ist daher gleichzeitig unfähig, sie organisationstechnisch zu dekomponieren (313). Sie chiffriert Komplexität als Einheit, verneint die Selektivität ihrer Lösungsformen, wendet sich an den ganzen Menschen, an alle Menschen, mißbilligt das Verbleiben in der Nichtmitgliedschaft, hält sich selbst für das beste Angebot (283) und verliert eben so den Bezug zu ihrem eigenen Anknüpfungspunkt, zum Problem der Kontingenz oder Komplexität (1972a: 254). Während Organisationen mit ihren selbstreferentiellen Entscheidungstechniken "tragbare Unsicherheit" steigern (248), "die Kontingenz des Entscheidens durch systemimmanente Korrigierbarkeit kompensieren" (1977: 286) und aufgrund dieser selbstreferentiellen Struktur einen Bezug zum Auslöseproblem von Religion gewinnen (305), verfehlt Kirche mit ihren Einheitschiffrierungen das Komplexitätsproblem. Obwohl es "Gründe der Religion" gibt, die eine Ausbildung der Kirche als Organisation begünstigen (309), und obwohl Planung und Frömmigkeit ein gemeinsames Bezugsproblem besitzen (305), ist es doch gerade der religiöse Charakter der kirchlichen Antworten, die alle Differenzen, alle Bestimmungen und Reduktionen aufhebende Sinnform der religiös erlebten Einheit (34), die es ausschließt, organisationstechnische Dekompositionen anzuschließen (313).
Die Theologie, so erklärt Luhmann, müßte sich "ein Angebot" überlegen, das dem Artikulationsniveau des Komplexitätsproblems selbst gerecht wird" (316), das heißt, sie müßte seine Unlösbarkeit anerkennen. Als eine adäquate Reaktion auf die im-

mens gewachsene Komplexität der Gesellschaft, auf ihre rationaltechnische Uneinholbarkeit betrachtet Luhmann die verstärkte Differenzierung von Gesellschaft und Organisation (und Interaktion). Wenn Theologie den Bezug zum Komplexitätsproblem nicht verlieren will, wird sie Kirche als Organisation entwickeln müssen (1972a: 285). Eine Theologie der Kontingenz wird es nur als "Theologie der Planung" geben (1977: 309). Solange jedoch Kirche die gesellschaftliche und die organisatorische Ebene vermischt, solange sie als ausdifferenzierte, kontingente, positivierte Institution einen gesamtgesellschaftlichen Gültigkeitsanspruch stellt, solange sie das Komplexitätsproblem nicht als uneinfangbar begreift, sondern "'statt dessen' im Namen des Heiligen Geistes (redet)" (316), wird es ihr unmöglich sein, den Bezug zum eigenen Bezugsproblem offenzuhalten und an ihm die eigenen Inhalte und Formen zu spezifizieren.

Bevor wir auf weitere Anfragen, die Luhmann an die Adresse von Religion und Theologie richtet, und damit auch auf seine weiteren Vorschläge zur Bewältigung des Problems, unter welchen Bedingungen Religion noch möglich ist, zu sprechen kommen, sei geklärt, wie er sich die Zugriffsweise der Wissenschaft (genauer der Soziologie, also eigentlich der Systemtheorie) auf Religion und Theologie überhaupt vorstellt.

2.5. Religion und Wissenschaft

Wie allen Gegenständen gegenüber fragt funktionale Analyse auch gegenüber Religion nach dem "funktional latenten Sinn" (1967a: 69), nach dem verborgenen Bezugsproblem und damit nach Vergleichs- und Relationierungsmöglichkeiten (1977: 71). Insofern bemüht sie sich, auch Religion in den Objektbereich soziologischer Aufklärung einzubeziehen (68). Anders als dem Aufklärungszeitalter - wie erörterten dies bereits - geht es der funktionalen Analyse heute nicht mehr darum, die Selbstdarstellung des untersuchten Gegenstandes rücksichtslos zu diskreditieren, sondern darum, sie auf mitspielende Gesichtspunkte und andere Möglichkeiten hinzuweisen (1967a: 71). Da die Soziologie bei diesem Ergänzungsgeschäft das Ziel verfolgt,

mehr Komplexität zu erfassen, als im untersuchten Handeln aktualisiert werden kann, ist eine wachsende Inkongruenz zwischen wissenschaftlicher Analyse und Eigenperspektive des Handelns freilich unvermeidlich (74). Gerade die Mehrstufigkeit des Ansatzes stellt jedoch das Mittel dar, das die Analyse befähigt, die systemtheoretisch herausgearbeiteten "Kriterien der Selektion von Selektionen von den (wie immer lobenswerten) Selektionsintentionen zu unterscheiden, ohne diese dadurch zu 'entwerten'" (1975d: 215).
Eine solche dem Selbstverständnis des Gegenstandes besser gerecht werdende Ebenenunterscheidung ist in der gesellschaftlichen Realität erst möglich, seitdem "die Gesellschaft sich funktional differenziert hat und mit Hilfe dieser Differenzierungsform ein Funktionssystem für Wissenschaft ausdifferenziert hat" (1977: 68). Die funktionale Systemtheorie, obwohl selbst der Gesellschaft angehörend, kann seitdem das Religionssystem als einen Gegenstand ihrer Umwelt analysieren, der sich auf die System/Umwelt-Relation der Gesellschaft bezieht (68f). Diese Formulierung entspricht nicht nur "einer gesellschaftlichen Situation, in der man konstatieren kann, daß offene Konflikte und gegenseitige Übergriffe zwischen Wissenschaft und Religion abklingen", weil sich beide Systeme voneinander emanzipiert haben (70). Zugleich stellt diese Formulierung das Religionssystem als gesellschaftsabhängig dar und behandelt es als eine Größe, die wie alle Wirklichkeit in System/Umwelt-Relationen eingeordnet ist. Das heißt, das systemtheoretische Konzept - und auch dies ist bereits bekannt - geht davon aus, "daß es kein systemunabhängiges 'objektives Sein' gibt, sondern nur Strategien der Objektivierung" (69). Von einem derartigen Standpunkt aus läßt sich eine Entscheidung über die Realität der wirklichen Welt nicht erbringen (1971a: 25). Auf die Aussagen des Religionssystems übertragen besagt das: "Durch Annahme dieser Grundposition wird das Bemühen überholt, das Sein Gottes onto-theologischer Beweisführung zu überantworten und die Beweisführung wissenschaftlich zu kritisieren" (1977: 69). Religionssystem und Wissenschaftssystem sind "gleichermaßen genötigt, ihre Selbst-Thematisierung und Umweltsicht als jeweils systemrelativ zu begreifen" (67). Deshalb braucht die Systemtheorie die Wahr-

heit beanspruchenden Sinnbezüge der Religion nicht an wissenschaftlichen Maßstäben zu messen (ebd.). Überhaupt kann und muß sie darauf verzichten, über die Wahrheit dogmatischer Formeln, die ohnehin nicht zwingend ableitbar sind (70), mit letzter Entschiedenheit zu befinden (vgl. 1978b: 18). Das hindert sie aber nicht daran, "auch Dogmatizität noch problembezogen" zu reflektieren und religiöse Inhalte und Formen im Hinblick auf Probleme mit anderen Lösungsvarianten zu vergleichen (1977: 70f). Die durch funktionale Differenzierung ermöglichte Ebenenunterscheidung bringt also den doppelten Vorteil mit sich, daß die funktionalistische Soziologie religiösen Antworten eine systemrelative Gültigkeit zu belassen vermag und dennoch in der Lage ist, jene Antworten der Analyse und Relationierung auszusetzen. Dadurch ist es ihr sowohl möglich, "die Phase einer bloßen Kritik der Religion von Gegenpositionen aus (zu) überwinden", als auch, aufgrund ihres höheren Komplexitätspotentials und ihres größeren Auflöse- und Rekombinationsvermögens Religion besser zu verstehen als diese sich selbst (71). "Aber diese Leistung ist nur mit Hilfe von systemspezifischen Reduktionen erreichbar, die ihrerseits verhindern, daß die Wissenschaft jemals die Funktion der Religion erfüllen kann" (ebd.).
Trotz der sich auch hier wieder zeigenden Differenzierung von Religionssystem und Wissenschaftssystem (11f) können darüber hinaus jedoch beide in einen für jede Seite profitablen Lernprozeß eintreten (67, Anm. 105; 151), in welchem sich freilich die systemtheoretische Analyse "auch ohne spezifisches Engagement für Religion" als "ausbaufähige Grundlage" für die dogmatische Reflexion anzubieten vermag (271)[152]. Die funktionale Differenzierung der Gesellschaft erlaubt demnach - so können wir die Überlegungen Luhmanns zusammenfassen - ein entspanntes Verhältnis von Religion und Wissenschaft, innerhalb dessen Pauschalkonfrontationen zwischen beiden zu den Überbleibseln einer Entwicklungsphase gehören, in der sich die funktionale Sozialdifferenzierung noch nicht durchgesetzt hatte (71).

Doch, so müssen wir fragen, vertritt Luhmann im Gesamtzusammenhang seiner Theorie tatsächlich eine derart harmonistische Konzeption des Religion/Wissenschaft-Verhältnisses, wie er uns im Schlußabschnitt des ersten Kapitels seiner Religionsschrift, in dem er sich ausdrücklich dieser Frage zuwendet und auf den wir uns hier daher hauptsächlich bezogen haben, glauben machen will? Oder sind die Beziehungen zwischen soziologischer Theorie und religiöser Dogmatik innerhalb seiner Theorie nicht doch weitaus "enger, abstrakter, fruchtbarer und gefährlicher" gestaltet, wie er an anderer Stelle (1972b: 16 = 1977: 73) vermerkt? Was ist denn eigentlich damit gemeint, wenn Luhmann davon spricht, daß sich funktionalistische Analyse auf die Suche nach dem funktional latenten Sinn von Religion begibt, daß sie alle religiösen Phänomene in die System/Umwelt-Zirkularität einordnet oder auf Wahrheitsentscheidungen über die Adäquanz religiöser Inhalte und Formen verzichtet?

Einordnung der Religion in die System/Umwelt-Zirkularität - um damit zu beginnen - heißt zunächst, daß alle religiösen Phänomene heutiger und früherer Gesellschaften (1977: 34) auf die abstrakten Bestimmungen der Systemtheorie bezogen werden können mit dem Ziel, der Religion Fluchtwege in die Bereiche des Unzugänglichen abzuschneiden und ihre Erfaßbarkeit sicherzustellen (72ff)[153]. Das Mittel für die Garantierung der Einbeziehbarkeit religiöser Phänomene in die systemtheoretischen Überlegungen besteht in der Steigerung von deren analytischen Auflöse- und Rekombinationsvermögen. Aufgrund dieser Steigerung kann die systemtheoretische Analyse über die im Bereich der Religion gebräuchlichen Bestimmungen hinausgehen, nach abstrakteren, weiterreichenden, kontaktfähigeren Begriffen und Theorieerfahrungen Ausschau halten (10, 34, 227) und damit zugleich die Inkongruenz zwischen Wissenschafts- und Gegenstandsperspektive verstärken (10). Während so Wissenschaft zur Religion auf immer größere Distanz geht, vermag sich Religion dem wissenschaftlichen Zugriff immer weniger zu entziehen.

Die Steigerung des Auflöse- und Relationierungsvermögens hat außerdem die Auswirkung, daß funktional-strukturelle Analyse immer mehr in die Lage kommt, ihre Universalitätsansprüche sich auch zu erfüllen. Dadurch gewinnt sie mehr und mehr die Fähigkeit, die Religion in Abhängigkeit von gesellschaftlichen Bedingungen zu erklären, als eine gesellschaftliche Größe unter anderen zu behandeln und die religiösen Universalitätsansprüche zu relativieren (68). Zwangsläufig entsteht auf diese Weise die Frage, wer eher imstande ist, wen zu überbieten, in das eigene Deutungsmuster einzugliedern und somit in seiner Sprengkraft zu entschärfen: die Religion oder die supertheoretisch gesteuerte Wissenschaft (69, Anm. 106; 255; vgl. auch 1978b: 18ff). Ein unpolemisches, unkämpferisches Verhältnis zwischen beiden scheint nunmehr jedenfalls weitgehend ausgeschlossen zu sein.

Gehen wir weiter. Was bedeutet es, wenn Luhmann davon spricht, daß er keine Entscheidungen über die Wahrheit religiöser Inhalte und Formen zu treffen intendiert? Verzicht auf Wahrheitsentscheidungen über Religion und über Wirklichkeitsaussagen schlechthin besagt, daß im Sinne der Systemtheorie auch Religion ihren Anspruch auf Wahrheit fallenlassen muß, denn auch Religion ist an ihre eigenen Strategien der Wirklichkeitsbewältigung gebunden und daher unfähig, die Wirklichkeit (natürlich auch die Wirklichkeit Gottes) als solche in Griff zu nehmen (1977: 19).

Wahrheit und Glaube sind zu differenzieren - darin sieht Luhmann den primären Abgrenzungsgesichtspunkt zwischen Soziologie und Theologie (176, Anm. 225). Während nämlich Wahrheit selbstverständlich sein oder auf Selbstverständliches zurückführbar sein muß, kann sich Glaube auf letzte Fremdheit, Andersartigkeit und Unwahrscheinlichkeit, also auf real undenkbare Außerweltlichkeit gründen (139, 179f)[154]. Trifft Wissenschaft auf Überraschendes, Außeralltägliches, Enttäuschendes, dann holt sie dieses entweder über Normalisierungsstrategien in den eigenen Verfügungsbereich hinein oder benutzt es zur Umkonstitution ihrer eigenen Realitätsdefinition, zur Problematisierung der eigenen Struktur bzw. zur Steigerung der Eigenkomplexität; keinesfalls aber nimmt sie das Unerwartete zum Anlaß, um den Rahmen systemrelativer Umweltperspektiven zu überschreiten und es der Welt als Transzendenz gegenüberzusetzen (1971a: 45f; 1977: 17, 179). Daß Glaube in früheren Zeiten trotz seines Bezuges auf Unwahrscheinlichkeit "Wahrheit" in Anspruch nehmen konnte, liegt darin begründet, daß er sich damals auf einen gesamtgesellschaftlichen Konsens zu stützen vermochte.(1977: 239). Mit der im Laufe der Evolution

zunehmenden Differenzierung der Gesellschaft tritt die Wahrheitsunfähigkeit des Glaubens indes immer deutlicher ans Licht (139), was sich vor allem in einer wachsenden Übertragungsunfähigkeit des Glaubens äußert (125). Diese Unfähigkeit hat ihre letzte Ursache darin, daß in bezug auf den Glauben zwischen Erleben und Handeln nicht klar unterschieden werden kann, daß sich also die Konstitution religiöser Selbstbindung nicht entweder allein dem Glaubenden oder allein seiner Umwelt zurechnen läßt, sondern nur beiden zugleich (ebd.).
Als Kommunikationsmedium zu fungieren vermag der Glaube lediglich dann, wenn unterstellt werden darf, "daß der Kommunizierende selbst glaubt" (138). Mithin wird der Glaube über eine Tradition von Zeugnissen und Bekenntnissen vermittelt, die innerhalb des Christentums auf die Offenbarung des Glaubens durch Jesus Christus zurückführt und dort die Unterstellung erzwingt, er selbst habe an sich als an den Messias geglaubt (138f). Eine derart schmale Sicherheitsbasis - das Messiasbewußtsein Jesu und die daraus resultierende Überzeugungsgewißheit der Gläubigen - stellt sich als Ergebnis ein, wenn der Glaube auf letzte Fremdheit gestützt wird, bzw. genau umgekehrt: die Sicherheitsbasis im bezeugten Selbstglauben des Offenbarenden ermöglicht überhaupt erst, den Glauben auf Fremdheitserfahrung zu stützen und von Wahrheit zu differenzieren (139).
Aber auch diese minimale Sicherheitsbasis kann dem Glauben noch genommen werden, denn Andersartigkeit läßt sich natürlich auf Systeme beziehen, also normalisieren, und Glaubensgewißheit als Teil der Umwelt anderer Systeme behandeln (17, 69), also erschüttern (44). Mit Hilfe von Relationierungen, die als Voraussetzung von soziologischen Analysen und als deren Folge auftreten, ist der religiöse Wahrheitsanspruch (nicht die Wahrheit religiöser Inhalte, über die sich die Soziologie des Urteils enthält) selbst dort noch bestreitbar, wo der Glaube als Kommunikationsmedium zu fungieren vermag. Das heißt, die Differenzierung von Wissenschaft und Religion ist von Luhmann derart radikal vorgenommen worden, daß der Code wahr/unwahr ausschließlich vom Wissenschaftssystem betreut wird.
Außerdem bleibt es bei der Darstellung der Systemtheorie an vielen Stellen nicht zweifelhaft, daß nach Luhmanns Auffassung

nicht der Mensch den Glauben empfängt, sondern die Religion ein Produkt des Menschen ist[155], so wenn er davon spricht, daß religiöse Praxis ihre eigenen Charakteristika auf Gott oder die Götterwelt projiziert (197) oder daß sich der Monotheismus auf das Vor-Bild der politischen Monarchie stützt (127, Anm. 115), oder wenn er religiöse Praxis als von sich selbst abhängig betrachtet (196) oder sie zur Selbststeuerung und selbstmächtigen Variabilität aufruft (126). Damit widerspricht Luhmann allerdings seiner eigenen Anschauung, der zufolge in bezug auf den Glauben zwischen Handeln und Erleben nicht deutlich differenziert werden kann - ein Widerspruch, der schon darin angelegt ist, daß Luhmann die relative, weil aufhebbare Abhängigkeit der Umwelt von einem System höher veranschlagt als ihre relative Unabhängigkeit.

Stellen wir schließlich die dritte Frage, was eigentlich mit der von soziologischer Analyse betriebenen Suche nach dem funktional latenten <u>Sinn</u> der Religion gemeint ist. Freilich keine Entlarvung der Selbstdarstellungen des untersuchten Gegenstandes. Davor ist Soziologie bewahrt, weil sie sich auf Selbstreferenz einläßt und dadurch Distanz zu sich selbst gewinnt (1967a: 85f; 1978b: 11f). Wie erwähnt, kommt es aber im Laufe der wissenschaftlichen Analyse dennoch zu einer unvermeidbaren und wachsenden Entfremdung zwischen den Positionen der soziologischen Wissenschaft und der Eigenperspektive des Handelns - und das eben nicht nur aufgrund des Strebens der Soziologie nach Erhöhung ihres Fassungsvermögens für Komplexität, sondern auch und vor allem aufgrund dessen, daß der funktional-strukturellen Soziologie ein Problembewußtsein eigen ist, das ihren Gegenständen fehlt (1967a: 68). Dieses Problembewußtsein stellt die Soziologie über das Religionssystem, das einer Thematisierung seines Problems durch dessen Chiffrierung ausweicht (1977: 84f), und es ermöglicht ihr, das vom Religionssystem Versäumte nun ihrerseits nachzuholen, d. h., sein verdecktes Bezugsproblem zu dechiffrieren, problemorientierte Vergleiche anzustellen und funktional äquivalente Alternativen anzubieten (9f), die die vom Religionssystem postulierte Unnegierbarkeit seiner Lösungsformen desavouieren. Indem Soziologie die latente Funktion von Religion manifest macht, zeigt sie also auf - und genau darauf läuft die Suche nach dem funktional latenten

Sinn hinaus -, daß die Form religiöser Funktionserfüllung als kontingent anzusprechen ist.
Dies gilt selbst dann, wenn man davon ausgeht, daß es in der Systemtheorie Luhmanns für Religion keine funktionalen Äquivalente gibt, denn wenn man bedenkt, daß sich die Funktion der Religion auf die Bestimmbarkeit der Welt und damit auf das Kontingenzproblem bezieht, und weiter in Rechnung stellt, daß das Kontingenzproblem letztlich unlösbar ist (207, 222f), dann leuchtet ein, daß alle Reaktionen auf dieses Problem, also auch alle religiösen Reaktionen inhaltlich wie strukturell stets überholbar bleiben. Gerade dadurch, daß funktionalistische Soziologie den Problembezug von Religion aufhellt und deren Lösungsformen zu diesem Problem ins Verhältnis setzt, sieht sie sich gezwungen, an dem von Religion erhobenen Anspruch auf Unnegierbarkeit und Nicht-Kontingenz - ein Anspruch, der sich aus der Bezugnahme der Religion auf Außerweltlichkeit (179) und aus ihrem Streben nach Vollständigkeit (25f) herleitet - Kritik zu üben und an die Stelle von Kontingenz aufhebenden Hypostasierungen, zu deren Abbau sie auf diese Weise beiträgt, das Prinzip der Entwicklung zu setzen, deren Sinn es ist, Kontingenz zu absorbieren (18), ohne sie jemals endgültig zu beseitigen und damit ihren eigenen Katalysator zu vernichten (207) - ein Substitutionsvorgang, in dessen Folge sogar nach Luhmanns eigenen Aussagen (133) die Theologie "in einen Gegensatz zu allen evolutionär orientierten Wissenschaften, nicht zuletzt zur Soziologie" gerät. Selbst wenn also funktional-strukturelle Systemtheorie an einer Entlarvung des Selbstverständnisses der Religion nicht interessiert zu sein vorgibt, so trägt ihr Umgang mit Religion - entgegen ihrer Selbstdarstellung - doch durchaus aufdeckende Züge, was wiederum der von Luhmann vorgenommenen Standortbestimmung der Soziologie als Form reflexiver (zwar, aber noch immer) Aufklärung entspricht (vgl. 1967a: 68)[156].
Zusammenfassend läßt sich sagen, daß zwischen Wissenschaft und Religion im Rahmen der Systemtheorie also doch Spannungen bestehen, Spannungen, die auch gegenseitige Beeinträchtigungen und Übergriffe, Kritik und Relativierung nicht ausschließen. Auch wenn Luhmann das bestreitet, ist demnach seine Religionstheorie wie die Soziologie im großen und ganzen[157] religions-

kritisch eingestellt. Und gerade dadurch, daß er das bestreitet, schwächt er seine Kritik nicht etwa ab, sondern erhöht er sogar ihr Gewicht und verleiht ihr einen distanziert-sachlichen, intentionslosen, quasi-"objektiven" Charakter, frei von Polemik und Entstellung.

Hier ergibt sich die Frage, ob innerhalb der Systemtheorie die Konkurrenz zwischen Wissenschaft und Religion mit deren funktionaler Äquivalenz gepaart ist - ein Sachverhalt, der die Spannungen zwischen beiden Bereichen erheblich verschärfen würde[158]. Von funktionaler Äquivalenz spricht Luhmann dann, wenn mehreres auf unterschiedliche Weise zur Lösung desselben Problems beiträgt (1964a: 36; 1977: 9f; 1978b: 63f). Die Frage, ob die voneinander verschiedenen Systeme, Religion und Wissenschaft, funktional äquivalent sind, entscheidet sich dann also daran, ob beide dasselbe Bezugsproblem haben. Das Religionssystem beschäftigt sich mit dem Kontingenzproblem der Welt, mit dem Problem der Simultaneität von Unbestimmbarkeit und Bestimmtheit; seine Funktion ist die Absorption des in dieser Simultaneität begründet liegenden Risikos aller Selektionen durch Transformation der Unbestimmbarkeit/Unbestimmtheit in Bestimmbarkeit/Bestimmtheit bzw. (genauer:) durch deren Chiffrierung. Das Wissenschaftssystem bezieht sich auf die Komplexität der Welt (1968d: 235) und zwar nicht nur auf die Komplexität seiner Umwelt, sondern aufgrund des Reflexivwerdens seiner Strukturen und Prozesse (1973a: 94f) auch auf die Komplexität seiner selbst (1978b: 26). Es leistet gleichzeitig Reduktion und Erhaltung bzw. sogar Steigerung von Komplexität (1968d: 240; 1971c: 309ff; 1977: 20), indem es mit möglichst minimalen begrifflichen Mitteln und möglichst scharfen Selektionstechniken möglichst hohe Weltkomplexität kontrolliert (1977: 132), oder umgekehrt: es setzt Gegebenes ins Verhältnis zu anderen Möglichkeiten, indem es das Gegebene als Lösung übergreifender Probleme thematisiert (1969a: 260; 1975e: 6), letztlich als Lösung des alles übergreifenden, höchst komplexen Weltproblems (1967a: 78). Das heißt, die Wissenschaft geht nicht nur mit dem Erwartbaren, der Immanenz, sondern auch mit dem Unerwarteten, Enttäuschenden, im Sinne Luhmanns: mit der Transzendenz, also mit unbestimmbarer Komplexität um[159], sie formuliert diese aber nicht als sie selbst, sondern überführt sie über Normalisierungsstrategien bzw. über Steigerung der Eigenkomplexität in Bestimmbares/Bestimmtes, ohne sie jedoch zu vernichten; die Unbestimmbarkeit wird folglich von Wissenschaft einerseits dem Bekannten und Vertrauten angeglichen, andererseits, da dieser Transformationsprozeß nie vollständig gelingt, als unbestimmte und unbestimmbare, nicht manipulierbare Komplexität, als Welt ausgeklammert, neutralisiert und so bewahrt (1968b: 19; 1971a: 33f, 45; 1977: 16f, 25). Insofern hat Wissenschaft die spezifische Funktion, sowohl höchste Komplexität abzuarbeiten wie die Welt für die Gesellschaft offen zu halten (1968d: 235). Mit anderen Worten, die Wissenschaft errichtet Horizonte, die das Zugängliche, Strukturierte, vom Unzugänglichen, Unstrukturierbaren, diskretieren, und sie vermag diese Horizonte, ohne sie überwinden zu können, hinauszuschieben, aber sie thematisiert, erklärt Luhmann, nicht die Kontingenz dieser Horizonte; "das Diskretierungsrisiko selbst", auf das sich Religion bezieht, wird von ihr "gar nicht ins Auge (ge)faßt" (1977: 250). Daher fungiert sie innerhalb der Systemtheorie, so schlußfolgert Luhmann, auch nicht als funktionales Äquivalent für Religion (ebd., 45ff, 71).

Diese Aussage müssen wir jedoch in bezug auf zumindest zwei, gar nicht so selten zu beobachtende Fälle korrigieren. Der erste Fall tritt ein, wenn Religion sich nicht - wie von Luhmann festgehalten - auf das Zugleich von Unbestimmbarkeit und Bestimmtheit als auf ihr allgemeines Bezugsproblem ausrichtet, sondern - wie Luhmann ebenfalls gelegentlich behauptet - auf das Unbestimmte/Unbestimmbare allein. Dann nämlich hat es Religion mit einem Bezugsproblem zu tun, das sich teilweise mit dem der Wissenschaft deckt, und zwischen beiden Bereichen entstehen "kostspielige und unbequeme Interferenzen" (12f). Als Beispiel für einen solchen Fall sei Luhmanns Argumentation gegenüber der Theologie der Schöpfung angeführt. Luhmann legt dar: Die Schöpfungstheologie, die die Entwicklung der Welt nur für erklärbar hält, wenn sie ihr eine erzeugende Ur-Sache voraussetzt, die komplexer ist als ihre Wirkungen, beschäftigt sich mit der Unbestimmbarkeit erster Dinge und zieht sich insofern auf ein Feld zurück, auf dem nichts entscheidbar ist, über das sie aber dennoch Entscheidungen trifft und dessen Problematik sie damit verdeckt (ebd., 166f). Die Wissenschaft

indes verzichtet, wenn auch unter Schmerzen, auf eine Entscheidung des analytisch unlösbaren Problems des Anfangs, aber sie kann darauf auch verzichten, da sie den zur Erklärung der Genese von Systemen getätigten Rückgriff auf ein komplexeres System durch das Prinzip der Selektivität überholt, das verständlich macht, wie Komplexeres aus weniger Komplexerem entstehen kann (ebd.). Dadurch geraten Schöpfungstheologie und Evolutionstheorie in Konkurrenz zueinander. Wenn Theologie nun dennoch an ihren alten Schöpfungsinterpretationen festhält, dann muß sie damit rechnen, daß jetzt "an die Stelle der Religion (...) die Analyse der Selbstselektion des Seins (tritt)" (165, Anm. 202). Was sich aber füreinander substituieren läßt, gilt im Sinne Luhmanns als funktional äquivalent.
Der zweite Fall, der der Behauptung der funktionalen Nicht-Äquivalenz von Religion und Wissenschaft widerspricht, tritt ein, wenn Wissenschaft sich auf das Zugleich von Bestimmtheit und Unbestimmbarkeit, auf das Kontingenzproblem bezieht[160]. Aufgrund der Reduktivität aller Strukturen und Prozesse, also auch aller Strukturen und Prozesse des Wissenschaftssystems betrifft der wissenschaftlich gepflegte Umgang mit hoher strukturierter Komplexität immer auch jenes Strukturierungsrisiko, auf das Religion antwortet (253). Wird dieses Risiko über reflexive Mechanismen der Wissenschaft bewußt oder kompensiert sie es durch Negation und Neubau ihrer Entwürfe, also durch Korrektur von bereits Repräsentiertem und Einbeziehung aktuell ausgeklammerter Möglichkeiten, durch evolutionäre Änderung, durch Steigerung ihrer analytischen Kapazität, dann beschäftigt sie sich mit demselben Bezugsproblem wie Religion, und zwischen beiden kommt es zu funktionaler Äquivalenz. Als Beispiel für diesen Fall und als Beleg dafür, daß Luhmann selbst mit diesem Fall rechnet, sei die Bemerkung Luhmanns erwähnt, daß, sobald Kontingenz nicht mehr überzeugend in Hypostasierungen und Perfektionsvorstellungen aufgehoben werden kann, "an die Stelle der Perfektion" und damit an die Stelle der Gottesvorstellung "das Prinzip der Entwicklung" tritt, das ebenfalls die Funktion hat, Kontingenz zu absorbieren (133).
Wir sehen: Obwohl ihr allgemeines Bezugsproblem unterschiedlich formuliert ist, sind Wissenschaft und Religion im Rahmen der Systemtheorie gedanklich oder faktisch gegenseitig substituier-

bar, falls entweder das Religionssystem sich auf die unbestimmte/unbestimmbare Komplexität allein bezieht oder das Wissenschaftssystem sich auf das Kontingenzproblem. Da jedoch das Wissenschaftssystem in dem Bemühen um Steigerung seines Auflöse- und Rekombinationsvermögens sich unaufhörlich entwickelt und insofern ständig das Kontingenzproblem bearbeitet und da es mit dem Problem höchster Komplexität laufend umgeht, kann es prinzipiell stets an die Stelle von religiösen Hypostasierungen und Perfektionsvorstellungen treten. Ob dagegen Religion an Komplexitäts- und Kontingenzprobleme der Wissenschaft heute noch anzuknüpfen vermag, ja ob sie an diese realiter überhaupt heranreicht, ist eine Frage, die Luhmann wohl eher verneinen dürfte. Er ist der Meinung, daß die Wissenschaft wie überhaupt die Gesellschaft das Problem der Kontingenzbewältigung in ihren eigenen Bereich zurücksteuern und nicht mehr so einfach wie früher der Zurückführung auf transzendente Gründe überlassen (231). Und er vertritt die Auffassung, daß Wissenschaft und Gesellschaft heute ein derart hohes Komplexitätsniveau erreicht haben, daß Religion mit deren Differenzierungsgrad weitgehend inkompatibel geworden ist (248f). Das heißt, Religion kann zwar nicht Wissenschaft, unter bestimmten Voraussetzungen wohl aber Wissenschaft Religion ersetzen. In dem Verhältnis von Religion und Wissenschaft handelt es sich nicht um eine real verwirklichbare funktionale Äquivalenz, sondern um eine <u>evolutionäre Überwindung von Religion</u>, in deren Verlauf die Funktionsstelle der Religion durch das gleichfalls Kontingenzbewältigung leistende Prinzip der Entwicklung neu besetzt und insofern die Art der religiösen Kompensation von Kontingenz (Chiffrierung der Transzendenz) überflüssig wird. Vor solch übergreifender und konfliktschürender Alternativität schützen kann sich Religion nach Luhmanns Anschauung indes nur durch Erhöhung ihres Abstraktionsniveaus und durch Radikalisierung der Spezifik ihrer Antworten, durch verschärfte Ausdifferenzierung aus der Gesellschaft (vgl. 12f).

Damit sind wir bei den <u>Empfehlungen</u> angelangt, die Luhmann aufgrund seiner funktional-strukturellen Analyse Religion und Theologie gibt. Drei von ihnen wollen wir hier behandeln. Es liegt in der Logik der Sache, daß sie genau jenen drei Span-

nungspunkten korrespondieren, die von Luhmann in den Beziehungen zwischen Wissenschafts- und Religionssystem - wie wir oben bereits darstellten - herausgehoben werden. Zum ersten fordert Luhmann Religion und Theologie auf, ihre Komplexitätsverarbeitungskapazität zu vergrößern (248ff, bes. 253, 217, 174ff). Zwar räumt er ein, daß die um ständige Steigerung ihres Komplexitätsniveaus besorgte moderne Gesellschaft (207) an Grenzen der evolutionären Vorteilhaftigkeit des Wachstums stoßen (1978b: 26) und bei Überschreiten dieser Grenzen in krisenhafte Zustände geraten könnte, und er schließt nicht aus, daß in der Religion, die auf die Durchsetzung von Steigerungsinteressen verzichtet und auf altbewährte Denkmuster zurückgreift, "eine Position gehalten wird, die ein Scheitern der Steigerungsformeln überdauern und darauf reagieren kann" (1977: 208). Dann aber stellt er an Religion doch die Frage, ob ihre Invarianten und welche ihrer Invarianten in der Lage sind, die Steigerungsprozesse und -resultate zu übergreifen, ob diese Invarianten komplex genug sind, um Kompatibilität mit der hochgradig differenzierten heutigen Gesellschaft erlangen zu können, oder ob sie nicht doch auf Steigerung, Reform, Veränderbarkeit umgestellt werden sollten (174ff, bes. 178, 217, 255, 269 u. ö.)[161].
Zweitens schlägt Luhmann dem Religionssystem vor, seinen Wahrheitsanspruch fallenzulassen und die Wahrheitsunfähigkeit des Glaubens, die in seiner Absicherung durch Fremdheitserfahrung und durch die historische Kontingenz der Offenbarung begründet liegt, zuzugestehen (139, 180).
Die dritte der von Luhmann vorgebrachten Empfehlungen - Umbau der Religion bzw. der Theologie von Chiffrierung bzw. von der Interpretation der religiösen Chiffren auf Reflexion (80, 176, 180, 223 u. ö.) - soll, da sie die für Luhmann bei weitem gewichtigste ist, hier am ausführlichsten zur Sprache kommen. Auszugehen ist dabei von der oben erwähnten Kritik Luhmanns, daß Religion ihre eigene Funktion nicht thematisiere und es ihr daher an dem Wissen um das Problem, das sie behandelt, mangele (84f). Was aber ist damit gesagt, wenn Luhmann von einem Ausbleiben des Funktions- oder Problembewußtseins spricht? Mangel an Problembewußtsein meint zum einen, daß es dem Religionssystem an Weltbewußtsein fehlt (die Welt in der Kontingenz ihrer

inneren und äußeren Horizonte ist ja gerade das Bezugsproblem von Religion) und daß es sich daher auch nicht der Einsicht in die Kontingenz und Reduktivität seiner eigenen Selektionen stellt (87). Mangel an Problembewußtsein meint zum andern, daß Religion auch kein Bewußtsein über die von ihr ausgeklammerten, anderen Möglichkeiten besitzt und sich daher zugleich niemals selbst einem Vergleich mit diesen anderen Möglichkeiten unterziehen, also auch niemals relativieren muß, was den Verzicht der Religion auf Funktionsbewußtheit, auf Reflexion[162], in den Augen Luhmanns plausibel macht (85). Mit dem Ausbleiben des Funktionsbewußtseins fällt für die Religion insofern sowohl die Direktbeleuchtung durch ihr Bezugsproblem wie auch die Seitenbeleuchtung durch funktionale Äquivalente weg.
Statt dessen verdeckt Religion ihr Problem, indem sie an den Platz des Unbestimmten/Unbestimmbaren Chiffren setzt (33, 84), die zwar interpretiert werden, dies aber letztendlich von einer theologischen Dogmatik, die gleichfalls nicht ihre gesellschaftliche Funktion thematisiert, sondern auch sich selbst wiederum nur dogmatisch definiert, etwa durch Bezug auf Offenbarung, Schrift und Kirchentradition (41, 85, 87, 173). Das, was durch die Chiffren verdeckt wird, wird durch diese Chiffrierung in seiner Realität verneint (= Leerhorizont), zugleich aber miterlebt als das, was die jeweils kontingente und reduktive religiöse Sinnform notwendig macht (33; vgl. 1972a: 254, Anm. 26; 1973a: 75); insofern ist in der Religion als Einheit (von Unbestimmtem und Bestimmtem, Appräsentiertem und Repräsentiertem) erfahrbar, was von der Wissenschaft analytisch differenziert wird (1977: 33f). Dadurch aber, daß Religion im Prozeß der Chiffrierung die Transzendenz nicht nur verdeckt, sondern deren Realität geradezu bestreitet oder doch zumindest unwiderrufbar ausblendet, also - mit Worten Luhmanns - an die Stelle des in jedem Sinnvollzug auftretenden Verhältnisses von Thema und Appräsentation ein Verhältnis von Repräsentation und Gegenrepräsentation setzt, stattet sie ihre Formeln mit einem Anspruch auf Vollständigkeit aus, der die Frage nach den in diesen Formeln implizierten weiteren Appräsentationen unberücksichtigt läßt (25f). Es ist kaum verwunderlich, daß dann die Welt in ihrer Unabschließbarkeit durch einen als Kontingenzformel auftretenden Gottesbegriff repräsentiert werden kann[163] (133;

vgl. 1973a: 96, Anm. 11), der im Laufe der Evolution eine solche Übergeneralisierung erfährt, daß er keinerlei Einschränkungen mehr verträgt und so die Gesamtverantwortung für alles übernimmt (1977: 39).
Eine weltkongruent angesetzte Kontingenzformel bietet natürlich keinen Anhaltspunkt dafür, wie und von wo aus sie ihrerseits noch negiert werden könnte (26). Auf Vollständigkeit insistierende Sinnformen konstituieren sich als nicht-kontingent und unnegierbar. Das heißt, aufgrund des Vollständigkeitsanspruches ihrer Sinnformen setzt Religion diese als endgültig, als nichtänderbar, auch als der Veränderung nicht bedürftig, mithin als Negation verbietende (223) Hypostasierungen (1973a: 75), sich darin als das Gegenstück zum Prinzip der Entwicklung erweisend. Mangel an Funktionsbewußtsein bedeutet nun, daß Religion sich selbst nicht als Lösung eines Problems begreift, das auch anders gelöst werden könnte, sondern daß sie als nicht-reflexive, nicht-kontingente Invariante fungiert. Wenn aber Religion in der Lage ist, mit ihren Sinnformen Vollständigkeit und Nicht-Negierbarkeit zu behaupten, dann ist sie zugleich imstande, alle auftretenden Kontingenzen der Gesellschaft und die Kontingenz der Welt schlechthin in sich aufzusaugen und zum Verschwinden zu bringen, also auch gegenüber der Sozialordnung insgesamt als invarianter Reflexionsstopp zu fungieren (1966: 107).
Dies aber kann sie nur, da sie die in ihren Sinnformen mitfungierenden Appräsentationen als nicht existent behandelt (und solange sie ihr dunkles Verhältnis zu diesen Appräsentationen gegen Aufdeckungsversuche abzuschirmen vermag), da sie appräsentierte Möglichkeiten nicht zur Kenntnis nimmt und sich insofern dem Kontingenzproblem in seiner ganzen Schärfe überhaupt nicht stellt, da sie sich - mit anderen Worten - in einem Zirkel bewegt (1977: 199), der transzendierende Fragestellungen ausschließt und folglich als ein geschlossener anzusprechen ist. Religion und Theologie absorbieren demnach Kontingenz nur insofern, als ihre Vorstellungen, auch dann, wenn diese sich auf nicht-religiösen Sinn einlassen, immer wieder in sich selbst zurücklaufen (133). Und Religion und Theologie können Kontingenz absorbieren, weil sie alles als auf Gott als den Kulminationspunkt ihrer Vorstellungen beziehbar behandeln und die Wirklich-

keit Gottes an ihrem Erscheinen in der Welt erweisen, also schon immer von Gott ausgehen und nie auf Positionen geraten, von denen aus sie nicht zu Gott zurückkommen können (173f). Deshalb jedoch verlieren sie gleichzeitig an Weltrelevanz, kreisen sie zunehmend in sich selbst und müssen sie schließlich - aber das spricht Luhmann, obwohl es naheliegt, nicht aus - in ihrer eigenen Beziehungsarmut, Sterilität und letztendlichen Kontaktlosigkeit vorkommen, denn "unterbrechungslose Interdependenzen sind nicht nachvollziehbar" (ebd.) und rutschen im Endeffekt auf eine einzige isolierte Größe zusammen, die sich in einem durchrelationierten Kosmos interferierender System/Umwelt-Beziehungen natürlich nicht halten kann. Der letzte in der Religion selbst liegende Grund für ihre wachsenden Anknüpfungsschwierigkeiten ist also in der geschlossenen Zirkularität ihres Argumentationsstils zu suchen, in der Ausblendung aller diese Zirkularität überschreitenden Möglichkeiten, in jener Verdeckung der Transzendenz, mit deren Hilfe Religion ihre Funktion erfüllt, folglich in einer Unterschätzung der Komplexität der Welt, kurz: in einem reduzierten Weltbegriff. Und dieser reduzierte Weltbegriff der Religion ist zugleich der Grund dafür, daß Religion meint, die Welt überschreiten und negieren und ihre eigenen Formen als unüberschreitbar und unnegierbar ansetzen zu können (179f). Die religiöse Transzendierung der Welt beruht auf einem Mangel an Transzendenzbewußtsein, bzw. die Überdehnung der Religion in einigen ihrer Formeln ist eine Folge ihrer Komplexitätsvergessenheit.
Darum wäre es auch legitim, das im Rahmen der Systemtheorie - wie wir zeigten - der "Rauschsucht" verdächtige Religionssystem als "Ideologie" zu behandeln[164]. Denn in Wirklichkeit transzendiert nach Luhmanns Auffassung das Religionssystem gar nicht die Welt, da diese als "Gesamtheit möglicher Ereignisse" ebenso unbestimmbar (1975d: 211) wie unüberwindbar ist (1977: 179), sondern es benutzt die Typik der Welt, deren Bestimmtheit, und hypostasiert diese, um die Unbestimmbarkeit der Welt zu verdecken. Und genau diese Verdeckungen lassen sich als Hypostasierungen und d. h. als Projektionen entlarven, indem man sie einerseits zu sozialen Strukturen und Prozessen in Beziehung setzt, mit denen sie in einem nichtbeliebigen Zusammenhang stehen und deren Bedingungen sie, ohne von ihnen determi-

niert zu werden[165], unterliegen (72ff, 180, 181f), und indem
man sie andererseits auf die nach innen wie außen hin offene
Komplexität der Welt (222) relationiert und damit ihren Vollständigkeitsanspruch relativiert. Dadurch tritt sowohl die
Unüberschreitbarkeit der Welt, innerhalb von deren "Horizonten"
auch die Religion verbleibt (179f), wie auch die Reduktivität
der spezifisch religiösen Sinnformen (27, 44f) ins Licht.
Wenn aber die religiösen Sinnformen reduktiv sind, dann sind sie
negierbar (44, 197ff; 1978a: 350), währenddessen die nicht
transzendierbare Welt sich nicht negieren läßt (1977: 179),
vielmehr gerade mit Hilfe ihrer unüberfragbaren Komplexität die
Selektivität religiöser Formen nur um so sichtbarer macht. Das
heißt, "angesichts der Welt kann man an Gott zweifeln" (197).
Ja aufgrund dessen, daß im Laufe der Evolution der Komplexitätsgrad der Welt steigt und dies auch in wachsendem Maße bewußt wird, nimmt der Grad der Glaubensgewißheit immer mehr ab,
so daß sich das Religiöse schließlich nicht mehr an der für es
spezifischen Form, sondern gegen sie bewähren muß (44f), also
seinen Anspruch auf Verknüpfung von Immanenz und Transzendenz
nur noch gegen die wahrnehmbare Konkretion und Bestimmtheit
seiner Formen aufrechtzuerhalten vermag.
Die Negierbarkeit der Identität von Strukturen fungiert jedoch
innerhalb der Systemtheorie als Voraussetzung, um Reflexionsleistungen in Gang zu bringen (59); und genau dazu, zur funktionsbewußten Reflexion[166] seiner Identität oder zumindest zur
Reflexion der Interpretation seiner Identität, fordert Luhmann
das Religionssystem bzw. dessen Dogmatik auf (80, 176ff, 222f).
Das Religionssystem solle versuchen, zum Begriff einer unnegierbaren Welt zu gelangen (148f, 179), seine eigenen Überspanntheiten abzubauen (174) und seine Identität in bezug auf
eine unendliche Welt als kontingent anzusetzen (176f; 1973a:
74, 96, Anm. 12). Das bedeutet: Die Religion solle ein Bewußtsein sowohl von ihrem Problem wie auch von den von ihr nicht
aktualisierten Möglichkeiten entwickeln und insofern sich
selbst als auch anders möglich, als veränderbar erkennen (1977:
179). Und die Religion solle die Welt nicht länger als ihre Umwelt behandeln (178f) und sich nicht länger mittels einer solchen Verquickung ihres Umwelt- und Weltverhältnisses (180)
selbst von der Welt ausschließen, sondern ihr Umwelt- und ihr

Weltverhältnis voneinander trennen (1973a: 85) und sowohl sich
selbst der Welt zurechnen wie ihre eigene Struktur in eine
zweiseitig kontingente Relation zu ihrer Umwelt einordnen
(1977: 292) und so sowohl sich <u>als durch gesamtgesellschaftliche Wandlungen mitbetroffen reflektieren</u> wie den Bezug zu sich
selbst als auch zu ihrer Umwelt als <u>disponibel begreifen</u>
(246f).
Auf diese Weise werde sie sich in die Lage versetzen, die in
ihrem Verhältnis zur Gesellschaft auftretende Alternativität
von Anpassung <u>oder</u> Erhaltung zu überwinden, denn wenn Religion
sich selbst in bezug auf ihre gesellschaftliche Lage reflektiere (1978b: 26), dann stelle sie ihre eigene Struktur und
die Struktur ihrer Umwelt nicht mehr als zwei statische Blöcke
einander gegenüber - eine Gegenüberstellung, die in der Tat
nur <u>entweder</u> Anpassung <u>oder</u> Erhaltung zuläßt -, sondern dann
entdecke sie, daß ebenso wie sie selbst so auch ihre Umwelt
variabel und kontingent sei (1977: 178) und daß beide Größen an
evolutionären Veränderungen der Gesellschaft teilhätten, die
die <u>Bedingungen der Möglichkeit ihrer Relationierung</u> und Vermittlung vorkonstituieren (247). Wenn Religion sich innerhalb
des Verhältnisses zu ihrer Umwelt selbst thematisiere, dann
könne sie auch noch nach diesen für sie und ihr Umweltverhält-
nis geltenden Bedingungen fragen und unter Berücksichtigung
von ihnen ihre eigene Identität variieren, ohne sie dadurch
aufgeben zu müssen (1962a: 18), also auf einer Stufe höherer
Abstraktion mehr Erhaltung und mehr Anpassung zugleich garantieren (1977: 178f). An die Stelle von Invarianz und diese
rechtfertigenden Hypostasierungen trete dann die Fähigkeit
zur Selbststeuerung, zur Entscheidung, gekoppelt mit Kontingenz-
und Weltbewußtsein (66, 179, 199f, 218). Freilich weist Luhmann
selber darauf hin, daß die Religion "in ihrer problemspezifi-
schen Orientierung durch systeminterne Rücksichten gebunden"
ist (Schrift, Tradition, Offenbarung und ihre Verknüpfungen),
aber er sieht darin eine Schranke ihrer Umstellungsfähigkeit
angesichts grundlegender gesellschaftlicher Wandlungen (175),
und er meint, daß Religion nur durch Reflexion, Kontingenzbewußtsein, Variabilität, Selbstkontrolle <u>Kompatibilität</u> mit der
hochkomplexen Gesellschaft der Gegenwart erreichen und Weltrelevanz zurückgewinnen könne (174, 178).

Hier ergibt sich die Frage, ob im Falle dessen, daß Religion ein Problembewußtsein und die mit ihm verbundene Erkenntnis der eigenen Kontingenz und Reduktivität entwickelt, die Reduktionsleistung der Religion dadurch nicht zerstört werden würde, denn in gewissem Sinne beruht ja, wie Luhmann erklärt, jede Struktur auf Täuschung über die wahre Komplexität der Welt, und insofern kann ein Latentbleiben der Funktionen zum Erhalt der Strukturen beitragen und ein Bewußtwerden der Probleme das Funktionieren dieser Strukturen beeinträchtigen (1964a: 48; 1967b: 120); das entspricht dem Sachverhalt, daß Chiffrierung des Problems die gefundenen Lösungsformen festschreibt, während Reflexion die Voraussetzung der selbstgesteuerten Veränderung dieser Lösungsformen ist. Andererseits vermag, so Luhmann, ein bloßes Aufdecken des Verborgenen die Funktionserfüllung nicht zu verüberflüssigen, sofern die latente Funktion systemstrukturell bedingt ist (1967b: 70), wie das für die Funktion der Religion zutrifft. Eine Aufhebung der Funktionserfüllung kann sich nur dann ereignen, wenn für sie funktionale Äquivalente bereitstehen (1964a: 53, Anm. 65). Die Frage, ob Religion zur Erfüllung ihrer Funktion funktionale Latenz nötig hat, entscheidet sich dann also daran, ob für sie funktional äquivalente Alternativen vorhanden sind oder nicht. Wenn Religion - wie Luhmann behauptet - ein selbstsubstitutives System ist, kann sie sich, ohne in ihrer Leistungsfähigkeit Schaden zu nehmen, ein Funktionsbewußtsein leisten. Wenn es aber für Religion - wie ich meine - innerhalb der Systemtheorie doch funktionale Äquivalente geben sollte, dann würde eine Thematisierung der eigenen Funktion die Erfüllung dieser Funktion behindern. In der Beantwortung der Frage, ob von der Systemtheorie die Religion als ersetzbar oder als unersetzbar behandelt wird, sind die Aussagen Luhmanns und meine Interpretation kontrovers. Wollen wir das Problem lösen, inwieweit funktionale Latenz zur Funktionserfüllung der Religion erforderlich ist, so müssen wir daher noch einmal daran erinnern, worin die Funktion von Religion besteht und wie sie sie wahrnimmt.

Es ist die gesellschaftliche Funktion der Religion, die Kontingenz der Welt zu absorbieren, und die Religion bewältigt das Kontingenzproblem dadurch, daß ihre Vollständigkeit beanspruchenden Vorstellungen immer wieder in sich selbst zurücklaufen.

Oder - wie Luhmann auch sagen kann: Religion fungiert als Reflexionsstopp für die Gesellschaft (1966: 107) und dies - so fügen wir hinzu - dadurch, daß sie ihre eigenen Formen als nicht-kontingent, also unreflektiert ansetzt. Wenn aber die Funktion der Religion darin besteht, als Reflexionsstopp für die Gesellschaft zu dienen, und wenn Religion die Erfüllung ihrer Funktion durch Hypostasierung und Perfektionierung - den Gegenbegriffen zum Reflexionsbegriff (vgl. 1973a: 95, Anm. 7; 1977: 221f) - sichert, dann bedeutet das, daß ein Reflexivwerden der Funktion der Religion deren Funktionserfüllung verhindert, weil es ihre Mittel: Perfektionierung und Chiffrierung destruiert. Wenn aber - so schlußfolgern wir weiter - die Reflexivierung der religiösen Funktion deren Erfüllung verhindert, dann wird auch verständlich, daß mit zunehmender Selbstrefentialität sozialer Systeme die Religion, sofern ein gesellschaftsstrukturell bedingtes Problem nicht unbearbeitet bleiben soll, ersetzt werden muß und ersetzt werden kann und daß an die Stelle der Religion das auf Reflexion beruhende Prinzip der Evolution bzw. überhaupt selbstreferentiell gesteuerte Systeme treten können. Die Tatsache, daß eine Problemorientierung der Religion zum Ausfall ihrer Funktionserfüllung führt, besagt nicht, daß Religion nicht in der Lage wäre, ihre Funktion zu thematisieren. Sofern sie das jedoch tut, ist sie außerstande, die Kontingenz der Welt in sich aufzuheben und ihre Funktion noch zu erfüllen[167].

Dies scheint auch Luhmann zu sehen, denn er hält - wie bekannt - alle Antworten der Religion für negierbar (1977: 44). Er meint, daß die Kontingenz in religiösen Antworten erhalten bleibt, weil alle Selektionen kontingent seien und das Kontingenzproblem auch durch religiöse Sinnformen nicht zu lösen wäre (25, 207, 217f, 222f)[168]. Deshalb unterbreitet er der Religion den Vorschlag, ihren Anspruch auf Endgültigkeit, Nicht-Kontingenz, supramodale Notwendigkeit, Absolutheit, Unüberbietbarkeit fallenzulassen (1972a: 254; 1973a: 75; 1977: 218), ihre Antworten als negierbare zu formulieren (1977: 200) und nur noch dem Problem der Kontingenz Unnegierbarkeit zuzusprechen (223). Dementsprechend fordert Luhmann die christliche Theologie auf, "auf den Zusatzmythos der Auferstehung (zu) verzichten" (199), zumindest auf dessen Fassung als historisches Ereignis, da diese den Sinn des

Ereignisses: die im Scheitern gehärtete Unwiderlegbarkeit des Möglichen, die Erhaltung der Possibilität und damit der Komplexität, verdunkelt (169f).

In dieser Aufforderung wiederholt sich noch einmal die Hauptkritik Luhmanns an der Religion, die auf die Unterschätzung der Komplexität der Welt, ihrer Kontingenz und Unbestimmbarkeit und auf die ihr korrespondierende Überspanntheit (132), Hypostasierung und Perfektionierung der religiösen Formen abzielte, also auf deren komplexitätsinadäquate Reduktivität. Theologie und Kirche, so Luhmann, überspielen die Kontingenz der Welt, sie arbeiten mit Begründungssuggestionen und Negationsverboten und "zweigen zu früh ab, bevor die Geschichte zu Ende ist. Am Ende aber heißt es: 'Mein Gott, mein Gott, warum hast Du mich verlassen?'" (217f, 223). Diese Umkehrung der Frage- und Negationsrichtung auf Golgatha bleibe das letzte Wort, auch für Gott - dies müßte eine christliche Theologie aufweisen können. "Nur wenn sie auch dann noch in Jesus ihren Gott zu erkennen vermag - ohne happy end, ohne Auferstehung, ohne ewiges Leben, ohne Belohnung für seine vorbildliche Durchhaltefähigkeit - nur dann hätte sie sich dem Problem der Religion gestellt" (199). Dann hätte sie freilich - so müssen wir gegen Luhmann weiterführen - zugleich den Anspruch preisgegeben, das Kontingenzproblem auf ihre spezifische Art und Weise noch lösen zu können. Wollen wir die Antwort, die Luhmann auf die ihn leitmotivisch begleitende Frage nach den Bedingungen der Möglichkeit von Religion gibt, umsprechen, dann müssen wir also feststellen, daß er der christlichen Religion dann die besten Überlebenschancen einräumt, wenn sie das Ereignis, dem sie sich selbst zu verdanken meint, preisgibt. Daß Luhmann dem Christentum einen solchen Vorschlag unterbreiten kann, hängt damit zusammen, daß er Religion ausschließlich unter dem Maßstab der modernen Gesellschaft betrachtet und den Inhalt, die Geschichte und natürlich auch den Wahrheitsanspruch von Religion nicht ernst genug nimmt. Darauf kommen wir im letzten Abschnitt. Zuvor seien in einem kurzen Exkurs Luhmanns neueste religionssoziologische Erwägungen vorgestellt.

2.6. Exkurs: Neuere Entwicklungen in der Religionstheorie Luhmanns

Welche religionstheoretischen Überlegungen Luhmann nach der Veröffentlichung seines soziologischen Hauptwerkes "Soziale Systeme" (1984b) anstellt, läßt sich bislang nur in Umrissen an einigen kleineren Aufsätzen ablesen. Weiterentwicklungen ergeben sich vor allem aus der Umstellung der Theorie von Handlung auf Kommunikation als elementarer gesellschaftskonstituierender Einheit (1981f: 17). Eine wesentliche Folge dieser Umstellung ist die Ausarbeitung der Gesellschaftstheorie als Theorie selbstreferentieller Systeme, die das alte System/Umwelt-Paradigma ablöst und in sich aufnimmt[169].
Gesellschaften werden von Luhmann (1985a: 6) als Systeme definiert, die nur aus sinnhaften Kommunikationen bestehen, die ein Netzwerk von näheren und ferneren, gegenwärtigen und früheren, jedenfalls notwendig aufeinander bezogenen Kommunikationen darstellen und die insofern selbstreferentiell strukturiert sind. Kommunikation bezeichnet Luhmann als gesellschaftsinterne Operation: "Jede Kommunikation vollzieht Gesellschaft, und wo Kommunikation aufhört, hört auch Gesellschaft auf" (1984c: 3). Es gibt, mit anderen Worten, keine Kommunikation in der Umwelt von Gesellschaft und auch nicht mit ihr. Das Gesellschaftssystem dehnt sich aus oder schränkt sich ein je nachdem, in welchem Maße Kommunikation expandiert. Es ist folglich ein geschlossenes System (1985a: 6). Gleichzeitig setzt es natürlich eine Umwelt - also etwa Bewußtsein, menschliche Organismen, naturale Ressourcen, gemäßigte Temperaturen etc. - voraus, die sein Funktionieren überhaupt erst ermöglicht. Aufgrund der Sinnhaftigkeit aller zirkular rekursiven Kommunikationen wird der Zugang zu systemexternen, gegenwärtig ausgeschlossenen Möglichkeiten offengehalten. Insofern kann man sagen, daß Gesellschaften ihre Offenheit durch Geschlossenheit gewinnen (7). Der durch die Sinnhaftigkeit aller Selektionen erzeugte Possibilitätsüberschuß versetzt darüber hinaus jeden weiteren Schritt in den Zustand einer kontingenten Selektion. Deshalb operieren Gesellschaften innerhalb einer paradoxen Welt, wobei das Paradox darin besteht, daß die Kontingenz notwendig ist (ebd.).
Aus diesen allgemeinen gesellschaftstheoretischen Erwägungen er-

geben sich einige Schlußfolgerungen für die Religionstheorie, zunächst für die Bestimmung der Funktion der Religion. Während Luhmann in früheren Veröffentlichungen (1972a: 250f; 1977: 17ff, 25f, 30ff, 78ff u. ö.) die Religionsdefinition stets unter Bezugnahme auf das Kontingenzproblem vornahm, dominiert jetzt die Bezugnahme auf das Paradoxieproblem (1985a: 8f). Wie Kontingenz- und Paradoxiebegriff zusammenstimmen oder voneinander abweichen, läßt sich schwer bestimmen. Sicher dürfte sein, daß Luhmann zwischen beiden Bestimmungen des religiösen Bezugsproblems keinen Bruch annimmt. Als kontingent bezeichnet er "alles, was zwar möglich, aber nicht notwendig ist" (1977: 187, vgl. 1971a: 32f; 1972a: 253, Anm. 22; 1984b: 152)[170]. Die Paradoxie der Welt dagegen besteht nach Luhmann (1985a: 7) in der "Notwendigkeit der Kontingenz", in der Unmöglichkeit der Notwendigkeit, also in der Universalität der Kontingenz. Mit anderen Worten, das Aufkommen des Paradoxieproblems ist an die Bezugnahme auf das Ganze gebunden. Deshalb ist nichts - nicht die Welt, nicht Natur und noch nicht einmal ein selbstreferentielles System - durch sich selbst paradox (ebd.). Vielmehr wird etwas erst paradox, wenn das Ganze <u>thematisiert</u> wird, wenn etwas Kontingentes als notwendig kontingent erkannt wird, wenn zur Kontingenz das Kontingenzbewußtsein kommt. Das Paradoxieproblem resultiert folglich aus dem Wissen um die Unabschließbarkeit und Uneinfangbarkeit der Welt[171]. Typischerweise taucht es daher als "Hindernis" auf, nämlich immer dann, wenn man Kontingenz überwinden will (8). Impliziert das Paradoxieproblem notwendig den Ganzheitsbezug, so kann dieser beim Kontingenzproblem fehlen. Zwar kann auch jede sinnhafte kontingente Selektion, insofern sie auf andere Möglichkeiten hinweist, den Bezug zum Ganzen als Gesamtheit aller Möglichkeiten intendieren. Aber sie muß diesen Bezug nicht aufweisen, und darin besteht der Unterschied zwischen Kontingenz und Paradoxie[172].

Als religiöse Verwirklichungsformen identifiziert Luhmann alle Phänomene, die sich auf dieses letzte Paradox beziehen (9). Da die Gesellschaft nur in einer paradoxalen Welt operieren kann, ist Religion für das gesellschaftliche Leben unvermeidbar (8). Sie entparadoxiert die Welt, macht das Unwahrscheinliche wahrscheinlich, das Unglaubbare glaubbar, konstituiert Welt als letzte Einheit, in welcher der Unterschied zwischen Fülle und

Leere, Sinnhaftigkeit und Sinnlosigkeit, Ordnung und Chaos dahinfällt, widersetzt sich als Letztgröße der Entwicklung und besitzt folglich eine ritualistische Qualität (8). Doch in dem Maße, wie die Welt komplexer wird und die Entwicklung über letzte Einheitsgrößen hinausgeht, wird die Frage nach dem Sinn des Ganzen ein Spezialproblem innerhalb des Ganzen und damit Religion selbst hinterfragbar, negierbar und paradox (8f). Die Folge ist dann, daß die Gesellschaft viele funktionale Äquivalente zur Erfüllung der religiösen Funktion bereitstellt, die das religiöse Bezugsproblem möglicherweise besser "lösen", als Religion das vermag (9, 18; 1985b: 33).

Um Religion eindeutig zu definieren, reicht daher der Hinweis auf ihre Funktion nicht aus. Die Frage nach der Funktion führt nur zur Unterscheidung von verschiedenen funktional äquivalenten Möglichkeiten der Lösung des religiösen Bezugsproblems (1986a: 2). Hinzutreten muß die Bezugnahme auf einen funktionsspezifischen binären Code, der die Ausdifferenzierung eines gesellschaftlichen Funktionssystems steuert und den Bereich seiner Funktionserfüllung absteckt (3). Im Falle des Religionssystems bezeichnet Luhmann die Unterscheidung von Immanenz und Transzendenz als diesen funktionsspezifischen Code. Dabei kann Immanenz als "Positivwert" dem Code die Anschlußfähigkeit an die Erfahrungen des täglichen Lebens garantieren und Transzendenz als "Negativwert" diese Erfahrungen durch Reflexion in ein anderes Licht setzen. Genauso ist es möglich, das Transzendente zum "Bereich des eigentlich Positiven" zu erheben und die Welt entweder abzulehnen oder allenfalls zu tolerieren (5). Dann muß die Transzendenz als anschlußfähig gedacht werden, und dafür ist ein Zweitcode, der das Schicksal im Jenseits strukturiert, einzuführen: die Differenz von Heil und Verdammnis (6). Das Funktionieren dieses Zweitcodes hat zur Voraussetzung, daß man im gegenwärtigen Leben, also in der Immanenz schon erkennen kann, wovon die Zuordnung zu Himmel oder Hölle abhängen wird, daß also schon hier über die Kriterien der Auswahl Einigkeit besteht (ebd.). Das erfordert eine enge Bindung der Religion an gesellschaftsweit akzeptierte Moral. Dieser moralische Konsens löst sich jedoch in den Wahrheitskriegen des 16. und 17. Jahrhunderts und als Folge des Buchdrucks oder allgemeiner ausgedrückt: infolge der zunehmenden gesellschaftlichen Differenzierung auf (7). Wenn

aber eine moralische Betrachtung des Lebens nicht mehr möglich ist, dann zerbricht auch das Verhältnis von Moral und Heil bzw. Verdammnis. Die Transzendenz wird unerkennbar und verliert damit ihre Anschlußfähigkeit (ebd.). Dieser Prozeß wird unterstützt durch die der Zunahme der Gesellschaftsdifferenzierung entsprechende Forderung nach Toleranz, die das Dual von Heil und Verdammnis zurücknimmt und Gott in einen nur noch zu Liebenden, nicht mehr zu Fürchtenden verwandelt (8). Mit dem Verzicht auf Verdammnis, Hölle und Teufel wird jede handhabbare Differenzierung der Transzendenz fallengelassen und damit "hakt die ganze Konstruktion aus, mit der man die Transzendenz respezifiziert hatte" (7). In der Preisgabe jeder greifbaren Unterscheidung in der Transzendenz dürfte "der Grund liegen, aus dem der transzendente Gotte, der Gott, der die Transzendenz repräsentieren soll, nicht mehr recht überzeugen kann" (8).
Die Code-Probleme verweisen so auf Probleme, die Religion überhaupt in der Gegenwart hat. Der Verzicht auf die fundamentale Unterscheidung von Erlösung und Verdammung, auf die Anwendung eines binären Schematismus - ein Verzicht, der verglichen mit anderen sozialen Systemen im Religionssystem einzigartig ist - schließt die Identifizierbarkeit der Spezifik von Religion weitgehend aus (1985a: 15f). Er führt zurück zum Ursprungsproblem der Religion, zum Paradoxieproblem, denn Einheiten bleiben paradox, wenn sie nicht als Komponenten einer Unterscheidung ausgewiesen werden können (1986a: 16). Durch den Mangel an Informationen, die die Transzendenz bzw. Gott auf sich zu ziehen vermag, wird aber zugleich die Möglichkeit der Kommunikation über Gott in Frage gestellt, denn "ohne Information (...) kann keine Kommunikation zustandekommen" (16, 1f).
Damit sind wir nach der Auseinandersetzung mit dem Paradoxie- und Code-Problem beim dritten Themenkreis, der Luhmanns neuere religionstheoretischen Überlegungen bestimmt, angelangt, bei der Frage, ob die moderne Gesellschaft Kommunikation über bzw. mit Gott zuläßt. Wenn Gesellschaft aus Kommunikationen besteht und Religion ein gesellschaftliches System ist, dann müssen Veränderungen in der Kommunikationsstruktur auch innerhalb des Religionssystems zu Wandlungsprozessen führen (1985a: 10). Der entscheidende Bruch vollzog sich nach Luhmann durch die Erfindung einer leicht lernbaren Schrift, durch die Erfindung des Alphabets

(ebd.). Sprach der altbiblische Gott noch mit raumfüllender Stimme direkt zum Menschen (auch wenn schon frühe Formen der Schrift zur Verfügung standen), so hört man (mit einer leichten Phasenverschiebung) nach der Erfindung des Alphabets, die ein Wiedererzählen und damit alte menmotechnische und monumentale Ausdrucksweisen überflüssig macht, die Stimme Gottes nicht mehr (1984c: 5f). Die religiöse Relevanz muß sich aus der Form mehr in den Inhalt verlagern; in neutestamentlicher Zeit wird die Aufnahme der Botschaft zur Lektüre (6). Dem entspricht es, daß das Wort, das sich vermitteln will, nun "nur noch in der Gesellschaft wirken kann", daß es als Mensch auftreten und Fleisch werden muß (ebd.). Anders ausgedrückt: Um hörbar zu sein, muß Gott seinen Sohn senden, und er sendet ihn als sein Wort (1985a: 17). Die Offenbarung wird schriftlich niedergelegt. Sie ereignet sich nicht immer wieder neu, sondern wird als einmaliges Geschehnis zur Vergangenheit (1984c: 6). Das sich daraus ergebende Problem der Möglichkeit der Kommunikation des Menschen mit Gott ist jedoch nicht allein durch die Verschriftlichung der Offenbarung, sondern vor allem durch die strukturellen Wandlungen der modernen Gesellschaft insgesamt entstanden (1985a: 17). Mit der Ausweitung der Grenzen des Sozialen und der gleichzeitigen De-Sozialisation der gesellschaftlichen Umwelt (1977: 96f), also mit der Ausarbeitung von immer mehr sinnhafter Kommunikation als Humantechnologie und der gleichzeitigen Verwissenschaftlichung des Weltbildes wird die Kommunikation mit religiösen Mächten immer schwieriger (1984c: 5, 7). Heute, da jede Kommunikation Gesellschaft reproduziert und eine strikt interne Operation ist, kann es eine Kommunikation mit Gott nicht mehr geben (1984c: 4). Weder Gebet noch Offenbarung lassen sich als Kommunikation denken, denn "alle diese Vorstellungen führen letztlich zu einer Eingemeindung Gottes in die Gesellschaft" (ebd.).
Das ist das Dysangelium der Religionstheorie Luhmanns: Es gibt keine Kommunikation mit Gott, bzw. das, womit man kommuniziert, ist nicht Gott; ja, wenn man Gott "weder über etwas informieren kann, was er noch nicht weiß, noch erwarten kann, daß die Kommunikation ihn zu etwas motivieren könnte, was er anderenfalls nicht tun würde", dann ist die Kommunikation mit Gott sogar überflüssig (7). Werden Gebet oder Offenbarung dennoch als Kommunikation behandelt, kommt es unweigerlich zur Ausbildung "anthropo-

morpher Religionsvorstellungen, die dann theologisch wieder
diskreditiert oder mit hinreichender Ambivalenz versehen werden
müssen" (4). Angesichts der selbstreferentiellen Geschlossenheit aller Kommunikationsprozesse kann sich die Zuwendung zu
Gott, seine Anrufung, seine Benennung nur in einem gesellschaftlich insulierten Raum vollziehen (1972a: 251, Anm. 17),
dessen gesellschaftsdistanzierte Andersartigkeit dennoch gesellschaftlich respektiert wird. Nach Luhmann sind die Kirchen
jene Orte, an denen eine Umkehrung der normalen Ordnung statt-
findet, die sich allgemeiner gesellschaftlicher Anerkennung
erfreut, an denen die Anrufung Gottes, Gebet und Segen allgemein erwartet werden kann (1985a: 17). In der Kirche wie überhaupt in der Religion wird das Unglaubbare glaubbar, wird das
Paradox der Gesellschaft eingeklammert und damit eine Aufgabe
von gesamtgesellschaftlicher Bedeutung erfüllt. Die Frage ist,
ob es bessere (etwa: komplexere, flexiblere) Möglichkeiten zur
Lösung dieser gesellschaftlichen Funktion gibt (18). Es scheint,
als würde Luhmann diese Frage mit dem Hinweis auf Evolutionsvor-
gänge, selbstreferentielle Organisationsstrukturen (1977: 286)
und binäre Codierungen (1985b: 33) bejahen.

2.7. Abschließende Bemerkungen

Nachdem in den bisherigen Kapiteln versucht wurde, Luhmanns Ge-
sellschafts- und Religionstheorie aus sich selbst heraus zu
verstehen, ihre strukturgebenden Gedankenlinien nachzuzeichnen
und zurückhaltend zu interpretieren, soll Luhmanns Religionskonzept nunmehr in den Kontext der aktuellen religionssoziologischen Debatte hineingestellt und stärker auch von außen beleuchtet und kritisch hinterfragt werden. Dabei wird sich die
Darstellung an den in der Einleitung angeführten Diskussionspunkten entlangbewegen. Allein an der Tatsache, daß Luhmann in
in seinem Entwurf auf alle sechs in der Einleitung angesprochenen Themenkomplexe ausführlich eingeht, kann man ersehen, daß
er indirekt viel stärker an den fachinternen Dialog anschließt,
als seine Texte explizit ausweisen[173]. Eine starke Eigenprägung,
ja Eigenwilligkeit im Theoriedesign schließt offenbar die Fähigkeit zum integrativen Fremdbezug nicht aus.

Um nun gleich zum ersten Diskussionspunkt, zu der methodologischen Frage nach dem rechten Zugang der Religionssoziologie zu ihrem fachspezifischen Gegenstand zu kommen, so ist zunächst festzustellen, daß sich Luhmann eindeutig für eine gegenstandsdistanzierte Herangehensweise entscheidet. Die Soziologie müsse, so Luhmann (1984c: 2), besseres Wissen bieten, als in den Alltagsvollzügen zur Verfügung steht. Die Berücksichtigung der Eigenperspektive der Handelnden reiche zur Erfassung der Gesamtheit des Gegenstandsbereiches nicht aus. Die Methode des partizipativen Einfühlens beende den Prozeß der Analyse zu zeitig, sie verzichte auf begriffs- und theorietechnische Anschlüsse nach außen, blende wichtige historische und soziale Aspekte, die im Rücken der Handelnden liegen, aus und nehme damit eine Reduktion ihres Auflöse- und Rekombinationsvermögens vor (1977: 10, 34), die wissenschaftlich nicht zu begründen und nicht zu verantworten ist. Um dieser Sichtverkürzung zu entgehen und um andererseits auch die in der gegenstandsdistanzierten Zugangsweise liegende Gefahr der Nivellierung und Diskreditierung der objektspezifischen Binnenperspektive zu vermeiden, verwendet Luhmann (1975d: 215) einen mehrstufigen Ansatz, der es ihm erlaubt, die eigenen Beobachtungskriterien "von den (wie immer lobenswerten) Selektionsintentionen zu unterscheiden", letztere mit theorieimmanenten Mitteln zu rekonstruieren und dennoch durch Hinweis auf unbedacht gebliebene Gesichtspunkt zu ergänzen (1969a: 71; 1978b: 18ff). Auf diese Weise kombiniert Luhmann Gegenstandsnähe und Gegenstandsferne und hält zugleich an der Bevorzugung des gegenstandsdistanzierten Herangehens fest. Es scheint, daß Luhmann, indem er die Gegenstandsintention theoretisch aufnimmt und gleichzeitig überschreitet, die in der religionssoziologischen Literatur häufig anzutreffende Alternativität von partizipativem Sinnverstehen und distanziertem Erklären zu überwinden vermag. Doch ist dem wirklich so?
Wenn Luhmann dem Christentum zum Beispiel den Vorschlag macht, seine Formen und Inhalte als auch anders möglich und als steuerbar zu behandeln, dann setzt er sich jedenfalls zur Innensicht seines Gegenstandes in eine Distanz, die nur schwer oder gar nicht zu überbrücken ist, denn selbst wenn die christliche Kirche (und Theologie) Luhmann entgegenkäme und aufgrund der Einsicht in die historische und soziale Bedingtheit aller ihrer

Antworten und Gestaltungen den von ihr traditionell erhobenen
Absolutheitsanspruch einklammern, zurückstellen oder gar relativieren würde, wüßte sie sich an die religiösen Erfahrungen,
Vollzüge und Bekenntnisse der an Jesus Christus Glaubenden in
Vergangenheit und Gegenwart gebunden und könnte ihre eigenen
Inhalte und Formen nicht willkürlich ändern, hieße das doch,
daß sie sich als ausschließlich dem eigenen Handeln verdankt
betrachten und von dem sie nach eigener Auffassung tragenden
Grund abschneiden würde. Natürlich kann der Analytiker unaufholbare Distanz zum Selbstverständnis seines Gegenstandes wollen. Dann muß er jedoch auf den Anspruch verzichten, die Problematik benennen zu können, um die es dem Gegenstand selbst geht,
dann muß er den Anspruch auf Mehrstufigkeit zurücknehmen und
theoretische und Handlungsperspektive weiter auseinanderziehen.
Bei einer schärferen Differenzierung von Metaebene und Objektebene entsteht indes das von Schelsky (vgl. Anm. 99) aufgeworfene Problem des wissenschaftlichen Reflexionsüberschusses, und
es ist nun zu fragen, woher der sich distanzierende Analytiker
das Recht nimmt, ein Mehr an Erkenntnis zu behaupten, ob er dabei seine biographisch, historisch und sozial bedingten Verstehensvoraussetzungen nicht unreflektiert läßt, seine eigenen Erkenntnisse nicht stillschweigend mit einem Absolutheitsanspruch
ausstattet, den er seinem Gegenstand zum Vorwurf macht, und ob
er, indem er ein Mehr an Wissen behauptet und sich von der Ebene des Handelnden abhebt, diese nicht gerade verfehlt und sich
insofern mit einem Weniger begnügen muß.
Angesichts dieser Schwierigkeiten steht die funktionale Methode
vor der Wahl, entweder ihre Analyse auf jene Objekte zu beschränken, die sich selbst als funktionsorientiert verstehen,
oder aber ihre eigene Beobachtung und die Selbstdarstellung des
Forschungsgegenstandes so aufeinander zu beziehen, daß sie sich
als gleichberechtigte Sichtweisen gegenseitig ergänzen und korrigieren können. Wenn Luhmann das methodologische Problem der
Religionssoziologie - wie er mir brieflich mitteilte - durch eine schärfere Unterscheidung von Beobachter- und Teilnehmerperspektive zu lösen beabsichtigt, so schließt das die respektvolle
Relationierung der beiden Ebenen zwar nicht aus; bedenkt man jedoch, daß Luhmann (1984b: 64ff) bei selbstreferentiellen Systemen wie beispielsweise universalistischen Theorien zirkuläre Ge-

schlossenheit für die Bedingung ihrer Umweltoffenheit hält, so ist es wahrscheinlicher, daß er die schärfere Differenzierung von Beobachter- und Teilnehmerperspektive vor allem benutzt, um die Kohärenz und Konsistenz seiner Theorie zu erhöhen, dadurch aber gleichzeitig die Gefahr verstärkt, daß die Ausarbeitung der theoretischen Konzeption weitgehend unabhängig von den Wirklichkeitsannahmen der Handelnden erfolgt, die immanente Logik der Theoriekonstruktion sich verselbständigt und je nach Verselbständigungsgrad vielleicht noch nicht einmal die Differenz zwischen Alltagserfahrung und Theoriekonstruktion theoretisch reflektiert zu werden vermag. Sollte dieser Verdacht berechtigt sein, so muß dann allerdings gesagt werden, daß Luhmann der überkommenen Alternativität von Verstehen und Erklären verhaftet bleibt und die Mehrstufigkeit seines Ansatzes nur eine Form der Vereinnahmung, Überbietung und der letztendlichen Auflösung der jeweils berücksichtigten Fremdposition ist.

Bezüglich des Problems der Definition von Religion fällt auf, daß Luhmann eindeutig die funktionale Methode gegenüber der substantiellen Religionsdefinition favorisiert und sich gleichzeitig für eine Kombination der funktionalen Analysetechnik mit anderen Zugriffsweisen, mit substantiellen Argumenten (1977: 33)[174], mit systemtheoretischen, evolutionstheoretischen und kommunikationstheoretischen Bestimmungen ausspricht (84; 1984c: 5). In der Begründung für die Bevorzugung der funktionalen Methode versucht Luhmann nun jedoch nicht, den gegen sie häufig erhobenen Vorwurf der Unklarheit und Allgemeinheit ihrer Gegenstandsbestimmung, die das definierte Objekt austauschbar und verwechselbar machten, zu entkräften. Vielmehr hält er - an der Universalität und Allgemeinheit seiner Theorie interessiert - die an funktionalen Definitionsmethoden kritisierte Weite ihres Erfassungsbereiches gerade für einen ihrer Vorzüge, denn sie erlaube es, den Untersuchungsgegenstand mit funktional äquivalenten Formen zu vergleichen und so von anderen Gegenständen her aufzuhellen (1977: 9f).

Diese Verteidigung der funktionalistischen Herangehensweise enthält jedoch eine Unstimmigkeit, die den eben als Vorzug umgedeuteten Kritikpunkt in seiner Problematik wieder deutlich hervortreten läßt. Einerseits nämlich leitet Luhmann die Berechtigung zu einer funktionalen Definition von Religion aus der Behauptung

ab, daß es für Religion keine funktionalen Äquivalente gibt
(48), und räumt damit ein, daß das Auftauchen funktionaler
Äquivalente die Eindeutigkeit der Definition einschränken würde. Andererseits geht er - vor allem in seinen neuesten Veröffentlichungen zum Thema - davon aus, daß doch außerreligiöse
Alternativen zu den religiösen Problemlösungen existieren, daß
das religiöse Bezugsproblem auch durch nichtreligiöse Subsysteme, binäre Codes, selbstreferentielle Organisationsstrukturen
gelöst werden kann (1985b: 33; 1977: 286), und muß daher das
funktionalistische Herangehen durch den Gebrauch nichtfunktionalistischer Methoden ergänzen. Offenbar ist also der von einem funktionalistischen Vorgehen erzeugte Definitionsüberschuß
für die präzise Gegenstandsbestimmung doch nicht nur von Vorteil. Vielmehr scheint er den Theoretiker, sofern er definitorische Eindeutigkeit erzielen will, entweder zur Annahme einer
funktionalen Inäquivalenz seines Gegenstandes (durch die übrigens der entscheidende Vorzug der funktionalen Analyse: die
Möglichkeit des Vergleichs verloren ginge) oder zur Heranziehung anderer, afunktionaler Analysetechniken zu zwingen.
Seit neuestem versucht Luhmann (1986a: 2f), das Problem der Erstellung einer universellen und zugleich eindeutigen Religionsdefinition durch die Bestimmung eines religionsspezifischen binären Codes zu lösen. Dieser Code hat die Aufgabe, die Funktion
der Religion zu interpretieren und ihre Antworten von funktionalen Alternativen abzuheben (ebd.). Seine Bestimmung kann insofern dazu beitragen, die Unbestimmtheit einer allgemeinen
Funktionsangabe inhaltlich zu füllen und zu konkretisieren. Mit
vielen anderen Religionssoziologen (vgl. etwa Savramis 1977:
113) stimmt Luhmann trotz seiner Präferenzen für den Funktionalismus also darin überein, daß der ausschließliche Bezug auf
die Funktion der Religion zu ihrer Definition nicht ausreicht
und nur ein Methodenpluralismus in der Lage ist, die synchrone
Vielfalt und die diachrone Wandelbarkeit religiöser Phänomene
sowohl zu übergreifen wie auf wenige Bestimmungen zu reduzieren.

Was nun die historische Dimensionierung der Luhmannschen Religionssoziologie anbelangt, so ist eine Differenz zu anderen religionssoziologischen Ansätzen - etwa dem Thomas Luckmanns -
insofern zu bemerken, als Luhmann, obschon er den Bezug der
Funktion der Religion zur Gesamtgesellschaft nicht leugnet

(Luhmann 1977: 79), deren Bestimmung nicht auf einer allgemeinen, ahistorischen Ebene vornimmt, sondern davon ausgeht, daß Bezugsprobleme, die sich als Funktionen eignen, im Laufe der Evolution entstehen und ihrerseits evolutionärer Variation unterliegen (34). Schon aufgrund dieses Ausgangspunktes vermag Luhmanns Funktionsanalyse der Religion eine Nähe zum historischen und empirischen Material herzustellen[175], wie sie vergleichbaren Ansätzen nicht erreichbar ist.
Historische Konkretion gewinnt die Religionssoziologie Luhmanns aber auch insofern, als in seiner Theorie die gesamtgesellschaftlich zentrale und die teilsystemisch spezifische Funktion der Religion als Einheit aufgefaßt ist (8). Allgemeine Kultur- und institutionalisierte Sozialform von Religion werden - wie in aufklärerischen und nachaufklärerischen Konzepten - nicht einfach bloß voneinander abgehoben (1978a: 350), sondern als notwendig aufeinander bezogen behandelt (1978d: 305)[176]. Eine von ihren historischen Verwirklichungsgestalten losgerissene Universalform von Religiosität, beispielsweise Zivilreligion, würde als unbestimmter "Aspekt von Sozialität schlechthin" in dieser verschwinden (1978a: 350). Demgegenüber betont Luhmann, daß die Wahrnehmung der allgemeinen religiösen Funktion im Laufe der Evolution immer mehr an ihre historisch kontingente Spezialisierung, an ihre Absonderung und Verselbständigung (1977: 34ff), an ihre "Ausdifferenzierung ins Unwahrscheinliche, Nichtselbstverständliche, Bezweifelbare" (1978a: 350) gebunden ist, daß sich erst durch religiöse Dogmatik, kirchliches Leben, religiöse Kommunikation, Institutionalisierung usw. das, was als Zivilreligion unterstellbar ist, als Religion erweist und präzisiert (1978d: 305). Diese Verknüpfung von allgemeiner und historisch partikularer Sozialform der Religion garantiert, daß sich alle allgemeinen soziologischen Aussagen über Religion an ihre historisch bestimmte Wirklichkeit halten müssen[177]. Sie ermöglicht so nicht nur die Berücksichtigung des Wandels des Bezugsproblems der Religion, sondern auch des Wandels ihrer Lösungsformen.
Das entscheidende Instrument, das Luhmann benutzt, um die abstrakte Einseitigkeit seiner funktionalen Religionsdefinition zu korrigieren, ist jedoch ihre Kombination mit einer Fülle von systemtheoretischen, evolutions- und kommunikationstheoretischen

Analysen (1977: 84), wie er sie in seinen dicht gearbeiteten Texten immer wieder vorführt.
Angesichts dieser vielfach und perspektivenreich vorgenommenen Komplizierung der funktionalen Fragestellung muß der gegenüber funktionalen Analysen oft erhobene Vorwurf der Inhalts- und Geschichtslosigkeit (Mayntz 1971: 59ff; Narr/Runze 1974: 53, 67; Sauter 1975: 177ff; Tjaden 1975: 95; Holzer 1977: 82; Colpe 1978: 264) in bezug auf die Religionstheorie Luhmanns, wenn auch nicht einfach abgewiesen, so doch in seiner Gültigkeit deutlich eingeschränkt werden. Er trifft das Religionskonzept Luhmanns nur zum Teil. Als Ausdruck eines ungenügenden geschichtlichen Denkens sehen wir es beispielsweise an, daß Luhmann fast durchweg von _der_ Religion statt von den Religion_en_ spricht[178]. Dadurch werden nicht nur die Differenzen zwischen den verschiedenen Religionen weitgehend unkenntlich gemacht, sondern der von Luhmann vertretene Religionsbegriff gerät eben deshalb auch unversehens unter die einseitige Perspektive einer einzelnen Religion: des Christentums[179], was sich an der Proportionierung des beigebrachten historischen Materials ebenso zeigt wie an der allgemeinen Bestimmung der Funktionsweise von Religion als Verdeckung des Unbestimmten (Chiffrierung)[180]. Gleichfalls als Manifestation eines tendenziell ungeschichtlichen Denkens beurteilen wir die Tatsache, daß Luhmann (1977: 64f) die Religion als System und die einzelnen Religionen als "Subsystem(e) des Religionssystems", als Formen von dessen "segmentärer Differenzierung" faßt[181], so als gäbe es zunächst einen allgemeinen Begriff von Religion[182], der sich dann in die Wirklichkeit der einzelnen Religionen hinein zerlegt. Diese Art der Behandlung des Verhältnisses von Religionsbegriff und historischen Religionen ist die Folge eines im wesentlichen theoriegeleiteten Herangehens an den Gegenstand. Allein aufgrund eines theoretischen Verarbeitungsmodus auf Geschichtslosigkeit zu schließen, wäre jedoch verfehlt, denn auch hochabstrakte Bestimmungen schließen - wie wir an Luhmann Ausführungen selbst sahen - die Aufnahme historischer und empirischer Erkenntnisse nicht aus, ja aufgrund ihres hohen Komplexitätsgrades können sie eine solche Aufnahme sogar begünstigen.
Unser Haupteinwand geht deshalb auch nicht auf den Ausfall der geschichtlichen Dimension, sondern auf deren Geringschätzung.

Luhmann räumt zwar ein, daß die durch Reflexion ermöglichte Änderbarkeit von Systemstrukturen durch bereits erfolgte Selektionen, also durch Geschichte eingeschränkt wird (1975d: 207), aber er analysiert diese selektiven Vorgaben nur in ihrer Funktion, die sie als Formen der Reduktion von Komplexität erfüllen, und betrachtet sie insofern als "widerruflich" und als funktional äquivalent mit anderen Formen der Komplexitätsentlastung (1967a: 85), also doch wohl auch als ersetzbar. Das heißt, Luhmann leugnet die Verbindlichkeit des Vergangenen (84). Daß etwas geschehen ist, ist für ihn kein Argument (1977: 211). Als Argument kann nur fungieren, was sich als möglich denken läßt. Ob und warum ein als möglich Denkbares Wirklichkeit wird, interessiert ihn nicht, da die Beantwortung dieser Frage den Kompetenzbereich seiner Theorie überschreitet. Seit Kant (KdrV B, 664, 667) wissen wir, daß einem rein begrifflichen Vorgehen Existenzaussagen verwehrt sind. Wenn Luhmann nicht bis zur Faktizität vordringen kann und das Seiende auch gar nicht als es selbst fixieren will (Luhmann 1964a: 47; 1975c: 152), dann darf dies wohl als ein Hinweis auf den rationalistischen, nicht-empirischen Charakter seiner Theorie gewertet werden.

Dem entspricht die Vorgehensweise Luhmanns, die weniger durch geschichtliche Analysen, Anwendung induktiver Methoden, inhaltliche Beschreibungen als durch Begriffsklärungen (vgl. Habermas 1971: 226), durch die Aufnahme, Verarbeitung und Abgrenzung von Deutungsvorschlägen und ihre theoretische Diskussion gekennzeichnet ist[183]. Freilich bezieht sich Luhmann in seiner denkerischen Arbeit auch auf empirische Erfahrungen, aber er geht lediglich von ihnen aus, benutzt sie nur als Instrument der Analyse und bestreitet ihr "die richterliche Funktion einer letzten Instanz, die über wahr oder falsch entscheidet" (1967b: 130). Das heißt, er begrenzt die Empirie auf die Möglichkeit, als Steinbruch[184] für wissenschaftliche Überlegungen zu dienen, und spricht ihr das Recht ab, die Kreise der theoretischen Überlegungen, die selbst fortlaufend neue theoretische Entscheidungen produzieren und sich dadurch gegenseitig zu stützen vermögen, zu stören. So bleibt seine gedankliche Konstruktion unverifizierbar und unfalsifizierbar, ohne bestimmbaren Anfang und ohne bestimmbares Ende in der Luft hängen, und er kann sich

in ihr zugleich sicherfühlen. Für Beliebigkeit und Willkür in
der Begriffsbildung sind alle Schleusen geöffnet, und gleichzeitig ist der Theorieentwurf der Forderung nach einer ihn tragenden Plausibilität ausgesetzt, vor der er wohl kaum anders
als kapitulieren kann. Alles ist nun der Konstruktionskunst
und Kombinationsgabe, der Spontaneität des 'Persönlichkeitssystems' Niklas Luhmann überlassen[185], der Phantasie, durch deren Gebrauch sich der Wissenschaftler zwangsläufig in einen
Künstler (Hejl 1974: 232) verwandelt, der mit seinem Stoff frei
umgeht und sich an ihn nur insoweit gebunden weiß, als sich
dieser als Medium für die Darstellung seiner Einfälle eignet.
Angesichts eines derartig produktiven Umgangs mit der Wirklichkeit entsteht die Gefahr, daß kaum ein Forscher, außer Luhmann
selbst, mit dessen Theorie noch angemessen umzugehen weiß und
an sie seinerseits produktiv oder auch empirisch anzuschließen
vermag[186]. Obwohl die Theoriekonstruktion Luhmanns gerade aufgrund ihres mangelnden Willens zur Verifizierung an der Empirie
zum 'In-sich-Schwingen', zu einer immer wiederkehrenden petitio
principii, zu einem von außen kaum zugänglichen Solipsismus[187]
neigt, wäre es verfehlt, ihr empirische Irrelevanz und Mangel
an Wirklichkeitswissen anzulasten, denn es ist Luhmann zuzustimmen, wenn er meint, daß selbst die vollkommene und ausnahmslose Geschlossenheit zirkulärer Selbstreferenz (deren Form
u. E. die Systemtheorie nicht einmal annimmt[188]), sofern sie
sich zwingt, Umweltinformationen intern zu verarbeiten, eine
besonders potente Form der Öffnung zur Umwelt sein kann (Luhmann 1977: 23f, Anm. 30). Der freie, denkerische Umgang mit
dem Vorfindbaren macht es freilich verständlich, daß Luhmann
an die Adresse der Religion eine Aufforderung wie die richten
kann, zu ihrer Vergangenheit und zu sich selbst ein flexibleres Verhältnis aufzubauen.
So erweist sich Luhmanns Verhältnis zur Geschichte also als ambivalent. Auf der einen Seite wirft er alle verbindlichen historischen Beschränkungen ab und lenkt den Blick in das weite
Feld offener, noch nicht genutzter Möglichkeiten, also von der
Vergangenheit in die Zukunft. Durch eine solche Desubstantialisierung der Geschichte gibt er seinen Kritikern Recht, die seinem theoretischen Denken Beliebigkeit und Indifferenz (Scholz
1981), ja Dezisionismus (Habermas 1971: 242ff) zum Vorwurf ma-

chen. Auf der anderen Seite besitzt Luhmanns Theorie ein großes historisches Erfassungs- und Verarbeitungsvermögen, und das nicht etwa trotz, sondern gerade aufgrund ihres lockeren und abstrahierenden Umgangs mit den historischen Vorgaben, wobei freilich die Theorie nur aufzunehmen vermag, was ihre vorausliegenden Unterscheidungen zu sehen und zu erfassen erlauben.
Eine weitere Differenz zu anderen religionssoziologischen Entwürfen ist bezüglich Luhmanns Stellung zum Problem der Allgemeinheit von Religion zu beobachten. In Übereinstimmung mit vielen Religionssoziologen behauptet auch Luhmann (1977: 113; 1978a: 350; 1978d: 295ff) einen engen Zusammenhang zwischen der Möglichkeit gesellschaftlicher Ordnung und der gesellschaftlichen Konstitution von Religion. Anders als viele, vor allem wissenssoziologische und ältere systemtheoretische Ansätze, die Religion als das normative Fundament einer vom Auseinanderfallen bedrohten Gesellschaft behandeln, sieht Luhmann die Gesellschaft jedoch nicht durch die Dominanz schwer verträglicher Widersprüche bestimmt und braucht daher der Religion auch nicht die Funktion zuzumuten, allgemeingültige Sinnzusammenhänge zu stiften, die in der Lage sind, die divergierenden Momente zusammenzuschließen[189]. Anstatt einen allgemeinen, gesellschaftstheoretisch vordefinierten Bedarf an Religion zu postulieren und Religion auf eine zu allen Zeiten gleichbleibende Integrationsfunktion festzulegen, vermag Luhmann aufgrund der Preisgabe ahistorisch angesetzter Allgemeinbestimmungen vielmehr den Zusammenhang zwischen dem generellen gesellschaftlichen Bezugsproblem von Religion und seinen historisch spezialisierten Lösungsformen herauszuarbeiten und auch den historischen Wandel beider Bezugsgrößen zu verfolgen. Dabei verändert sich das Verhältnis von Allgemeinem und Besonderem, so Luhmann (1977: 79f), nicht etwa deshalb, weil im Laufe der Evolution die gesamtgesellschaftliche Relevanz von Religion zurückgeht; umgekehrt: weil sich der Stellenwert des Ganzen gegenüber seinen Teilen verändert, verliert auch die Religion, die an die gesamtgesellschaftliche Ebene gebunden ist, an universaler Bedeutung.
In archaischen Gesellschaften fallen aufgrund relativ alternativenarmer Realitätsannahmen Enttäuschungen, Überraschungen, Unklassifizierbarkeiten, Unsicherheiten ebenso häufig wie willkürlich an, so daß der Alltag in vielen seiner Vollzüge unmit-

telbare religiöse Relevanz besitzt (35f). Schon bald kommt es wegen der Zunahme zu bearbeitender Komplexität jedoch zu einer Spezifizierung der religiösen Funktionserfüllung, zu ihrer Orientierung auf das Problem des Zugleichs von Bestimmtheit und Unbestimmtheit und damit zusammenhängend zu einer Absonderung von religiösen Mitteln, Rollen, Handlungsmustern, Zeiten, Orten, also zur Ausdifferenzierung eines besonderen Teilsystems für Religion, das nun zu einem Subsystem unter Subsystemen wird (34, 20). In vorneuzeitlichen Hochkulturen besitzt die Religion noch ein den gesellschaftlichen Anforderungen genügendes Komplexitätsniveau, das sie in den Stand versetzt, die einzelnen gesellschaftlichen Teilbereiche auf eine einheitliche Weltsicht hin zu interpretieren und miteinander zu vermitteln, und es besteht in dieser Zeit aufgrund der stratifizierten Differenzierungsform der Gesellschaft noch die Möglichkeit für und ein Bedarf an teilsystemischen Repräsentationen des Ganzen (88, 102f). In der modernen Gesellschaft dagegen nimmt sowohl die Kompatibilität des Komplexitätsgrades von Religion und Gesellschaft wie der Bedarf und die Möglichkeit der Einrichtung von gesamtgesellschaftlichen Selektionen ab (79f, 248ff). Die moderne Gesellschaft ist so hoch differenziert, daß ihre Integration nicht mehr über gesamtgesellschaftlich vorgegebene Erfordernisse, Werte oder Normen, sondern nur noch durch die wechselseitige Bezugnahme der einzelnen Teilsysteme aufeinander geleistet werden kann (243f). Der Sinn des Ganzen wird zu einem Spezialproblem innerhalb des Ganzen (80; 1985a: 8); die Funktion der Religion, die sich auf die Interpretierbarkeit, die Bestimmbarkeit der Welt bezieht (1977: 79, 113), findet ihre Basis "in einem bloßen Teilsystem" (1978a: 355). Deshalb ist es nur noch von der Sonderlage dieses Teilsystems aus möglich, "die gesamte Gesellschaft, ja die gesamte Welt religiös zu werten" (ebd.). Ob allerdings das Religionssystem gegenwärtig überhaupt noch in der Lage ist, die Chance der Ausdifferenzierung zu nutzen und ihren Universalitätsanspruch teilsystemspezifisch einzulösen, hält Luhmann (1977: 248; 1978a: 355) für zweifelhaft. Ja, Luhmann fragt, ob Religion in der funktional differenzierten Gesellschaft ihre Funktion überhaupt zu erfüllen vermag. Damit sind wir bei einem weiteren zentralen Diskussionspunkt angelangt, beim Problem der Säkularisierung.

Wie in vielen religionssoziologischen Entwürfen besteht auch
bei Luhmann zwischen Gesellschafts- und Säkularisierungsbegriff
ein enger Zusammenhang. Da Luhmann aber weder davon ausgeht,
daß die Gesellschaft zu ihrem Funktionieren der Religion notwendig bedarf, noch davon, daß Religion mit der Perfektionierung der Gesellschaft immer überflüssiger wird, braucht er den
Säkularisierungsprozeß weder zu bagatellisieren noch aufzuwerten. Vielmehr ist es ihm aufgrund seiner weder für Religion
noch für die moderne Gesellschaft engagierten Herangehensweise
möglich, das sich wandelnde Verhältnis beider Seiten unidealisiert und ohne Normvorgaben[190] zu analysieren. Dabei konstatiert er eine größere Einflußnahme von Seiten der Gesellschaft
auf Religion als umgekehrt. Im Gegensatz zu Max Weber (1964,
II: 322; vgl. Wössner 1972: 28ff), der der Säkularisierung oder
genauer: der durch Religion mitbeförderten Rationalisierung der
Welt eine bedeutende Rolle bei der Herausbildung der Neuzeit
zuschreibt, bestimmt Luhmann (1977: 229, 256) Säkularisierung
als Folgeproblem eines im Übergang vom Mittelalter zur Neuzeit
einsetzenden Umbaus der stratifizierten in die funktional differenzierte Gesellschaftsordnung, der vom Religionssystem nicht
gesucht und nicht betrieben wird. Von den Folgen dieses Umbaus
sind alle Gesellschaftssysteme betroffen, doch nicht alle Systeme in gleicher Weise (232). Säkularisierung behandelt Luhmann unter der Fragestellung, ob und inwieweit Religion mit der
funktionalen Gesellschaftsdifferenzierung kompatibel ist (ebd.).

In auffälliger Analogie zu der Luckmannschen Unterscheidung von
Person, Sozialstruktur und Weltdeutung (Luckmann 1963; 1970c;
1985) untersucht Luhmann die Auswirkungen funktionaler Differenzierung auf Religion anhand des individuellen, gesellschaftlichen und naturhaft-welthaften Bereichs (Luhmann 1977: 232ff).
Anders als Luckmann, der Säkularisierung als Bedeutungsrückgang
der Kirche für die alltägliche Lebensgestaltung des einzelnen
bei gleichzeitigem Relevanzerhalt nichtinstitutionalisierter Formen von Religiosität, also als Entkirchlichung und zugleich als
Privatisierung von Religion definiert (Luckmann 1970a: 78), relativiert Luhmann die Gültigkeit des Säkularisierungstheorems
jedoch nicht durch eine Differenzierung oder gar Trennung von
allgemeiner und teilsystemspezifischer bzw. subjektiver und institutionalisierter Religion, sondern wendet es auf alle drei

Ebenen gleichermaßen an (Luhmann 1977: 228).
Im personalen und sozialstrukturellen Bereich führt die funktionale Verselbständigung der gesellschaftlichen Teilbereiche zu Problemen der Übertragbarkeit und Zugänglichkeit religiöser Sinnformen (239). Mit dem Rückgang der Bedeutung allgemein akzeptierter nomologischer Symbolisierungen, auf deren Grundlage "gläubige Teilnahme unabhängig von der Motivlage" erwartet werden konnte (238f) und religiöse Formen und Inhalte als unbefragbare Selbstverständlichkeiten gedeckt waren (248), kommt es zur Privatisierung des Entscheidens, auch des religiösen Entscheidens (232), und zur Autonomisierung der gesellschaftlichen Teilbereiche, auch des Religionssystems (248). Dadurch geht die normale Sicherheit, mit der Religion bisher an Probleme in anderen Bereichen anknüpfen konnte, verloren, und es wird für Religion zum Problem, das Problem erst schaffen zu müssen, das sie zu behandeln in der Lage ist (37, 57, 59).
Luhmann meint nun, daß die durch funktionale Differenzierung in beiden Bereichen ausgelösten Veränderungen "die Funktion der Religion nicht obsolet" machen, "nichts gegen die Fortdauer der Möglichkeit religiöser Erfahrung" besagen (242), ja sogar die Möglichkeit eröffnen, anspruchsvolle religiöse Antworten zu finden, die "nicht durch ökonomische, politische, familiale oder wissenschaftliche Nebenerwägungen" kontaminiert sind (248). Da unbestimmbare Horizonte mit jedem Sinn gegeben seien (35) und Kontingenzen nach wie vor anfallen (231), sei Religion auch in der funktional differenzierten Gesellschaft unvermeidbar (1985a: 8).
Sieht man indes die Äußerungen Luhmanns über die Bestandsaussichten von Religion in der Moderne durch, dann findet sich eine Vielzahl von Formulierungen, die dieser Behauptung widersprechen. Einmal geht Luhmann davon aus, daß die funktional differenzierte Gesellschaft, je mehr ihr Komplexitätsgrad steigt und die wechselseitige Verschränkung der einzelnen Teilbereiche zunimmt, desto weniger auf die Gewährung letzter Sicherheiten, die Instituierung generalisierter Sinnstrukturen und normativer Grundlagen angewiesen ist und auch unter offen gelassenen Abschlußproblemen zu operieren vermag (1977: 222).
Dann sieht die Theorie Luhmanns eine mit dem gesellschaftlichen Komplexitätsgrad steigende Anzahl funktionaler Alternativen für

Religion vor[191], zum Beispiel durch Kontingenzformeln begründete binäre Codes (Wahrheit/Unwahrheit, Recht/Unrecht, Haben/Nichthaben usw.), mit deren Hilfe jedes Teilsystem seinen jeweiligen Zuständigkeitsbereich vollständig rekonstruieren, also auch die in seinem Bereich auftretenden Kontingenzen kontrollieren und deparadoxieren kann (200ff; 1985b: 33f). Schließlich vertritt Luhmann die Auffassung, daß das von Religion bearbeitete Risiko aller Selektionen auch durch Vernichtung und Neubau der selektiven Strukturen, also durch ihre Änderung und Weiterentwicklung, durch Evolution kompensierbar ist (1977: 18, 133, 286), die auf diese Weise über die als Reflexionsstopp fungierende Religion unweigerlich hinweggeht. Luhmanns Behauptung der Unvermeidbarkeit von Religion bedarf folglich einer durch seine Theorie selbst erzwungenen Korrektur. Unvermeidbar ist im Rahmen des Luhmannschen Theorieentwurfs nur das Auftauchen des religiösen Bezugsproblems, das sich notwendig aus der Reduktivität alles Bestimmten und seiner daraus resultierenden Kontingenz ergibt. Daß es behandelt oder gar gelöst wird, ist Luhmann zufolge in einer hochkomplexen, scharf differenzierten, dynamischen und dicht vernetzten Gesellschaft sicher unnötig[192].

Die Interpretation der kontingenten Selektivität der Gesellschaft und ihres Weltentwurfs hält Luhmann (1972a: 254) angesichts der multinormen, multimedialen, beweglichen Komplexität moderner Verhältnisse jedoch nicht nur vielleicht für unnötig, sondern auch für "äußerst schwierig". Das wird deutlich, wenn wir uns jetzt den Auswirkungen funktionaler Differenzierung auf den naturhaft-welthaften Bereich zuwenden. Aufgrund einer durch den Übergang zur funktionalen Gesellschaftsdifferenzierung bedingten Erhöhung ihrer Eigenkomplexität können Systeme das Komplexitätsmuster ihrer Umwelt tieferlegen und ihre umweltliche Erfassungskapazität erweitern (1977: 17, 25). Parallel[193] dazu eröffnet sich ihnen die Möglichkeit, sich als Teil der Umwelt anderer Systeme zu begreifen und über eine bessere Umweltkontrolle auch sich selbst besser zugänglich zu werden. Durch beide Transformationsprozesse werden Unbestimmbarkeiten in Bestimmtheiten überführt und damit die systeminternen und systemexternen Horizonte, die Unbestimmbares und Bestimmbares trennen,

hinausgeschoben. Die Steigerung des inneren und äußeren Auflöse- und Relationierungsvermögens hat insofern Auswirkungen auf die Funktionserfüllung des Religionssystems, denn eben auf das Problem der Simultaneität von Unbestimmbarkeit und Bestimmtheit bezieht sich ja die Funktion der Religion (46). Aufgrund der Ausweitung der systemrelativen Umwelt- und Systemhorizonte muß das Religionssystem auf höher generalisierte Probleme reagieren und mit höheren Komplexitätsanforderungen fertigwerden.
Bietet es angesichts dieser Herausforderung Lösungen "auf einem konzeptuellen Niveau mit zu geringer Komplexität" an (251), können diese von einer auf höherem Komplexitätsniveau operierenden Gesellschaft nicht mehr akzeptiert und angenommen werden (253). Siedelt es seine Inhalte und Formen auf einer der modernen Gesellschaft entsprechenden Abstraktionsebene an, so mindert sich zwar mit steigendem Generalisierungsgrad die Gefahr ihrer Ablehnung, gleichzeitig wächst aber die Gefahr, daß sie, je weltadäquater, abstrakter und damit unbestimmbarer sie werden, desto mehr an Kultfähigkeit und Kommunikabilität verlieren (1972a: 254, Anm. 26). Die Voraussetzung für die Funktionsfähigkeit religiöser Chiffren besteht nach Luhmann (1977: 26, 33f) aber in der Verknüpfung von relativ lebensweltnahen Vorstellungen mit einem Unnegierbarkeit garantierenden Leerhorizont, auf den sie relationiert werden.
In relativ einfachen Gesellschaften läßt sich die Einheit zwischen Konkretion der Repräsentationen und Leerhorizont ihrer Relationierung auch noch herstellen (26). Mit der Erhöhung der Komplexität der Gesellschaft löst sich diese Einheit jedoch auf, und es muß dann entweder auf Konkretion oder auf Unnegierbarkeit verzichtet werden (ebd.). Erstrebt Religion Verständlichkeit und Mitteilbarkeit, so läßt sich alles, was sie konkret plausibel zu machen versteht, auf Systembedingungen zurückbeziehen, also auch bestimmen und damit kritisieren, negieren und ablehnen, was dann wieder zu Eindeutigkeitsrücknahmen zwingt (1984c: 4, 7). Will Religion Letztgültigkeit, Unüberholbarkeit, Unbedingtheit in Anspruch nehmen, so wird das, was sie als unnegierbar behauptet, auch unzugänglich, inkommunikabel und unbegreiflich, und das macht es dann wieder nötig, das sozial Unangepaßte sozial angepaßt anzubieten. Je weiter die Gesellschaft

systemintern wie systemextern ihren Kontrollbereich ausdehnt, je mehr sie Unbestimmbares in Bestimmtes überführt und, sofern ihr das nicht gelingt, gleichzeitig als nichtmanipulierbare Komplexität ausgrenzt (1968b:19, 24; 1977: 24f), desto schwieriger wird es, religiöse Vorstellungen zu entwickeln, die der Bestimmbarkeit und Negierbarkeit entgehen und trotzdem faßlich und verständlich gemacht werden können, desto schwieriger wird es, den Zusammenhang von Bestimmtheit und Unbestimmtheit in der Sinnform des Religiösen als Einheit erfahrbar zu halten, also für religiöse Erfahrung innerhalb der Gesellschaft einen Platz zu reservieren (1985a: 17). Am Ende dieses Prozesses steht systemintern und systemextern die Nichtzulassung prinzipiell unbestimmbarer, unerkennbarer, unverfügbarer Möglichkeiten. "Der Hinweis auf das in der Natur erscheinende 'Geheimnis Gottes' wird nicht mehr, wie im Mittelalter, als Erklärung des Erscheinenden akzeptiert. Es gibt keine Wunder, kein Glück (im Sinne von kairos oder fortuna), keine heiligen Orte usw." (1968b: 19). Was sich als unbestimmbar darbietet, wird in den gesellschaftlichen Verfügbarkeitsbereich hereingeholt, wird "säkularisiert", womit der Innenaspekt einer Veränderung der Weltinterpretation bezeichnet ist, deren Außenaspekt in der Ausgrenzung des Unbestimmbaren besteht (ebd.).

In Zusammenhang mit diesen Wandlungsprozessen auf der kognitiven Ebene steht die Tatsache, daß sich Gesellschaft immer mehr durch das zu bestimmen vermag, was sie allein auszeichnet: durch Kommunikation, daß immer mehr sinnhafte Kommunikation als Humantechnologie ausgearbeitet und Gesellschaft darin zugleich immer deutlicher von allem anderen unterschieden werden kann (1984c: 5). Wird Kommunikation jedoch immer eindeutiger der Gesellschaft zurechenbar (1985a: 6f) und die gesellschaftliche Umwelt immer mehr desozialisiert (1977: 95f), so kann Kommunikation mit Gott immer weniger erwartet werden (1985a: 17). Die Definition von Kommunikation als rein gesellschaftsinterner Operation, wie sie Luhmann (7) für die moderne Gesellschaft gibt, bedeutet die Infragestellung der Möglichkeit religiöser Erfahrung überhaupt. In jeder behaupteten Kommunikation mit Gott kann es der Mensch dann nur noch mit seinen eigenen Hervorbringungen zu tun haben. Oder allgemeiner ausgedrückt: Da sich jegliche Einheit religiöser Sinnformen in Bestimmtes und

Unbestimmbares auseinanderlegen (1977: 33f) und das Bestimmte auf die Typik der Lebenswelt beziehen (18, 27), das Unbestimmbare dagegen als irrelevant ausgrenzen läßt (1968b: 19), müssen alle religiösen Sinnformen als Illusionen, als Täuschungen über ihre eigene Kontingenz und Negierbarkeit behandelt werden. Dem entspricht es, daß Luhmann (1977: 33) Chiffrierung als einen Vorgang definiert, in welchem ein Bestimmtes sich an die Stelle des Unbestimmbaren setzt und es dadurch verdeckt, also einen Platz einnimmt, der ihm gar nicht zusteht, und nur durch diese Selbsthypostasierung über seine eigene Kontingenz hinwegtäuschen kann.

Das wiederum heißt, daß Religion ihr Problem gar nicht löst, daß Religion, da ihre Lösungsformen selbst kontingent sind, Kontingenz überhaupt nicht zu bewältigen vermag. Diese Insuffizienz ist im Rahmen der Luhmannschen Systemkonzeption konsequent, denn Luhmann (223) hält das Kontingenzproblem in einer unendlich gewordenen Welt, in der jede noch so hoch generalisierte Repräsentation ein Risiko des Außerachtlassen impliziert (24), prinzipiell für unlösbar, weshalb er dem Religionssystem ja auch empfiehlt, seinen Anspruch auf Letztgültigkeit fallenzulassen (199f)[194]. Wenn aber in Luhmanns Theorieentwurf Religion auf ein unlösbares Problem bezogen ist, dann kann Religion nur funktionieren, sofern ihr das Bewußtsein über ihr Bezugsproblem fehlt. Die Funktionstüchtigkeit von Religion ist dann an die Verdeckung ihrer Funktion gebunden. Die wissenschaftliche Aufdeckung des Bezugsproblems von Religion bedeutet daher zugleich die Aufdeckung der Inadäquanz ihrer Lösungsformen, möglicherweise sogar die Entdeckung von adäquateren Lösungsformen (vgl. 1985a: 18) und damit die Auflösung der Gültigkeit und Plausibilität dieser religiösen Formen. Wenn Luhmann die Funktion und Funktionsweise von Religion analysiert, übt er also, gewollt oder ungewollt, an Religion Kritik. Diese Kritik setzt den Standpunkt der modernen Gesellschaft voraus, denn erst in der Moderne erreicht die Erweiterung der gesellschaftlichen Innen- und Außenhorizonte ein Maß, das die Kompatibilität von Religion und Gesellschaft verhindert. Erst aufgrund dieser Horizonterweiterung gerät Religion bei der Erfüllung ihrer Funktion in nahezu unbewältigbare Schwierigkeiten. So sind also die auf der kognitiv-welthaften Ebene durch funktionale Diffe-

renzierung ausgelösten Folgen die für den Säkularisierungsprozeß bedeutsamsten. Das braucht nicht zu verwundern, denn genau auf dieser Ebene sind ja auch die religiösen Bezugsprobleme angesiedelt.
Wenn wir uns in einem letzten Punkt der systemtheoretischen Behandlung des religiösen Subjekts zuwenden, so muß zunächst der von Matthes (1978: 10), Piepmeier[195] und anderen aufgestellten Behauptung, daß dessen Defizienz zu beklagen wäre, widersprochen werden. Das personale System ist aus der funktional-strukturellen Analyse der Religion nicht ausgeblendet (vgl. Luhmann 1977: 30ff, 41f, 44, 96f, 124f, 137ff, 232ff u. ö.), es steht nur im Hintergrund. Luhmann betrachtet es nicht als konstitutiv für die Ausdifferenzierung des Religionssystems, was man je nach Wahl der eigenen Prämissen kritisieren kann oder auch nicht. Wie für Durkheim (1895: 125; 1898: 138) stellt auch für Luhmann Religion einen "sozialen Tatbestand" dar, der nicht als Produkt subjektiver Tätigkeiten und Vorstellungen, sondern als gegebenes Datum der Außenwelt zu behandeln ist. Das bedeutet nicht, daß sich bei Luhmann das religiöse Subjekt als Appendix der Gesellschaft in diese auflöst. Vielmehr rechnet Luhmanns Theorie das Subjekt zur Umwelt des Gesellschaftssystem und kann dadurch die soziale Irreduzibilität seiner ungebundenen Komplexität konzeptionell sicherstellen. Das wiederum heißt nicht, daß Luhmann das Subjekt als eine unvermittelbare Unmittelbarkeit im gesellschaftsfreien Raum zurückläßt und zwischen Individuum und Gesellschaft einen unüberbrückbaren Gegensatz aufbaut. Indem Luhmann Individuum und Gesellschaft als wechselseitig füreinander fungierende Systemumwelten faßt, vermag er vielmehr sowohl den Zusammenhang wie den Unterschied zwischen beiden zu berücksichtigen.
Von einer solchen Verhältnisbestimmung aus wendet er sich einerseits gegen die Suche nach einem die Differenz zwischen Individuum und Gesellschaft zusammenschließenden Allgemeinen, denn in einer sich mehr und mehr differenzierenden Gesellschaft nimmt die Bedeutung eines einheitlichen Allgemeinen ab und vermag daher die Differenz zwischen systeminterner und systemexterner Komplexität nicht mehr zu übergreifen. Andererseits kritisiert er aber auch Versuche, die Erfahrung des stärkeren Auseinanderlebens der Systeme "zu einem Gegensatz von Organisa-

tion und Subjekt" zu verarbeiten, denn auch für die moderne
Gesellschaft gilt, daß die Systeme aufeinander angewiesen sind
und Freiheiten "nur mit Ordnungen, nicht nur gegen Ordnungen"
wachsen (Luhmann 1977: 177). Der Verzicht, seine Analyse des
Individuum/Gesellschaft-Verhältnisses auf eine harmonische
Synthese oder auf eine dissonante Antithetik abzustellen, ist
es, der es Luhmann erlaubt, die beiden Größen, ohne sie auseinanderzureißen, sowohl voneinander zu unterscheiden als
auch, ohne sie aufeinander zurückzuführen, aufeinander zu beziehen. Mit seinem Denken im irreduziblen und unüberspringbaren Zirkel markiert Luhmann also eine Frontstellung gegen ein
Denken, das entweder den Unterschied zum Gegensatz ausweitet
und nach der Versöhnung des Gespaltenen strebt, oder aber sich
an synthetischen Perfektionsvorstellungen orientiert und die
gesellschaftliche Wirklichkeit dann nur noch als Abweichung,
als Mangel und Destruktionszustand thematisieren kann.
Der gegen Luhmann oft vorgebrachte Vorwurf des Opportunismus,
der Herrschaftskonformität, des Interesses an Bestandserhaltung
(vgl. Anm. 62) erklärt sich vor allem aus dieser Entidealisierung und Entdramatisierung des Verhältnisses von Gesellschaft
und Individuum. Die Neutralisierung dieses Verhältnisses bietet
Luhmann indes zugleich die Möglichkeit, sowohl Gesellschaft aus
ihrem Individualitätskontakt wie Individualität aus ihrem Gesellschaftsbezug zu erhellen und gleichzeitig das Unzugängliche vom Zugänglichen zu unterscheiden, also mehr organisierbare
Komplexität aufzuarbeiten und umso deutlicher gegen unorganisierte Komplexität abzugrenzen. Darüber hinaus ebnet sich Luhmann mit der Neutralisierung des Individuum/Gesellschaft-Verhältnisses den Weg, um einerseits den im Subjektbegriff erreichten Abstraktionsgewinn generalisieren und Selbst-Thematisierung als eine Leistung von sozialen Systemen ausweisen und
andererseits die Sonderstellung des "Welt" konstituierenden
extramundanen Subjekts zurücknehmen und Subjektives ebenso wie
Soziales als System behandeln zu können, um also auf Individualität und Sozialität ein einheitliches Analyseschema anzuwenden (vgl. 1972a: 271, Anm. 75). Schließlich macht es die
Neutralisierung des Individuum/Gesellschaft-Verhältnisses unnötig, das beide Vermittelnde außerhalb des gesellschaftsstrukturellen Bereichs, ins Unbestimmt-Allgemeine oder Unbe-

stimmt-Subjektive zu verlegen. Die Instanz, die zwischen der "äußersten Komplexität der Welt" und der äußerst geringen Verarbeitungskapazität[196] des Menschen zu vermitteln vermag, kann vielmehr in der Sozialstruktur selbst gesehen werden (1967b: 116); die sozialen Systeme sind nach Luhmanns Auffassung vom Allgemeinen nicht entfremdet, umgekehrt: Das Allgemeine kann sich nur in dem Maße durchsetzen, wie es sich sozialstrukturell institutionalisiert und spezialisiert (1978a: 355).
Das besagt jedoch, daß Luhmann zufolge die Differenz zwischen Individuum und Gesellschaft unaufhebbar und die Synthese des Ganzen, die volle gesellschaftliche Verwirklichung des Individuums unerreichbar bleibt. Die Abkehr von allen Glücksversprechungen und Heilslehren gestattet so einen Blick auf die Realität, der sich nicht nur bei ihren Unzulänglichkeiten und Zwängen aufhält, sondern auch bemerkt, wieviel die real existierende Gesellschaft bereits für den einzelnen leistet, wieviel an Freiheit jetzt bereits möglich ist[197]. Sie bedeutet allerdings zugleich die Abkehr von allen Hoffnungen und Wünschen, die über die Realität hinausgehen und auch zur Wirklichkeit gehören. Der durch die Komplexität der Gesellschaft selbst genährten Sehnsucht des Individuums nach einer es in sich aufhebenden Totalität, nach Geborgenheit, Frieden und Ganzheit kann Luhmann dann nur durch die Aufforderung begegnen, die überzogenen Erwartungen fallenzulassen und auf die 'Fakten' einzustellen (1977: 118), nicht aber mehr, indem er sich ihr zuwendet, ihre Entstehungsbedingungen untersucht und aufgrund der Einsicht in ihr Zustandekommen akzeptiert. Der Grund für diese indolente Art des Herangehens liegt darin, daß Luhmann individuelle Erwartungen, Bedürfnisse, Überzeugungen nicht als solche ernstnimmt, sondern stets nur danach fragt, welche Wirkung, welche Funktion sie haben, welches Problem mit ihnen gelöst ist, gegen welche funktionalen Alternativen sie austauschbar[198] sind und welche Vor- und Nachteile[199] für oder gegen sie sprechen[200]. Unter dem Gesichtspunkt des Nutzens mag es meist besser sein, wenn man hoch angesetzte Überzeugungen und Erwartungen preisgibt. Die Frage aber ist, ob sich Überzeugungen und Erwartungen, sofern sie auf Erfahrung beruhen, so leicht ändern lassen und ob mit der Aufforderung zur Korrektur nicht an der funktionslosen Faktizität persönlichen Überwältigtwerdens vorbeigesehen und der

subjektive Ernst, "mit dem Komplexität reduziert und gleichzeitig gesteigert" oder an die Auferstehung Jesu Christi und das Reich Gottes geglaubt wird, übergangen wird.
Zusammenfassend kann man also sagen, daß Luhmann nicht - wie so viele andere religionssoziologische Entwürfe (vgl. S. 22ff und Anm. 44) - das Individuum überfordert, indem er seinen 'Kern' aus dem gesellschaftlichen Kontext heraushält und das von seinen gesellschaftlich determinierten 'Schalen' befreite Unbestimmtheitskorrelat zum Träger des zu verwirklichenden Allgemeinen macht. Vielmehr sieht er es durch die Wirksamkeit sozialer Strukturen, die seine Autonomie nicht nur einschränken, sondern überhaupt erst ermöglichen, geradezu entlastet. Andererseits übersieht er gerade aufgrund der rein funktionalen Zuordnung von Individuum und Gesellschaft zu einem großen Teil die afunktionalen und dysfunktionalen Momente dieses Verhältnisses, die in der prägenden Kraft personaler Erfahrungen ihren Ursprung haben.

Betrachtet man die Stellungnahmen Luhmanns zu den sechs angeführten Diskussionspunkten, so kann man Luhmann darin Recht geben, wenn er behauptet, daß er mit seiner Religionssoziologie oder überhaupt mit seinem soziologischen Entwurf an das Programm der Aufklärung anknüpft und gleichzeitig über es hinausgeht. In einer weltgeschichtlichen Situation, in der das Scheitern der Aufklärung (Amin 1986; Koslowski/Spaemann/Löw 1986), der Verlust der Hoffnung der Menschheit auf Souveränität über ihre eigenen Geschichte (Hinske 1986: 1) konstatiert, das Auseinanderfallen von Vernunft und Fortschritt beklagt (Horkheimer/Adorno 1947; Weizenbaum 1978) und gegen die irrationalen Folgen des Rationalismus protestiert wird, beschwört Luhmann nicht etwa das "Andere der Vernunft" (Böhme/Böhme 1985): Mythos, Religion, Gefühl, Natur (vgl. Poser 1979; Hübner/Vuillemin 1982; Holzhey/Leyvratz 1983) oder wie die Gegenbegriffe zur Aufklärung, die im Augenblick ihrer 'Krise' hochkommen, auch immer heißen mögen, sondern hält an aufklärerischen Positionen, an der Aufgabe der begrifflichen Aufarbeitung höchster Weltkomplexität, an einer distanzierten, rational verantworteten Zugangsweise zur Wirklichkeit, an der maßstabsetzenden Gültigkeit der modernen Gesellschaft und der daraus resultierenden

Kritik an allem bloß Geschichtlichen, Überholten, 'Alteuropäischen' fest. Die Krise der Moderne identifiziert er als die Erfahrung der zunehmenden Komplexität der Gesellschaft, als Erfahrung der wachsenden Differenzierung von Individuum und Gesellschaft, die den unmittelbaren Einfluß beider aufeinander schwieriger macht und ihre Synthetisierung ganz ausschließt. Die Gegenbegriffe zur Aufklärung indes hält er für noch immer aufklärungsbezogen, denn auch mit ihnen wird noch die Einheit der Gegensätze, wenn auch nicht mehr im Allgemeinen, so doch im Besonderen angestrebt. Was unvereinbar schien - Rationalismus und Irrationalismus -, wird vereinbar, "sobald man die Grenzen der Aufklärung erkennt und als Teil ihrer selbst begreift" (Luhmann 1967a: 73). Wenn aber das 'Scheitern' der Aufklärung, das aufklärerische Unvermögen, die Synthese des Ganzen herzustellen, und das damit zusammenhängende Aufkommen von Gegentendenzen als Teil der Aufklärung selbst behandelt wird, so führt das nicht nur zu der Erkenntnis, daß Rationalismus und Irrationalismus in ihrem Einheitsstreben konvergieren, sondern auch zu der Einsicht, daß die Errungenschaften der Aufklärung nur zu bewahren sind, wenn dieses Streben aufgegeben wird.

Die Abklärung der Aufklärung, die Rücknahme des Anspruchs auf die Realisierbarkeit von Ganzheitsvorstellungen bzw. von Freiheit, Gerechtigkeit und Solidarität ist insofern Luhmanns Art, das Anliegen der Aufklärung angesichts der weltweiten Bestreitung ihrer Erfolge zu retten. Werden nämlich Zentralfusionen einer letzten Einheit der Differenz aufgerichtet und über Vernunft, Moral, Staat oder Revolutionen als verwirklichbar angesehen, ist eine Distanz zu ihnen nicht mehr möglich und der Konflikt mit einer hochdifferenzierten, allgemeingültiger Selektionen entbehrenden Gesellschaft vorprogrammiert. Genauso führt das Festhalten an subjektiven Idealvorstellungen zu Konflikten zwischen dem auf seine Autonomie bedachten einzelnen und einer auf Steigerung, Fortschritt, Tempo und Wachstum ausgerichteten Gesellschaft. Wird dagegen von affektiv aufgeladenen Normvorstellungen auf neutrale theoretische Analyse, auf Selbsterkenntnis, Selbstdistanzierung, Relativierung der Eigenperspektive und Weltbewußtsein umgeschaltet, tritt an die Stelle der Erwartung von allgemeinem Konsens oder subjektiver Frei-

heit die Zulassung von Differenz und strukturgebender Ordnung, die Wahrnehmung der uneinfangbaren, maßstabsprengenden Komplexität der modernen Gesellschaft (1984b: 594, 599). Indem Luhmann dem direkten Anstreben humaner Perfektion die Frage nach den Bedingungen ihrer Möglichkeit vorordnet (194) und auf diese Weise die Erkenntnis ihrer Unerreichbarkeit gewinnt, kann er, ohne in Kontraproduktivität abzugleiten, auf das Bemühen um Herstellung von Harmonie, Letztgültigkeit, Abschluß und Totalität verzichten und gerade deshalb auf der Einlösung aufklärerischer Intentionen bestehen.
In der Preisgabe des Einheitsstrebens wird Luhmann seinem Anspruch auf Überwindung und Bewahrung der Aufklärung gerecht. An anderen Stellen indes vermag er sein Anliegen nicht zu erfüllen und bleibt entgegen seiner Ansicht dem Programm der Aufklärung noch deutlich verhaftet.
So steht bereits seine funktionalistische Betrachtungsweise der Religion und die damit verbundene Desubstantialisierung, Verbeliebigung und Indifferenzierung (Lipp 1987: 466) der historischen und inhaltlichen Wirklichkeit der Religionen durchaus noch in der Tradition der Aufklärung, die Religion gleichfalls unter funktionalen Gesichtspunkten, etwa dem ihrer Nützlichkeit für die moralische Vervollkommnung des Menschengeschlechts, behandelte und unter Kritik an ihren historischen Gestaltungen die Verbindlichkeit des Vergangenen verneinte. Der Aufklärung verhaftet bleibt Luhmann auch in seinem Bemühen, das Bezugsproblem der Religion aufzudecken, das Religion lediglich chiffriert, und die religiösen Lösungsformen analytisch zu differenzieren, die in der Religion als Einheit erfahren werden (Luhmann 1977: 33f). Indem er zeigt, womit es Religion, ohne es zu wissen, 'eigentlich' zu tun hat, entlarvt er sie entgegen seiner Absicht als eine auf gesellschaftliche Bedingungen zurückführbare Illusion[201] und bestreitet ihr damit - ebenso wie die Aufklärung - ihren Wahrheitsanspruch[202], ohne Rücksicht darauf, ob ihre Wahrheit vielleicht noch gebraucht wird (1973a: 93).
Insofern verwundert es auch nicht, daß Luhmanns Theorie, auch wenn sie dem widerspricht (1977: 71), Religion noch immer konfrontativ kritisiert und diese Kritik noch immer standpunktorientiert ist. Aus dem Bemühen Luhmanns, das theoretische Komplexitätsniveau des eigenen Ansatzes ständig zu erhöhen, erklärt

sich, warum er die Komplexitätsverarbeitungskapazität der Religion als zu gering einschätzt. Der eigene Verzicht auf die Behauptung letzter Wahrheit macht die Ablehnung des religiösen Wahrheitsanspruchs verständlich. Die Verwendung eines selbstreferentiellen Argumentationsstils in der eigenen Theorie ist die Voraussetzung für die Kritik an der Behauptung von Unnegierbarkeit und absoluter Gültigkeit in den religiösen Antworten. Ja, wenn Luhmann Religion auffordert, ihre Lösungen als kontingent, variabel und steuerbar anzusetzen, dann spiegelt sich darin offenbar sogar ein konstruktives Interesse an Religion wider. Wie die Aufklärung übt Luhmann an Religion also nicht nur Kritik, sondern entwickelt auch Vorstellungen, wie eine besser funktionierende Religion aussehen könnte, und wird dabei, etwa wenn er der Religion empfiehlt, ihr Komplexitätsniveau zu erhöhen, sich dem Kontingenzproblem wirklich zu stellen und auf den Zusatzmythos der Auferstehung, auf ewiges Leben und happy end zu verzichten, die eigene Umstellungsfähigkeit nicht durch interne Rücksichten (Bibel, Dogmatik, Geschichte) zu begrenzen oder bei Beibehaltung einer Vielzahl von verschiedenen Kulten die Theologie und Diakonie stärker zu integrieren (65), selber religionsproduktiv.

Wie stark die funktional-strukturelle Systemtheorie den Intentionen der Aufklärung verpflichtet ist, zeigt sich exemplarisch an der erkenntnistheoretisch geprägten Fassung des System/Umwelt-Verhältnisses[203]. Daß die Überführung von Unbestimmbarkeit/Unbestimmtheit in Bestimmbarkeit/Bestimmtheit und damit die Konstitution des systemrelativen Komplexitätsmusters eine kognitive, eine interpretatorische Leistung ist, sagt Luhmann (1972a: 250; 1981f: 18) selbst. Die Überbetonung der Selbstselektion gegenüber der Fremdselektion und die Überbetonung der Autonomie und Produktivität des Systems[204] gegenüber der Selbständigkeit und Tätigkeit der Umwelt weist in dieselbe Richtung (vgl. Anm. 83, 147). Insbesondere aber muß die Identifizierung von Unbestimmtheits- und Unzugänglichkeitsbegriff bzw. Bestimmtheits- und Zugänglichkeitsbegriff, also die Ineinssetzung von ontologischen und epistemologischen Kategorien als ein Hinweis auf den kognitiven Zuschnitt des System/Umwelt-Verhältnisses aufgefaßt werden (vgl. Anm. 76, 110). Freilich ist deutlich, daß hinter dieser Identifizierung der legitime Versuch steht, die Erkennt-

nistheorie in die Systemtheorie zu überführen. Auch wenn es dabei gelingt, Erkenntnisprobleme als Sachprobleme zu formulieren, also die gesellschaftsstrukturellen Bedingungen für die Emergenz erkenntnistheoretischer Schwierigkeiten anzugeben, sind jedoch epistemologische und ontologische Kategorien nicht einfach identisch, denn natürlich kann ein Unerkennbares trotz seiner Unerkennbarkeit bestimmt sein und ein Diffuses eben in seiner Diffusität erkennbar.
Eine Ineinssetzung von Seins- und Erkenntniskategorien bedeutet deshalb nicht nur, daß die Erkenntnistheorie in die Systemtheorie aufgelöst wird, sondern daß epistemologische Konnotationen den systemtheoretischen Bestimmungen bleibend anhaften[205]. Ein Vergleich des System/Umwelt-Verhältnisses bei Luhmann mit dem Verhältnis von Subjekt und Objekt bei Kant kann dies plastisch vor Augen führen.

Luhmann (1971b: 301):

	Umwelt	System
unbestimmt/unbestimmbar	unbestimmte/unbestimmbare Umweltkomplexität	unbestimmte/unbestimmbare Systemkomplexität
bestimmt/bestimmbar	bestimmte/bestimmbare Umweltkomplexität	bestimmte/bestimmbare Systemkomplexität

Kant:

	Objekt	Subjekt
unerkennbar	Ding an sich[206]	transzendentale Apperzeption
erkennbar	Gegenstände der Erfahrung	Erkenntnisart

Das Entsprechungsverhältnis der beiden Schemata zeigt die erkenntnistheoretische Prägung der Systemtheorie auf. Wenn aber das Verhältnis von Bestimmtem/Bestimmbarem zu Unbestimmtem/Unbestimmbarem kognitiv geprägt ist, dann heißt das, daß Luhmann die Religion als Interpretationssystem[207] behandelt, denn die Funktion der Religion bezieht sich ja eben auf die Unbestimmtes und Bestimmtes scheidenden Horizonte. Luhmanns Kritik an dem Vollständigkeits- und Unnegierbarkeitsanspruch der Religion entspricht daher der erkenntnistheoretischen Kritik an der religiösen Überschreitung der Erfahrungswelt[208]. Sein Hypostasierungsvorwurf ist im klassischen Projektionsvorwurf vorgebildet, und seine analytische Differenzierung der Einheit der religiösen Chiffrierungen und die Rückführung des Differenzierten auf die zugängliche Typik der Lebenswelt haben ihre Parallele in der aufklärerischen Enthüllung der Religion als falsche Widerspiegelung der Welt[209].

In der Aufnahme erkenntnistheoretischer Bestimmungen in die Systemtheorie, vor allem in der Bewahrung der Erkenntnis der transzendentalen Phänomenologie, daß alle Objektivität systemrelativ (subjektiv, gesellschaftlich) konstituiert ist, liegt der Grund für das aufklärerisch-kritische Verhältnis Luhmanns zur Religion. Genauso wie die Erkenntnistheorie nie zu einem Abschluß gelangen und sich daher nur zirkulär strukturieren kann, vermag auch die Systemtheorie nie ein höchstes oder zugrundeliegendes Letztes zu finden und kann sich daher nur einen selbstreferentiellen Aufbau geben. Und genauso wie die Erkenntnistheorie muß auch die Systemtheorie aufgrund ihrer Unabschließbarkeit an allen Totalisierungen und Gesamtkonstruktionen und aufgrund ihrer selbstreferentiellen Strukturierung an allen Transzendierungen des Zirkels Kritik üben (1978b: 40; 1984b: 606). Selbstreferentielle Offenheit und totalisierende Abgeschlossenheit und damit soziologische Aufklärung und religiöse Chiffrierung scheinen in der Luhmannschen Begriffswelt die beiden Pole zu sein, die voneinander am weitesten entfernt liegen. Das eine Prinzip beharrt unter nüchternem Verzicht auf die Einheit des Ganzen auf Selbstreferentialität und besitzt gerade deshalb eine hohe Rezeptivität für Komplexität; das andere Prinzip erstrebt mit der prätentiösen Erwartung der Überwindung aller Differenzen das Absolute und bleibt gerade deshalb hinter der Komplexität der Welt zurück[210].

Betrachtet man die religionskritische Attitüde der Systemtheorie, dann darf man wohl zu Recht behaupten, daß Abklärung der Aufklärung eine Aufgabe für die Religionssoziologie bleibt. Sollte es freilich tatsächlich stimmen, daß die Religionskritik Luhmanns stark epistomologisch bedingt ist, dann dürfte die

'Entphilosophisierung' der Systemtheorie das entscheidende Mittel sein, um ihr die Aufklärungsverhaftung zu nehmen.

Wenn wir jetzt in einem abschließenden Abschnitt versuchen, auf die soziologischen Herausforderungen der Luhmannschen Systemtheorie eine theologische Antwort zu geben, so wollen wir uns dabei auf die drei von Luhmann der Religion gegebenen Empfehlungen, die seiner Kritik an der Religion entsprechen, konzentrieren und auch hier die theologischen Argumente nur andeuten, nicht aber ausführen. Ein umfassender Antwortversuch würde die Konzipierung eines eigenen theologischen Ansatzes erfordern und damit den Rahmen dieser Studie sprengen. Insbesondere Luhmanns Infragestellung der Möglichkeit religiöser Kommunikation ließe sich als soziologische Formulierung eines auch in der Theologie verhandelten und daher auch theologisch behandelbaren Problems nur dann ausweisen, wenn von einem eigenen theologischen Entwurf her argumentiert werden könnte[211].

1) Die Aufforderung Luhmanns, die religiösen Antworten zu ändern, zu steuern und auf die Komplexitätsanforderungen der modernen Gesellschaft einzustellen, erklärt sich - wie wir sahen - in starkem Maße aus seiner funktionalistischen Herangehensweise an Religion und der daraus resultierenden Verflüssigung vertretener Überzeugungen, gemeinter Inhalte und geschichtlicher Bindungen. Auch wenn sich die christliche Kirche (und Theologie), die ihre Existenz dem Handeln Gottes verdankt weiß, außerstande sieht, dieser Aufforderung zu folgen, wird sie doch seinem Vorschlag, sich selbst in bezug auf ihre gesellschaftliche Lage zu reflektieren, nachgehen können. Sie wird die eigene Identität und die Variabilität dieser Identität in ihrer Abhängigkeit von Gesellschaft und Geschichte erkennen können und sich bemühen, auch darin noch die Hand Gottes am Wirken zu sehen. Ob sie von der Erkenntnis der historischen und sozialen Bedingtheit ihrer Antworten zur Einsicht in deren Relativität, Vorläufigkeit und Kontingenz gelangt, scheint zweifelhaft. Keinesfalls aber wird sie die Forderung nach reflexiver Selbststeuerung anerkennen, denn wenn sich Christentum zum Produkt seiner eigenen Anstrengung zu machen versuchte, könnte es sich nicht mehr als Religion (Bindung) begreifen. Das müßte auch unter systemtheoretischen Gesichtspunkten plausibel sein.

2) Wenn Luhmann der christlichen Religion empfiehlt, ihren Anspruch auf Wahrheit fallenzulassen, dann hängt das vor allem mit seiner Auffassung zusammen, daß ein auf Außeralltäglichkeit, Fremdheitserfahrung und auf die historische Kontingenz der Offenbarung gestützter Glaube nicht wahrheitsfähig ist (139). Dem wollen wir zustimmen. Sofern sich der Glaube allein auf die Offenbarung oder das Jenseits bezieht, vermag er sich in der Tat nicht als Wahrheit darzustellen, und sofern er es dennoch versucht, gerät er ins bloße Behaupten. Um dem autoritativen und das bedeutet unter neuzeitlichen Denkvoraussetzungen: bloß willkürlichen Setzen von Aussagen zu entgehen, wird von einem Großteil evangelischer Theologen eine nach-barthianische Umkehrung der Problemstellung vollzogen. Es heißt nun, daß sich "die Frage nach der Wahrheit des christlichen Glaubens nicht durch die bloße Behauptung, daß Jesus Christus die Wahrheit sei, beantworten" läßt[212], sondern nur anhand der Frage, ob das Reden von Gott, von Jesus Christus, vom Jenseits, von der Auferstehung, vom ewigen Leben das zur Sprache zu bringen vermag, was Mensch und Welt in Wahrheit sind[213]. Oder anders ausgedrückt: Nicht weil er der Herr heißt, ist er wahr, sondern weil er sich mir als wahr erwiesen hat, weil er meine Wirklichkeit verifiziert[214] hat, nenne ich ihn Herr. Damit fungiert anstelle der Berufung auf den Heiligen Geist, die Heilige Schrift oder die subjektive Gotteserfahrung die Wirklichkeit selber als Instanz für die Wahrheit des christlichen Glaubens, und der Streit um diese Wahrheit entscheidet sich nunmehr im Streit um die rechte Auslegung der Wirklichkeit[215], also nicht an der Herkunft[216], sondern am Inhalt[217] des christlichen Glaubens[218]. Die Frage, ob die sich in der Wirklichkeit ausweisende Wahrheit des Glaubens objektiv oder nur subjektiv verifizierbar ist, wird innerhalb der neueren evangelischen Theologie kontrovers beantwortet. Pannenberg[219] vertritt die Auffassung, daß sich die Wahrheit Gottes an dem Ganzen der Wirklichkeit, das in dem Auftreten und der Auferweckung Jesu proleptisch erscheine, als die alles bestimmende Wirklichkeit objektiv bewähren lasse. Ebeling[220] ist der Meinung, daß das Gewissen der Ort ist, an dem sich entscheidet, ob die Wirklichkeit als Schöpfung Gottes und damit als ganze wahrgenommen werden kann. Auf jeden Fall können wir festhalten, daß sich im Raum der evangelischen Theo-

logie Stimmen finden, die Luhmann darin recht geben würden, daß ein sich ausschließlich auf die Offenbarung beziehender Glaube seinen Wahrheitsanspruch fallenlassen muß. Freilich wird keine Theologie, auch nicht eine auf die religiöse Interpetation der Wirklichkeit[221] gerichtete, darauf verzichten können, die Welt der Erscheinungen auf den in ihn Erscheinenden hin zu überschreiten. Die Frage aber lautet, wie sie das tut: ob sie ihr Transzendieren als hypothetisch kennzeichnet und auf eine nachträgliche Bewahrheitung im Raume des Immanenten baut, oder ob sie auf eine solche Weise über den Zirkel hinauszukommen sucht, die zugleich innerhalb des Zirkels Allgemeinverbindlichkeit beanspruchen kann - eine Aporie[222], die in der Sache der Theologie beschlossen liegt und an deren Ausräumung sie sich abarbeiten würde.

3) Die an die Religion gerichtete Aufforderung zur Erhöhung ihres Komplexitätsniveaus ergibt sich aus der Einsicht Luhmanns, daß die Kompatibilität eines Systems mit der ständig komplexer werdenden Welt von dessen Potential für die Erfassung und Reduktion von Komplexität abhängig ist. Religion, indem sie mit ihren Formeln einen geschlossenen Kreis beschreibt und mit ihnen zugleich Vollständigkeit behauptet, verpaßt nach Luhmanns Auffassung die nach innen und außen hin offene Welt. Seine Aufforderung, das Komplexitätsniveau zu steigern, ist daher die Empfehlung, die geschlossene Zirkularität zu durchbrechen und die Welt unverklärt und achiffriert zur Kenntnis zu nehmen. Um Weltrelevanz zu bewahren und/oder wiederzuerlangen, wird es für das Christentum unumgänglich sein, dieser Forderung, soweit es das vermag, nachzukommen. Aber abgesehen davon, daß es dabei - wie erwähnt - an seine eigene Tradition, an die Schrift, an seinen Ursprung gebunden bleibt, daß die schon in den Anfängen des Christentums angelegte Vielfalt nicht beliebig erweiterbar ist und der Prozeß der Identitätsvariation niemals ausschließlich der eigenen Verfügung anheimgestellt werden kann, gerät es dabei auch in ein nicht zu bewältigendes Dilemma. Denn einerseits ist die Erhöhung der Eigenkomplexität das einzige Mittel, um dem wachsenden Komplexitätsdruck der Gesellschaft standhalten und der zunehmenden Kritisierbarkeit allzu konkreter Bestimmungen begegnen zu können. Andererseits bedeutet die Erhöhung der Eigenkomplexität einen Verlust an Lebensnähe und eine Tendenz zur

Abstraktheit, so daß die auch von Luhmann zur religiösen Funktionserfüllung für notwendig erachtete Relationierung relativ konkreter, lebensweltnaher Vorstellungen und Bilder in einem Unnegierbarkeit garantierenden Leerhorizont zu zerbrechen droht (26) und die Gefahr entsteht, daß sich die religiösen Formen und Inhalte in ein kaum noch rezipierbares, hochgeneralisiertes Wissen verwandeln, das, je mehr es den Komplexitätsanforderungen der Gesellschaft zu genügen trachtet, immer unbestimmter und diffuser wird[223]. Um an der für die eigene Kontaktfähigkeit erforderlichen Verknüpfung von Konkretion und "Ganzheit" festhalten zu können, wird das Christentum daher die Steigerbarkeit des Abstraktionsgrades seiner Antworten begrenzen müssen. Gleichzeitig heißt das, daß es nicht Anpassung und Erhaltung zugleich zu leisten vermag[224], sondern sich für eine der beiden Seiten unter Mitzulassung der anderen wird entscheiden müssen. An die Stelle des Argumentierens im geschlossenen Zirkel wird wohl nie ein Argumentieren im offenen Zirkel treten, denn auch wenn christliche Theologie und Kirche um ihrer Selbsterhaltung willen sich auf ihre Umwelt weitgehend einlassen würden, müßten sie doch gerade um ihrer Selbsterhaltung willen immer wieder auf Gott zurückkommen. Aber vielleicht könnten christliche Theologie und Kirche die Aufforderung Luhmanns zur Komplexitätserhöhung dahingehend berücksichtigen, daß sie ihre Umwege - nicht zuletzt in der Auseinandersetzung mit der Religionstheorie Luhmanns selbst - größer gestalten.

Anmerkungen

1 Diese Sichtverengung wurde begleitet und befördert durch eine massive, zum Teil überzogene Kritik an der empirisch arbeitenden Pastoral- und Kirchensoziologie. Ihr wurde methodologischer Positivismus, Orientierung an kirchlichen Handlungs- und Erkenntnisinteressen, theoretische Dürftigkeit, Reduktion von Religiosität auf Kirchlichkeit und Ausrichtung an der ungeprüft übernommenen Säkularisierungsthese vorgeworfen. Vgl. Luckmann 1960: 315f; 1963: 14f, 20f; Goldschmidt 1962: 2ff; Rendtorff 1966; Matthes 1967: bes. 74ff; Kehrer 1968: bes. 43; Savramis 1968; 1971.

2 Gut zu verfolgen in dem Diskussionsband Habermas/Luhmann 1971 und den darauf folgenden Supplementbänden Maciejewski (Hg.) 1973; 1974, aber auch an dem in der Weiterentwicklung der eigenen Theorie von beiden Seiten unternommenen Versuch, die Position des Gegners in das eigene Konzept mit aufzunehmen: Habermas durch seine Zusammenführung der Paradigmen der System- und Handlungstheorie, Luhmann durch seine Umstellung von Handlung auf Kommunikation als dem gesellschaftskonstituierenden Operationsmodus. Vgl. zur Vermittlung von Handlungs- und Systemtheorie bei Habermas: Bohnen 1984, bei Luhmann: Nusser 1978, Willke 1978.

3 Gabriel (1977) spricht unter Aufnahme systemtheoretischer Unterscheidungen (Parsons 1951b) von: Weltdeutung, Organisation und Person.

4 Marhold (1975: 312) fordert für die religionssoziologische Arbeit ein "umfassendes Theoriekonzept", das, "wenn es auf dem Konsens der Forscher beruhte, den Vorteil (hätte), daß die Beliebigkeit der Themastellungen aufgehoben würde zugunsten einer systematischen Erforschung des Phänomens der Religion in unserer Gesellschaft, die in Etappen zu einer umfassenden Theorie der Religion führen und damit einen wesentlichen Beitrag zu einer Theorie der Gesellschaft leisten könnte".

5 Der an der Differenz von naturwissenschaftlicher und geistesgeschichtlicher Methode orientierte Streit um das Verhältnis von 'Erklären' und 'Verstehen' wird auch in der Religionswissenschaft ausgetragen. Vgl. Eliade/Kitagawa (Hg.) 1959; Gold-

ammer 1966; Rudolph 1967; 1978; Waardenburg 1972: bes. 316ff; 1978; Lanczkowski (Hg.) 1974; Schmid 1978; Bollnow 1979; Antes 1979; Berner 1983; Figl 1985: bes. 179ff u. a. Die klassische Religionsphänomenologie sah die Möglichkeit des Verstehens fremder Religionen an die 'Einschaltung' der zu erfassenden Phänomene 'in das eigene Leben' (van der Leeuw), an Einfühlung, 'Nacherleben' (Dilthey) oder zumindest an eine von 'Sympathie' geprägte Herangehensweise (Wach) gebunden. Die neuere Religionswissenschaft (Widengren, van Baaren, Bleeker, Waardenburg, Rudolph), die auf dem wissenschaftlichen Charakter ihrer Forschungen insistiert, versteht sich als eine mit philologisch-historischen und vergleichend-systematischen Methoden arbeitende Disziplin und koppelt deren Handhabung von speziellen persönlichen Qualifikationen des Forschers ab. Vermittelnd: Antes 1979; Berner 1983.

6 Stellvertretend für viele: Marhold 1975: 312f: Religion lasse sich "als Sinngefüge schlecht von außen betrachten"; besser könne man sich ihr nähern, "wenn man von dem 'subjektiv gemeinten Sinn' (M. Weber), also der jeweiligen religiösen Selbstdefinition des Untersuchungsobjektes ausgeht", denn die religiöse Wirklichkeit sei "mit Hilfe von Wissenselementen aufgebaut, über die allein die zu Befragenden Auskunft geben können". Demgegenüber stellt Drehsen (1983: 101) heraus, daß ein Verständnis von Religion nicht aus den Ingredenzien des religiösen Selbstverständnisses konstituiert werden könne.

7 Zum Problem des Dialogs als wissenschaftlicher Methode: Klostermaier 1984.

8 Vgl. den von Smith 1959: 87 für die religionswissenschaftliche Arbeit aufgestellten Grundsatz: Wenn sich "der Gläubige in der Darstellung des Wissenschaftlers nicht wiedererkennen kann, ist es nicht sein Glaube, der dargestellt wurde".

9 Vgl. für die (religions)soziologische Argumentation: Schütze 1973: 440; Fischer/Marhold 1978b: 13; Habermas 1981: I, 152ff; 1983: 29ff, für die philosophische: Apel 1979; Spaemann 1985, für die theologische: Höhn 1985: 159ff; 1986: 60f; Wagner 1986: 587ff, für die religionswissenschaftliche: Morenz 1960: IX; Ratschow 1973: 354. Die früher bei Religionsphänomenologen verbreitete These, daß das Verstehen von Reli-

gionen von der religiösen Erfahrung und Einstellung des Forschers, vom Ernstnehmen des religiösen Wahrheitsanspruchs abhänge und daß alle Religionswissenschaft folglich "letztlich Theologie" zu sein habe (Heiler 1961: 17), findet sich heute in unbedeutender Abwandlung vor allem bei Philosophen. Vgl. etwa Spaemann 1985: 24f, der davon ausgeht, daß "eine Theorie der Religion unter der Voraussetzung 'etsi deus non daretur'" ihren "Gegenstand schlicht zum Verschwinden" bringe, und daraus schlußfolgert, Religionsphilosophie könne, "wenn sie ihren Gegenstand nicht verfehlen will, nur 'religiöse Philosophie' sein".
Wie ein Blick auf die Theologiegeschichte des 19./20. Jahrhunderts lehrt, hat die Behauptung, Religion lasse sich nur aus der Optik des Vollzugs, nicht aus der Optik der Reflexion erfassen, zumeist die Funktion, die Selbständigkeit und wissenschaftliche Unableitbarkeit von Religion sicherzustellen. Eine solche Immunisierungsstrategie befreit das Spezifikum der Religion aber nicht nur von wissenschaftlichen Analyse- und Deduktionsmöglichkeiten, sondern macht es damit auch unkommunikabel, wodurch sich der häufig beabsichtigte Stabilisierungseffekt selbst wieder aufhebt. Allerdings kann das philosophische oder theologische Insistieren auf der wissenschaftlichen Unableitbarkeit der religiösen Wahrheit die Religionswissenschaft und -soziologie zur selbstkritischen Kontrolle ihres Methodengebrauchs und zur Beachtung ihrer fachspezifischen Zugänglichkeitsgrenzen anhalten (vgl. Gollwitzer 1976: 67).

10 Luhmann (1972b) wird in der Regel nach Luhmann (1977) zitiert.
11 Kaefer (1977a:141f) bestreitet, daß Luckmann Religion funktional definiere; er liefere nur eine Ortsbestimmung von Religion. Marquard (1985: 42) spricht von einem "umgekehrten Funktionalismus". Anders: Robertson 1973: 57; Drehsen 1975a: 258.
12 Die Sozialisierung des einzelnen sei selbst "ein religiöser Vorgang" und Religion "das, was den Menschen zum Menschen werden läßt" (Luckmann 1963: 34, 36, 44ff; 1970c: 5; 1972: 183; 1985: 27). Das heißt, der Mensch entwickelt sich in dem Maße zur Person, wie die Ausbildung seiner Religiosität vorangekommen ist. Kritik an der Weite der Luckmannschen Religions-

definition wird in der religionssoziologischen Literatur vielfach geübt. Vgl. Matthes 1967: 113; Berger 1970b: 52; 1973b: 167; Marhold 1973: 89; Drehsen 1975a: 261; Kaefer 1977: 144; Mörth 1978a: 94; Zulehner 1980: 203f; Marquard 1985: 43.

13 Allerdings reißt der Bezug nicht ganz und gar ab. Luckmann (1970c: 11f; 1985: 40) unterscheidet in dem Verhältnis zwischen alten und neuen Religionsformen drei Varianten: Zum größten Teil werden die alten durch die neuen ersetzt, zum Teil bleiben die alten Formen bestehen, zum Teil schieben sich aber auch die neuen Formen in die alten hinein, so daß die "ursprünglich aus dem traditionellen religiösen Kosmos stammenden Themen kaum noch erkenntlich sind".

14 Allerdings kann Berger (1970a: 79ff) auch in Alltagsphänomenen wie Mutterliebe, Spiel, Verdammung, Humor und anderem Manifestationen der Transzendenz erkennen.

15 Durkheim (1912: 37) hält die Aufteilung der Welt in eine profane und eine sakrale Sphäre für "das bestimmende Merkmal religiösen Denkens" und schreibt der Religion zugleich die Aufgabe zu, die überindividuelle Macht der Gesellschaft symbolisch zu repräsentieren und damit ihren Zusammenhalt zu garantieren (vgl. König 1962; Drehsen 1975b:66ff; Kippenberg 1978: 18). Weber weist der Religion eine systematisierende, sinnstiftende Funktion im Prozeß der Rationalisierung der Welt zu (vgl. Wössner 1972: 29f) und definiert die Spezifik religiösen Handelns zugleich als ordnende Symbolisierung und Ritualisierung der menschlichen Beziehung zu übernatürlichen, göttlichen Mächten (Weber 1972: 247ff).

16 Berger (1973b: 26f) sieht die "Bedeutung der Religion" darin, daß das Heilige als außeralltägliche, übermächtige Wirklichkeit "sich doch auf den Menschen" bezieht und "ihm seinen Platz in einer absolut sinnvollen Ordnung" gibt. Luckmann (1985: 34) versteht Religion als den integrierenden Kern der gesellschaftlichen Konstruktion der Wirklichkeit, der den Umgang mit den zwar nicht als solche, gleichwohl indirekt erfahrbaren "großen" Transzendenzen "gestaltet und verbindlich regelt". Durch die neuerdings (1985: 28ff) eingeführte Unterscheidung von "kleinen", "mittleren" und "großen" Transzendenzen und die bevorzugte Relationierung von Religion auf

letztere versucht Luckmann offenbar, die Weite seines Religionsbegriffes einzuschränken und diesem schärfere Konturen zu verleihen (vgl. Grabner 1987: 32).

17 Wagner (1986: 216) dagegen behauptet, Luckmanns allgemeine Funktionsbestimmung von Religion sei "primär an der integrativen und obligatorischen Funktion von Institutionen orientiert" - eine der wenigen Stellen, an denen Wagner in seinen ansonsten ausgezeichneten Analysen religionssoziologischer Theoriebildungen deren Ansatz verfehlt.

18 Eine scharfe Trennung von "allgemeiner Religion" und "institutionalisiertem Christentum" analog zur Differenz zwischen Religions- und Kirchensoziologie, die angeblich "auf einer (...) völlig verschiedenen Theorieebene" arbeiten, nimmt auch Daiber (1983: 16f) vor, woran Zingerle (1985: 595) Kritik übt. Die Auseinandersetzung um die Unterscheidung, den Gegensatz und die Einheit von institutionell spezialisierter und allgemeiner Sozialform der Religion, von expliziter und impliziter Religion, von kirchlicher und außerkirchlicher Religiosität, von Kirche und Christentum usw. wurde unter den unterschiedlichsten Gesichtspunkten von Religionssoziologen, Religionswissenschaftlern, katholischen und evangelischen Theologen geführt. Vgl. zur religionssoziologischen Problemlage: Rendtorff 1962a; 1966; Bellah 1964; 1970; Matthes 1967; Marhold 1973: 87ff; Savramis 1973: 330; Robertson 1973: 19ff. Für die religionswissenschaftliche Diskussion sei vor allem auf die Veröffentlichungen Waardenburgs 1972: 315ff, bes. 331f; 1973: 304ff; 1973/1974; 1984; 1986: 233ff hingewiesen. Innerhalb der katholischen Theologie sind die Bemerkungen Rahners 1962: bes. 145; 1965: 545ff; 1967: 187ff; 1972: 531ff zum Problem der "anonymen Christen" von besonderer Brisanz. Vgl. dazu: Kruse 1967; Fahlbusch 1969; Kaufmann 1973: 93ff; Kehl 1976. Zur Diskussion in der evangelischen Theologie vgl.: Rendtorff 1969a; 1977; Marsch 1970; Rössler 1974. Daß die Unterscheidung von expliziter und impliziter Religion schon in Stichworten wie "schweigende Verkündigung", "religionsloses Christentum" (Bonhoeffer), "Christentum incognito" (Rosenstock) anklingt, sich im Pietismus und in der Aufklärung findet, ja bereits im doppelten Kirchenbegriff der reformatorischen Ekklesiologie ("so-

cietas externarum rerum ac rituum" - "societas fidei et spiritus sancti in cordibus", Apol. VII, 5, 12, 20) und sogar bei Augustin schon vorgebildet ist, in der lutherischen Orthodoxie aber zurücktritt, sei nur erwähnt. Zur Problemgeschichte vgl. Marsch 1970: 24ff; Kühn 1980: 164ff.

19 Vgl. Luckmann 1985: 34: "Die Grundfunktion von 'Religion' ist mit der Grundfunktion von vergesellschafteten Wirklichkeitskonstruktionen schlechthin identisch". Oder: "Religion ist Gesellschaft, Gesellschaft ist Religion" (35), womit Luckmann auf eine Auffassung Durkheims zurückgreift.

20 Die Kirchensoziologie steht stärker in der Nachfolge Webers und des von ihm entworfenen Säkularisierungskonzepts.

21 Als frühes Beispiel vgl.: Spinozas Unterscheidung von wahrer Religion und Aberglaube (Tractatus theologico-politicus, Kap. XII, XV), als ein Beispiel aus der Blütezeit der Aufklärung: Rousseaus Unterscheidung zwischen einer Religion des Menschen und einer des Staatsbürgers (Contrat social, IV, 8), als spätes Beispiel: Kants Differenzierung von historischem Kirchenglauben und reinem Religionsglauben (Die Religion innerhalb der Grenzen der bloßen Vernunft, 3. Stück).

22 Wobei der Nachdruck auf "tendenziell" liegt, denn die Lossagung von der Geschichte erfolgt erst dann, wenn es um die vernünftige Begründung letztgewisser Wahrheit geht, dann aber selbst bei so geschichtlich orientierten Denkern wie Lessing. Die Geschichtsbezogenheit des aufklärerischen Denkens stellt heraus: Kondylis 1981. Auch bei Luckmann findet, wie seine Betrachtungen zur Evolution der Religion zeigen (insbesondere Luckmann 1970c), die geschichtliche Dimension Berücksichtigung. Allerdings handelt es sich bei diesen Betrachtungen um ein Spiel mit wenigen Variablen (Person, Weltdeutung, Sozialstruktur) und insofern wohl mehr um eine Art Sozialphilosophie als um eine historisch arbeitende Soziologie.

23 In diesem Verzicht könnte sich die Christentumssoziologie durch neuere Tendenzen innerhalb der Religionswissenschaft bestätigt sehen. So fordert Kippenberg (1983: 12), die Suche nach einem allgemeinen Religionsbegriff als "theologisches Nachgeplänkel" zu durchschauen und aufzugeben.

24 Abgesehen davon neigt auch der Christentumsbegriff zur

Ahistorizität, denn er ist für das aufklärerische Vorhaben reserviert "zu bestimmen, was das Wesentliche und aktuell Wirkliche der christlichen Religion sei" (Rendtorff 1972b: 772). Insofern partizipiert der Christentumsbegriff an dem Dilemma des Religionsbegriffes und stellt folglich keinen Ausweg aus diesem Dilemma dar.

25 Deutlich greifbar bei Tenbruck (1972: 92), der die Auffassung vertritt, daß "die bisherige Universalität der Religion kein Problem ist", wenn man davon ausgeht, daß "Religion eigentlich zwangsläufig aus der Unsicherheit des Daseins folgt".

26 Kompensations- und Integrationsfunktion der Religion stehen in engem Zusammenhang, denn wenn durch Überschreitung diesseitiger Zustände und Angebot jenseitigen Heils gesellschaftliche Spannungen ausgeglichen werden, dann hat das wiederum eine den Zusammenhalt der Gesellschaft stärkende und mit dem Bestehenden versöhnende Wirkung. Dieser Zusammenhang tritt schon bei Marx (1844: 170f) deutlich zutage, der Religion in einem als "Trost- und Rechtfertigungsgrund" der Welt bezeichnet. Der von Fürstenberg (1961: 1027f; 1970: 13ff) getroffenen und in der religionssoziologischen Literatur vielfach übernommenen Unterscheidung von Integrations-, Kompensations- und Säkularisierungsthese als den Leitinterpretamenten der Religionssoziologie kann daher nur der Wert einer methodischen Arbeitserleichterung, nicht aber sachliche Gültigkeit zugemessen werden. Von keinem Religionssoziologen wird eine dieser Thesen rein vertreten. Deshalb vereinfacht sich Ratschow (1975: 129ff) in unzulässiger Weise seine Aufgabe, wenn er anhand religionsgeschichtlichen Materials die Gültigkeit jeder These für sich zu widerlegen versucht.

27 Wobei sich, je mehr das gesellschaftstheoretische Ausgangsproblem dramatisiert wird, der Schwerpunkt umso weiter von der Integrations- zur Kompensationsfunktion hin verschiebt.

28 So kann Dorothee Sölle (1982: 206) der Religion die Fähigkeit zusprechen, durch Bruch mit dem "bestehenden Weltunrecht" auf neue Weise Verstehen, Versöhnung und Frieden zu stiften. Ähnlich: Bahr 1975: 31ff; Weimer 1981; Lohfink 1981; 1982; Peukert 1982: 80 u. a. Dieses Zutrauen zeit-

genössischer Theologen sowohl als Ausdruck einer spezifisch modernen Krisenerfahrung wie als Form der Kritik an der Überlieferungsgestalt eines auf Ausgleich mit der Gesellschaft bedachten europäischen Christentums auszuweisen, dürfte nicht schwerfallen. Die gegenwärtig so häufig anzutreffende Verbindung von gesellschaftlicher Frustrations- und religiöser Säkularisierungserfahrung macht verständlich, warum man gesellschaftliche Heilung von nonkonformistischen, nicht-kirchlichen Religionsformen erwartet, warum man über mit der Wirklichkeit nicht versöhnte Religion zu einer universalen Versöhnung, "zu einem großen Anders" (Sölle 1982: 208) kommen will. Ob Religion damit nicht überfordert ist und inwieweit gesellschaftliche Zustände damit in ihrer Destruktivität und Konstruktivität angemessen wahrgenommen sind, darf immerhin gefragt werden.

29 Die Ambivalenz von Religion als "Gärstoff und Synthese im sozialen Leben" (Mannheim 1951: 140) betonen: O'Dea; Berger 1973b; Marhold 1973: 93; Fischer/Marhold 1983: 170.

30 Man könnte geneigt sein anzunehmen, daß in der Christentumstheorie Rendtorffs ein Fall vorliegt, in dem Behauptung der Universalität von Religion und Bejahung der Legitimität der Neuzeit zusammengehen. Allein der Eindruck trügt. Rendtorff gewinnt den Begriff eines universalisierbaren Christentums, indem er das Christentumsverständnis entdogmatisiert und entinstitutionalisiert und den Blickwinkel auf außerkirchliche Phänomene ausweitet. Aus der Warte dieser entschränkten Perspektive ist es ihm möglich, im Christentum die Konstitutionsbedingungen der neuzeitlichen Subjektivität wahrzunehmen. Da er aber das Selbstverhältnis des reflektierenden Subjekts als Transzendenz sozialer Systeme bestimmt und den Ursprung der Freiheit dieses Selbstverhältnisses an die Religion zurückbindet, verlegt er nicht nur den "Grund" der Gesellschaft, sondern eben damit auch eine das religiöse Selbstbewußtsein ermöglichende Religion in einen außergesellschaftlichen Bereich. Dem entspricht es, daß Wagner (1986: 233) die Schwierigkeit konstatiert, in der Theorie Rendtorffs den gesellschaftlichen Ort des allgemeinen, nichtkirchlichen Christentums ausfindig zu machen. Die gesellschaftliche Dimension des nichtkirchlich apostrophier-

ten Christentums und des ihm entsprechenden christlichen Bewußtseins bleibt soziologisch unbegriffen, da Rendtorff das Spezifikum von Religion in ihrer soziologischen Unaufrechenbarkeit sieht. Wenn er diese unfaßbare Einheit zum gleichwohl unverzichtbaren Fundament der neuzeitlichen Gesellschaft macht, dann geht er offenbar davon aus, daß sich die Moderne nicht selbst zu tragen vermag. Vgl. Anm. 71, 84.

31 Obschon sie den Grad ihrer Konfliktpotentialität unterschiedlich fassen.

32 Der andere ließe sich an Bellah (1964: 294ff; 1967) demonstrieren, der die moderne Situation durch einen Bruch mit dem traditionellen religiösen Symbolsystem und gleichzeitig durch "die beispiellosen Chancen zu schöpferischer Erneuerung in allen Bereichen des menschlichen Lebens" (1964: 301) charakterisiert sieht, so daß sich gültige Antworten auf religiöse Fragen auch in weltlichen Bereichen finden lassen und die religiöse Suche nach Erlösung heute in der "Suche nach persönlicher Reife und sozialer Relevanz" erscheint (299f).

33 Zur religiösen Wendung des späten Horkheimer vgl.: Schweppenhäuser 1971; Przybylski 1973; Post 1979.

34 Zur ideenpolitischen Verwendung des Begriffs: Lübbe 1965. Aus der reichhaltigen Literatur zum Säkularisierungstheorem seien genannt: Matthes 1962; 1964; 1967: bes. 75ff; Rendtorff 1962b; 1966; Luckmann 1963; 1969; 1970a; 1977; Blumenberg 1964; 1974; Berger/Luckmann 1966; Savramis 1967; Shiner 1967; Zabel 1968; Berger 1970b; Kantzenbach 1971; Fürstenberg 1973; Wienet 1973; Spanknebel 1979; Ruh 1980.

35 Erst recht muß natürlich auch die theologische Behauptung der Unausweichlichkeit von Religion (Troeltsch, Rendtorff, Pannenberg) als Reaktion auf die Differenzierung von Religion und Gesellschaft gedeutet werden, so daß auch die theologische Generalisierung religiöser Gehalte, obwohl oder gerade weil sie den Säkularisierungsprozeß bagatellisiert, als dessen Symptom zu gelten hat.

36 Zur theologischen Auseinandersetzung mit Rendtorff vgl. Lange 1974; Ulrich 1978: 60f; Ratschow 1984.

37 Vgl. auch Döbert (1984: 114), der die in der empirischen

Forschung festgestellte relative Bedeutungslosigkeit von Religion ebenfalls großteils aus "der Verengung des umgangssprachlichen Religionsbegriffs auf kirchlich-organisierten Ritualismus" erklärt.

38 Diese Frage läßt der programmatische Artikel von Lutter/ Klohr (1985) unbeantwortet. Vgl. aber die Klärungsbemühungen in: Lutter 1984: 25ff und Winter 1987.

39 Die Sekundärliteratur zu Max Weber ist in den letzten Jahren stark angewachsen. Einen guten Überblick über die Diskussion geben Zingerle (1981) und Seyfarth (1983).

40 Blumenberg (1964; 1974) kritisiert an der Säkularisierungsthese die in ihr implizierten theologischen Besitzansprüche, die der Neuzeit die Legitimität bestreiten, und interpretiert den unter dem Titel 'Säkularisierung' laufenden Prozeß als einen Vorgang der Wahrnehmung theologischer Aporien. Die Neuzeit begreift er nicht als säkulares Transformationsprodukt einer ursprünglich religiösen Substanz, sondern als rationale Antwort auf die im Nominalismus durch die theologische Übersteigerung der absoluten Souveränität Gottes einsetzenden Erschütterung des menschlichen Welt- und Selbstvertrauens (1974: 201ff, 208f). Blumenberg sieht also den Übergang vom Mittelalter zur Neuzeit durch eine strenge Antithetik zwischen radikaler Autonomie Gottes und ebenso radikaler Selbstbehauptung des Menschen, nicht durch den Prozeß der Verwandlung eines sich bei aller Diskontinuität gleichbleibenden Substrats geprägt. Dem widersprechen mit Hinweis auf kontinuierliche Elemente: Rössler 1968: 91ff; Elze 1969: 194; Pannenberg 1972: 127f.

41 Präziser vor allem insofern, als das 'Subjekt' nicht isoliert, sondern als Element interpersonaler Beziehungen behandelt wird.

42 Ganz ähnlich Höhn 1987: 43: "Einzig durch die Berufung auf eine unbedingte Wirklichkeit" läßt sich "die Überzeugung, daß menschlichem Dasein als solchem unbedingter Wert und unantastbare Würde zukommt", rechtfertigen.

43 Die These, daß die Gesellschaft eines religiösen Fundaments bedürfe, das aber aufgrund des religiösen Pluralismus heute nicht mehr mit dem Christentum identisch sein könne, ist unter Rückgriff auf Rousseau von Bellah (1967) erneuert wor-

den. Zur amerikanischen Diskussion vgl.: Herberg 1955; 1962; Parsons 1966; Cole/Hammond 1974; Wimberley et al. 1976. Zur neueren Diskussion im deutschsprachigen Raum: Marhold 1974; Luhmann 1978d; Fürstenberg 1982; Maurer 1982; Lübbe 1982a; 1982b; Moltmann 1983; Kleger/Müller 1983; Kleger/Müller (Hg.) 1986; Pannenberg 1985. Daß es sich, wenn Religion zur Behebung gesellschaftlicher Mängel eingeführt wird, immer bloß um eine "postulierte Religion" handelt, darauf weist Maurer (1985a: 103) zu Recht hin.

44 Dem Subjekt und interaktionistischen Gruppen wird offenbar noch am ehesten zugetraut, der entwurzelten, zweckrational verwalteten und zerrissenen Gesellschaft eine sinnhafte Grundlage zu geben, also eine Aufgabe zu erfüllen, die traditionell von Religion wahrgenommen wurde, von den Kirchen heute aber nicht mehr bewältigt werden könne, da diese selbst an der Entfremdung der Institutionen vom Allgemeinen partizipieren. Individuen und Interaktionsgruppen werden so nicht nur zu Trägern der universalen gesellschaftlichen Integrationsfunktion, sondern indem sie den universalen Auftrag der Religion übernehmen, auch zum Rettungsanker der 'Allgemeinheit' einer institutionell verkrusteten Religion. Vgl. etwa Neubert (1985; 1986), der davon ausgeht, daß alternative Initiativgruppen gesellschaftlich unerfüllt bleibende Sozialisierungsfunktionen übernehmen, die von institutionellen Religionsformen aufgrund des (Teil-)Auszugs von Religion aus der Kirche nicht mehr ausgeübt werden können, und auf diese Weise der Religion ihre gesellschaftliche Relevanz zurückerobern.

45 Der Unterschied der einzelnen Positionen bemißt sich danach, wie scharf der Gegensatz zwischen Individuum und Gesellschaft gefaßt wird, ob dieser Gegensatz lediglich konstatiert oder ob seine Synthetisierung gefordert wird, und er bemißt sich danach, wie groß das Vertrauen in die Realisierbarkeit der postulierten Synthese ist.

46 Vgl. Bellah 1964: 298: "Wie sehr auch immer die Entwicklung des westlichen Christentums die moderne religiöse Situation heraufgeführt oder gar geschaffen hat - heute wird sie zweifellos von anderen Mächten kontrolliert" mit Wellmer 1985: 11: Die 'Dialektik der Aufklärung' deutet "die er-

kenntnistheoretische Trias von Subjekt, Objekt und Begriff in ein Unterdrückungs- und Überwältigungsverhältnis um", "wobei die unterdrückende Instanz - das Subjekt - zugleich zum überwältigten Opfer wird". Die Rationalisierungstheorie Max Webers schaut über die Schulter.

47 Vgl. die Literaturberichte bei Scholz 1981: 183ff; Welker (Hg.) 1985a: 8f und Höhn 1986: 48ff.

48 Der folgende Aufriß stimmt in wesentlichen Punkten mit Höhn (1986: 48ff) überein.

49 In den Kontext dieses Rezeptionstyps gehören auch die kommentar- und kritiklosen Bezugnahmen auf Luhmann im Bereich der Theologie in der DDR: bei Moritz (1985) und Langer (1986).

50 Die Diskussion zwischen Pannenberg (1978a, b) und Luhmann (1978a) tendiert eher zum Abbruch als zur Weiterführung, wie Scholz (1981: 183, Anm. 1) zu Recht bemerkt.

51 Die Untersuchung Rendtorffs (1975) ist zwar anregend zu lesen, enthält aber eine Vielzahl von Ungenauigkeiten und baut in ihrer grundlegenden, die Kompatibilität von Theologie und Systemtheorie behauptenden These auf einem interpretatorischen Mißverständnis auf. Die Arbeit Kaefers (1977a) kann trotz umfangreicher Materialaufarbeitung nicht als gründlich und theoretischen Ansprüchen genügend angesehen werden. Außerdem wurde sie vor der Veröffentlichung von Luhmanns religionstheoretischem Hauptwerk "Funktion der Religion" (1977) verfaßt. Scholz (1981), der die theologische (und außertheologische) Luhmann-Interpretation wesentlich vorangebracht und mit seiner Studie Maßstäbe für jede künftige Beschäftigung mit der Religions- und Gesellschaftsauffassung Luhmanns gesetzt hat, geht - wie er erklärt (39) - der Religionssoziologie Luhmanns nur in ihrem Beitrag zu seiner Gesellschaftstheorie im ganzen nach, wobei er nach einer differenzierten und zuweilen auch etwas umständlich wirkenden Interpretationsarbeit alle gedanklichen Linien dann doch auf einen einzigen Punkt zurückführt, was ihm von Kasprzik (1984) angekreidet wird. So kann man sagen, daß eine sowohl gründliche wie umfassende Darstellung von Luhmanns Religionstheorie noch aussteht.

52 Scholz (1981) dagegen steigert eher die esoterische Exotik

der Luhmannschen Theoriesprache, so daß seine Interpretation teilweise schwerer verständlich ist als das Interpretierte selbst.

53 Die sequentielle Darstellung von eng- und weitmaschig miteinander verknüpften Theorieaussagen stellt natürlich vor unausweichliche Komplikationen, denn sie behandelt das, was eigentlich gleichzeitig gesagt werden müßte, als auseinander folgend; sie entfaltet, was labyrinthisch ineinander verwoben ist, stellt Implikationen, Abstraktionsmöglichkeiten, Querperspektiven zurück, vereinfacht, übergeht, löst Zusammenhänge auf, kombiniert sie wieder und erweckt so den Eindruck, als wäre das zuerst Vorgestellte der Grund des Späteren und die Darstellungsabfolge der Sachzusammenhang selbst. Vgl. zur Diskrepanz von Darstellung und dargestellter Theorie Scholz 1981: 35ff; Hejl 1974: 232, aber auch Luhmann selbst: 1975b: 202; 1979a: 173f.

54 Unter Bezugnahme auf die von Nagel (1956: 247ff; 1961: 520ff) und Hempel (1959: bes. 277ff) vorgebrachte neopositivistische Methodenkritik am sozialwissenschaftlichen Funktionalismus.

55 Ob Funktionen allgemein als Ursachen wirken, wird häufig bestritten. Soziale Einrichtungen entspringen, so König (1967: 318), zumeist nicht aus einer geistigen Antizipation ihrer Funktion, vielmehr besteht umgekehrt diese Funktion in vielen Fällen in der Erhaltung der strukturellen Voraussetzungen, aus denen sie erwachsen sind.

56 Habermas (1971: 233f) bestreitet, daß zwischen dem Äquivalenzfunktionalismus und Kausalanalysen überhaupt eine Differenz bestehe. Vgl. auch die Kritik Döberts 1973: 55ff.

57 Mit dieser Formulierung wendet sich Luhmann gegen die feste Vorgabe eines Bezugspunktes wie "basic needs" (Malinowski 1944: 67ff, 145ff), Bestand eines Systems (Radcliffe-Brown 1935: 394ff), Gleichgewichtszustand der Gesellschaft (Parsons 1949: 22f; 1951a:21f) usw. Den Gedanken der Variabilität des Bezugs-Themas entfaltet Luhmann möglicherweise in Abhängigkeit von Mayntz (1961: 119ff). Während jedoch Mayntz dazu auffordert, die Wahl in aktiver Parteinahme zu vollziehen, macht der um Neutralität bemühte Systemtheoretiker die Wahl von systemtheoretischen und evolutionstheoretischen Gesichtspunkten abhängig (zur 'Problemstufenordnung' vgl.

Preyer 1980: 48ff).

58 Unter der Vielzahl der Veröffentlichungen, die die konservativen Implikationen der strukturell-funktionalen Theorie hervorheben, seien erwähnt: Lockwood 1956; Dahrendorf 1958b: 111ff; 1963: 163; Drewe 1966: 329ff; Kellermann 1967: 99ff, 123; Smith 1973; Mörth 1978a:34; Klügl 1982: 729f. Zu Recht macht Mayntz (1961: 112) allerdings darauf aufmerksam, daß auch noch die Annahme einer Tendenz zum Gleichgewicht die Erklärung von Wandlungsprozessen zuläßt, dann nämlich, wenn man von einem System ausgeht, dessen Funktionsvoraussetzungen mangelhaft sind, das dysfunktionale Prozesse und spannungsgeladene Strukturen einschließt, die auf Harmonisierung drängen. Doch hat sich die strukturell-funktionale Theorie Parsons kaum auf solche Ausgangspunkte eingelassen, was angesichts ihrer Vernachlässigung von Herrschafts- und Konfliktphänomen nicht verwundert.

59 Hier bezieht sich Luhmann auf Aristoteles, vgl. Luhmann 1968b: 7f.

60 Vgl.dazu die Kritik von Tjaden 1969a: 293.

61 Zentral: Ashby 1956. Vgl. Prewo/Ritsert/Stracke 1973: 29ff. Schon an der Bezugnahme auf die Kybernetik zeigt sich Luhmanns Interesse am Entwurf einer universalen Theorie. Die Kybernetik als "strukturwissenschaftliche Disziplin", die quer zu einer dichotomen Wissenschaftsauffassung steht - hier Natur-, dort Geisteswissenschaften (Friedrich/Sens 1976: 28) - integriert mehrere Einzelfächer und ist insofern gewissermaßen an die Stelle der Philosophie getreten.

62 Zuvor übt schon Tjaden (1969b) an Luhmann Ideologiekritik; mehrfach wiederholt in: Tjaden 1972; 1975: 95; 1978: 128 u. ö.; Habermas 1971: 239ff. Es folgen Prewo/Ritsert/Strakke 1973: 266ff; Meurer 1973: z. B. 899; Heidtmann 1974: 177ff; Warnke 1974: 82ff; Heidtmann 1975: 27ff; Marwedel 1976: passim; Holzer 1977: 81ff; Rosenfeldt 1977: passim, anschaulich 58; Ohlendorf 1981: passim, vgl. etwa 3ff; Holzer 1982: 83ff u. v. m. Die Perspektivenverzerrung der Habermasschen Luhmann-Deutung sieht jedoch und korrigiert unter berechtigtem Hinweis auf Luhmann (1971c: 294): Hejl 1974: bes. 188. Ihre Möglichkeit erklärt Hejl (231ff) aus der Diskrepanz zwischen dem Bemühen Luhmanns um Komplexi-

tätsadäquatheit und der Verwendung einer logozentrischen Umgangssprache.

63 Dort (Luhmann 1971c: 297) auch genau die hier von mir vorgenommene Entgegensetzung von "Praxis/Technik-Dichotomie" einerseits und dem sich bei Luhmann "an (ihre) Stelle" schiebenden System/Umwelt-Konzept, also dem Bemühen um "Ausdehnung des Begreifbaren" andererseits. Luhmann (402) will über die kontradiktorischen Begriffe "Vernunft" und "Herrschaft" hinauskommen, indem er "am Verhältnis von Welt und System und damit am Indifferenzpunkt von Apologie und Kritik ansetzt". Genau dies wird ihm - wie er befürchtet (ebd., Anm. 174) - als eine Stärkung des Status quo angelastet: Gedö 1978: 184. Luhmann nimmt sich nicht vor, die Gesellschaft unter Bezugnahme auf Perfektionsvorstellungen (Freiheit, Gleichheit, Solidarität) zu kritisieren, sondern ihr Funktionieren unter Benutzung hochdifferenzierter Analysetechniken zu erklären. Insofern tritt an die Stelle von bloßen Kontrastierungen ein Streben nach Komplexitätserhöhung der Theorie, das das Ziel verfolgt, auch noch das Auftauchen von Kontradiktionen zu begreifen.

64 Kritisch zu einer solchen Wahl äußert sich Schmidt (1971: 345f). Mayntz (1971: 58) mangelt es einer überzeugenden Begründung für die Wahl des Bezugsproblems, ebenso Habermas (1971: 166ff), Naschold (1970: 14f).

65 Die Vorstellung der sich selbst immanent transzendierenden Welt übernimmt Luhmann von Husserl, vgl. etwa Husserl 1976: 34ff.

66 Auf die Unklarheit dieser bis auf Spencer zurückgehenden (vgl. Kiss 1977: 259) Kategorie wird hingewiesen von Tjaden 1969b: 758ff, Badura 1970: 22, Habermas 1971: 157f, Gessenharter 1972: 41ff. Vgl. das entsprechende Zugeständnis von Luhmann 1971c: 299, Anm. 11 und seine Klärungsbemühungen in 1975d und 1976b.

67 Habermas (1971: 163) spricht deshalb von einer kategorialen Verwechslung von Weltkomplexität und sinnhaft konstituierter Welt. B. Kasprzik (1985: 33) behauptet, daß Luhmanns Umwelt nur als "Funktion der Systemperspektive", als einen "Komplex aus nur vom System abhängigen Variablen" fasse. Das in frühen Veröffentlichungen Luhmanns ungeklärte Verhält-

nis von Welt und Umwelt bemängelt auch Scholz (1981: 84), der dem theoretischen Ort und dem Bedeutungswandel des Luhmannschen Weltbegriffes nachgeht (83ff).

68 Sinn wird also ohne Bezug auf den Subjektbegriff definiert. Darin grenzt sich Luhmann (1968b: 87) von M. Weber ab. Vergleiche zwischen "Systemrationalität" und "Handlungsrationalität" bei Grimm 1974: 20ff, Thome 1973: 21.

69 Daher Pannenbergs (1978a: 103) Interpretation, daß Sinnkonstitution als Sinnproduktion, Sinnbewußtsein als "selbstkonstitutiv" (1978b: 356) zu verstehen sei, schief liegt. Sinn ist nach Luhmann (1977: 20) "kein begründungshaltiger" Sachverhalt.

70 Husserl (1977: 46) spricht von dem "intentionalen Horizont der Verweisung".

71 Sinn gelangt also immer nur in bezug auf andere Größen zum Vorschein, so Walther 1983: 283. Dies ermuntert Walther zu der Frage, "worin Sinn denn eigentlich seinen Grund hat" (281), "ob es überhaupt, und wenn ja, dann in welcher Weise so etwas wie eine Sinngewißheit geben könne" (283). Der gegenüber Luhmann zur Geltung gebrachten Notwendigkeit, "mindestens noch eine weitere Bezugsgröße anzugeben, mittels derer der Sinn vom Sinn bestimmbar wird" (282), entspricht der Theologe, indem er "Gott das Subjekt des Geschehens der Sinngebung sein läßt" (289). In seiner unnötig aggressiv geratenen und Luhmanns Aussagen zudem teilweise verkennenden Stellungnahme insistiert auch Pannenberg (1978b: 357) auf die "Priorität von Sinngegebenheit als Bedingung aller menschlichen Sinndeutung". Allerdings ist der Sinnbegriff Luhmanns nicht auf "Informationsverarbeitung" zu begrenzen (vgl. Luhmann 1971a: 34, 39ff; 1971c: 304f), vielmehr impliziert jedes Erfassen von Sinn - wie Pannenberg (1978b: 357) das für seine Konzeption in Anspruch nimmt - auch nach Luhmanns Auffassung "einen 'Hof' ungesagter Bedeutungszusammenhänge (...), die ihrerseits wieder thematisiert werden können durch einen neuen Reflexionsschritt" (ausführlicher Pannenberg 1973: 206 - 224, vgl. auch: 1983). Das Interesse der Theologen an der Verweisungsstruktur von Sinn scheint groß. So meint Rendtorff (1975: 35) - mit Recht - Luhmann zu interpretieren, wenn er sagt, daß angesichts

vollzogener Sinngebung Freiheit in Form von Negativität präsent bleibe. Das Verhältnis von Selektion und Verweisung bei Luhmann faßt Rendtorff - noch immer völlig korrekt - als Verhältnis von Identität und Negation, als Verhältnis von dieser und jener Welt (33). Dann aber verwandelt sich die Freiheit, die die Form von Negativität gegenüber den Manifestationen dieser Welt habe, in eine, die von jener Welt "sich selbst gegeben ist" (37). (Nach Luhmanns Ansicht könnte sie nur an den Manifestationen dieser Welt miterscheinen.) Kein weiter Weg ist es dann mehr zu der Behauptung, daß dem Bewußtsein der Freiheit die Manifestationen dieser Welt als sekundär, nichtig erscheinen; dem religiösen Bewußtsein ist "die Nichtigkeit der endlichen Dinge eine vertraute Vorstellung" (41). Ein solcher an der Negativität des reflexiven Bewußtseins orientierter Religionsbegriff steht trotz allem vordergründigen Liberalismus zuletzt dann doch konträr zum Gesellschaftsbegriff. Es verwundert daher nicht, daß Wagner (1986: 232ff) an Rendtorff den Vorwurf richtet, es bleibe - trotz gegenteiliger Postulate (vgl. Rendtorff 1966: 130ff) - die gesellschaftliche Dimension der Religion letztendlich unbegriffen. Die gesellschaftliche Dimension der Religion muß unbegriffen bleiben, da Rendtorff das Spezifikum von Religion in ihrer soziologischen und historischen Unaufrechenbarkeit sieht. Hinter dieser kontrastiven Scheidung von Religion und Gesellschaft steht eine Überzeichnung der Differenz von Individuum und Gesellschaft. Rendtorffs institutionskritische Einstellung bildet sich in seiner Bestimmung von Religion als Explikation des religiösen Bewußtseins ab.

72 Der Unterschied zwischen Welt und Umwelt besteht darin, daß zur Welt das System dazugerechnet wird, während es der Umwelt gegenübersteht (Luhmann 1973a: 85).

73 Hier bewahrt Luhmann (1971c: 321) die Erkenntnis der transzendentalen Phänomenologie, daß alle Objektivität intersubjektiv konstituiert ist. Welt wird daher zum "Interaktionskorrelat" (Luhmann 1971b: 65). Vgl. Husserl 1977: 92f. Freilich hält Luhmann das Problem der Intersubjektivität bei Husserl nicht für gelöst. Vgl. dazu auch Schütz 1957. Die Lösung dieses Problems, meint Luhmann (1971b: 65), sei durch

die Systemtheorie erbracht, weshalb Welt als "Systemkorrelat" begriffen werden müsse. Zur Korrelation der Entwicklung der Weltvorstellungen und der Entwicklung des Gesellschaftssystems vgl. Luhmann 1971b: 64ff; 1973a: 88f; 1975d: 212.

74 Kritisch zu Luhmanns Umweltbegriff: Hartmann 1967: 88f; Gessenharter 1972: 52; Post 1974: 88.

75 Den Horizontbegriff übernimmt Luhmann von Husserl (1976: 26ff), Brand 1955: 9ff.

76 In Luhmanns Realitätsbegriff ist aufgrund erkenntnistheoretischer Überlegungen nicht klar zwischen Sein und Nichtsein unterschieden (vgl. Luhmann 1971a: 25). Luhmann behandelt - wie hier in unserem Zitat - den Unterschied zwischen Sein und Nichtsein als Differenz zwischen Struktur und Unbestimmtheit. Realität - darin zeigt sich die Abhängigkeit von Husserl - wird so mit Realitätsdefinition gleichgesetzt. Andererseits bejaht Luhmann (1975d: 212) die Realität der Unbestimmtheit. Aus diesem Widerspruch erhellt, daß Luhmann, der die Erkenntnistheorie in die Systemtheorie aufheben will, noch immer in starkem Maße der transzendentalen Fragestellung verhaftet ist und gleichzeitig ihre Implikationen längst aufgegeben hat. Vgl. Anm. 110.

77 Das heißt, der Transzendenzbegriff ist nicht positiv gefüllt, sondern Ausdruck einer kritischen Selbstbegrenzung der Vernunft. Daher fällt er auch mit dem Unbestimmtheitsbegriff zusammen. Philosophiehistorisch ist diese Entleerung des Transzendenzbegriffes im Übergang von Descartes zu Hobbes vorgezeichnet. Während Descartes noch von der Existenz der Idee des Unendlichen im endlichen Menschen auf die Wirklichkeit des Unendlichen schloß, sah Hobbes (De cive XV, 14) in der Unendlichkeitsidee nicht mehr die Bestimmung einer Sache, sondern ein Unvermögen unseres Geistes.

78 B. Kasprzik (1985: 34) fragt, woran man erkennen kann, daß Welt Realität hat, wenn sie nicht als sie selbst faßbar ist - eine Frage, die einem reflexionstheoretischen Ansatz verpflichtet ist, innerhalb einer angenommenen System/Umwelt-Zirkularität freilich unbeantwortet bleiben muß.

79 Luhmann (1977: 70) erhebt allerdings nicht den Anspruch auf eine streng wissenschaftliche Definition des Transzendenzbegriffes, sondern umgeht den Streit um deren Möglichkeit,

was dem Sachverhalt entspricht, daß Wissenschaft es mit dem Selbstverständlichen bzw. mit der Transformation in Selbstverständliches zu tun hat, während sich Glaube, der sich auf Transzendenz stützt, mit Außeralltäglichem beschäftigt (139).

80 Möglicherweise können Luhmanns Bemerkungen über die Beziehungen zwischen Heiligem und Komischem einen systemtheoretischen Beitrag zur Klärung des religionswissenschaftlich noch immer umstrittenen Typs des Tricksters, des schelmischen, betrügerischen, gaunerischen, zuweilen auch gütigen Numens liefern. Vgl. Jung/Kerényi/Radin 1954; Radin 1956; Bianchi 1966.

81 Wenn das, was jeweils als Transzendenz fungiert, abhängig von dem jeweils systemrelativ Verfügbaren ist, verwandelt sich mit der evolutiven Steigerung der Systemkomplexität auch der Weltbegriff. Zur historischen Entwicklung des Weltbegriffs vgl. Luhmann 1973a: 88ff.

82 Das Erfordernis der Independenz garantiert freilich noch nicht die Realität der Independenz (vgl. B. Kasprzik 1985: 34). Nach Luhmann (1977: 14, Anm. 13) ist die Asymmetrie von System und Umwelt jedoch ein empirisch nachweisbarer Sachverhalt, nicht nur ein denkerisches Postulat.

83 Allerdings ist bei Luhmann eine deutliche Präferenz des Gedankens der Systemabhängigkeit der möglichen Ereignisse gegenüber dem Gedanken der Independenz der Welt von den strukturellen Beständen festzustellen. So vertritt Luhmann (1975d: 210) die Auffassung, daß Systeme, die ihre Umwelt seligieren, dadurch "diejenigen Bedingungen herstellen, denen sie sich anpassen können", oder daß die Erzeugung von Möglichkeiten als strukturabhängige Leistung zu begreifen sei (1971c: 315). Als Bedingungen der Möglichkeit stellen die Systeme so ihre eigenen Möglichkeitsbedingungen her. Es entsteht die Gefahr einer Tautologie; die Welt verfängt sich derart in den Netzen des Systems, daß Weltentwurf und Welt ineinander zu geraten drohen und es das System mit der Welt überhaupt nicht zu tun bekommt. Vgl. S. 39 und Anm. 76. In späteren Formulierungen kann Luhmann (z. B. 1975d: 211) jedoch auch von der Umwelt als Bedingung der Möglichkeit sprechen.

84 Also im Komplexitätsgefälle von System und Umwelt (Luhmann
1971c: 363). Hier haben wir eine erste wesentliche Form
der Luhmannschen Evolutionsauffassung. Wir nennen sie die
umweltbezogene Evolutionserklärung, die die Frage nach dem
ersten Anstoß als belanglos behandeln kann, weil sie zirkulär vorgeht (1970c: 151; 1971a: 96; 1973a: 97, Anm. 32).
Das Denken in unaufgehobenen Korrelationen scheint Theologen schwerzufallen. Obwohl Rendtorff (1975: 33) die Luhmannsche Erklärung von Evolution aus dem Komplexitätsgefälle von System und Umwelt zitiert und richtig kommentiert,
stellt er einige Seiten später fest - sich "leiten" lassend
von der "religiösen Struktur des Weltbewußtseins" -, "daß
'Umwelt' Steigerung von Komplexität bewirkt und insofern
auch Evolution" (41). Umwelt stelle die Möglichkeit von Systemen dar und erzeuge daher Bewegung (ebd.). Da auf diese
Weise das Komplexitätsgefälle der System/Umwelt-Relation
auf eine einzige treibende Größe, die Umwelt, reduziert
wird, kann Rendtorff über eine Reihe von Luhmann teilweise
exegetisierenden, umformulierenden, entlarvenden oder auch
korrigierenden Bestimmungen sein Anliegen, die Explikation
theologischer Implikationen der Systemtheorie (34, 44,
52ff), ins Ziel bringen. Die erste Bestimmung übernimmt
Rendtorff von Luhmann, der Personen bekanntlich als Umwelt
von sozialen Systemen behandelt. Wenn jedoch Umwelt Triebkraft der Evolution und der Mensch Umwelt ist, dann heißt
das, daß individuelle Personen "als Grund für Evolution von
Gesellschaft überhaupt gedacht werden müssen" (42). Das
menschliche Subjekt ist aber, so Rendtorff, entgegen Luhmanns Insistieren nicht als "Hypokeimenon" zu fassen, sondern hat seine Wirklichkeit "allein im Aufbau und Vollzug,
in der Tätigkeit, als Realisierung" (48), weil "im vollkommenen Fall" das Subjekt "im Handeln als seine Einheit vorhanden ist, gerade nicht als davon unterschiedenes Einzelsubjekt" (78). Insofern ist "die individuelle Lebenswirklichkeit des Menschen (...) Platzhalter eben jenes allgemeinen wirklichkeitsmächtigen Subjektes (...), dem sich alle bestimmte Wirklichkeit verdankt - theologisch gesprochen:
Platzhalter Gottes" (75). Wenn aber die allgemeine Subjektivität der Grund der individuellen Subjektivität ist und das

individuelle Subjekt Umwelt und die Umwelt Quelle der Evolution, dann leuchtet die Behauptung Rendtorffs ein, daß die Evolutionstheorie Luhmanns "eine bestimmte Verschlüsselung eines wirklichkeitsmächtigen Gottesbegriffes bietet" (78). Diese Behauptung gibt sich als Interpretation der Systemtheorie Luhmanns. Luhmann verobjektiviere nur eben "Subjektivität auf Prozesse der Komplexitätssteigerung hin" (38). Daher könne die Systemtheorie mittels Entgegenständlichung auf ihre "strukturell theologische Funktion" (53), auf ihre "implizit theologischen Voraussetzung(en)" abgeklopft und "die theoretische Veranschaulichung der sich realisierenden Freiheit" als "hintergründiges Movens der Systemtheorie" dargetan werden (78). "Dieser Gewinn wäre allerdings verspielt", wenn die Systemtheorie die geschlossene Selbstbestimmung der Gesellschaft behaupten würde (ebd.). Um den "Gewinn" zu erhalten und zu mehren, wird Rendtorff nicht müde, dem Leser die Unfaßbarkeit des Selbstseins im Medium des Wissens (43), die Personalität als durch die endlich-historische Sozialität von Welt nicht definierbar, als Transzendenz sozialer Systeme vor Augen zu führen (23, 42, 75 u. ö.). (Daß Rendtorff dabei den Begriff "innere Umwelt" der Gesellschaft als Ort der Freiheit von Gesellschaft mißversteht, darauf weist schon Scholz 1981: 194, Anm. 40 hin.) "Gerade in seiner empirischen Unbestimmtheit" ist der Glaube, erklärt Rendtorff, "Ausdruck für das Wissen der Nichtidentität mit bestimmter historischer Welt" (44), aber das religiöse Bewußtsein erlangt dieses Wissen nicht als Einzelsubjekt, sondern nur dann, wenn es Abhängigkeit von Gott ist (76). Das heißt, Rendtorff geht es bei seiner "konstruktiven Widerständigkeit gegen totale Vergesellschaftung" (ebd.) sowohl darum, den Zugriff der Soziologie und einer "gegenständlich reduzierten Religionswissenschaft" (16) auf die menschliche Individualität zurückzudrängen, als auch darum, die Theologie als unverzichtbares Fundament der Soziologie anzubieten (54, 77). Mit dem Rückzug auf Unbestimmtheit und deren Hypostasierung ist Rendtorffs Theorie der Subjektivität der Kritik Luhmanns schon verfallen. Auch wenn Luhmann sich kaum explizit mit Rendtorff auseinandersetzt (vgl. aber Luhmann 1977: 61,

Anm. 94; 1978d: 66) liest sich seine Religionstheorie an manchen Stellen - etwa, wenn Luhmann über das theologische Nachturnen idealistischer Denkfiguren spottet (1977: 241) oder Erstaunen darüber zeigt, was "unter dem Titel 'Subjekt' mit zweihundertjähriger Verspätung den heutigen Theologen einzuleuchten beginnt" (30, vgl. auch 17, 61, 69)-wie eine "untergründige" Abrechnung mit Rendtorffs transzendentaler Freiheitstheologie. Daß Rendtorff die eigenen Optionen dennoch als implizite Intentionen der Systemtheorie ausgeben kann, ist ihm dadurch möglich, daß er Umwelt nicht relational, also nicht als abhängig von Systemen faßt, sondern als begründend. Gegen die Darstellung des Individuums als "Quelle aller gesellschaftlichen Dynamik" bzw. gegen den Versuch, die Gleichursprünglichkeit von Welt und System durch "theologische (...) Begründungen" zu verletzen, wendet sich Luhmann jedoch scon 1971c: 298, 365, Anm. 116. Die Systemtheorie "als eine Ausdrucksmöglichkeit der Subjektivitätstheorie" zu interpretieren bemüht sich auch Falk Wagner (1975: hier 174).

85 Luhmann (1967b: 131, Anm. 9) weist darauf hin, daß sich seine Theorie hier mit einem sozial-anthropologischen Konzept trifft, das die "Weltoffenheit" und die sich daraus ergebende Verunsicherung des Menschen zum Bezugspunkt ihrer Analysen macht. Vgl. Plessner 1964.

86 Später (1984b) bezeichnet Luhmann nicht Handlung, sondern Kommunikation als kleinste gesellschaftsbildende Operationseinheit (so schon 1978b: 31; 1981a: 17).

87 So schon Parsons, vgl. z. B. Parsons 1961: 38.

88 Die Schmid (1970: 208ff), Habermas (1971: 156f) u. a. aufgefallene Parallele zwischen "Reduktion von Komplexität" und Gehlens Begriff der "Entlastung" (Gehlen 1958) zieht Luhmann (1967b: 131, Anm. 9, 132, Anm. 18) selbst, obschon er sich an anderer Stelle (1971c: 308, Anm. 29) gleichzeitig gegen sie abgrenzt.

89 Hier nimmt Luhmann Bezug auf das "Law of requisite variety" Ashbys, auf das Gesetz der Entsprechung von System- und Umweltkomplexität (Luhmann 1968b: 10). Vgl. Ashby 1956: 206ff.

90 Hier begegnen wir der zweiten Form der Evolutionserklärung, der weltreferentiellen, also reflexiven, die wiederum zirku-

lär vorgeht und insofern auf die Rückbesinnung auf einen ersten Anstoß ebenfalls verzichten kann. Der Grund der Evolution liegt nicht, wie Pannenberg (1978a: 103) behauptet, in der Systemdifferenzierung, sondern, wie bereits erwähnt, in jener Asymmetrie, die jedes Verhältnis von System und Umwelt kennzeichnet (Luhmann 1970c: 150f; 1971c: 363).

91 "Innerlichkeit" verwende ich im übertragenen Sinn für das, was bei Luhmann als Verhältnis der Systemidentität zur Unendlichkeit des systemintern Appräsentierten auftritt. Die Unendlichkeit systeminterner Unbestimmtheit definiert Luhmann (1975d: 209) auch als Menge der möglichen Relationen zwischen den systeminternen Elementen. Auf diese Weise faßt Luhmann das, was andernorts als Freiheit des Individuums, als Unaufrechenbarkeit des Subjekts, als im Menschen selbst liegende Transzendenz oder unstrukturierte Leere oder absolute Möglichkeit usw. thematisiert wird, als Quantität – ein Verfahren, das Luhmann auch gegenüber solchen Begriffen wie Vertrauen, Gerechtigkeit, Freiheit anwendet. Quantifizierung bzw., wo das nicht gelingt, Ausblendung von Qualitäten ist das Mittel der (Natur)wissenschaften seit Kepler und Galilei, mit dem sie ihren Gegenstand erfaßbar machen.

92 Die Bestandsproblematik schlägt immer wieder durch. Insofern bietet Luhmann selbst Anhalt für die Meinung seiner Kritiker, daß seine praktische Intention auf "Bestandserhaltung" (so Scholz 1981: 132ff, der mir stark von Narr/Runze 1974: vgl. etwa 51ff abhängig zu sein scheint) gehe.

93 In Luhmann 1973d: 223 tritt denn auch folgerichtig der Begriff der Funktion an die Stelle des Perfektionsbegriffs. Das entspricht dem Sachverhalt, daß Luhmann auch Probleme, Funktionen als Stimulatoren von Entwicklung betrachtet.

94 In bezug auf Luhmann: Mayntz 1971: 62f; Narr/Runze 1974: 10, 16f; Tjaden 1975: 95; Holzer 1977: 82 u. a.

95 Damit sind zugleich die Grenzen der Evolutionstheorie Luhmanns bestimmt: "Keine Evolutionstheorie kann Zustände des evoluierenden Systems erklären, von Prognose ganz zu schweigen" (Luhmann 1975c: 152). Diese Unfähigkeit erklärt sich aus der Luhmannschen Ablehnung einer Auffassung, die gesellschaftlichen Wandel als "eine Art gesetzmäßig ablaufenden Kausalprozeß", "in dem der vorige Zustand Ursache für den

nächsten ist", begreift (ebd.). Der daraus sich ergebende Verzicht auf den Versuch, einen Zustand aus dem vorhergehenden herzuleiten, erinnert an Durkheim (1895, zit. nach 1965: 198): "Es ist aber unmöglich einzusehen, wieso der Zustand, in dem sich die Zivilisation zu einem bestimmten Zeitpunkt befindet, die bestimmende Ursache des darauf folgenden Zustandes sein könnte."

96 Der Komplexitätsgrad sozialer Systeme liefert auch den Grund, warum sich auf sie beziehende Theorien nur schwer empirisch verifizieren lassen. Luhmann schlägt deshalb vor, das Versprechen der Verifizierbarkeit funktional-struktureller Aussagen aufzugeben (1969a: 258ff).

97 Kritik am Universalitätsanspruch Luhmanns üben auch: Tjaden 1969b: bes. 757; Schmid 1970a: 186; Habermas 1971: 271f; Maciejewski 1972: z. B. 140, 146.

98 Völlig zu Recht verweist Habermas (1971: 229f) darauf, daß das Komplexitätsproblem, dem sich die Systemtheorie hier unterstellt, von ihr selbst als letzter Bezugspunkt aller Analysen gewählt wurde und daß insofern die Systemtheorie sich selbst benutzt, um ihren eigenen objektiven Entstehungszusammenhang aufzuhellen. Ebenfalls begründet ist die Bemerkung Habermas', daß ein solches Reflexivwerden der Systemtheorie nur möglich ist, weil sie ihre Kategorien auf die Welt im ganzen bezieht. Nicht einleuchtend erscheint mir dagegen die Behauptung, daß die Systemtheorie mit einem derartigen Totalitätsanspruch, der ihr erlaubt, ihre Aussagen auf sich anzuwenden und so (?) sich mit Praxis unmittelbar in eins zu setzen, ihre Begriffe der Überprüfung und Kritisierbarkeit entziehe, denn auch die Deutung der Welt im ganzen kann ja hypothetisch bleiben. Auch sehe ich nicht die von Habermas entdeckte Aporie, daß eine solche Konzeption der unvermittelten Einheit von Theorie und Praxis mit einem übersubjektiven Wahrheitsanspruch einerseits unvereinbar ist und daß andererseits dieselbe Konzeption, die sich Aussagen über die Welt im ganzen zutraut, unvermeidlich einen theoretischen Wahrheitsanspruch stellen muß, denn zum einen ist die Systemtheorie nur im gemeinsamen Bezug auf Komplexität mit Praxis eins (vgl. die Korrektur Luhmanns 1971c: 398), zum andern gibt sie den Anspruch, intersubjektiv zwingend gewiß

übertragbare Wahrheiten erstellen zu können ja gerade auf (Luhmann 1971c: 387 spricht statt von Aporien von Leistungsschranken). Die von Habermas (1971: 221ff) erhobene Forderung nach Begründung von Geltungsansprüchen unterstellt, daß sich Geltungsgrundlagen überhaupt fixieren lassen. Luhmann vertritt demgegenüber die Auffassung, daß auch eine Klärung der Voraussetzungen von Geltungsansprüchen, selbst wenn sie im herrschaftsfreien Diskurs vorgenommen wird, die Wahrheit der Wahrheit nicht zu garantieren vermag (Luhmann 1971c: 380, 383, 396). Deshalb kann die Systemtheorie in ihren Analysen auch ohne Geltungsbegründungen und wissenschaftstheoretische Rechtfertigungen auskommen (1977: 10). Die Positivität wissenschaftlicher Analysen besteht nach Luhmann (1971c: 388f) nicht in der Durchsetzung eines durch Selbstaufklärung gewährleisteten Geltungsanspruches, sondern in der Änderbarkeit von Wahrheiten.

99 Diesen Reflexionsüberschuß der Soziologie, d. h. doch des Sozialwissenschaftlers sieht Schelsky (1970a: 41f) als "das wissenschaftstheoretische Zentralproblem unserer gegenwärtigen wissenschaftlichen Bemühungen". Gerade bei Luhmann zeige sich die Gefahr des Ausblendens der wissenschaftlichen Reflexionsproblematik des Analytikers selbst. Das wird auch von Habermas (1971: 163ff, 182 u. ö.) gesehen, der Luhmann deshalb auffordert, seiner Systemtheorie eine Theorie der Deutesysteme voranzuschicken.

100 Ähnlich der Einwand von W. Kasprzik (1985: 76): Eine Kritik, die die Kriterien der Systemtheorie übernehmen würde, hätte ihr bereits weitgehende Zugeständnisse gemacht.

101 Eine Entscheidung über die Adäquanz theoretischer Urteile anhand der Fakten wurde von Luhmann ja als unmöglich abgelehnt. Allerdings hält er (1971b: 59) eine Überprüfung von Theorien "angesichts der Fakten" für vertretbar - ein Rückfall in erkenntnistheoretische Naivität?

102 Das heißt nicht, daß Luhmann aus dem empfundenen Mangel an theoretischer Grundlagensicherheit den Weg in die gesellschaftliche Praxis geht, sondern nur, daß er Praxis und Theorie zum Gegenstand seiner Analysen macht. Auch sucht Luhmann nicht nach Grundlagenunsicherheit überwindenden Fundamenten für die Positivität der Wissenschaft, sondern

stellt stattdessen der Theorie die Aufgabe, "den evolutionären und gesellschaftlichen Kontext von Positivität zu klären" (Luhmann 1971c: 389). Das heißt, er bleibt im Zirkel, reflektiert ihn oder entwirft, was dasselbe ist, eine Systemtheorie. Vgl. Anm. 98.

103 Holzer (1977: 83, 88) macht Luhmann den wohl nicht unberechtigten Vorwurf, daß er hier der Illusion einer von materiellen Bedingungen freien, allein wissenschaftlich gesteuerten Gesellschaftsführung erliegt.

104 Schließlich "darf nicht verkannt werden, in welchem Maße die Wissenschaft heute ein Überangebot an Information produziert" (Luhmann 1969a: 265).

105 Obschon es selbstverständlich möglich ist, politische Implikationen von Theorien zu diskutieren und zu kritisieren, was auch Luhmann (1971c: 403) nicht bestreitet. Die Systemtheorie freilich dürfte wohl zu abstrakt sein, um die Funktion eines herrschaftslegitimierenden Weltbildes übernehmen zu können (Lepenies 1971: 11).

106 Indifferenz, Beliebigkeit heißt, so Luhmann (1966: 112, Anm. 49), Systemstabilität.

107 Wenn "Glaube" als "innere" Angelegenheit des Menschen erscheint, dessen "äußere" Religiosität im Kirchenbegriff umschrieben wird (Luhmann 1977: 72), und der Gegenstand des Glaubens die Form der Unweltlichkeit annimmt, deren Außeralltäglichkeit, Unwahrscheinlichkeit und paradoxe Fremdheit durch das Dogma der Offenbarung Glaubwürdigkeit und Interpretierbarkeit erhält (139, 170, 180), dann wird auf diese Weise einmal Religion und Kirche auf der Basis von Erleben und Handeln differenziert (72) und zum andern auf der Basis von unzugänglich und zugänglich Religion und Wissenschaft (180). Eine Defensivbegrifflichkeit dieser Art entgeht freilich nicht der soziologischen Analyse. Die moderne Sozialforschung läßt eine so einfache Trennung von "innen" und "außen", "Erleben" und "Handeln", "zugänglich" und "unzugänglich" oder "Horizont" und "Transzendenz" (16) nicht zu - "und zwar nicht deshalb, weil sie diese Begriffe als unbrauchbar erkannt und aufgegeben hätte, sondern deshalb, weil sie <u>mit ihnen arbeitet</u>" (72f). Schon an den angeführten Beispielen von innen/außen, Erleben/Handeln, unzugäng-

lich/zugänglich und Transzendenz/Horizont ließe sich zeigen, daß die Beziehungen zwischen Soziologie und Religion "enger, abstrakter, fruchtbarer und gefährlicher sind, als man gemeinhin annimmt" (ebd.). Keine dieser Unterscheidungen kann dazu dienen, außergesellschaftliches oder gar außerweltliches und insofern prinzipiell undenkbares Sein zu begründen (75). Funktionale Methode und Systemtheorie sind vielmehr in der Lage, sich jedes beliebigen Gegenstandes zu bemächtigen (50, 68) und Erkenntnisschwierigkeiten als Sachprobleme zu formulieren (254). Sie transformieren Ungegenständlichkeit, die sich in überlieferten Interpretationen "als Welt und als Seele oder dann als Natur und als Reflexion" (1972a: 250), bei Luhmann aber unter den Titeln "Außenhorizont und Innenhorizont" oder systemexterne und systeminterne "Unbestimmbarkeit" (1977: 28) findet, in Gegenständlichkeit, indem sie das, was jeweils als Unbestimmbares fungiert, als Korrelat des Ausarbeitungsstands gesellschaftlicher Kommunikation begreifen (255) und damit in die jeweilige historisch variable System/Umwelt-Beziehung einordnen (17, 19; 1964a: 44).

108 Einen weiten Religionsbegriff vertritt z. B. Yinger, zuerst im Anschluß an Tillich: Yinger 1957: 9, dann an Geertz: Yinger 1969: 88f. Savramis (1973: 330) hält "Universalität, Erfahrung, Begegnung und Antwort" für "Hauptcharakteristika der Religion". Von der Gablentz (1953: 243) kann sogar in bezug auf Bildung, Humanismus, Kommunismus, Nationalismus, Fernsehen, Kino, Fußball von Religion sprechen. Luckmann (1970a: 75) faßt die religiöse Funktion als Menschwerdung überhaupt, als Sozialisierung in ein das Einzeldasein transzendierendes Sinngefüge. Kritisch zu einem derart weiten Religionsbegriff: Goody 1961: 154; Glock/Stark 1965: 3ff; Spiro 1966: 95f; Matthes 1967: 19f; Krausz 1971: 209ff; Berger 1970b: 52; 1973b: 167; Mörth 1978a: 19. Gerade die Unbestimmtheit des Religionsbegriffes scheint auf die Theologie eine gewisse Anziehungskraft auszuüben (Niefindt 1978: 43). Auch wenn sich ein weiter Religionsbegriff für theologische Grundlagendiskussionen, Ganzheitsthematisierung, Rückgewinnungsversuche angesichts einer 'säkularisierten' Wirklichkeit, auch für den Dialog zwischen den Religionen

(Theologie der Religionen) anzubieten scheint, wird gesehen, daß mit steigendem Allgemeinheitsgrad seine Leistungsfähigkeit sinkt (Birkner 1970: 10).

109 Der Hinweis auf die hochabstrakte Sprache, auf begriffliche Unschärfen, auf die Üppigkeit und Esoterik der Terminologie wird von fast allen Luhmann-Interpreten gegeben. Vgl. etwa Grimm 1974: 8; Narr/Runze 1974: 7; Matthes 1978: 9f; Scholz 1981: 131f; Ohlendorf 1981: 2.

110 Wie die Behandlung des Realitätsbegriffes als systemabhängige Kategorie und die Gleichsetzung der Differenz von strukturiert/unstrukturiert mit der Differenz zugänglich/unzugänglich erkennen läßt (vgl. Anm. 76), ist für Luhmann der Unterschied zwischen Bestimmtem und Unbestimmtem, obwohl er die Epistemologie in die Systemtheorie auflösen will, immer wieder erkenntnistheoretisch bedingt. Damit hängt es zusammen, a) daß die Unbestimmbares in Bestimmtes überführende Religion oft die Form von Wissen annimmt (vgl. auch Colpe 1978: 263, Schulze 1979: 45f), b) daß - entgegen Luhmanns (1977: 11f) Versicherung - die Religion zuweilen in ihrer interpretatorischen Funktion aufgeht, c) daß Luhmanns Darstellung der Religionsgeschichte sich mehr auf die Geschichte religiöser Ideen (Dogmatik, Theologie) als auf die Geschichte religiöser Gemeinschaften oder des Kults konzentriert.

111 Kapitel 2 ist eine weitgehende, allerdings "stark überarbeitete" (1977: 7) Übernahme von Luhmann 1972b; "unbestimmt" wurde jedoch an keiner Stelle durch "unbestimmbar" ersetzt.

112 Anders Scholz (1981: 116), der in den jüngsten Texten "eine klare Option für die Einsetzung von 'unbestimmbar'" sieht.

113 Diesen Versuch unternimmt Scholz 1981: 116ff. Ausgehend von der interessanten Beobachtung, daß die Metapher "Horizont" sowohl "(a) Übergehen in Transzendenz, d. h. Unbestimmbarkeit, (wie) (b) Ausschluß von Transzendenz, d. h. Unbestimmtheit" bezeichnet, stellt Scholz die Religion, die sich an Variante a orientiert, den Welt-Horizont als "nicht mit immanenten Bedingungen relationierbare" 'mögliche Möglichkeit' faßt und deswegen ihr Problem chiffrieren muß, der Wissenschaft gegenüber, die, an Variante b orientiert,

den Welt-Horizont als 'wirkliche Möglichkeit' faßt, welche
"nicht mit immanenten Bedingungen relationiert ist", aber
doch gleichwohl mit ihnen relationiert werden kann, und
daher ihr Problem zu bearbeiten vermag. Religion und Wissenschaft lassen sich jedoch m. E. nicht dadurch differenzieren, daß Religion auf Unbestimmbares und Wissenschaft
auf Unbestimmtes bezogen ist, hieße das doch behaupten,
daß Religion dort ansetzt, wo die Leistungsfähigkeit von
Wissenschaft aufhört. Systemtheorie hat vielmehr eines ihrer wesentlichen Ziele darin zu verdeutlichen, daß auch
das, was "momenthaft unfaßbar" (Hervorhebung von mir) ist,
über Normalisierungsstrategien in den Reaktionsbereich von
Systemen einbezogen werden kann (Luhmann 1977: 17), also
doch mit immanenten Bedingungen relationierbar ist. Luhmann spricht übrigens selbst davon, daß Wissenschaft die
Funktion hat, das Unbestimmbare zu limitieren (1976a: 52),
was Scholz auch zugibt, sich aber in sein Kontrastprogramm
nicht einfügen will. Diese Fähigkeit von Wissenschaft (und
von Systemen überhaupt) hängt mit der Offenheit aller sinnhaften System/Umwelt-Relationen zusammen. Nur aufgrund dessen, daß Wissenschaft einen gesellschaftsexternen Bereich
prinzipieller Unbestimmbarkeit nicht zuläßt, wird sie für
Religion so gefährlich (1977: 73), und nur aufgrund dessen
ist erklärbar, daß die als Folge neuzeitlicher Wissenschaftsentwicklung eingetretene Steigerung des Auflöse- und
Rekombinationsvermögens zu einer Krise der Religion führt
(17). Religion und Wissenschaft, sofern sie ihr analytisches Potential steigert, haben beide mit dem Unbestimmbaren und Unbestimmten zu tun, aber sie unterscheiden sich
dadurch, daß Religion das Verhältnis von bestimmbarer und
unbestimmbarer Komplexität als Einheit darstellt, während
Wissenschaft diese Einheit auflöst, diskretiert und typisiert (33!). Der These von Scholz kommt freilich insofern
ein gewisses Recht zu, als Luhmann Grenzen der Steigerbarkeit des wissenschaftlichen Komplexitätspotentials anzunehmen scheint (vgl. etwa 166f), und insofern, als er
manchmal als Bezugsproblem von Religion nicht das Zugleich
von Bestimmtheit und Unbestimmbarkeit, sondern die alle
Dekompositionen, alls Einteilungen und Typisierungen, alles

Seiende transzendierende Komplexität (313) angibt. Aber auch dieses Übernatürliche gehört zur Umwelt des jeweiligen Systems (19) und kann daher mittels Anschlußselektionen repräsentiert werden, was weitere Appräsentationen nicht aus-, sondern einschließt (24). Die Tatsache, daß "Horizont" sowohl Übergehen in Transzendenz wie Ausschluß von Transzendenz bezeichnet, dürfte kaum zu einer Differenzierung von Unbestimmbarkeit und Unbestimmtheit, sondern weitaus eher zu einer Unterscheidung von Unbestimmbarkeit und Bestimmbarkeit Anlaß geben und wohl darauf zurückzuführen sein, daß Horizonte nicht nur bestimmte und unbestimmte Komplexität trennen (1971c: 301), sondern zugleich auf das "Darüberhinaus" verweisen (1972a: 250) und es insofern auch infolge einer geringen Auswahl an anderen Vokabeln (Welt, Komplexität) zuweilen bezeichnen können und dann manchmal in Anführungszeichen gesetzt erscheinen (1971b: 65; 1973a: 74, 88; 1977: 23). Letzteres leider meistens nicht, was wiederum mit der Überschätzung der Systemabhängigkeit aller Realität zusammenhängt (der Begriff Horizont setzt ja einen Standpunkt voraus, verletzt also die Gleichursprünglichkeit von System und Welt). Dafür erscheint dann "Welt" in Anführungszeichen (1971b: 66). Ich würde stattdessen für eine Unterscheidung von Horizont- und Weltbegriff plädieren.

114 Das Bezugsproblem der Religion besteht mithin darin, daß etwas so ist, wie es ist, und zugleich anders sein könnte. In dieser Kontingenz liegt, wenn wir die abstrakten Bestimmungen Luhmanns einmal umsprechen wollen, die ganze Fraglichkeit des Daseins beschlossen: die Frage, warum etwas so ist, wie es ist, die Frage, ob es nicht auch anders hätte kommen können (warum ich?, warum das und das auf diese Weise?, warum jetzt? = soziale, sachliche, zeitliche Dimension der Kontingenz), die Frage der Theodizee, die heute als Sinnfrage erscheint. Aristoteles (Met IX, 3, 1047a, 20-26) definiert Kontingenz als den Fall, "daß etwas möglich ist zu sein, aber nicht ist, und daß etwas möglich ist, nicht zu sein, und doch ist". Seine formallogische Definition bestimmt Kontingenz also als Verneinung von Notwendigkeit und als Verneinung von Unmöglichkeit. Dem schließt sich Luhmann (1977: 187; vgl. 1972a: 253, Anm. 22; 1971a: 32f) an. "Kon-

tingent ist demnach alles, was zwar möglich, aber nicht notwendig ist" (1977: 187). Die sich in der neueren religionssoziologischen und theologischen Literatur sich abzeichnende Karriere des kritisch oder affirmativ gebrauchten Begriffspaares Kontingenzerfahrung/Kontingenzbewältigung (Dahm 1971: 99-156, 197; Dahm/Hörner 1975: 76ff; Lübbe 1975: 178; 1980: 177ff; Bahr 1975a: 220ff; 1975b: 42f; Mette 1978: 73ff, bes. 83ff; Mörth 1978a: 156ff, bes. 161; Habermas 1979a: 163-168; Kaufmann 1979: 96; Pannenberg 1980: 151ff; Sauter 1980: 78ff; Döring/Kaufmann 1981: 5-67; Peukert 1982: 80ff; Moritz 1985: 582f) geht nicht nur auf die gewachsene Wirksamkeit der Religionstheorie Luhmanns zurück, sondern rührt vor allem aus der Traditionsverankerung des Kontingenzbegriffes her (vgl. neben Aristoteles: Thomas, Sum. theol. I, 86, 3c). Dabei ist Kontingenz im Sinne Luhmanns nicht nur als Unerwartetes, Überraschendes, Zufälliges, Enttäuschendes, Handlungssinnwidriges (so Mette, Moritz, Dahm, Lübbe) zu definieren, sondern meint (so Döring/ Kaufmann 1981 und Höhn 1985: 249) die Ungesichertheit des Lebens, das Risiko des In-der-Welt-Seins überhaupt (Luhmann 1971a: 32f).

115 Vgl. aber auch Luhmann 1977: 36, wo Luhmann auch die umgekehrte Variante anspricht, nämlich daß das Bestimmte mit Hilfe von Religion wieder aufgelöst und mit Elementen der Unbestimmbarkeit angereichert wird. Diese Variante führt zur Neuformierung tradierter Muster der Religion auf höherem Generalisierungsniveau (37).

116 Durch Aufweis eines universalen Bezugsproblems garantiert Luhmann die Einbeziehbarkeit aller Phänomene, die mit Religion assoziiert werden können. Die Diffusität und Unbestimmtheit der Gegenstandserfassung sind insofern der Preis für die Einlösung des Universalitätsanspruches.

117 Wenn Luhmann (1977: 79) die Behauptung, daß Religion aufgrund gesellschaftlicher Differenzierung nicht ihre gesamtgesellschaftliche Funktion verliert, damit begründet, daß sie sich weiterhin auf die Bestimmbarkeit der Welt bezieht, so unterscheidet er m. E. nicht genügend zwischen Thematisierung des Ganzen und gesamtgesellschaftlicher Gültigkeit. Nicht der inhaltliche Bezug auf die Selektivität des Gesell-

schaft/Welt-Verhältnisses sichert der Religion bereits soziale Anerkennung. Sachliche und soziale Ebene sind vielmehr deutlich zu differenzieren, weshalb die Frage nach dem Ganzen - wie Luhmann (1985a: 8) selbst sagt - ebenso zu einem Teil des Ganzen werden kann, wie ein Spezialproblem die gesamte Gesellschaft durchziehen kann.

118 Vgl. Luhmann (1977: 133) selbst: "an die Stelle" von Perfektionsvorstellungen (Gott) trete das Prinzip der Entwicklung.

119 Hier bezieht sich Luhmann auf R. Otto (1917). Vgl. auch Söderblom 1931: 8, sowie die Kritik Baetkes (1942a; 1942b; 1944) von religionswissenschaftlicher Seite.

120 Damit versucht Luhmann, über die in der Soziologie gebräuchliche Ausklammerung des "Heiligen" aus der Analyse hinauszukommen; steht doch hinter dieser Ausklammerung die erkenntnistheoretische Unterscheidung von Erscheinung und Wesen, eine Unterscheidung, die Luhmann sich gerade bemüht, als Sachproblem systemtheoretisch umzuformulieren.

121 Hier bezieht sich Luhmann auf Dahm (1971: 116ff, 303ff).

122 "Ein gegebenes Dieses" wird "als Etwas und Anderes" erfahren (Luhmann 1972a: 251). Bestimmtes und Unbestimmtes sind also in der Erlebnisform der Religion untrennbar miteinander verbunden (1977: 33f). Das, was durch das Bestimmte verdeckt wird, hat zwar keine Realität, wird aber miterlebt als das, was die kontingente Form notwendig macht (33). Das Bestimmte dagegen ist erforderlich, um das Unbestimmte konkret plausibel zu machen (26).

123 Dem entspricht Luhmanns Ritualauffassung. Wenn Luhmann Rituale als "symbiotische Mechanismen" definiert, "mit deren Hilfe die soziale Kommunikation unter Anwesenden sich ihrer nichtsymbolisierbaren Grundlagen symbolisch versichert" (Luhmann 1977: 56f, Anm. 82), dann behandelt er Rituale nicht als Formen des Hinweises auf eine andere Wirklichkeit oder gar als partizipierend an dieser Wirklichkeit, sondern als Chiffren, die das Unbestimmbare bestimmen und damit verstellen.

124 An dieser Stelle sei darauf hingewiesen, daß die Parallelen zwischen der Religionstheorie Luhmanns und der Religionskritik von K. Marx verblüffend sind. Nicht nur die Tatsache,

daß Religion als gesellschaftliches Phänomen analysiert wird (vgl. aber Luhmann 1977: 247, Anm. 36) und das religiöse Subjekt weitgehend in den Hintergrund tritt, verbindet beide Entwürfe. Auch darin stimmen sie überein, daß Religion vorrangig in ihrer kompensatorischen Funktion begriffen wird, als "feierliche Ergänzung" bei Marx (1844: 170), als Einheit von Repräsentation und <u>Gegenrepräsentation</u> bei Luhmann (1977: 25), bei Marx (1844: 170) als "moralische Sanktion" und "Rechtfertigungsgrund", bei Luhmann (1966: 107) mit der Aufgabe, die Sozialordnung "sakral (...) zu rechtfertigen" und ihr substrukturelles Risiko zu verwalten (1977: 249). Beide heben die mit der Kompensationsthese eng verbundene integrative Funktion der Religion hervor und berücksichtigen auch ihre Protestationsfunktion (Marx 1844: 171, Luhmann 1977: 37, 51, 214). Beide haben kein vordergründiges Interesse an der Entlarvung der Religion, Marx (1844: 170), weil er sie für bereits geleistet hält, Luhmann (1977: 69f), weil er ihre Leistbarkeit überhaupt in Zweifel zieht. In beiden Konzeptionen ist eine Konzentration auf das Zugängliche und Machbare zu bemerken (Marx 1845: 200, These 8). Damit sollen die unübersehbaren Differenzen (Kausalitätsbegriff, Verhältnis Gesellschaft - Natur, Arbeitsbegriff, Bedeutung der Produktionsverhältnisse, der Klassengegensätze usw.) nicht nivelliert werden, aber einer ausschließlichen Kontrastierung, jedenfalls was die Religionstheorie anbelangt, gewehrt sein. Marxistische Luhmann-Interpretationen nehmen sich in der Regel dreierlei vor: a) den Nachweis der Unfähigkeit der Systemtheorie, die Widersprüchlichkeit und Krisenhaftigkeit der kapitalistischen Gesellschaft zu begreifen, b) die Erklärung dieser Unfähigkeit aus dem Interesse der Systemtheorie, die Krisenhaftigkeit und Perspektivenlosigkeit des Kapitalismus zu verschleiern und das Bestehende zu verteidigen, c) die Interpretation dieses Verschleierungsinteresses als Ausdruck der Perspektivenlosigkeit und Widersprüchlichkeit der kapitalistischen Gesellschaft selbst und damit die Transformation der Theoriekritik in die Gesellschaftskritik. So Tjaden 1969a; 1969b; Warnke 1974; Giegel 1975; Marwedel 1976; Holzer 1977; 1982;

Rosenfeldt 1977; Ohlendorf 1981.

125 Das führt zu der These, daß der Wirklichkeitsbegriff darüber entscheidet, wie die Frage nach der Wahrheit oder Unwahrheit von Religion beantwortet wird. Bei Luhmann bleibt beides unentschieden.

126 Allerdings spricht Luhmann (1977: 71) davon, daß Wissenschaft die "Adäquatheit religiöser Sinnformen kritisch analysieren" könne. Mit Adäquatheit ist aber nicht der Realitätsgehalt religiöser Aussagen gemeint, sondern ihre Komplexitätsangemessenheit. Nicht Wahrheit, sondern die Komplexität der modernen Gesellschaft bildet den Maßstab der Beurteilung.

127 Vgl. Luhmann 1977: 283, wo der Religion unterstellt wird, ein Angebot zu unterbreiten, das sich an alle richtet, sich auf den ganzen Menschen bezieht und sich selbst für das beste Angebot hält.

128 Zugleich erklärt Luhmann (1972c: 12, 1977: 169f), daß z. B. die Auferstehungsvorstellung Possibilität als Moment der Komplexität erhält. Ja Luhmann (1971b: 64) kann im Anschluß an Blumenberg den historischen Beitrag der Religion zur Radikalisierung der Vorstellung anderer Möglichkeiten würdigen. Religion reduziert also nicht nur Komplexität (Integrations-, Kompensationsfunktion), sondern steigert auch Komplexität (Protestationsfunktion, Evolutionsfunktion), letzteres aber eher in früheren als in heutigen Gesellschaften.

129 Maciejewski (1972: 150f) sieht in dieser Evolutionsdefinition wohl nicht zu Unrecht den "Versuch, die soziokulturelle Entwicklung dem Muster der biologischen Evolution, das seit Darwin mit der Formel Mutation-Selektion-Isolation umschrieben werden kann, nachzubilden". Daß der Sinnbegriff, mit dem Luhmann (1971a: 93) die Unterscheidbarkeit von Organismen und Sozialsystemen sichert, im Rahmen seiner Theorie die Rolle eines "Schlüsselbegriffs" (26) übernimmt, erklärt sich aus diesem Übertragungsversuch.

130 So Hammond (1969) und Luckmann (1970c: 8). Bellah (1964: 67ff) und Lenski (1966: 92) unterscheiden fünf Perioden. Letzterem schließt sich Döbert (1973: 84) an, der allerdings die Phase der Jäger/Sammlergesellschaften und der ein-

fachen Gartenbaugesellschaften zu einer Gruppe zusammenfaßt.

131 In Luhmann 1977: 86 werden Rituale und kontextfrei gepflegte Mythen getrennt und letztere ersteren zeitlich nachgeordnet. Auf den Seiten 37 und 109 behandelt Luhmann Mythos und Kult als zusammengehörig. Den für Religion konstitutiven Zusammenhang von Riten und Mythen betonen schon Durkheim (1898: 120ff), Gennep (1910), Malinowski (1926), Lévy-Bruhl (1935: 159f).

132 Denn alle Ausdifferenzierungen und Insulationen, selbst wo sie sich gegen soziale Entwicklungen behaupten, sind nach Luhmann (1972a: 251, Anm. 17) von der Gesellschaft abhängig.

133 Damit wendet sich Luhmann (1977: 96, Anm. 57) zugleich gegen die auf Durkheim zurückgehende Individualismus-Theorie, die Individualisierung auf Rollendifferenzierung zurückführt.

134 In dieser Differenzierung liegen für Luhmann (1972b: 37 = 1977: 101) die "vielleicht einschneidendsten Konsequenzen" für die religiöse Dogmatik beschlossen, denn aufgrund der Auseinanderziehung von Personalem und Sozialem und aufgrund der damit verbundenen Privatisierung des Entscheidens ist Religion nicht mehr in der Lage, sich gesamtgesellschaftlich abgestützter Vorstellungen zu bedienen und - wie bisher - ihre eigene Wahrheit auf diese zu gründen (vgl. 1977: 239ff).

135 Hier ist Luhmann abhängig von Parsons (1967: 393). Zum Innendifferenzierungskonzept Luhmanns vgl. S. 54ff.

136 Was mit Luhmanns Vorstellung von der anzustrebenden gesamtgesellschaftlichen Führungsrolle der Wissenschaft korrespondiert.

137 Die Vermittlung von Einheit und Differenz ist bekanntlich eines der zentralen Anliegen der Denkanstrengungen des deutschen Idealismus und seiner Tradenten bis hin zu Paul Tillich.

138 Diese Formulierung ist ungenau, denn Negationen fungieren ja als grenzsetzende Bestimmungen (vgl. Luhmann 1971a: 72). Luhmann meint: mit Hilfe kaum noch gefüllter Generalisierungen. Der Gebrauch des Negationsbegriffes erklärt sich wohl aus einer Hegel-Reminiszenz: Das absolute Sein, das

reine Sein "ist das unbestimmte Unmittelbare", "die reine Unbestimmtheit und Leere", "ist in der Tat Nichts, und nicht mehr noch weniger als Nichts" (Hegel 1813 (1816): 87f).
139 Hier zeigt sich deutlich die in Anm. 110 behauptete kognitive Ausrichtung der Luhmannschen Religionsauffassung.
140 Das erinnert an Max Weber (1920: 204), der davon ausgeht, daß die innerweltliche Askese des Protestantismus zur Formung des kapitalistischen Geistes und damit zur Herausbildung der kapitalistischen Wirtschaftsform beigetragen hat, daß aber der "siegreiche Kapitalismus (...), seit er auf mechanischer Grundlage ruht, dieser Stütze nicht mehr (bedarf)" und sich von den religiösen Bedingungen seiner Entstehung abkoppelt und verselbständigt.
141 Die Frage, wieso Religion ihre frühere gesellschaftliche Allgemeingültigkeit verloren hat (Luhmann 1972a: 255), welche Ursachen zur Herauslösung des kirchlich-religiösen Systems aus der Gesamtgesellschaft führten und welche Folgen diese Herauslösung hat, "welche Probleme sich aus Veränderungen der gesellschaftlichen Lage von Religion für die Organisationsebene ergeben" (249), bestimmte bereits den Ansatz von Luhmanns erster religionssoziologischer Studie zur Organisierbarkeit von Religion. Neuere Untersuchungen unter den Arbeitstiteln "Die Ausdifferenzierung der Religion" (1985c), "Läßt unsere Gesellschaft Kommunikation mit Gott zu" (1984c), "Society, Meaning, Religion - Based on Self-Reference" (1985a), "Die Unterscheidung Gottes" (1986a) kreisen ebenfalls um die Frage, wieso Religion früher eine so große Rolle gespielt hat und welche gesellschaftlichen Bedingungen sie heute noch ermöglichen (1986a: 14).
142 Berger (1970b: 52) spricht von "Entsakralisierung".
143 Also als ein spezifisch neuzeitliches Phänomen. Gegen Bolle 1970.
144 Schon John Stuart Mill (1874) schrieb die Wirksamkeit der Religion als moralischem Regulativ allein der "Macht der öffentlichen Meinung" zu.
145 Säkularisierung könnte, wenn sie zum Bewußtsein der Kontingenz der eigenen Form führt, "eine Quelle religiöser Er-

neuerung sein" (Luhmann 1977: 263). Vgl. Bolle 1970.
146 Ganz ähnlich argumentiert Max Weber. In seinem Theorieentwurf steht allerdings an der Stelle des Prinzips der zunehmenden gesellschaftlichen Differenzierung der Rationalisierungsbegriff: Die Religion, die einst selbst eine Form der Rationalisierung des Weltzugangs war, werde mit dem Fortschreiten der Rationalisierung und ihrer Verselbständigung mehr und mehr ins Irrationale abgeschoben (Weber 1920: 253). Versuche die ins Irrationale abgedrängte Religion, den "Weg der Befreiung vom Intellektualismus" einzuschlagen, so bringe sie – und hier zeigt sich die strukturelle Analogie der Weberschen Argumentation – "das gerade Gegenteil von dem" hervor, "was diejenigen, die ihn beschreiten, als Ziel darunter sich vorstellen" (Weber 1922: 598), denn sie trachte "durch rationale Reflexion deren Gegenteil zu beschwören" (Adorno 1969b: 22) und trage auf diese Weise zu deren Kontinuierung bei.
147 Wiederum ist hier der Gesichtspunkt der Systemabhängigkeit aller "Realität" überzogen. Deshalb gewinnt die Bestreitung eines Seins an sich, obschon gegen metaphysische Aussagen gerichtet, selber metaphysischen Charakter (= Verletzung der Gleichursprünglichkeit von System und Welt). Wir fragen, woher Luhmann dies weiß, daß es keine systemunabhängige Faktizität gibt.
148 In einer subtil gearbeiteten Studie versucht Herms (1974), die als unbefriedigend empfundene "Unvollständigkeit", Beliebigkeit und Relativität der Systemtheorie dadurch zu überwinden, daß er nach einer alle Systemprozesse bedingenden apriorischen Weltstruktur als Konstitutions_weise_ des überhaupt Möglichen sucht und die Frage nach der Konstitution dieser Konstitutionsweise aufwirft (354f). Analog dazu bemüht er sich, die Iteration einer sich auf die _variable_ Struktur des intentum beziehenden Intention so zu beenden, daß die Bedingung von Reflexivität überhaupt erscheint (351f, Anm. 66). Gegenüber beiden Vorgehensweisen würde Luhmann wohl zu Recht einwenden, daß sich das System nicht über sich selbst erheben und zu einer Aufhellung seiner von ihm unterschiedenen Bedingungen gelangen kann, es sei denn mittels Selbsthypostasierung. In beiden Fällen würde Luh-

mann wohl die als Bedingungen aller Selektions- und Reflexionsprozesse eruierten Strukturen wiederum auf Systembedingungen beziehen, einmal, indem er die von ihm als <u>Reflexivität</u> thematisierte Iteration in <u>Reflexion</u> überführt (Luhmann 1973a: 95, Anm. 8), zum andern, indem er die Frage nach der Konstitution aller Konstitutionsweisen als an Systemoperationen gebunden behandelt (1977: 69; vgl. auch 1977: 21, Anm. 26, wo Luhmann die systemrelative Bildung des Umweltbegriffes betont). Um die Beliebigkeit eines desubstantiierten Wirklichkeits- und Wahrheitsbegriffes zu überwinden, wäre vielleicht, sofern man nicht den Weg in die Praxis gehen will, ein Arbeiten mit Postulaten fruchtbarer.

149 Weber (1920: 564) sagt: "Mit jeder Zunahme des Rationalismus der empirischen Wissenschaft wird dadurch die Religion zunehmend aus dem Reich des Rationalen ins Irrationale verdrängt". Berücksichtigt man, daß Luhmann (1966: 108) Rationalität als Steigerung der Komplexitätsverarbeitungskapazität definiert, so sagt er fast dasselbe: Mit der Erhöhung des Differenzierungs- und Komplexitätsgrades der Gesellschaft muß Religion an immer höher generalisierte Probleme anknüpfen und die Welt des Bestimmten und Konkreten immer mehr den anderen Funktionsbereichen überlassen.

150 Im Anschluß an Luhmann behaupten auch Dahm (1971: 197f), Moritz (1985: 584), Lübbe (1980: 174f) u. a. die aufklärungs- und säkularisierungsresistente Nötigkeit von Religion.

151 An dieser Stelle grenzt sich Luhmann deutlich von Weber ab. Während Weber davon ausgeht, daß Religion als ein Faktor innerhalb der "Vielfalt der Faktoreninterdependenz" (Winckelmann 1980: 31), die zur Herausbildung des modernen Kapitalismus führt, ihre Säkularisierung selbst mitbetreibt und daß die Zertrennung der einzelnen gesellschaftlichen Funktionsbereiche erst eine Folge der Entzauberung der Welt ist, betont Luhmann (1977: 256), daß die Ausdifferenzierung eines kapitalistischen internationalen Wirtschaftssystems früher anlaufe als der Wandel des Religionssystems, daß der Strukturwandel des Wirtschaftssystems nicht eine Reaktion auf Veränderungsprozesse innerhalb des Religionssystems, sondern

umgekehrt der religiöse Wandel eine Reaktion auf außerreligiöse Veränderungen und insofern die Säkularisierung nicht eine Ursache, sondern eine Folge des Umbaus der Gesellschaft von der stratifizierten zur funktionalen Differenzierung sei.

152 Die polemische Variante dieses Grundlagenverständnisses wird von Luhmann (1977: 266) thematisiert, wenn er der Theologie vorhält, daß sie im interdisziplinären Austausch mehr nimmt als gibt.

153 Unter anderem mit diesem Ziel hängt zusammen, daß Luhmann (1977: 137f) die Möglichkeit natürlicher Religiosität (religiöses Apriori) ebenso ablehnt wie die Möglichkeit einer von den kirchlichen Strukturen losgelösten Sektenbildung (138, Anm. 133) und sich außerdem gegen eine Entgegensetzung von institutionalisierter Kirche und subjektivem Glauben wendet (139f, 177). Wäre doch in allen drei Fällen die Einbeziehbarkeit aller mit Religion assoziierten Phänomene in die sozialwissenschaftliche Analyse gefährdet (vgl. 34).

154 Auch bei Weber stehen Glaube und rationale Lebensführung im Gegensatz zueinander. Religion, die sich auf "Wunder" und "Offenbarung" gründet (Weber 1922: 603), verlange von ihren Angehörigen das Opfer des Intellekts (1972: 343; 1920: 566). Das Prinzip der modernen rationalen Weltgestaltung emanzipiere sich von seiner religiösen Wurzel und gewinne zunehmend Autonomie. Eine Ausnahme bilde lediglich der asketische Protestantismus, der Glaube und rationale Lebensführung für eine gewisse Zeit zu verbinden verstand (1972: 327). Das Zusammengehen von Weber und Luhmann bei der Bestimmung des Verhältnisses von Religion und wissenschaftlichem Weltbild in der Moderne erklärt sich wohl aus der Bezugnahme beider auf Kant und die von ihm ausgehende transzendentalphilosophische Denktradition (für Weber vgl. Dux 1973: 318). Die Ersetzung des Rationalitätsbegriffes durch den Begriff der Komplexitätserfassungskapazität ist eine Folge des Bemühens Luhmanns, die Einsichten des Transzendentalismus durch ihre systemtheoretische Umformulierung zu bewahren. Deshalb auch spricht Luhmann an den Stellen, an den Weber den Rationalitätsbegriff verwendet, vom gesellschaftlich Selbstverständlichen, Plausiblen, Normalen, vom gesellschaftlich Stabili-

sierten; rational ist für Luhmann (1964a: 47; 1966: 108) ein System in dem Maße, wie es mit steigenden und wechselnden Komplexitätsanforderungen fertigzuwerden und sich angesichts dieser Gefährdungen stabil zu halten vermag.

155 Hieran entzündet sich die mehrfach vorgetragene, nicht nur gegen Luhmann vorgebrachte Kritik Pannenbergs (1974: 151ff; 1978a: 103, 1978b: 357; 1980: 151f u. ö.), in der er trotz seiner antibarthianischen Wende mit der dialektischen Theologie übereinstimmt, der christliche Glaube könne nicht auf menschliches Handeln zurückgebracht werden, vielmehr richte sich der Glaube auf Wahrheiten, die allem menschlichen Handeln vorausgehen und vorgegeben seien. Demgegenüber weist Luhmann (1978a: 355) zu Recht darauf hin, daß auch diese Behauptung - in der Gesellschaft, in einer Zeitschrift, für Leser getroffen - "nicht aus dem Zirkel hinaus(kommt), sondern nur nicht auf die rechte Weise in ihn hinein" - womit er Heidegger (1927: 153: "Das Entscheidende ist nicht, aus dem Zirkel heraus-, sondern in ihn nach der rechten Weise hineinzukommen") paraphrasiert. Pannenberg verfällt damit jenem Dezisionismus, den er (vgl. 1977: bes. 103) Barth vorwirft. Wenn man bedenkt, daß, wie Graf (1982: 274ff) aufzeigt, selbst die auf die absolute Freiheit Gottes orientierten Programme Barths (vgl. Jüngel 1977: 481f) und Pannenbergs nicht der Schwierigkeit entgehen, endliche Denkbestimmungen in die absolute Wirklichkeit Gottes einzuzeichnen und die reklamierte Unbedingtheit der Souveränität Gottes in ein Bedingtes zu verkehren, dann dürfte der Luhmannsche Gedanke der Unüberschreitbarkeit des Zirkels auch für Theologie Relevanz besitzen.

156 So erklärt Luhmann (1977: 71) selbst, Soziologie könne die Adäquatheit religiöser Sinnformen analysieren, wobei allerdings als Maßstab nicht Wahrheit, sondern der Grad der eingefangenen gesellschaftlichen Komplexität fungiert.

157 So lautet das Urteil zumindest aus der Sicht der Betroffenen, wie Äußerungen Sauters (1972: 123; 1975: 178) und Rendtorffs (1974: 105ff) zeigen. Anders Lübbe (1980: 173), der der zeitgenössischen Religionssoziologie eine neue Naivität und Unbefangenheit im Reden über Religion bescheinigt und dies damit begründet, daß sie frei ist "von spätauf klä-

rerischen Impulsen, uns zur Emanzipation aus für residual gehaltenen religiösen Herkunftsbeziehungen anzuleiten".

158 "Das Äquivalenzprinzip ist latent immer auch ein Konkurrenzprinzip" (Schmid 1970: 194). Vgl. dazu ablehnend Scholz 1981: 119, Anm. 178, zustimmend Kaefer 1977a: 294, Anm. 71.

159 Anders Scholz 1981: 117. Wenn Wissenschaft sich tatsächlich, wie Scholz behauptet, nur auf das Unbestimmte beziehen würde und die "(von Religion) geleistete Absorption von Transzendenz voraussetzen, mithin vom Unbestimm_baren_ absehen" könnte, dann würde das bedeuten, daß Religion die Transformation vom Unbestimmbaren zum Unbestimmten leistet, was ein Widerspruch zu Scholz (1981: 115) darstellen würde, wo er selbst die Funktion der Religion als Transformation von Unbestimmbarem in Bestimmbares/Bestimmtes definiert.

160 Das liegt nahe, da Kontingenz nach Luhmann (1978b: 44) eine Form der Reduktion von Komplexität ist.

161 Es ist deutlich, daß sich Luhmann mit einer solchen Argumentationsweise auf den Standpunkt der modernen Gesellschaft stellt und sie zum Adäquitätsmaßstab erhebt.

162 "Durch Reflexion bezieht sich ein System letztlich auf die Welt, in bezug auf die es sich identifiziert" (Luhmann 1977: 178f).

163 Luhmann arbeitet also mit einem pantheistisch anmutenden Gottesbegriff - ein Hinweis auf die inhaltlichen Vorentscheidungen, die den Aufbau seiner Theorie mitprägen.

164 Wozu die Systemtheorie insofern neigt, als sie davon ausgeht, daß in komplexer werdenden Gesellschaften sich die beiden Erfordernisse für die Erfüllung der religiösen Funktion: Konkretion der Repräsentation und Relationierung im Leerhorizont nicht mehr zusammen erfüllen lassen, so daß Religion als Ideologie _oder_ Rauschsucht kritisierbar wird (Luhmann 1977: 26, 1978a: 350).

165 Vgl. dagegen Luhmann 1977: 99, Anm. 62, 127, Anm. 115.

166 Luhmann bezieht sich dabei kritisch auf den viel zitierten Aufsatz von Schelsky (1957). Vgl. auch die Replik Schelskys auf die Debatte über seinen Aufsatz: Schelsky 1959.

167 Die Frage, ob sich Religion als selbstreferentielles System organisieren läßt, wäre dann also zu verneinen.

168 Zurückhaltender Luhmann 1977: 223.
169 Die Notwendigkeit, vom System/Umwelt-Konzept auf eine Theorie selbstreferentieller Systeme umzustellen, ergibt sich schon daraus, daß jeder Umweltentwurf eines Systems, jede Schematisierung der System/Umwelt-Differenz nicht Teil der Umwelt, sondern Teil des Systems ist. Wenn ein System sich auf seine Umwelt beziehen will, muß es also auf sein Umweltbild, auf seine Art der Differenzierung von System und Umwelt und damit auf seine eigenen Selektionen Bezug nehmen. Die Anknüpfung der Religion an "Umweltprobleme" der Gesellschaft bedeutet dementsprechend, daß Religion sich mit Weltbildproblemen der Gesellschaft auseinandersetzt.
170 Vgl. Anm. 114
171 In Luhmann 1985a: 16 findet sich die Aussage, daß das Problem der paradoxen Selbstreferenz - das Ursprungsproblem von Religion - dem Problem der Transzendenz entspricht.
172 Allerdings bestimmt Luhmann (1971a: 11) Kontingenz "als Aspekt der unermeßlichen Weltkomplexität"; deshalb verwendet er den Komplexitäts- und Kontingenzbegriff jedoch nicht "promiscue", wie Geisthardt (1985: 19) behauptet, denn Kontingenz ist zwar durch Komplexität bedingt, nicht aber umgekehrt Komplexität durch Kontingenz.
173 So lautet ein Vorwurf von Matthes (1978), der in den Texten Luhmanns den Hinweis auf einschlägige religionssoziologische Fachliteratur vermißt, obwohl ihre inhaltliche Einarbeitung erkennbar sei. Eklektizismus und Willkürlichkeit in den historischen Nachweisen für angeführte Sachverhalte beanstandet auch Moltmann (1984: 71, Anm. 6).
174 Den Anspruch auf Verbindung von substantiellen und funktionalen Argumenten konstatiert auch Schöfthaler (1983: 139), dem Höhn (1985: 256, Anm. 546) zu Unrecht vorwirft, daß er sich dabei auf keinen einzigen Beleg in den Schriften Luhmanns berufen kann. Schon Dux (1973: 19f) versuchte, funktionale und substantielle Methode zusammenzuschließen, wobei Drehsen (1983: 125, Anm. 20) darauf hinweist, daß sich der Substanzbegriff bei Dux nicht auf den Transzendenzbezug einer Religion, sondern auf deren geschichtliche und lebensweltliche Manifestationen bezieht. Wenn Luckmann (1985: 28ff) sich bemüht, die Weite seiner funktionalen Religionsbestimmung

durch Spezifizierung des Gegenstandsbezugs (der Transzendenz) einzuschränken, so kann das ebenfalls als eine Form der Kopplung von funktionalen und substantiellen Analysen angesehen werden. Wie es scheint, wird die Verknüpfung der funktionalen mit anderen Herangehensweisen immer mehr als ein Instrument akzeptiert, das geeignet ist, den funktionalen Bestimmungen die Diffusität und Verwechselbarkeit zu nehmen. Allerdings ist gegenüber Luckmann einzuwenden, daß er das Problem von Religion nicht ganz genau erfaßt, denn mit Vergesellschaftung der Transzendenz wird nicht die Funktion von Religion, sondern das Mittel ihrer Erfüllung bezeichnet (vgl. auch Maurer 1985b: 55).

175 Die empirische Relevanz der Religionssoziologie Luhmanns wird hervorgehoben von Schöfthaler (1980: 63ff; 1983: 143ff), bestritten von Bukow (1981). Daß der Ansatz Luhmanns in der empirischen Forschung angewendet werden kann, zeigt die von Hild (1974) herausgegebene EKD-Studie.

176 Die Verbindung der allgemeinen Funktionsbestimmung von Religion mit einer Organisationsanalyse der Kirche ist bereits in Luhmanns frühester religionssoziologischer Veröffentlichung zu beobachten (Luhmann 1972a: vgl. insbes. 249ff, 258, 262, 280f).

177 Der Gedanke des Zusammenhangs zwischen allgemeiner Kultur- und institutioneller Sozialform der Religion findet sich auch bei Matthes (1967: 113; 1969a: 28) und neuerdings auch bei Rendtorff (1977; 1980b), deren Kritik an Luckmann in diesem Punkte mit der Auffassung Luhmanns übereinstimmt. So bemerkt Rendtorff (1980b: 201), daß 'Religion nach der Aufklärung' nicht heißt, Religion müsse um ihres allgemeinen theologischen Inhalts (um ihres Bezuges zur göttlichen Wirklichkeit) willen "überall" sein. Vielmehr könne der allgemeine Gehalt von Religion niemals ohne Orientierung an der spezifischen "Form des religiösen Ausdrucks oder religiöser Institutionen" identifiziert werden (198).

178 Die neuere Religionswissenschaft stellt sich zunehmend kritisch zur Möglichkeit der Erarbeitung eines allgemeingültigen Religionsbegriffs (vgl. etwa Rudolph 1967: 32; Colpe 1968: 86ff; Kippenberg 1983: 10ff; dagegen: Waardenburg 1984), wobei man sich zur Illustration der definitorischen

Schwierigkeiten mit Vorliebe auf Leuba bezieht, der bereits 1921 48 verschiedenartige Religionsdefinitionsversuche zusammenstellte. Zum Verzicht auf die Anwendung eines universellen Religionsbegriffs innerhalb der Religionssoziologie vgl. Vrijhof 1962: 16ff; Cohn 1962: 25ff; Matthes 1967: 117. Überzeugend erscheint mir der Ansatz von Trillhaas (1972: 30ff), der meint, daß eine eindeutige Definition von Religion nicht zu erbringen sei und an ihre Stelle eine Beschreibung der Wesenszüge von Religion zu treten habe.

179 Luhmann argumentiert zwar auf der ganzen Breite des religionshistorischen Materials unter Einbeziehung der schriftlosen Kulturen ebenso wie der Hochreligionen, der mittelalterlichen wie der modernen Theologie. Genau deshalb ist aber seine Auswahl, die er trifft und die er treffen muß, Korrelat bewußter oder unbewußter Vorentscheidungen. Vgl. Anm. 163.

180 So fällt aus Luhmanns allgemeiner Bestimmung der Funktionsweise von Religion als einer Chiffrierung des Unbestimmbaren zum Beispiel der philosophisch geprägte Buddhismus (der Hinayana oder die Lehre des Nagarjuna etwa, nicht aber die Volksfrömmigkeit des Mahayana) heraus, der die Kontingenz der Existenz (Leiden, Krankheit, Alter, Tod) nicht durch eine Verdeckung des Unbestimmbaren (Nirvana), sondern durch eine - wenn man so will - Verdeckung oder Verneinung des Bestimmten (der Erscheinungswelt, des Selbstes) zu bewältigen versucht, das Unbestimmbare dagegen, obschon er es zu erreiche trachtet, in seiner Unbestimmbarkeit beläßt (vgl. die Abwehr der Bemühungen zu bestimmen, was das Nirvana sei, bei Nagarjuna). So fehlt also im philosophischen Buddhismus die für Religion so charakteristische Bestimmung des Unbestimmbaren, die dieses benennbar, anrufbar, erfahrbar macht. Dagegen mangelt es dem Buddhismus nicht an dem entgegengesetzten, ebenso religionstypischen Transformationsprozeß: der Unbestimmbarmachung des Bestimmten. Freilich, Leiden, Krankheit, Alter, Tod oder andere Bestimmtheiten der Erscheinungswelt sollen im Buddhismus nicht bagatellisiert werden. Gerade die Einsicht in ihre Unausweichlichkeit - gewonnen aus der Kenntnis ihrer Entstehungsbedingungen - stellt jedoch ihre Überwindung dar. So fällt also der Einsicht die

Aufgabe zu, Bestimmtes und Unbestimmtes zu einen. Daß dem Wissen, der Erkenntnis, der Lehre Heilsbedeutung zukommt, macht den Buddhismus zu einer Religion. Ein vielverhandeltes Problem der Religionswissenschaft: ob der frühe Buddhismus eine Religion sei oder nicht (Glasenapp 1966; Widengren 1969: 4), läßt sich so mit Hilfe systemtheoretischer Unterscheidungen klären.

181 Kritik an der Behandlung der Religion als System üben auch Bahr (1975a: 224) und Colpe (1978: 263), am Systembegriff Luhmanns schlechthin Narr (1971: 171ff), Tjaden (1971: 38f) u. a.

182 Wobei Luhmann (1977: 64) diese Größe dann auf eine die gesamte Menschheit umfassende Weltgesellschaft bezieht. Vielleicht wäre es jedoch - wie Matthes (1967: 117) vorschlägt - sinnvoller, "die Möglichkeiten und Grenzen einer allgemeinen Religionssoziologie" "an den Möglichkeiten und Grenzen einer vergleichenden Soziologie kultureller und sozialer Systeme" zu bestimmen, nicht aber an universalen Definitionen von Religion, die an der kontextuellen Gebundenheit von Religion vorbeisehen und ihre eigene kontextuelle Gebundenheit verbergen.

183 Das gilt trotz der Kritik Luhmanns (1978c: 53f) an der bloßen Analytik von Elementarbegriffen bei Parsons. Als Beleg für das deduktiv-analytische Vorgehen Luhmanns vgl. seinen terminologischen Rückblick auf die Entwicklung des Weltbegriffs (1973a: 88f) oder des Organisationsgedankens (1977: 273ff) oder das Anstellen bloßer Vermutungen (1973d: 224).

184 Die Steinbruch-Metapher findet sich bekanntlich in Wilhelm Meisters Lehrjahre, in den Bekenntnissen einer schönen Seele (Goethes Werke VII, 405). Die Selbstzwecklichkeit des anderes und andere als Instrument zur Durchsetzung seiner Interessen benutzenden einzelnen bezeichnet Hegel (1833: 220ff) als Grundprinzip der bürgerlichen Gesellschaft. Vgl. Anm. 199.

185 Lazzer (1972: 360) sieht darin den Reiz der Systemtheorie.

186 Nach einer persönlichen Mitteilung von Krysmanski befürchtet Luhmann, daß die Systemtheorie nach seinem Tode von niemandem weitergeführt wird und in Vergessenheit gerät. Vgl. Oh-

lendorf 1981: 126, Anm. 117.
187 Habermas (1971: 249ff) meint, Luhmanns Theorie nehme Züge des "Monologischen" an. Lipp (1987: 461) stellt heraus, daß Luhmann die Selbstselektion der Fremdselektion überordnet.
188 Wir betrachten die Systemtheorie als die Umsetzung eines Argumentierens in offener Zirkularität.
189 Sofern freilich auch Systemtheorie danach fragt, wie sich soziale Strukturen über den Augenblick hinaus erhalten können (Luhmann 1984b: 387ff), ist auch sie auf das Problem des Auseinanderfallens der Gesellschaft bezogen. Für sie besitzt das Problem der Konstitution von Gesellschaft jedoch nicht den Stellenwert, den es etwa für Durkheim (1898) besaß, der fragte, welche Art von "Solidarität" der differenzierten Gesellschaft den Zusammenhalt zu geben vermag. Da die Systemtheorie die Gefahr der Desintegration der Gesellschaft nicht dramatisiert, kann sie das Problem als das des Verhältnisses von Differenzierung und Integration (vgl. Smelser 1968: 243ff) behandeln und auf die integrative Wirkung von grenzüberschreitenden, aber die Differenz nicht einschmelzenden Relationen vertrauen (vgl. Luhmann 1984b: 311ff, bes. 315).
190 Vgl. Luhmann 1985e: 3, wo der Systemtheoretiker behauptet, keine Vorstellung davon zu haben, "wie die Gesellschaft gut oder auch nur besser sein könnte".
191 Während Luhmann 1977 (: 46) bestreitet, daß es für Religion funktionale Äquivalente gibt, räumt er dies 1985 (b: 33f) ein. Freilich lassen sich auch 1977 bereits funktionale Alternativen für Religion im Konzept Luhmanns finden, Evolution (18, 133) zum Beispiel oder auch selbstreferentiell strukturierte Organisationssysteme (286). Diese werden von Luhmann aber nicht als funktionale Äquivalente benannt, lediglich die jeweils angestellte Bezugnahme auf das Kontingenzproblem weist sie als solche aus.
192 Das deutet in einer relativ frühen Äußerung Luhmann (1972a: 254) übrigens selbst an: Die immense Erweiterung der Komplexität des Gesellschaftssystems, das Hinausschieben und Verunklaren der Grenzen seiner Teilsysteme mache "die Interpretierbarkeit der Selektivität des Gesellschaftssystems (...) vielleicht unnötig".

193 Diese Parallelität zeigt an, daß es nicht ausreicht, von Veränderungen im naturhaft-welthaften (also im umweltlichen) Bereich zu sprechen. Zur Welt gehören Umwelt und Systeme. Angemessener wäre es daher, diesen Abschnitt unter den Titel: Veränderungen in der Weltinterpretation zu stellen, denn wenn von einer Veränderung der Erfassungskapazität und des Komplexitätsmusters sowie von einer Erweiterung der Selbstzugänglichkeit die Rede ist, dann erhellt daraus, daß diese Veränderungen auf der kognitiven Ebene liegen. In dieser Ebenenzugehörigkeit schlägt sich wiederum der schon mehrfach erwähnte Sachverhalt nieder (vgl. Anm. 76, 110), daß grundlegende Bestimmungen der Systemtheorie wie Horizont, Bestimmtes, Unbestimmtes, Komplexität erkenntnistheoretisch konstituiert sind.

194 Das provoziert dann allerdings die Frage, ob Religion noch Religion sein kann, wenn sie auf die Letztgültigkeit ihrer Antworten, auf die aus der Transzendenz hergeholte Sicherheit ihrer Lösungsvorschläge, auf Perfektionsvorstellungen, Auferstehung, ewiges Leben verzichtet, oder ob sie mit diesem Verzicht nicht zugleich das aufgibt, was sie von allen anderen gesellschaftlichen Teilsystemen unterscheidet. Sollte letzteres der Fall sein, dann würde das bedeuten, daß Religion ihre Identität nur um den Preis ihres hoffnungslosen Zurückbleibens bewahren könnte.

195 Piepmeier (1983: 35) meint, die funktionale Systemtheorie könne "allgemein motivgebundenes Handeln nicht ins Konzept bringen".

196 Die sich aus der Differenz von Weltkomplexität und menschlicher Verarbeitungskapazität ergebende Ungesichertheit des Menschen könnte ein versteckter Bezugspunkt der Systemtheorie Luhmanns sein. Die Parallele zwischen Luhmanns Reduktionsbegriff und Gehlens Entlastungskonzept (vgl. Anm. 85), die Luhmann (1967b: 131, Anm. 9, 132, Anm. 18) selbst zieht, sowie die Entsprechung von Luhmanns Kontingenzbegriff und Gehlens Konzept der menschlichen Weltoffenheit könnten in diese Richtung weisen. Sollte es zutreffen, daß menschliches Individuum und Gesellschaft in einem Entlastungsverhältnis stehen, dann würde das bedeuten, daß die Systemtheorie, selbst wenn sie sich vorrangig mit den Reduktionsweisen der

Gesellschaft befaßt, auch eine anthropologische Dimension besitzt. Allerdings kehrt die Systemtheorie das von der philosophischen Anthropologie konzipierte Verhältnis zwischen "Ungesichertheit" und "Entlastung" um: Luhmann (1971b: 308, Anm. 29) erklärt, "hohe Freiheitsgrade" ließen sich nur bei "leistungsfähigen Reduktionsweisen" entwickkeln. Das heißt, daß anthropologische Erwägungen sich allenfalls aus systemtheoretischen Argumentationen ergeben könnten, nicht aber ihre Grundlage zu bilden vermögen.

197 Luhmann deutet Zwänge und Freiheiten in Komplexitätsprobleme um (Cornelius 1985: 63).

198 Auf Austauschbarkeit zielt die provokante Formulierung, daß "Glaube mehr wie Geld organisiert" werden sollte; das heißt, Glaube sollte höher generalisiert werden, so daß er für eine größere Vielzahl von Inhalten offen ist und sich daher leichter übertragen läßt (Luhmann 1972a: 281, Anm. 99; 1977: 136; 1978a: 355).

199 Funktionen sind Gründe der Vorteilhaftigkeit (Luhmann 1975b: 195). Insofern kann man mit Volp (1975b: 229, Anm. 24), der sich dabei - allerdings zu Unrecht - auf Apel (1973, II: 375f) stützt, die funktionalistische Herangehensweise als charakteristisch für ein Denken bezeichnen, das sich am Ökonomieprinzip der westlichen Industriegesellschaft orientiert.

200 Vgl. die oft vorgebrachte Kritik, daß die funktionalistische Betrachtungsweise die Intentionen, Bedürfnisse und Eigeninterpretationen der Akteure übergeht und nur nach transsubjektiven Handlungsvoraussetzungen und -folgen fragt (Hondrich 1972; Sauter 1972: 111; Werbick 1981: 124; Habermas 1981; 1983: 29ff; Höhn 1986: 60ff). Ratschow (1975: 381) lehnt den Funktionalismus innerhalb der Religionssoziologie überhaupt ab, da Religion nicht als ein rein gesellschaftliches Phänomen zu fassen sei.

201 Alle "regulativen Ideen" (Gott, Freiheit, Unsterblichkeit) sind nach Luhmann (1984b: 651) Projektionen.

202 Nur insofern Luhmann behauptet, daß das in der Religion als Einheit Erfahrene aus dem Bereich des Zugänglichen genommen und ins Unendliche prolongiert wird, ist der von Höhn (1985: 255ff; 1986: 61) erhobene Einwand, er behandle Reli-

gion als ein "Placebopräparat", berechtigt. Sofern sich
Luhmann "an der Verifizierbarkeit dessen, wovon in religiösen Kontingenzformeln die Rede ist, höchst uninteressiert" (1986: 61) zeigt, behauptet er nicht, daß es sich
bei Religion um ein Placebo handelt, sondern läßt die Entscheidung, ob es sich um ein Placebo handelt oder nicht,
offen. Freilich geht es der funktionalen Methode nur um
die Frage der Effektivität oder Ineffektivität von Religion, nicht um die Wahrheitsfrage. Wenn aber der Funktionalismus die Frage nach der Wahrheit der Religion offenläßt, weil er sie gar nicht erst stellt, dann heißt das,
daß er den religiösen Wahrheitsanspruch auch nicht bestreitet. Daß hinter den zu konstatierenden Wirkungen der Religion eine heilige Wirklichkeit steht, wird vom Funktionalismus nicht verneint, natürlich auch nicht bejaht. Wenn
der funktionalen Betrachtungsweise vorgehalten wird, daß
sie sich der Religion prinzipiell mit einem Illusionsverdacht nähere, so steht dahinter offenbar die Erwartung,
sie möge mit ihren Mitteln diesen Verdacht ausräumen und
den Geltungsanspruch "der als zu glauben vorgelegten Sachverhalte" rational begründen (1985: 256). Daß sie es nicht
tut, macht man ihr zum Vorwurf. Funktionale Analyse könne
so wahre Religion nicht mehr von Pseudo-Religion unterscheiden und müsse daher mit den Methoden rekonstruktiven
Sinnverstehens gekoppelt werden (255). Demgegenüber müssen
wir darauf bestehen, daß nicht schon die Analyse der Funktion der Religion deren Wahrheitsanspruch bestreitet, sondern erst die Analyse der Funktions<u>weise</u> von Religion.
203 Die Erkenntnistheorie, obwohl als Wort erst im 19. Jahrhundert geprägt, sei die "Sache der neueren Philosophie überhaupt", sagt Habermas (1968: 11).
204 Podak (1984: 740) spricht aufgrund der Autonomie und
Selbstreferentialität sozialer Systeme von "Geistförmigkeit". Die sozialen Systeme in Luhmanns Sinn funktionieren,
weil sie (Vor)formen des Geistes sind. Habermas (1985: 428)
meint ebenfalls, daß die Systemtheorie "geistes" philosophischen Denkweisen nahekommt.
205 Auf den engen Zusammenhang von Erkenntnistheorie und ma-

terialer Soziologie bei Luhmann weisen auch Kaefer (1977a: 14), Scholz (1981), Geisthardt (1985: 24, Anm. 2) u. a. hin.

206 So wie Kant unter Verletzung seiner erkenntnistheoretischen Bestimmungen das Ding an sich als existierend behandelt, so behauptet auch Luhmann (1975d: 211f), daß Welt Realität habe (vgl. Anm. 76, 78).

207 Religion habe eine Funktion, die ausschließlich auf der kognitiven Ebene angesiedelt sei: die Funktion von Weltinterpretation (Schulze 1979: 45).

208 Im übrigen entspricht auch Luhmanns Bestreitung der Möglichkeit menschlicher Kommunikation mit Gott der Aussage Kants, daß Gott nicht Gegenstand der menschlichen Erfahrung werden kann.

209 Die Fassung des schon von Xenophanes (Diels 1957: 19) vorgebrachten Anthropomorphismus- oder Soziomorphismusvorwurfs lautet bei Feuerbach (1851: 24ff): Religion sei eine phantastische Projektion des Menschen, die dieser aus dem Erfahrungsmaterial seiner eigenen Welt aufbaut.

210 Ob Luhmann damit das Spezifikum der Religion getroffen hat, kann man bezweifeln, denn das Streben nach Einheit und Abschluß hält Kant für eine Eigenschaft der Vernunft. Zu untersuchen wäre dann, ob Luhmann Religion als Metaphysik behandelt. Seine Kritik an dieser (vgl. Luhmann 1962a) stimmt jedenfalls auffallend mit der an jener überein.

211 Lediglich der Hinweis auf den eingegrenzten Kommunikationsbegriff Luhmanns soll hier gegeben werden. Wenn man Kommunikation als rein gesellschaftsinterne Operation bestimmt, dann ist Kommunikation mit Gott schon per **definitionem** ausgeschlossen.

212 Pannenberg 1962: 202.

213 Ebeling 1956: 199; Pannenberg 1965: 365.

214 Ebeling 1956: 197. Vgl. bereits Lessing: "Die Religion ist nicht wahr, weil die Evangelien und Apostel sie lehrten: sondern sie lehrten sie, weil sie wahr ist." (Axiomata IX)

215 Ebeling 1960: 400.

216 Noch immer gilt, was schon Harnack (1923: 305f) gegen Barth vorbrachte, daß der Begriff der Offenbarung "kein wissenschaftlicher Begriff" ist.

217 Pannenberg 1963: 228.
218 Damit gibt Theologie der Bemerkung Luhmanns (1969a: 253) recht, daß Herkunftsbezeichnungen keine Anhaltspunkte für die Wahrheit oder Unwahrheit einer Aussage liefern. Die wissenschaftstheoretische Unterscheidung von Entstehungs- und Begründungszusammenhang wird so theologisch nachvollzogen.
219 Pannenberg 1973: 302ff.
220 Ebeling 1960: 404ff.
221 Track 1974: 125ff, bes. 130ff.
222 Karl Barth (1922: 158) charakterisiert diese Not der Theologie durch die bekannten Sätze: "Wir sollen als Theologen von Gott reden. Wir sind aber Menschen und können als solche nicht von Gott reden. Wir sollen Beides, unser Sollen und unser Nicht-Können, wissen und eben damit Gott die Ehre geben."
223 "Besteht nicht das fatale Dilemma: Je konkreter wir die Wirklichkeit Gottes auszusagen versuchen, desto uneigentlicher wird unsere Redeweise von ihm; je mehr wir uns aber, via eminentiae oder via negationis, einer eigentlichen Redeweise von Gott anzunähern versuchen, desto mehr entschwindet uns seine Wirklichkeit in abstrakten Ideen?" (Ebeling 1956: 196).
224 Anpassung und Erhaltung zugleich sollte ja über die Erhöhung des Abstraktionsniveaus erreicht werden (Luhmann 1977: 178).

Literaturverzeichnis

Adorno, Theodor W., et al. 1969a: Der Positivismusstreit in der deutschen Soziologie. Neuwied-Berlin. 2. Aufl.: 1970.

Adorno, Theodor, W., 1969b: Stichworte: Kritische Modelle 2. Frankfurt/M.

Amin, Samir, et al. 1986: Dynamik der globalen Krise. Opladen.

Antes, Peter, 1979: Religionswissenschaft als humanwissenschaftliche Disziplin. In: Zeitschrift für Missionswissenschaft und Religionswissenschaft 63, 1979, 275 - 282.

Apel, Karl-Otto, 1973: Transformation der Philosophie. 2 Bde. Frankfurt/M.

Ashby, W. Ross, 1956: An Introduction to Cybernetics. London. Dt.: Einführung in die Kybernetik. Frankfurt/M. 1974.

Badura, Peter, 1970: Die Verwaltung als soziales System. In: Die öffentliche Verwaltung vom 23. 1. 1970, 18 - 22.

Baetke, Walter, 1942a: Das Heilige im Germanischen. Tübingen.

Baetke, Walter, 1942b: Das Phänomen des Heiligen in den Religionen. In: Ders.: Kleine Schriften/hg. von K. Rudolph und E. Walter. Weimar 1973, 56 - 84.

Baetke, Walter, 1944: Der Begriff der Heiligkeit im Germanischen. In: Ders.: Kleine Schriften/hg. von K. Rudolph und E. Walter. Weimar 1973, 85 - 89.

Bahr, Hans-Eckehard, 1974: Religion 1, Religion 2: zur Doppelfunktion religiöser Sinnvergewisserung in der Gesellschaft. In: Wissenschaft und Praxis in Kirche und Gesellschaft 63, 1974, 280 - 288.

Bahr, Hans-Eckehard, 1975a: Kontingenz im Koffer: was wir den funktionalen Theorien gegenwärtiger Religion danken. In: Theologia Practica 10, 1975, 220 - 224.

Bahr, Hans-Eckehard, 1975b: Ohne Gewalt, ohne Tränen? Religion 1, Religion 2 (1): integrierende und emanzipierende Funktion religiöser Sinnvergewisserung in der Gesellschaft. In: Religionsgespräche: zur gesellschaftlichen Rolle der Religion/hg. von H.-E. Bahr. Darmstadt-Neuwied 1975, 31 - 64. (Theologie und Politik; 10)

Barth, Karl, 1922: Das Wort Gottes als Aufgabe der Theologie. In: Ders.: Das Wort Gottes und die Theologie: gesammelte Vorträge. München 1924, 156 - 178.

Bellah, Robert N., 1964: Religious Evolution. In: Sociology and Religion: a Book of Readings. Englewood Cliffs, N. J., 1969, 67 - 83. Zuerst in: American Sociological Review 29, 1964, 358 - 374.

Bellah, Robert N., 1967: Civil Religion in America. In: Daedalus 96, 1967, 1 - 21.

Bellah, Robert N., 1970: Beyond Belief: Essays on Religion in a Post-traditional World. New York.

Berger, Peter L., 1970a: Auf den Spuren der Engel: die moderne Gesellschaft und die Wiederentdeckung der Transzendenz. Frankfurt/M.

Berger, Peter L., 1970b: Soziologische Betrachtungen über die Zukunft der Religion: zum gegenwärtigen Stand der Säkularisierungsdebatte. In: Schatz 1971, 49 - 68.

Berger, Peter L., et al. 1973a: The Homeless Mind: Modernization and Consciousness. New York. Deutsch: Das Unbehagen in der Modernität. Frankfurt/M. 1975.

Berger, Peter L., 1973b: Zur Dialektik von Religion und Gesellschaft: Elemente einer soziologischen Theorie. Tübingen. (Original: The Sacred Canopy: Elements of a Sociological Theory of Religion. Garden City, N. Y. 1967.)

Berger, Peter L., 1974: Some Second Thoughts on Substantive Versus Functional Definitions of Religion. In: Journal for the Scientific Study of Religion 13, 1974, 125 - 133.

Berger, Peter L., 1980: Der Zwang zur Häresie: die Religion in der pluralistischen Gesellschaft. Frankfurt/M.

Berger, Peter L./Luckmann, Thomas, 1963: Sociology of Religion and Sociology of Knowledge. In: Sociology and Social Research 47, 1963, 417ff.

Berger, Peter L./Luckmann, Thomas, 1966: Secularization and Pluralism. In: Internationales Jahrbuch für Religionssoziologie 2, 1966, 73 - 84.

Berger, Peter L./Luckmann, Thomas, 1982: Die gesellschaftliche Konstruktion der Wirklichkeit: eine Theorie der Wissenssoziologie. Frankfurt/M. (Zuerst dt.: Frankfurt/M. 1969) Original: The Social Construction of Reality. New York 1966.

Bergner, Dieter/Mocek, Reinhard, 1976: Bürgerliche Gesellschaftstheorien: Studien zu den weltanschaulichen Grundlagen und ideologischen Funktionen bürgerlicher Gesellschaftsauffassungen. Berlin.

Berner, Ulrich, 1983: Gegenstand und Aufgabe der Religionswissenschaft. In: Zeitschrift für Religions- und Geistesgeschichte 35, 1983, 97 - 116.

Bianchi, Ugo, 1966: Trickster e demiurgi presso culture primitive de cacciatori. In: Festschrift Walter Baetke. Weimar 1966, 68 - 78.

Birkner, Hans-Joachim, 1970: Beobachtungen und Erwägungen zum Religionsbegriff in der neueren protestantischen Theologie.

In: Fides et communicatio (Festschrift für Martin Doerne zum 70. Geburtstag)/hg. von D. Rössler/G. Voigt/Fr. Wintzer. Göttingen, 1970, 9 - 20.

Bloch, Ernst, 1975: Experimentum Mundi: Frage, Kategorien des Herausbringens, Praxis. Frankfurt/M. (Gesamtausgabe; 15)

Blumenberg, Hans, 1964: Säkularisation: Kritik einer Kategorie historischer Illegitimität. In: Die Philosophie und die Frage nach dem Fortschritt/hg. von H. Kuhn und F. Wiedmann. München 1964, 240 - 265.

Blumenberg, Hans, 1974: Säkularisierung und Selbstbehauptung: erweiterte und überarbeitete Neuausgabe von "Die Legitimität der Neuzeit", erster und zweiter Teil. Frankfurt/M.

Böhme, Hartmut/Böhme, Gernot, 1985: Das Andere der Vernunft: zur Entwicklung von Rationalitätsstrukturen am Beispiel Kants. Frankfurt/M.

Bohnen, Alfred, 1984: Handlung, Lebenswelt und System in der soziologischen Theoriebildung: zur Kritik der Theorie des kommunikativen Handelns von Jürgen Habermas. In: Zeitschrift für Soziologie 13, 1984, 191 - 203.

Bolle, Kees W., 1970: Secularization as a Problem for the History of Religion. In: Comperative Studies in Society and History 12, 1970, 242 - 259.

Bollnow, Otto Friedrich, 1979: Religionswissenschaft als hermeneutische Disziplin. In: Zeitschrift für Religions- und Geistesgeschichte 31, 1979, 229 - 231.

Brand, Gerd, 1955: Welt, Ich und Zeit: nach unveröffentlichten Manuskripten Edmund Husserls. Den Haag.

Brock, Bazon, 1971: Neuer Skandal der Vernunft oder das Chaos der Möglichkeiten. In: Frankfurter Allgemeine Zeitung vom 12. 10. 1971, 10 (Literaturbeilage).

Brück, Michael von, 1979: Möglichkeiten und Grenzen einer Theologie der Religionen. Berlin. (Theologische Arbeiten; 38)

Bubner, Rüdiger, 1973: Wissenschaftstheorie und Systembegriff: zur Position von N. Luhmann und deren Herkunft. In: Ders.: Dialektik und Wissenschaft. Frankfurt/M. 1973, 112 - 128.

Bukow, Wolf-Dietrich, 1983: Kritik der Alltagsreligion: ein Beitrag zu den Regulations- und Legitimationsproblemen des Alltags. Köln, Habil.

Cohn, Werner, 1962: Is Religion Universal?: Problems of Definition. In: Journal for the Scientific Study of Religion 1, 1962, 25 - 35. Dt. in: Internationales Jahrbuch für Religionssoziologie 2, 1966, 201 - 213.

Cole, W. A./Hammond, Ph. E., 1974: Religious Pluralism, Legal Development and Societal Complexity. In: Journal for the Scientific Study of Religion 13, 1974, 177 - 189.

Colpe, Carsten, 1968: Mythische und religiöse Aussage außerhalb und innerhalb des Christentums. In: Colpe 1980, 85 - 106.

Colpe, Carsten, 1978: Drängt die Religionsgeschichte nach einer Summe? In: Colpe 1980, 251 - 277.

Colpe, Carsten, 1980: Theologie, Ideologie, Religionsgeschichte: Demonstrationen ihrer Unterscheidung. München. (Theologische Bücherei; 68)

Cornelius, Jochen, 1985: Die Wirklichkeit der Weltgesellschaft. In: Welker (Hg.) 1985a, 57 - 75.

Crosby, Donald A., 1981: Interpretative Theories of Religion. The Hague. (Religion and Reason; 20)

Dahm, Karl-Wilhelm, 1971: Beruf: Pfarrer: empirische Aspekte zur Funktion von Kirche und Religion in unserer Gesellschaft. München. (3. Aufl. 1974)

Dahm, Karl-Wilhelm, 1975: Gesellschaftliche Bestimmung von Unbestimmbarem: Niklas Luhmann. In: Dahm/Drehsen/Kehrer 1975, 269 - 279.

Dahm, Karl-Wilhelm, 1978: 'Funktionale Theorie' und Kirchliche Praxis: zum Verarbeitungsprozeß von sozialwissenschaftlichen Theoriefragmenten in gesellschaftlichen Institutionen. In: Recht und Gesellschaft/hg. von F. Kaulbach und W. Krawietz. Festschrift für Helmut Schelsky. Berlin 1978, 63 - 85.

Dahm, Karl-Wilhelm/Drehsen, Volker/Kehrer, Günter, 1975: Das Jenseits der Gesellschaft: Religion im Prozeß sozialwissenschaftlicher Kritik. München.

Dahm, Karl-Wilhelm/Hörner, Volker, 1975: Religiöse Sinndeutung und gesellschaftliche Komplexität: religionssoziologische Beobachtungen zur evolutionären Differenzierung der Religionen. In: Volp (Hg.) 1975a, 76 - 89.

Dahm, Karl-Wilhelm/Luhmann, Niklas/Stoodt, Dieter, 1972: Religion-System und Sozialisation. Darmstadt-Neuwied.

Dahrendorf, Ralf, 1958a: Out of Utopia. In: American Journal of Sociology 64, 1958, 115 - 127.

Dahrendorf, Ralf, 1958b: Zu einer Theorie des sozialen Konflikts. In: Theorien des sozialen Wandels/hg. von W. Zapf. 2. Aufl., Köln-Berlin 1970, 108 - 123.

Dahrendorf, Ralf, 1963: Die angewandte Aufklärung: Gesellschaft und Soziologie in Amerika. München.

Daiber, Karl-Fritz, 1983: Einleitung. In: Daiber/Luckmann (Hg.) 1983, 11 - 17.

Daiber, Karl-Fritz/Luckmann, Thomas, (Hg.) 1983: Religion in den Gegenwartsströmungen der deutschen Soziologie. München. (Religion-Wissen-Kultur; 1)

Diels, Hermann, (Hg.) 1957: Die Fragmente der Vorsokratiker. Hamburg. (Rowohlts Klassiker; 10)

Dobbelaere, Karel/Lauwers, Jan, 1974: Definition of Religion: a Sociological Critique. In: Social Compass 20, 1974, 535 - 551.

Döbert, Rainer, 1973: Systemtheorie und die Entwicklung religiöser Deutungssysteme: zur Logik des sozialwissenschaftlichen Funktionalismus. Frankfurt/M.

Döbert, Rainer, 1984: Religiöse Erfahrung und Religionsbegriff. In: Religionspädagogische Beiträge 14, 1984, 98 - 118.

Döring, Heinrich/Kaufmann, Franz-Xaver, 1981: Kontingenzerfahrung und Sinnfrage. In: Christlicher Glaube in moderner Gesellschaft, Teilband 9. Freiburg 1981, 5 - 67.

Douglas, Mary, 1970: Natural Symbols: Explorations in Cosmology. London.

Douglas, Mary, 1982: The Effects of Modernization on Religious Change. In: Daedalus 111, 1982.(mir nicht zugänglich)

Drehsen, Volker, 1975a: Die Reprivatisierung des heiligen Kosmos: Peter L. Berger und Thomas Luckmann. In: Dahm/Drehsen/Kehrer 1975, 235 - 268.

Drehsen, Volker, 1975b: Religion - der verborgene Zusammenhalt der Gesellschaft: Emile Durkheim und Georg Simmel. In: Dahm/Drehsen/Kehrer 1975, 57 - 88.

Drehsen, Volker, 1983: Kontinuität und Wandel der Religion: die strukturell-funktionale Analyse in der deutschen Religions- und Kirchensoziologie nach 1945: Versuch einer problemgeschichtlich und systematisch orientierten Bestandsaufnahme. In: Daiber/Luckmann (Hg.) 1983, 86 - 135.

Drehsen, Volker/Kehrer, Günter, 1975: Religion - die logische Notwendigkeit der Gesellschaft. Bronislaw Malinowski und Talcott Parsons. In: Dahm/Drehsen/Kehrer 1975, 155 - 172.

Drewe, Paul, 1966: Die "strukturell-funktionale" Theorie und der soziale Wandel: ein Nachwort zur Kontroverse zwischen Dahrendorf und Parsons. In: Kölner Zeitschrift für Soziologie und Sozialpsychologie 18, 1966, 329 - 336.

Durkheim, Emile, 1895: Les regles de la méthode sociologique. Paris. Dt.: Die Regeln der soziologischen Methode. Neuwied 1965. (Soziologische Texte; 3)

Durkheim, Émile, 1898: De la définition des phénomènes religieux. In dt. Übers. in: Matthes 1967, 120 - 141.

Durkheim, Émile, 1912: Les formes élémentaires de la vie religieuse: le système totémique en Australie. Paris. In deutscher Übersetzung: Die elementaren Formen des religiösen Lebens, Frankfurt/M. 1981.

Durkheim, Émile, 1924: Soziologie und Philosophie. Frankfurt/M. 1967.

Dux, Günter, 1973a: Ursprung, Funktion und Gehalt der Religion. In: Internationales Jahrbuch für Religionssoziologie 8, 1973, 7 - 67.

Dux, Günter, 1973b: Religion, Geschichte und sozialer Wandel in M. Webers Religionssoziologie. In: Sprondel (Hg.) 1973, 313 - 337.

Dux, Günter, 1980: Zum historischen Stand der Religion: eine wissenssoziologische Kritik. In: Rendtorff (Hg.) 1980a, 107 - 129.

Dux, Günter, 1982: Die Logik der Weltbilder: Sinnstrukturen im Wandel der Geschichte. Frankfurt/M.

Ebeling, Gerhard, 1956: Theologie und Wirklichkeit. In: Ders.: Wort und Glaube. 2. Aufl. Tübingen 1962, 192 - 202.

Ebeling, Gerhard, 1960: Glaube und Unglaube im Streit um die Wirklichkeit. In: Ders.: Wort und Glaube. 2. Aufl. Tübingen 1962, 393 - 406.

Ebeling, Gerhard, 1977: Evangelium und Religion. In: Die Zeichen der Zeit 31, 1977, 121 - 131.

Eicher, Peter, 1983: Bürgerliche Religion: eine theologische Kritik. München.

Eliade, Mircea/Kitagawa, Joseph M., (Hg.) 1959: Grundfragen der Religionswissenschaft. (1963: In: Wort und Antwort, Bd. 32, Salzburg)

Elze, Martin, 1969: Christliche Wurzeln der modernen Naturwissenschaften. In: Christentum und Gesellschaft/hg. von W. Lohff und B. Lohse. Göttingen 1969, 179 - 194.

Fahlbusch, Erwin, 1969: Theologie der Religionen. Überblick zu einem Thema römisch-katholischer Theologie. In: Kerygma und Dogma 15, 1969, 73 - 86.

Feuerbach, Ludwig, 1851: Vorlesungen über das Wesen der Religion. Nebst Zusätzen und Anmerkungen. 3. Aufl. In: Ders.: Gesammelte Werke/hg. von W. Schuffenhauer, Bd. 6. Berlin 1984.

Figl, Johann, 1985: Zur Methode der Religionswissenschaft: Versuch einer Vereinheitlichung des religionsphänomenologischen und religionsgeschichtlichen Ansatzes. In: Kairos 27, 1985, 173 - 191.

Fischer, Wolfram/Marhold, Wolfgang, (Hg.) 1978a: Religionssoziologie als Wissenssoziologie. Stuttgart-Berlin-Köln-Mainz.

Fischer, Wolfram/Marhold, Wolfgang 1978b: Religionssoziologie als Wissenssoziologie. In: Fischer/Marhold (Hg.) 1978, 7 - 20.

Forster, Georg, Bd. IV: Werke in vier Bänden/hg. von G. Steiner. Bd. IV. Leipzig o. J.

Friedrich, Jürgen/Sens, Eberhard, 1976: Systemtheorie und Theorie der Gesellschaft: zur gegenwärtigen Kybernetik - Rezeption in den Sozialwissenschaften. In: Kölner Zeitschrift für Soziologie und Sozialpsychologie 28, 1976, 27 - 47.

Fuchs, Ottmar, (Hg.) 1984: Theologie und Handeln: Beiträge zur Fundierung der Praktischen Theologie als Handlungstheorie. Düsseldorf.

Fürstenberg, Friedrich, 1961: Artikel: Religionssoziologie. In: Die Religion in Geschichte und Gegenwart. 3. Aufl. Tübingen 1961, Bd. 5, 1027 - 1032.

Fürstenberg, Friedrich, (Hg.) 1970: Religionssoziologie. 2. Aufl. Neuwied, 13 - 31. (Soziologische Texte; 19)

Fürstenberg, Friedrich, 1973: Die unbewältigte Säkularisierung: religionssoziologische Überlegungen zum Forschungsbericht: "Zwischen Kirche und Gesellschaft". In: Befragte Katholiken - Zur Zukunft von Glaube und Kirche/hg. von K. Forster. Freiburg 1973, 198 - 208.

Fürstenberg, Friedrich, 1982: Der Trend zur Sozialreligion. In: Religion und Verantwortung als Elemente gesellschaftlicher Ordnung/hg. von B. B. Gemper. Siegen 1982.

Fürstenberg, Friedrich/Mörth, Ingo, 1979: Religionssoziologie. In: Handbuch der empirischen Sozialforschung/hg. von R. König. Bd. 14. 2. Aufl. Stuttgart 1979, 1 - 84.

Gablentz, Ottoheinz von der, 1953: Die Krisis der säkularen Religionen: eine religionssoziologische Skizze. In: Kosmos und Ekklesia: Festschrift für W. Stählin. Kassel 1953, 243 - 261.

Gabriel, Karl, 1977: Weltdeutung, Organisation und Person: Vergleich handlungs- und systemtheoretischer Positionen am Beispiel des Problems der Organisation in der modernen Gesellschaft. Bielefeld, Diss. Soz.

Gabriel, Karl, 1983: Religionssoziologie als "Soziologie des Christentums". In: Daiber/Luckmann (Hg.) 1983, 182 - 198.

Gedö, Andreas, 1978: Philosophie der Krise. Berlin. (Zur Kritik der bürgerlichen Ideologie; 90)

Gehlen, Arnold, 1978: Der Mensch: seine Natur und seine Stellung in der Welt. 12. Aufl. Wiesbaden.

Geisthardt, Günter, 1985: Skizze der Religionstheorie Niklas Luhmanns, In: Welker (Hg.) 1985a, 16 - 25.

Gennep, Arnold van, 1909: Les rites de passage. Paris.

Gennep, Arnold van, 1910: La formation des légendes. Paris.

Gessenharter, Wolfgang, 1972: Soziale Umwelt: eine politikwissenschaftliche Begriffsanalyse. Diss. Freiburg.

Giegel, Hans-Joachim, 1975: System und Krise: Kritik der Luhmannschen Gesellschaftstheorie. Frankfurt/M.

Giesen, Bernhard/Schmid, Michael, 1978: Individualistische und makrosoziologische Theorieansätze. In: Theorienvergleich in den Sozialwissenschaften/hg. von K. O. Hondrich und J. Matthes. Darmstadt-Neuwied 1978, 178 - 195.

Gladigow, B./Kippenberg, H. G., (Hg.) 1983: Neue Ansätze in der Religionswissenschaft. München. (Forum Religionswissenschaft; 4)

Glasenapp, Helmuth von, 1966: Der Buddhismus - eine atheistische Religion. München.

Glock, Charles Y./Stark, Rodney, 1965: Religion and Society in Tension. Chicago.

Goethes Werke: Hamburger Ausgabe in 14 Bänden/hg. von E. Trunz. München 1973ff.

Goldammer, Kurt, 1966: Faktum, Interpretation, Verstehen: Zielsetzung, Möglichkeiten und Problematik der Religionswissenschaft. In: Religion und Religionen. Festschrift für G. Mensching zu seinem 65. Geburtstag. Bonn 1966, 11 - 34.

Goldammer, Kurt, 1969: Die Gedankenwelt der Religionswissenschaft und die Theologie der Religionen. Kirche und Dogma 15, 1969, 105 - 135.

Goldschmidt, Dietrich, 1962: Die religionssoziologische Forschung in der Bundesrepublik Deutschland. In: Kölner Zeitschrift für Soziologie und Sozialpsychologie, Sonderheft 6, 1962, 1 - 9. 2. Aufl.: 1966.

Gollwitzer, Helmut, 1976: Religionssoziologie und Theologie: Einige Thesen. In: Ders.: Was ist Religion? Fragen zwischen Theologie, Soziologie und Pädagogik. München 1980, 59 - 78.

Goody, Jack, 1961: Religion and Ritual: the Definitional Problem. In: British Journal of Sociology 12, 1961, 142 - 164.

Grabner, Wolf-Jürgen, 1987: Die Religionsauffassung von Thomas Luckmann: Versuch einer Darstellung. Leipzig, Wissenschaftliche Praktikumsarbeit. (maschinenschriftlich)

Graf, Friedrich Wilhelm, 1982: Der Untergang des Individuums: ein Vorschlag zur historisch-systematischen Rekonstruktion der theologischen Hegel-Kritik. In: Flucht in den Begriff: Materialien zu Hegels Religionsphilosophie/hg. von F. W. Graf und F. Wagner. Stuttgart 1982 (Deutscher Idealismus; 6), 274 - 307.

Grimm, Klaus, 1974: Niklas Luhmanns "soziologische Aufklärung" oder Das Elend der aprioristischen Soziologie. Hamburg.

Habermas, Jürgen, 1967: Zur Logik der Sozialwissenschaften. Tübingen.

Habermas, Jürgen, 1968: Erkenntnis und Interesse. Frankfurt/M.

Habermas, Jürgen, 1971: Theorie der Gesellschaft oder Sozialtechnologie?: eine Auseinandersetzung mit Niklas Luhmann. In: Habermas/Luhmann 1971, 142 - 290.

Habermas, Jürgen 1979a: Legitimationsprobleme im Spätkapitalismus. 4. Aufl. Frankfurt/M.

Habermas, Jürgen, (Hg.) 1979b: Stichworte zur 'Geistigen Situation der Zeit', 2 Bde. Frankfurt/M.

Habermas, Jürgen, 1981: Theorie des kommunikativen Handelns. 2 Bde. Bd. 1: Handlungsrationalität und gesellschaftliche Rationalisierung. Bd. 2: Zur Kritik der funktionalistischen Vernunft. Frankfurt/M.

Habermas, Jürgen, 1982: Zur Logik der Sozialwissenschaften. Erweiterte Neuausgabe. Frankfurt/M.

Habermas, Jürgen, 1983: Rekonstruktive versus verstehende Sozialwissenschaften. In: Ders.: Moralbewußtsein und kommunikatives Handeln. Frankfurt/M. 1983, 29 - 53.

Habermas, Jürgen, 1985: Der philosophische Diskurs der Moderne. Frankfurt/M.

Habermas, Jürgen/Luhmann, Niklas, 1971: Theorie der Gesellschaft oder Sozialtechnologie - Was leistet die Systemforschung? Frankfurt/M.

Haferkamp, Hans, 1976: Soziologie als Handlungstheorie: P. L. Berger/T. Luckmann, G. C. Homans, N. Luhmann, G. H. Mead, T. Parsons, A. Schütz, M. Weber in vergleichender Analyse und Kritik. 3. Aufl. Opladen. (Studienbücher zur Sozialwissenschaft; 2)

Haferkamp, Hans/Schmid, Michael, (Hg.) 1987: Sinn, Kommunikation und soziale Differenzierung: Beiträge zu Luhmanns Theorie sozialer Systeme. Frankfurt/M.

Hammond, Philipp E., 1969: Religion in Social Context: Tradition and Transition. New York.

Harnack, Adolf von, 1923: Nachwort zu meinem offenen Brief an Herrn Professor Karl Barth. In: Die Christliche Welt 37, 24. Mai 1923, 305f.

Hartmann, Heinz, (Hg.) 1967: Moderne amerikanische Soziologie: neuere Beiträge zur soziologischen Theorie. Stuttgart.

Hasenfuß, Josef, 1955: Der Soziologismus in der modernen Religionswissenschaft. Würzburg.

Hegel, Georg Wilhelm Friedrich, 1807: Phänomenologie des Geistes. In: Ders.: Sämtliche Werke: Jubiläumsausgabe in zwanzig Bänden/hg. von H. Glockner. Bd. 2. Stuttgart 1951.

Hegel, Georg Wilhelm Friedrich, 1813 (1816): Wissenschaft der Logik. Erster Teil: Die objektive Logik. In: Ders.: Sämtliche Werke: Jubiläumsausgabe in zwanzig Bänden/hg. von H. Glockner. Bd. 4. Stuttgart 1958.

Hegel, Georg Wilhelm Friedrich, 1833: Grundlinien der Philosophie des Rechts oder Naturrecht und Staatswissenschaft im Grundrisse/nach der Ausgabe von E. Gans hg. von H. Klenner. Berlin 1981. (Philosophische Texte)

Heidegger, Martin, 1927: Sein und Zeit. 5. Aufl. Halle 1941.

Heidtmann, Bernhard, 1974: Traditionelle und ideologische Determinanten einer Theorie sozialer Systeme und ihrer Kritik. In: Maciejewski (Hg.) 1974, 154 - 185.

Heidtmann, Bernhard, 1975: Niklas Luhmann und die Systemtheorie - im Lichte der Marxschen Hegel-Kritik. In: Sozialistische Politik 7, 1975, 5 - 35.

Hejl, Peter, 1974: Zur Diskrepanz zwischen struktureller Komplexität und traditionalen Darstellungsmitteln der funktional-strukturellen Systemtheorie. In: Maciejewski (Hg.) 1974, 186 - 235.

Hempel, Carl, 1959: The Logic of Functional Analysis. In: Symposium on Sociological Theory/hg. von L. Gross. Evanston, Ill., 1959, 271 - 307.

Herberg, Will, 1955: Protestant, Catholic, Jew: an Essay in American Religious Sociology. New York.

Herberg, Will, 1962: Religion in a Secularized Society: Some Aspects of America's Three-Religions Pluralism. In: Review of Religious Research 3, 1962, 145 - 158; 4, 1962, 33 - 45.

Herms, Eilert, 1974: Das Problem von "Sinn als Grundbegriff der Soziologie" bei Niklas Luhmann. In: Zeitschrift für Evangelische Ethik 18, 1974, 341 - 359.

Herms, Eilert, 1977a: Theologische Implikationen der Gesellschaftstheorie. In: Zeitschrift für Evangelische Ethik 21, 1977, 61 - 67.

Herms, Eilert, 1977b: Die Fähigkeit zu religiöser Kommunikation und ihre systematischen Bedingungen in hochentwickelten Gesellschaften: Überlegungen zu Konkretisierungen der Ekklesiologie. In: Zeitschrift für Evangelische Ethik 21, 1977, 276 - 299.

Hild, Helmut, (Hg.) 1974: Wie stabil ist die Kirche? Bestand und Erneuerung: Ergebnisse einer Meinungsbefragung. 2 Bde. Gelnhausen-Berlin.

Hinske, Norbert, (Hg.) 1986: Eklektik, Selbstdenken, Mündigkeit. Hamburg. (Aufklärung 1)

Höhn, Hans-Joachim, 1985: Kirche und kommunikatives Handeln: Studien zur Theologie und Praxis der Kirche in der Auseinandersetzung mit den Sozialtheorien Niklas Luhmanns und Jürgen Habermas'. Frankfurt/M. (Frankfurter theologische Studien; 32)

Höhn, Hans-Joachim, 1986: Religion und funktionale Systemtheorie: zur theologischen Auseinandersetzung mit der Religionstheorie Niklas Luhmanns. In: Theologie und Glaube 76, 1986, 38 - 69.

Höhn, Hans-Joachim, 1987: Krise der Moderne - Krise der Vernunft?:Motive und Perspektiven der aktuellen Zivilisationskritik. In: Zeitschrift für Katholische Theologie 109, 1987, 20 - 47.

Holzer, Horst, 1977: Kapitalismus als Abstraktum?: Makro-soziologische Systemtheorie in der Soziologie der USA und der BRD. Berlin. (Zur Kritik der bürgerlichen Ideologie; 84)

Holzer, Horst, 1982: Soziologie in der BRD: Theorienchaos und Ideologieproduktion. Berlin. (Zur Kritik der bürgerlichen Ideologie; 101)

Holzhey, Helmut/Leyvraz, Jean-Pierre, (Hg.) 1983: Rationalitätskritik und neue Mythologien. Bern.

Hondrich, Karl Otto/Matthes, Joachim, (Hg.) 1978: Theorienvergleich in den Sozialwissenschaften. Darmstadt-Neuwied.

Horkheimer, Max, 1968: Vorwort zur Neupublikation. In: Ders.: Kritische Theorie: eine Dokumentation/hg. von A. Schmidt. Einbändige Studienausgabe. Frankfurt/M. 1977, IX - XIV.

Horkheimer, Max, 1970a: Bemerkungen zur Liberalisierung der Religion. In: Schatz (Hg.) 1971, 113 - 119.

Horkheimer, Max, 1970b: Die Sehnsucht nach dem ganz Anderen: ein Interview mit Kommentar von Hellmut Gumnior. Hamburg.

Horkheimer, Max/Adorno, Theodor W., 1947: Dialektik der Aufklärung: philosophische Fragmente. Frankfurt/M. 1981.

Hübner, Kurt/Vuillemin, Jules, (Hg.) 1982: Wissenschaftliche und nichtwissenschaftliche Rationalität. Stuttgart.

Husserl, Edmund, 1954: Die Krisis der europäischen Wissenschaften und die transzendentale Phänomenologie. Husserliana Bd. VI. Den Haag.

Husserl, Edmund, 1976: Erfahrung und Urteil: Untersuchungen zur Genealogie der Logik/hg. von L. Landgrebe. Hamburg.

Husserl, Edmund, 1977: Cartesianische Meditationen: eine Einleitung in die Phänomenologie/hg. von E. Ströker. Hamburg.

Jonas, Friedrich, 1969: Geschichte der Soziologie. Bd. IV: Deutsche und amerikanische Soziologie. Reinbek.

Jüngel, Eberhard, 1977: Gott als Geheimnis der Welt: zur Begründung der Theologie des Gekreuzigten im Streit zwischen Theismus und Atheismus. 2. Aufl. Tübingen.

Jung, Carl Gustav/Kerényi, Karl/Radin, Paul, 1954: Der göttliche Schelm: ein indianischer Mythenzyklus. Zürich.

Kaefer, Herbert, 1977a: Religion und Kirche als soziale Systeme: N. Luhmanns soziologische Theorien und die Pastoraltheologie. Freiburg-Basel-Wien.

Kaefer, Herbert, 1977b: Differenzierungen im System Kirche. In: Zielgruppen: Brennpunkte kirchlichen Lebens/hg. von L. Bertsch und K.-H. Rentmeister. Festschrift für Delahaye. Frankfurt/M. 1977, 35 - 48.

Kantzenbach, Friedrich Wilhelm, 1971: Das Phänomen der Entkirchlichung als Problem kirchengeschichtlicher Forschung und theologischer Interpretation: Erwägungen zu Trutz Rendtorffs Thesen zum neuzeitlichen Christentum. In: Neue Zeitschrift für systematische Theologie und Religionsphilosophie 13, 1971, 58 - 87.

Kasprzik, Brigitta, 1985: Der Anspruch von Luhmanns Theorie und einige Probleme der Theorieanlage. In: Welker (Hg.) 1985a, 26 - 37.

Kasprzik, Wolfgang, 1984: Freiheit und Subjektivität. Rezension zu: Scholz 1981. In: Evangelische Kommentare 17, 1984, 104f.

Kasprzik, Wolfgang, 1985: Die Funktion der Religion für Luhmanns Theorie. In: Welker (Hg.) 1985a, 76 - 92.

Kaufmann, Franz-Xaver, 1972: Zwischen Kirche und Meinungsforschung. In: Herder Korrespondenz 26, 1972, 505 - 509.

Kaufmann, Franz-Xaver, 1973: Theologie in soziologischer Sicht. Freiburg.

Kaufmann, Franz-Xaver, 1979: Gesellschaftliche Bedingungen der Glaubensvermittlung. In: Sozialisation, Identitätsfindung, Glaubenserfahrung/hg. von G. Stachel u. a. Zürich 1979, 67 - 100.

Kehl, Madard, 1976: Kirche als Institution: zur theologischen Begründung des institutionellen Charakters der Kirche in der neueren deutschsprachigen Ekklesiologie. Frankfurt/M.

Kehrer, Günter, 1968: Religionssoziologie. Berlin.

Kellermann, Paul, 1967: Kritik einer Soziologie der Ordnung: Organismus und System bei Comte, Spencer und Parsons. Freiburg.

Kippenberg, Hans G., 1975: Zu einem sozialwissenschaftlichen Verständnis religiöser Weltbilder. In: Religionsgespräche: zur gesellschaftlichen Rolle der Religion mit Beiträgen von Dorothee Sölle. Darmstadt-Neuwied 1975, 65 - 94.

Kippenberg, Hans G., 1978: Einleitung: Zur Kontroverse über das Verstehen fremden Denkens. In: Magie: die sozialwissenschaftliche Kontroverse über das Verstehen fremden Denkens/ hg. von H. G. Kippenberg und B. Luchesi. Frankfurt/M. 1978, 9 - 91.

Kippenberg, Hans G., 1983: Diskursive Religionswissenschaft: Gedanken zu einer Religionswissenschaft, die weder auf einer allgemein gültigen Definition von Religion noch auf einer Überlegenheit von Wissenschaft basiert. In: Neue Ansätze in der Religionswissenschaft/hg. von B. Gladigow und H. G. Kippenberg. München 1983, 9 - 28. (Forum Religionswissenschaft; 4)

Kiss, Gabor, 1975: Einführung in die soziologischen Theorien: vergleichende Analyse soziologischer Hauptrichtungen. Bd. 2, 2. Aufl. Opladen.

Kiss, Gabor, 1977: Einführung in die soziologischen Theorien: vergleichende Analyse soziologischer Hauptrichtungen. Bd. 1, 3. Aufl. Opladen.

Klaus, Georg, (Hg.) 1968: Wörterbuch der Kybernetik. Berlin (DDR).

Kleger, Heinz/Müller, Alois, 1983: Umstrittene Zivilreligion. In: Evangelische Kommentare 16, 1983, 567 - 569.

Kleger, Heinz/Müller, Alois, (Hg.) 1986: Religion des Bürgers. Zivilreligion in Amerika und Europa. (Religion-Wissen-Kultur; 3)

Klohr, Olof, 1966: Theoretische Grundsätze und Aufgaben der Soziologie der Religion. In: Religion und Atheismus heute: Ergebnisse und Aufgaben marxistischer Religionssoziologie/ hg. von O. Klohr. Berlin 1966, 13 - 32.

Klostermaier, Klaus K., 1984: Interreligious Dialogue as a Method for the Study of Religion. In: Journal of Ecumenical Studies 21, 1984, 755 - 759.

Klügl, Johann, 1982: Artikel: Parsons, Talcott. In: Philosophenlexikon/hg. von E. Lange und D. Alexander. Berlin, 728 - 730.

König, René, 1962: Die Religionssoziologie bei Émile Durkheim. In: Kölner Zeitschrift für Soziologie und Sozialpsychologie, Sonderheft 6, 1962, 36 - 49.

König, René, 1967: Soziologie: Fischer Lexikon, Bd. 10. Frankfurt/M.

Kondylis, Panajotis, 1981: Die Aufklärung im Rahmen des neuzeitlichen Rationalismus. Stuttgart.

Koslowski, Peter, (Hg.) 1985a: Die religiöse Dimension der Gesellschaft: Religion und ihre Theorien. Tübingen. (Civitas-Resultate; 8)

Koslowski, Peter, 1985b: Religion, Ökonomie, Ethik: eine sozial-theoretische und ontologische Analyse ihres Zusammenhangs. In: Koslowski (Hg.) 1985a, 76 - 96.

Koslowski, Peter/Spaemann, Robert/Löw, Reinhard, (Hg.) 1986: Moderne oder Postmoderne?: zur Signatur des Zeitalters. Weinheim. (Civitas Resultate; 10)

Krausz, Ernest, 1971: Religion and Secularization: a Matter of Definition. In: Social Compass 18, 1971, 203 - 212.

Kruse, H., 1967: Die "Anonymen Christen" exegetisch gesehen. In: Münchener theologische Zeitung 18, 1967, 2 - 29.

Krysmanski, Hans Jürgen, 1971: Soziologie des Konflikts: Materialien und Modelle. Reinbek.

Kühn, Ulrich, 1980: Kirche. Gütersloh.

Lämmermann, Godwin, 1981: Praktische Theologie als kritische oder als empirisch-funktionale Handlungstheorie?: zur theologiegeschichtlichen Ortung und Weiterführung einer aktuellen Kontroverse. München.

Lange, Dietz, 1974: Das sogenannte Schriftprinzip und die Identität der Kirche in ihrer Geschichte. In: Theologie und Wirklichkeit: Festschrift für W. Trillhaas zum 70. Geburtstag/hg. von H. W. Schütte und Fr. Wintzer. Göttingen 1974, 68 - 90.

Langer, Jens, 1986: Elementares Vertrauen (I): Zu einem Grundbegriff protestantischer Theologie. In: Standpunkt 14, 1986, 148 - 152.

Lazzer, Dieter de, 1972: Systemtheorie und Aufklärungsanspruch. In: Archiv für die civilistische Praxis 172, 1972, 356 - 364.

Leeuw, Gerardus van der, 1956: Phänomenologie der Religion. 2. Aufl. Tübingen. 4. Aufl.: 1977.

Lenski, Gerhard, 1966: Power and Privilege. New York. Dt.: Macht und Privileg: eine Theorie der sozialen Schichtung. Frankfurt/M. 1973.

Lepenies, Wolf, 1971: Alteuropäische Tradition und die Frage: Ist Systemtheorie eine Ideologie? In: Frankfurter Allgemeine Zeitung vom 12. 10. 1971, 10f. (Literaturblatt)

Lepsius, Mario Rainer, (Hg.) 1976: Zwischenbilanz der Soziologie: Verhandlungen des 17. Deutschen Soziologentages. Stuttgart.

Leuba, James Henry, 1921: The Psychological Origin and the Nature of Religion. London.

Levy-Bruhl, Lucien, 1935: La mythologie primitive. Paris.

Lindner, Reinhold, 1966: Über die Zusammenarbeit von Soziologie und Theologie. In: Zeitschrift für Evangelische Ethik 10, 1966, 65 - 80.

Lipp, Wolfgang, 1987: Autopoiesis biologisch, Autopoiesis soziologisch: wohin führt Luhmanns Paradigmawechsel? In: Kölner Zeitschrift für Soziologie und Sozialpsychologie 39, 1987, 452 - 470.

Lockwood, David, 1956: Some Remarks on "The Social System". In: British Journal of Sociology 7, 1956, 134 - 146.

Loh, Werner, 1972: Kritik der Theorieproduktion von N. Luhmann und Ansätze für eine kybernetische Alternative. Frankfurt/M.

Lohfink, Norbert, 1981: Die messianische Alternative: Adventsreden. Freiburg-Basel-Wien.

Lohfink, Norbert, 1982: Kirchenträume: Reden gegen den Trend. Freiburg-Basel-Wien.

Luckmann, Thomas, 1960: Neuere Schriften zur Religionssoziologie. In: Kölner Zeitschrift für Soziologie und Sozialpsychologie 12, 1960, 315 - 326.

Luckmann, Thomas, 1963: Das Problem der Religion in der modernen Gesellschaft: Institution, Person und Weltanschauung. Freiburg. Erweiterte engl. Ausgabe: The Invisible Religion: The Problem of Religion in Modern Society. London-New York 1967.

Luckmann, Thomas, 1967: Die sozialen Formen der Religion. (Übersetzung eines Kapitels der engl. Ausgabe von Luckmann 1963) In: Matthes 1967, 189 - 208.

Luckmann, Thomas, 1969: Säkularisierung - ein moderner Mythos. In: Luckmann 1980, 161 - 172.

Luckmann, Thomas, 1970a: Verfall, Fortbestand oder Verwandlung des Religiösen in der modernen Gesellschaft? In: Schatz 1971, 69 - 82.

Luckmann, Thomas, 1970b: On the Boundaries of the Social World. In: Phenomenology and Social Reality: Essays in Memory of Alfred Schutz/hg. von M. Natanson. Den Haag.

Luckmann, Thomas, 1970c: Religion in der modernen Gesellschaft. In: Wössner (Hg.) 1972, 3 - 15.

Luckmann, Thomas, 1972: Zwänge und Freiheiten im Wandel der Gesellschaftsstruktur. In: Neue Anthropologie. Bd. 3: Sozialanthropologie/hg. von H.-G. Gadamer und P. Vogler. Stuttgart 1972, 168 - 198.

Luckmann, Thomas, 1974: Das kosmologische Fiasko der Soziologie. In: Mitteilungsblatt der Deutschen Gesellschaft für Soziologie 2/1974, 15 - 32.

Luckmann, Thomas, 1977: Theories of Religion and Social Change. In: Annual Review of the Social Sciences of Religion 1, 1977, 1ff.

Luckmann, Thomas, 1980: Lebenswelt und Gesellschaft: Grundstrukturen und geschichtliche Wandlungen. Paderborn-München-Wien-Zürich. (Uni-Taschenbücher; 1011)

Luckmann, Thomas, 1985: Über die Funktion der Religion. In: Koslowski (Hg.) 1985, 26 - 41.

Luckmann, Thomas/Döring, Heinrich/Zulehner, Paul M., 1980: Anonymität und persönliche Identität. In: Christlicher Glaube in moderner Gesellschaft. Bd. 25. Freiburg 1980, 5 - 38.

Ludwig, Heinrich, 1976: Die Kirche im Prozeß der gesellschaftlichen Differenzierung: Perspektiven für eine neue sozialethische Diskussion. München-Mainz.

Lübbe, Hermann, 1965: Säkularisierung - Geschichte eines ideenpolitischen Begriffs. Freiburg. 2. Aufl.: 1975.

Lübbe, Hermann, 1975: Vollendung der Säkularisierung - Ende der Religion? In: Ders.: Fortschritt als Orientierungsproblem: Aufklärung in der Gegenwart. Freiburg 1975, 169 - 181.

Lübbe, Hermann, 1980: Religion nach der Aufklärung. In: Rendtorff (Hg.) 1980a, 165 - 184. Zuerst in: Philosophische Arbeitsbücher 3: Diskurs: Religion/hg. von W. Oelmüller, R. Dölle, J. Ebach, H. Przybylski. Paderborn 1979, 315 - 333. 2. Aufl. 1982.

Lübbe, Hermann, 1982a: Die Religion der Bürger. In: Evangelische Kommentare 15, 1982, 125 - 128.

Lübbe, Hermann, 1982b: Läßt sich Religion wieder politisieren? In: Evangelische Kommentare 15, 1982, 661 - 664.

Lübbe, Hermann, 1986: Religion nach der Aufklärung. Graz-Wien-Köln.

Luhmann, Niklas, 1962a: Funktion und Kausalität. In: Luhmann 1970, 9 - 30.

Luhmann, Niklas, 1962b: Wahrheit und Ideologie: Vorschläge zur Wiederaufnahme der Diskussion. In: Luhmann 1970a, 54 - 65.

Luhmann, Niklas, 1964a: Funktionale Methode und Systemtheorie. In: Luhmann 1970a, 31 - 53.

Luhmann, Niklas, 1964b: Zweck - Herrschaft - System: Grundbegriffe und Prämissen Max Webers. In: Mayntz (Hg.) 1968, 36 - 55.

Luhmann, Niklas, 1964c: Funktionen und Folgen formaler Organisation. Berlin.

Luhmann, Niklas, 1964d: Lob der Routine. In: Mayntz (Hg.) 1968, 324 - 341.

Luhmann, Niklas, 1966: Reflexive Mechanismen. In: Luhmann 1970a, 92 - 112.

Luhmann, Niklas, 1967a: Soziologische Aufklärung. In: Luhmann 1970a, 66 - 91.

Luhmann, Niklas, 1967b: Soziologie als Theorie sozialer Systeme. In: Luhmann 1970a, 113 - 136.

Luhmann, Niklas, 1968a: Zweckbegriff und Systemrationalität: über die Funktion von Zwecken in sozialen Systemen. Tübingen. Neudruck: Frankfurt/M. 1973.

Luhmann, Niklas, 1968b: Moderne Systemtheorien als Form gesamtgesellschaftlicher Analyse. In: Habermas/Luhmann 1971, 7 - 24.

Luhmann, Niklas, 1968c: Vertrauen: ein Mechanismus der Reduktion sozialer Komplexität. Stuttgart. 2. Aufl.: 1973.

Luhmann, Niklas, 1968d: Selbststeuerung der Wissenschaft. In: Luhmann 1970a, 232 - 252.

Luhmann, Niklas, 1969a: Die Praxis der Theorie. In: Luhmann 1970a, 253 - 267.

Luhmann, Niklas, 1969b: Legitimation durch Verfahren. Neuwied-Berlin.

Luhmann, Niklas, 1969c: Komplexität und Demokratie. In: Luhmann 1971d, 35 - 45.

Luhmann, Niklas, 1970a: Soziologische Aufklärung: Aufsätze zur Theorie sozialer Systeme. Köln-Opladen.

Luhmann, Niklas, 1970b: Wirtschaft als soziales System. In: Luhmann 1970a, 204 - 231.

Luhmann, Niklas, 1970c: Gesellschaft. In: Luhmann 1970a, 137 - 153.

Luhmann, Niklas, 1970d: Zur Funktion der "subjektiven Rechte". In: Jahrbuch für Rechtssoziologie und Rechtstheorie 1, 1970, 321 - 330.

Luhmann, Niklas, 1971a: Sinn als Grundbegriff der Soziologie. In: Habermas/Luhmann 1971, 25 - 100.

Luhmann, Niklas, 1971b: Die Weltgesellschaft. In: Luhmann 1975a, 51 - 71.

Luhmann, Niklas, 1971c: Systemtheoretische Argumentationen: eine Entgegnung auf Jürgen Habermas. In: Habermas/Luhmann 1971, 291 - 405.

Luhmann, Niklas, 1971d: Politische Planung: Aufsätze zur Soziologie von Politik und Verwaltung. Opladen.

Luhmann, Niklas, 1972a: Die Organisierbarkeit von Religionen und Kirchen. In: Wössner (Hg.) 1972, 245 - 285.

Luhmann, Niklas, 1972b: Religiöse Dogmatik und gesellschaftliche Evolution. In: Dahm/Luhmann/Stoodt 1972, 15 - 132.

Luhmann, Niklas, 1972c: Religion als System: Thesen. In: Dahm/Luhmann/Stoodt 1972, 11 - 13.

Luhmann, Niklas, 1972d: Systemtheoretische Beiträge zur Rechtstheorie. In: Jahrbuch für Rechtssoziologie und Rechtstheorie 2, 1972, 255 - 276.

Luhmann, Niklas, 1972e: Rechtstheorie im interdisziplinären Zusammenhang. In: Anales de la Catedra Francisco Suarez 12, 1972, 201 - 253.

Luhmann, Niklas, 1973a: Selbst-Thematisierung des Gesellschaftssystems: über die Kategorie der Reflexion aus der Sicht der Systemtheorie. In: Luhmann 1975a, 72 - 102.

Luhmann, Niklas, 1973b: Gerechtigkeit in den Rechtssystemen der modernen Gesellschaft. In: Rechtstheorie 4, 1973, 131 - 167.

Luhmann, Niklas, 1973c: Formen des Helfens im Wandel gesellschaftlicher Bedingungen. In: Luhmann 1975a, 134 - 149.

Luhmann, Niklas, 1973d: Das Phänomen des Gewissens und die normative Selbstbestimmung der Persönlichkeit. In: Naturrecht in der Kritik/hg. von F. Böckle und E.-W. Böckenförde. Mainz 1973, 223 - 243.

Luhmann, Niklas, 1974a: Einführende Bemerkungen zu einer Theorie symbolisch generalisierter Kommunikationsmedien. In: Luhmann 1975a, 170 - 192.

Luhmann, Niklas, 1974b: Institutionalisierte Religion gemäß funktionaler Soziologie. In: Concilium 10, 1974, 17 - 22.

Luhmann, Niklas, 1974c: Symbiotische Mechanismen. In: Gewaltverhältnisse und die Ohnmacht der Kritik/hg. von O. Rammstedt. Frankfurt/M. 1974, 107 - 131.

Luhmann, Niklas, 1975a: Soziologische Aufklärung 2: Aufsätze zur Theorie der Gesellschaft. Opladen.

Luhmann, Niklas, 1975b: Systemtheorie, Evolutionstheorie und Kommunikationstheorie. In: Luhmann 1975a, 193 - 203.

Luhmann, Niklas, 1975c: Evolution und Geschichte. In: Luhmann 1975a, 150 - 169.

Luhmann, Niklas, 1975d: Komplexität. In: Luhmann 1975a, 204 - 220.

Luhmann, Niklas, 1975e: Vorwort zur Neuauflage von: Legitimation durch Verfahren. Neuwied-Berlin, 1 - 8.

Luhmann, Niklas, 1975f: Interaktion, Organisation, Gesellschaft: Anwendungen der Systemtheorie. In: Luhmann 1975a, 9 - 20.

Luhmann, Niklas, 1975g: Macht. Stuttgart.

Luhmann, Niklas, 1975h: Allgemeine Theorie organisierter Sozialsysteme. In: Luhmann 1975a, 39 - 50.

Luhmann, Niklas, 1976a: Zur systemtheoretischen Konstruktion von Evolution. In: Lepsius (Hg.) 1976, 49 - 52.

Luhmann, Niklas, 1976b: Artikel: Komplexität. In: Historisches Wörterbuch der Philosophie, Bd. 4. Basel, 939 - 941.

Luhmann, Niklas, 1977: Funktion der Religion. Frankfurt/M.

Luhmann, Niklas, 1977a: Interpenetration: zum Verhältnis personaler und sozialer Systeme. In: Luhmann 1981b, 151 - 169.

Luhmann, Niklas, 1978a: Die Allgemeingültigkeit der Religion: Diskussion über Luhmanns Religionssoziologie (mit Wolfhart Pannenberg). In: Evangelische Kommentare 11, 1978, 350 - 357.

Luhmann, Niklas, 1978b: Soziologie der Moral. In: Luhmann, Niklas/Pfürtner, Stephan H.: Theorietechnik und Moral. Frankfurt/M. 1978, 8 - 116.

Luhmann, Niklas, 1978c: Handlungstheorie und Systemtheorie. In: Luhmann 1981b, 50 - 66.

Luhmann, Niklas, 1978d: Grundwerte als Zivilreligion: zur wissenschaftlichen Karriere eines Themas. In: Luhmann 1981b, 293 - 308.

Luhmann, Niklas, 1979a: Unverständliche Wissenschaft: Probleme einer theorieeigenen Sprache. In: Luhmann 1981b, 170 - 177.

Luhmann, Niklas, 1979b: Reflexionsprobleme im Erziehungssystem. Stuttgart.

Luhmann, Niklas, 1980: Gesellschaftsstruktur und Semantik: Studien zur Wissenssoziologie der modernen Gesellschaft. Bd. 1. Frankfurt/M.

Luhmann, Niklas, 1981a: Politische Theorie im Wohlfahrtsstaat. München.

Luhmann, Niklas, 1981b: Soziologische Aufklärung 3: soziales System, Gesellschaft, Organisation. Opladen.

Luhmann, Niklas, 1981c: Gesellschaftsstruktur und Semantik: Studien zur Wissenssoziologie der modernen Gesellschaft. Bd. 2. Frankfurt/M.

Luhmann, Niklas, 1981d: Wie ist soziale Ordnung möglich? In: Luhmann 1981c, 195 - 285.

Luhmann, Niklas, 1981e: Selbstreferenz und Teleologie in gesellschaftstheoretischer Perspektive. In: Neue Hefte für Philosophie 20, 1981, 1 - 30.

Luhmann, Niklas, 1981f: Vorbemerkungen zu einer Theorie sozialer Systeme. In: Luhmann 1981b, 11 - 24.

Luhmann, Niklas, 1982: The Differentiation of Society. New York 1982.

Luhmann, Niklas, 1983a: Insistence on Systems Theory: Perspectives from Germany. An Essay. In: Social Forces 61, 1983, 987 - 998.

Luhmann, Niklas, 1983b: Evolution - kein Menschenbild. In: Evolution und Menschenbild/hg. von R. J. Riedl und F. Kreuzer. Hamburg 1983, 193 - 205.

Luhmann, Niklas, 1984a: Individuum und Gesellschaft. In: Universitas 39, 1984, 1 - 11.

Luhmann, Niklas, 1984b: Soziale Systeme: Grundriß einer allgemeinen Theorie. Frankfurt/M. 2. Aufl. 1985.

Luhmann, Niklas, 1984c: Läßt unsere Gesellschaft Kommunikation mit Gott zu? Vortrag vom 16. 11. 1984 in Wien (Manuskript). In: Grammatik des Glaubens/hg. von H. Bogensberger und R. Kögerler. St. Pölten 1985, 41 - 48. (Forum St. Stephan; 2)

Luhmann, Niklas, 1985a: Society, Meaning, Religion - Based on Self-Reference. In: Sociological Analysis 46, 1985, 5 - 20.

Luhmann, Niklas, 1985b: Response to Commentators. In: Sociological Analysis 46, 1985, 33 - 36.

Luhmann, Niklas, 1985c: Die Ausdifferenzierung der Religion. (Manuskript)

Luhmann, Niklas, 1985d: Die Autopoiesis des Bewußtseins. In: Soziale Welt 36, 1985, 402 - 446.

Luhmann, Niklas, 1985e: Der Zettelkasten kostet mich mehr Zeit als das Bücherschreiben: der Soziologe Niklas Luhmann im Gespräch mit Rainer Erd und Andrea Maihofer. In: Frankfurter Rundschau vom 27. April 1985, ZB 3

Luhmann, Niklas, 1986a: Die Unterscheidung Gottes. (Manuskript eines vor der Katholischen Hochschuljugend im Mai 1986 in Wien gehaltenen Vortrages)

Luhmann, Niklas, 1986b: Kapital und Arbeit: Probleme einer Unterscheidung. In: Soziale Welt. Sonderband 4: Die Moderne - Kontinuitäten und Zäsuren/hg. von J. Berger. Göttingen 1986, 57 - 78.

Luhmann, Niklas, 1986c: Systeme verstehen Systeme. In: Zwischen Intransparenz und Verstehen: Fragen an die Pädagogik/hg. von N. Luhmann und K. E. Schorr. Frankfurt/M. 1986, 72 - 117.

Luhmann, Niklas, 1987: Die Richtigkeit soziologischer Theorie. In: Merkur 41, 1987, 36 - 49.

Lutter, Hans, 1984: Atheismus, Religion und Kirche in der sozialistischen Gesellschaft. In: Wissenschaftliche Zeitschrift der Pädagogischen Hochschule "Liselotte Herrmann" Güstrow, Philosophische Fakultät 22, 1984, 5 - 63.

Lutter, Hans, 1986: Karl Marx zur "Religion überhaupt". In: Weißenseer Blätter 4/1986, 19 - 25.

Lutter, Hans, 1987: Religiosität im Sozialismus. In: Forschungsberichte und Beiträge der Pädagogischen Hochschule "Liselotte Herrmann" Güstrow 51/1987, 1 - 23.

Lutter, Hans/Klohr, Olof, 1985: Aktuelle Probleme der Zusammenarbeit von Kommunisten und Gläubigen. In: Deutsche Zeitschrift für Philosophie 33, 1985, 875 - 883.

Macha, Josef, 1971: Spuren des Übernatürlichen: Die Religionssoziologie Peter L. Bergers und Thomas Luckmanns: In: Stimmen der Zeit 187, 1971, 348 - 353.

Maciejewski, Franz, 1972: Sinn, Reflexion und System: über die vergessene Dialektik bei Niklas Luhmann. In: Zeitschrift für Soziologie 1, 1972, 139 - 155.

Maciejewski, Franz, (Hg.) 1973: Theorie der Gesellschaft oder Sozialtechnologie: Beiträge zur Habermas-Luhmann-Diskussion. Frankfurt/M.

Maciejewski, Franz, (Hg.) 1974: Theorie der Gesellschaft oder Sozialtechnologie: neue Beiträge zur Habermas-Luhmann-Diskussion. Frankfurt/M.

Malinowski, Bronislaw, 1926: Myth in Primitive Psychology. London.

Malinowski, Bronislaw, 1939: The Group and the Individual in Functional Analysis. In: The American Journal of Sociology 44, 1939, 938 - 964.

Malinowski, Bronislaw, 1944: A Scientific Theory of Culture and Other Essays. Chapel Hill. Dt.: Eine wissenschaftliche Theorie der Kultur. Zürich 1949. Neuausgabe: Frankfurt/M. 1975.

Malinowski, Bronislaw, 1954: Magic, Science and Religion; And Other Essays. Garden City. (Erstdruck: 1948) Dt.: Magie, Wissenschaft und Religion; Und andere Schriften. Frankfurt/M. 1973.

Mannheim, Karl, 1951: Diagnose unserer Zeit: Gedanken eines Soziologen. Zürich-Wien-Konstanz.

Marhold, Wolfgang, 1973: Gesellschaftliche Funktionen der Religion: der religionssoziologische Zugang. In: Marsch (Hg.) 1973, 77 - 93.

Marhold, Wolfgang, 1974: Bürgerreligion. In: Theologia Practica 9, 1974, 177 - 189.

Marhold, Wolfgang, 1975: Der wissenschaftliche Ertrag der Kirchensoziologie in der Bundesrepublik Deutschland seit 1945. In: Zeitschrift für Evangelische Ethik 19, 1975, 297 - 313.

Marquard, Odo, 1985: Religion und Skepsis: Kommentar zu R. Spaemann und Th. Luckmann. In: Koslowski (Hg.) 1985, 42 - 47.

Marsch, Wolf-Dieter, 1970: Institution im Übergang: evangelische Kirche zwischen Tradition und Reform. Göttingen.

Marsch, Wolf-Dieter, (Hg.) 1973: Plädoyers in Sachen Religion: christliche Religion zwischen Bestreitung und Verteidigung. Gütersloh.

Marwedel, Peter, 1976: Funktionalismus und Herrschaft: die Entwicklung eines Theorie-Konzepts von Malinowski zu Luhmann. Köln.

Marx, Karl, 1844: Zur Kritik der Hegel'schen Rechts-Philosophie: Einleitung. In: Marx/Engels Gesamtausgabe I, 2. Berlin 1982, 170 - 183.

Marx, Karl, 1845: Thesen über Feuerbach. In: Marx, Karl/Engels, Friedrich: Ausgewählte Werke in sechs Bänden. Bd. 1. Berlin 1981, 196 - 200.

Marx, Karl, 1857: Grundrisse der Kritik der politischen Ökonomie. Moskau 1939. Neudruck: Frankfurt/M.-Wien 1970.

Matthes, Joachim, 1962: Bemerkungen zur Säkularisierungsthese in der neueren Religionssoziologie. In: Kölner Zeitschrift für Soziologie und Sozialpsychologie, Sonderheft 6, 1962, 65 - 77.

Matthes, Joachim, 1964: Die Emigration der Kirche aus der Gesellschaft. Hamburg.

Matthes, Joachim, 1967: Religion und Gesellschaft: Einführung in die Religionssoziologie I. Reinbek.

Matthes, Joachim, 1969a: Kirche und Gesellschaft: Einführung in die Religionssoziologie II. Reinbek.

Matthes, Joachim, 1969b: Kirchliche Soziallehre als Wissenssystem. In: Internationale Dialog Zeitschrift 2, 1969, 102 - 112.

Matthes, Joachim, 1978: Rezension: Niklas Luhmann: Funktion der Religion. In: Soziologische Revue 1, 1978, 5- 10.

Maturana, Humberto R., 1982: Erkennen. Die Organisation und Verkörperung von Wirklichkeit: ausgewählte Arbeiten zur biologischen Epistemologie. Braunschweig.

Maurer, Reinhart, 1982: Chiliasmus und Gesellschaftsreligion: Thesen zur politischen Theologie. In: Religionstheorie und Politische Theologie/hg. von J. Taubes. Bd. 1: Der Fürst dieser Welt: Carl Schmitt und die Folgen. München-Paderborn-Wien-Zürich 1983, 117 - 135.

Maurer, Reinhart, 1985a: Staat, Gesellschaft, Gesellschaftsreligion: Kommentar zu W. Pannenberg und P. Koslowski. In: Koslowski (Hg.) 1985a, 97 - 110.

Maurer, Reinhart, 1985b: Diskussionsbeitrag. In: Koslowski (Hg.) 1985a, 54f.

Mayntz, Renate, 1961: Soziologie in der Eremitage?: kritische Bemerkungen zum Vorwurf des Konservatismus der Soziologie. In: Kölner Zeitschrift für Soziologie und Sozialpsychologie 13, 1961, 110 - 125.

Mayntz, Renate, (Hg.) 1968: Bürokratische Organisation. Köln.

Mayntz, Renate, 1969: Strukturell-funktionale Theorie. In: Wörterbuch der Soziologie/hg. von W. Bernsdorf. 1969, 1132 - 1136.

Mayntz, Renate, 1971: Zweckbegriff und Systemrationalität: zu dem gleichnamigen Buch von Niklas Luhmann. In: Schmollers Jahrbuch 91, 1971, 57 - 63.

Mensching, Gustav, 1959: Die Religion: Erscheinungsformen, Strukturtypen und Lebensgesetze. Stuttgart.

Mette, Norbert, 1978: Kirchliches Handeln als Kontingenzbewältigungspraxis?: zur Diskussion über die kirchlich distanzierte Religiosität. In: Kirchliche und nichtkirchliche Religiosität: pastoraltheologische Perspektiven zum Phänomen der Distanzierung von der Kirche/hg. von L. Bertsch und F. Schlösser. Freiburg-Basel-Wien 1978, 70 - 87.

Mette, Norbert/Steinkamp, Hermann, 1983: Sozialwissenschaften und Praktische Theologie. Düsseldorf. (Leitfaden Theologie; 11)

Metz, Johann Baptist, 1977: Glaube in Geschichte und Gesellschaft: Studien zu einer praktischen Fundamentaltheologie. Mainz.

Metz, Johann Baptist, 1980: Jenseits bürgerlicher Religion. München/Mainz.

Meurer, Bärbel, 1973: Kritische Bemerkungen zur Systemtheorie: das Beispiel Niklas Luhmann. In: Das Argument 15, 1973, 883 - 908.

Milanesi, Giancarlo, 1976: Religionssoziologie: Wandlungsprozesse im religiösen Verhalten. Zürich.

Mill, John Stuart, 1974: Nature, the Utility of Religion, Theism, Being: Three Essays on Religion. London.

Möller, Ulrich/Niedermeier, Helmut/Werner, Dietrich, 1985: Zur Grundlagendifferenz und zu den Bedingungen der Kommunikation zwischen Theologie und funktionaler Systemtheorie. In: Welker (Hg.) 1985a, 131 - 144.

Mörth, Ingo, 1978a: Die gesellschaftliche Wirklichkeit von Religion: Grundlegung einer allgemeinen Religionstheorie. Stuttgart.

Mörth, Ingo, 1978b: Zur Konstitutionsanalyse religiöser Phänomene: Kontingenz und Konsistenz der Lebenswelt. In: Fischer/Marhold (Hg.) 1978, 21 - 37.

Moltmann, Jürgen, 1983: Das Gespenst einer neuen Zivilreligion. In: Evangelische Kommentare 16, 1983, 124 - 127. Auch in: Moltmann 1984, 70 - 78.

Moltmann, Jürgen, 1984: Politische Theologie - Politische Ethik. München-Mainz.

Morenz, Siegfried, 1960: Ägyptische Religionen. Stuttgart. (Die Religionen der Menschheit; 8)

Moritz, Hans, 1985: Religion und Gesellschaft in der DDR. In: Theologische Literaturzeitung 110, 1985, 573 - 588.

Müller, Otfried, (Hg.) 1965: Vaticanum secundum. Bd. III/1: Die dritte Konzilsperiode: Dokumente. Leipzig.

Nagel, Ernest, 1956: Logic Without Metaphysics. Glencoe, Ill.

Nagel, Ernest, 1961: The Structure of Science. New York.

Narr, Wolf-Dieter, 1971: Theoriebegriffe und Systemtheorie: Einführung in die moderne politische Theorie I. 2. Aufl. Stuttgart.

Narr, Wolf-Dieter/Runze, Dieter H., 1974: Zur Kritik der politischen Soziologie. In: Maciejewski (Hg.) 1974, 7 - 91.

Naschold, Frieder, 1968: Demokratie wegen Komplexität: zu Niklas Luhmann "Komplexität und Demokratie". In: Politische Vierteljahresschrift 9, 1968, 494 - 518.

Naschold, Frieder, 1970: Die systemtheoretische Analyse demokratischer politischer Prozesse: Vorbemerkungen zu einer systemanalytischen Demokratietheorie als Wachstumstheorie mittlerer Reichweite. In: Politische Vierteljahresschrift 11, Sonderheft 2, 1970, 3 - 39.

Neubert, Ehrhart, 1985: Religion in der DDR-Gesellschaft: nicht-religiöse Gruppen in der Kirche - ein Ausdruck der Säkularisierung? In: Kirche im Sozialismus 11, 1985, 99 - 103.

Neubert, Ehrhart, 1986: Reproduktion von Religion in der DDR-Gesellschaft: ein Beitrag zum Problem der sozialisierenden Gruppen und ihrer Zuordnung zu den Kirchen/hg. von der Theologischen Studienabteilung beim Bund der Evangelischen Kirchen in der DDR. "beiträge" A (Gemeinde) 6.

Niefindt, Walter, 1978: Religion und Wirklichkeit. In: Verkündigung und Forschung 23, 1978, 42 - 54.

Nusser, Karl-Heinz, 1978: System- und Handlungstheorie bei N. Luhmann: Bemerkungen zu ihrem Zusammenhang. In: Zeitschrift für philosophische Forschung 32, 1978, 539 - 555.

O'Dea, Thomas F., 1966: The Sociology of Religion. New Jersey.

Oelmüller, Willi, (Hg.) 1985: Wiederkehr von Religion? Kolloquium: Religion und Philosophie, Bd. 1. Paderborn.

Ohlendorf, Gerhard, 1981: Kritik der theoretisch-methodologischen Grundlagen sowie der philosophischen und ideologischen Positionen der soziologischen Systemtheorie Niklas Luhmanns. Diss. Leipzig.

Ohlendorf, Gerhard, 1982: "Abklärung der Aufklärung": zu einigen Ausgangspunkten der soziologischen Systemtheorie Niklas Luhmanns. In: Informationen zur soziologischen Forschung in der DDR 18, 1982, Nr. 4, 22 - 29.

Otto, Rudolf, 1917: Das Heilige: über das Irrationale in der Idee des Göttlichen und sein Verhältnis zum Rationalen. Breslau.

Pannenberg, Wolfhart, 1962: Was ist Wahrheit? In: Pannenberg 1979, 202 - 222.

Pannenberg, Wolfhart, 1963: Einsicht und Glaube: Antwort an Paul Althaus. In: Pannenberg 1979, 223 - 236.

Pannenberg, Wolfhart, 1965: Die Frage nach Gott. In: Pannenberg 1979, 361 - 386.

Pannenberg, Wolfhart, 1972: Die christliche Legitimität der Neuzeit: Gedanken zu einem Buch von Hans Blumenberg. In: Ders.: Gottesgedanke und menschliche Freiheit. Göttingen 1972, 114 - 128.

Pannenberg, Wolfhart, 1973: Wissenschaftstheorie und Theologie. Frankfurt/M.

Pannenberg, Wolfhart, 1974: Rezension: Signale der Transzendenz: Religionssoziologie zwischen Atheismus und religiöser Wirklichkeit. In: Evangelische Kommentare 7, 1974, 151 - 154.

Pannenberg, Wolfhart, 1977: Die Subjektivität Gottes und die Trinitätslehre: ein Beitrag zur Beziehung zwischen Karl Barth und der Philosophie Hegels. In: Grundfragen systematischer Theologie: gesammelte Aufsätze Bd. 2. Göttingen 1980.

Pannenberg, Wolfhart, 1978a: Rezension: Religion in der säkularen Gesellschaft: Niklas Luhmanns Religionssoziologie. In: Evangelische Kommentare 11, 1978, 99 - 103.

Pannenberg, Wolfhart, 1978b: Die Allgemeingültigkeit der Religion: Diskussion über Luhmanns Religionssoziologie. In Evangelische Kommentare 11, 1978, 350 - 357.

Pannenberg, Wolfhart, 1979: Grundfragen systematischer Theologie: gesammelte Aufsätze. 3. Aufl. Göttingen.

Pannenberg, Wolfhart, 1980: Macht der Mensch die Religion oder macht die Religion den Menschen? In: Rendtorff (Hg.) 1980a, 151 - 157.

Pannenberg, Wolfhart, 1983: Anthropologie: in theologischer Perspektive. Göttingen.

Pannenberg, Wolfhart, 1985: Civil Religion? Religionsfreiheit und pluralistischer Staat: das theologische Fundament der Gesellschaft. In: Koslowski (Hg.) 1985a, 63 - 75.

Parsons, Talcott, 1949: Essays in Sociological Theory. Glencoe, Ill.

Parsons, Talcott, 1951a: The Social System. Glencoe, Ill.

Parsons, Talcott, 1951b: Toward a General Theory of Action. Cambridge Mass.

Parsons, Talcott, 1961: Das Problem des Strukturwandels: eine theoretische Skizze. In: Theorien des sozialen Wandels/hg. von W. Zapf. 2. Aufl. Köln-Berlin 1970, 35 - 54.

Parsons, Talcott, 1964: Evolutionäre Universalien der Gesellschaft. In: Theorien des sozialen Wandels/hg. von W. Zapf. 2. Aufl. Köln-Berlin 1970, 55 - 74.

Parsons, Talcott, 1966: Religion in a Modern Pluralistic Society. In: Review of Religious Research 7, 1966, 125 - 146.

Parsons, Talcott, 1967: Christianity and the Modern Industrial Society. In: Ders.: Sociological Theory and Modern Society. New York 1967, 385 - 421.

Parsons, Talcott/Bales, Robert F./Shils, Edward A., 1953: Working Papers in the Theory of Action. Glencoe, Ill.

Parsons, Talcott/Shils, Edward A. (Hg.) 1951: Toward a General Theory of Action. Cambridge Mass.

Peukert, Helmut, 1976: Wissenschaftstheorie - Handlungstheorie - Fundamentale Theologie: Analysen zu Ansatz und Status theologischer Theoriebildung. Düsseldorf. (auch Frankfurt/M. 1978: als stw 231)

Peukert, Helmut, 1981: Was ist eine praktische Wissenschaft? Handlungstheorie als Basistheorie der Humanwissenschaften: Anfragen an die praktische Theologie. In: Christen für den Sozialismus/hg. von Gruppe Münster: Zur Rettung des Feuers. Münster 1981, 280 - 295. Auch in: Fuchs (Hg.) 1984, 64 - 79.

Peukert, Helmut, 1982: Kontingenzerfahrung und Identitätsbildung: Bemerkungen zum Religionsbegriff und zur Analytik religiöser Lernprozesse. In: Erfahrung, Glaube und Moral/hg. von J. Blank und G. Hasenhüttl. Düsseldorf 1982, 76 - 103.

Pfürtner, Stephan H., 1980: Moralfreie Moraltheorie in der wertpluralen Gesellschaft?: eine Fortsetzung der Diskussion mit Niklas Luhmann. In: Zeitschrift für Evangelische Ethik 24, 1980, 192 - 208.

Piepmeier, Rainer, 1979: Artikel: Aufklärung I. Philosophisch. In: Theologische Realenzyklopädie, Bd. IV. Berlin-New York 1979, 575 - 594.

Piepmeier, Rainer, 1983: Vernunftbegriff - Religionsbegriff - Gesellschaftsbegriff: zu einer neuzeitlichen Konstellation. In: Neue Ansätze in der Religionswissenschaft/hg. von B. Gladigow und H. G. Kippenberg. München 1983, 29 - 57. (Forum Religionswissenschaft; 4)

Plessner, Helmuth, 1964: Conditio Humana. Pfullingen.

Plessner, Helmuth, 1969: Einleitung zur deutschen Ausgabe von: Berger/Luckmann 1982, IX - XVI.

Podak, Klaus, 1984: Ohne Subjekt, ohne Vernunft: bei der Lektüre von Niklas Luhmanns Hauptwerk "Soziale Systeme". In: Merkur 38, 1984, 733 - 745.

Poser, Hans, (Hg.) 1979: Philosophie und Mythos: ein Kolloquium. Berlin.

Post, Werner, 1974: Ist Herrschaft unvermeidlich?: Entwürfe und Einwände zur Emanzipation. In: Evangelische Kommentare 7, 1974, 86 - 90.

Post, Werner, 1979: Artikel: Horkheimer. In: Weger (Hg.) 1980, 159 - 163.

Prewo, Rainer/Ritsert, Jürgen/Stracke, Elmar, 1973: Systemtheoretische Ansätze in der Soziologie: eine kritische Analyse. Reinbek.

Preyer, Gerhard, etc. 1980: Die Problemstufenordnung in der systemtheoretischen Argumentation Niklas Luhmanns. In: Soziale Welt 31, 1980, 48 - 67.

Przybylski, Hartmut, 1973: Das Problem der Religion in der kritischen Theorie: am Beispiel Max Horkheimers. In: Marsch (Hg.) 1973, 173 - 191.

Radcliffe-Brown, Alfred R., 1935: On the Concept of Function in Social Science. In: American Anthropologist 37, 1935, 394 - 402.

Raden, Matthias J., 1985: Die chiffrierte Einheit einer expansiven Welt: die heimliche "religiöse Funktion" der Weltgesellschaft in der funktionalen Systemtheorie Luhmanns. In: Welker (Hg.) 1985a, 38 - 56.

Radin, Paul, 1956: The Trickster: a Study in American Indian Mythology. London.

Rahner, Karl, 1962: Das Christentum und die nichtchristlichen Religionen. In: Ders.: Schriften zur Theologie. Bd. V. Einsiedeln 1962, 136 - 158.

Rahner, Karl, 1965: Die anonymen Christen. In: Ders.: Schriften zur Theologie. Bd. VI. Einsiedeln 1965, 545 - 554.

Rahner, Karl, 1967: Atheismus und implizites Christentum. In: Ders.: Schriften zur Theologie. Bd. VIII. Einsiedeln 1967, 187 - 212.

Rahner, Karl, 1972: Bemerkungen zum Problem des "anonymen Christen". In: Ders.: Schriften zur Theologie. Bd. X. Einsiedeln 1972, 531 - 546.

Ratschow, Carl Heinz, 1966: Methodik der Religionswissenschaft. In: Enzyklopädie der geisteswissenschaftlichen Arbeitsmethoden, Lfg. 9: Methoden der Anthropologie, Anthropogeographie, Völkerkunde und Religionswissenschaft. München 1973, 347 - 400.

Ratschow, Carl Heinz, 1975: Die Rede von der Religion: die Soziologie und die Entwicklungstendenzen der Religion in Europa. In: Volp (Hg.) 1975a, 129 - 156.

Ratschow, Carl Heinz, 1984: Trutz Rendtorffs ethische Theorie. In: Theologische Rundschau 49, 1984, 57 - 81.

Reijen, Willem van, 1979: Die Funktion des Sinnbegriffs in der Phänomenologie und in der Systemtheorie von N. Luhmann: ein Diskussionsbeitrag zur Wahrheitsfrage in der Phänomenologie und ihrer Transformation in der Systemtheorie. In: Kant-Studien 70, 1979, 312 - 323.

Rendtorff, Trutz, 1962a: Tendenzen und Probleme der kirchensoziologischen Forschung. In: Kölner Zeitschrift für Soziologie und Sozialpsychologie, Sonderheft 6, 1962, 191 - 201.

Rendtorff, Trutz, 1962b: Säkularisierung als theologisches Problem. In: Neue Zeitschrift für Systematische Theologie und Religionsphilosophie 4, 1962, 318 - 339.

Rendtorff, Trutz, 1965: Die Säkularisierungsthese bei M. Weber. In: M. Weber und die Soziologie heute: Verhandlungen des 15. Deutschen Soziologentages. Tübingen 1965, 241 - 245.

Rendtorff, Trutz, 1966: Zur Säkularisierungsproblematik: über die Weiterentwicklung der Kirchensoziologie zur Religionssoziologie. In: Internationales Jahrbuch für Religionssoziologie 2, 1966, 51 - 70. Nachdruck in: Matthes 1967, 208 - 229. Unter veränd. Titel in: Rendtorff 1972a, 116 - 139.

Rendtorff, Trutz, 1969a: Christentum außerhalb der Kirche: Konkretionen der Aufklärung. Hamburg.

Rendtorff, Trutz, 1969b: Reformation oder Revolution?: ein theologischer Beitrag zur politischen Verfassung der Neuzeit. In: Rendtorff 1972a, 61 - 80.

Rendtorff, Trutz, 1972a: Theorie des Christentums: historisch-theologische Studien zu seiner neuzeitlichen Verfassung. Gütersloh.

Rendtorff, Trutz, 1972b: Artikel: Christentum. In: Geschichtliche Grundbegriffe: historisches Lexikon zur politisch-sozialen Sprache in Deutschland/hg. von O. Brunner, W. Conze und R. Koselleck. Bd. 1. Stuttgart 1972, 772 - 814.

Rendtorff, Trutz, 1975: Gesellschaft ohne Religion?: theologische Aspekte einer sozialtheoretischen Kontroverse (Luhmann/Habermas). München.

Rendtorff, Trutz, 1977: Theologische Probleme der Volkskirche. In: Volkskirche - Kirche der Zukunft?: Leitlinien der Augsburgischen Konfession für das Kirchenverständnis heute. Hamburg 1977, 104 - 131.

Rendtorff, Trutz, (Hg.) 1980a: Religion als Problem der Aufklärung: eine Bilanz aus der religionstheoretischen Forschung. Göttingen.

Rendtorff, Trutz, 1980b: Religion "nach" der Aufklärung: Argumentationen für eine Neubestimmung des Religionsbegriffs. In: Rendtorff (Hg.) 1980a, 185 - 201.

Rendtorff, Trutz, 1985: Die Religion in der Moderne - die Moderne in der Religion: zur religiösen Dimension der Neuzeit. In: Theologische Literaturzeitung 110, 1985, 561 - 574.

Robertson, Roland, 1973: Einführung in die Religionssoziologie. München.

Robertson, Roland, 1977: Individualism, Societalism, Worldliness, Universalism: Thematizing Theoretical Sociology of Religion. In: Sociological Analysis 38, 1977, 281 - 308.

Rössler, Dietrich, 1968: Christentum und Neuzeit: Erwägungen aus Anlaß eines Buches. In: Beiträge zur Theorie des neuzeitlichen Christentums/hg. von H.-J. Birkner und D. Rössler. Berlin 1968, 91 - 100.

Rössler, Dietrich, 1974: Die Institutionalisierung der Religion. In: Volkskirche - Kirche der Zukunft?: Leitfaden der Augsburgischen Konfession für das Kirchenverständnis heute. Hamburg 1977, 41 - 69.

Rössler, Dietrich, 1976: Religion und Theologie: Bemerkungen zu einem problematischen Verhältnis. In: Der Wirklichkeitsanspruch von Theologie und Religion (Festschrift für Ernst Steinbach)/hg. von D. Henke. Tübingen 1976, 199 - 206.

Rosenfeldt, Rüdiger, 1977: Eine technokratische Variante imperialistischer Verfassungsideologie, dargestellt an der systemstrukturellen Verfassungssoziologie von Niklas Luhmann. Diss. Berlin.

Rudolph, Kurt, 1967: Die Problematik der Religionswissenschaft als akademisches Lehrfach. In: Kairos 9, 1967, 22 - 42.

Rudolph, Kurt, 1978: Die "ideologiekritische" Funktion der Religionswissenschaft. In: Numen 25, 1978, 17 - 39.

Ruh, Ulrich, 1980: Säkularisierung als Interpretationskategorie: zur Bedeutung des christlichen Erbes in der modernen Geistesgeschichte. Freiburg-Basel-Wien.

Sauter, Gerhard, 1972: Über die Brauchbarkeit des Religionsbegriffes für Kirche und Theologie heute. In: Religionskritik als theologische Herausforderung/hg. von H. Breit und Kl.-D. Nörenberg. München 1972. (Theologische Existenz heute; 170)

Sauter, Gerhard, 1975: Theologie und Religion - nach Säkularisierung und Religionskritik?: ein Gesprächsvotum. In: Volp (Hg.) 1975a, 175 - 198.

Sauter, Gerhard, 1980: "Sinn" und "Wahrheit". In: Rendtorff (Hg.) 1980a, 69 - 106.

Savramis, Demosthenes, 1967: Das Vorurteil von der Entchristlichung der Gegenwartsgesellschaft. In: Kölner Zeitschrift für Soziologie und Sozialpsychologie 19, 1967, 263 - 282.

Savramis, Demosthenes, 1968: Religionssoziologie: eine Einführung. München.

Savramis, Demosthenes, 1971: Theologie und Gesellschaft. München.

Savramis, Demosthenes, 1973: Die Religionssoziologie als Rettungsanker der Religion. In: Soziologie: Sprache, Bezug zur Praxis, Verhältnis zu anderen Wissenschaften (René König zum 65. Geburtstag)/hg. von G. Albrecht u. a. Opladen 1973, 327 - 335.

Schatz, Oskar, (Hg.) 1971: Hat die Religion Zukunft? Graz-Wien-Köln.

Schelsky, Helmut, 1957: Ist die Dauerreflexion institutionalisierbar?: zum Thema einer modernen Religionssoziologie. In: Ders.: Auf der Suche nach Wirklichkeit: gesammelte Aufsätze. München 1979, 268 - 297. Zuerst in: Zeitschrift für Evangelische Ethik 1, 1957, 153 - 174.

Schelsky, Helmut, 1959: Religionssoziologie und Theologie. In: Ders.: Auf der Suche nach Wirklichkeit: gesammelte Aufsätze. Düsseldorf 1965, 276 - 293. Zuerst in: Zeitschrift für Evangelische Ethik 3, 1959, 129 - 145.

Schelsky, Helmut, 1970a: Systemfunktionaler, anthropologischer und personfunktionaler Ansatz der Rechtssoziologie. In: Jahrbuch für Rechtssoziologie und Rechtstheorie 1, 1970, 37 - 90.

Schelsky, Helmut, 1970b: Zur soziologischen Theorie der Institution. In: Ders. (Hg.): Zur Theorie der Institution. Düsseldorf 1970, 9 - 26.

Schelsky, Helmut, 1975: Die Arbeit tun die anderen: Klassenkampf und Priesterherrschaft der Intellektuellen. Opladen.

Schimank, Uwe, 1985: Der mangelnde Akteurbezug systemtheoretischer Erklärungen gesellschaftlicher Differenzierung - Ein Diskussionsvorschlag. In: Zeitschrift für Soziologie 14, 1985, 421 - 434.

Schloz, Adelbert, 1985: Dekomposition und Heil: die Komplexität einer theologisch verantwortlichen Gottes- und Rechtfertigungslehre als ungelöstes Problem der religionssoziologischen Theorie Luhmanns. In: Welker (Hg.) 1985a, 120 - 130.

Schmid, Georg, 1978: Erkennen und Erwägen. Überlegungen zum Verhältnis von Religionswissenschaft und Theologie. In: Zeitschrift für Religions- und Geistesgeschichte 30, 1978, 289 - 305.

Schmid, Günther, 1970a: Niklas Luhmanns funktional-strukturelle Systemtheorie: eine wissenschaftliche Revolution? In: Politische Vierteljahresschrift 11, 1970, 186 - 218.

Schmid, Günther, 1970b: Zwecksetzung in sozialen Systemen. In: Politische Vierteljahresschrift 11, 1970, 359 - 364.

Schmid, Günther, 1974: Funktionsanalyse und politische Theorie: Funktionalismuskritik, Faktorenanalyse, Systemtheorie. Düsseldorf.

Schmidt, Walter, 1971: Aufklärung durch Soziologie. In: Neue politische Literatur 1971, 340 - 354.

Schmidtchen, Gerhard, 1972: Zwischen Kirche und Gesellschaft. Freiburg-Basel-Wien.

Schneider-Flume, Gunda, 1984: Theologie als Kritik von Sinnsystem und Sinnkonstruktion: zur Auseinandersetzung mit Niklas Luhmann. In: Neue Zeitschrift für Systematische Theologie und Religionsphilosophie 26, 1984, 274 - 288.

Schöfthaler, Traugott, 1980: La théorie systémique dans la sociologie de la religion dans les pays de langue allemande: les paradoxes religieux de Niklas Luhmann. In: Social Compass 27, 1980, 63 - 74.

Schöfthaler, Traugott, 1983: Religion paradox: der systemtheoretische Ansatz in der deutschsprachigen Religionssoziologie. In: Daiber/Luckmann (Hg.) 1983, 136 - 156.

Scholz, Frithard, 1981: Freiheit als Indifferenz: alteuropäische Probleme mit der Systemtheorie Niklas Luhmanns. Frankfurt/M.

Schreuder, Osmund, 1966: Die strukturell-funktionale Theorie und die Religionssoziologie. In: Internationales Jahrbuch für Religionssoziologie 2, 1966, 99 - 134.

Schütz, Alfred, 1957: Das Problem der transzendentalen Intersubjektivität bei Husserl. In: Philosophische Rundschau 5, 1957, 81 - 107.

Schütze, Fritz, u. a. 1973: Grundlagentheoretische Voraussetzungen methodisch kontrollierten Fremdverstehens. In: Alltagswissen, Interaktion und gesellschaftliche Wirklichkeit/hg. von einer Arbeitsgruppe Bielefelder Soziologen. 2 Bde. Reinbek 1973. Bd. 2: Ethnotheorie und Ethnographie des Sprechens, 433 - 495.

Schulze, Hans, 1979: Theologische Sozialethik: Grundlegung, Methodik, Programmatik. Gütersloh.

Schwanenberg, Enno, 1970: Soziales Handeln: die Theorie und ihr Problem. Bern-Stuttgart-Wien.

Schweppenhäuser, Hermann, 1971: Die Religion in der Kritischen Theorie. In: Der evangelische Erzieher 23, 1971, 173 - 181.

Shiner, Larry, 1967: The Meanings of Secularization. In: Internationales Jahrbuch für Religionssoziologie 3, 1967, 51 - 62.

Siemers, Helge, 1980: Die Religion der Soziologie: zur Problematik von Definitionen. In: Person und Institution: H. Schelsky gewidmet/hg. von R. Pohlmann. Würzburg 1980, 93 - 113.

Sievers, Burkard, 1971: System - Organisation - Gesellschaft: Niklas Luhmanns Theorie sozialer Systeme. In: Jahrbuch für Sozialwissenschaften 22, 1971, 24 - 57.

Smelser, Neil J., 1968: Essays in Sociological Explanation. Englewood Cliffs.

Smith, D., 1973: The Concept of Social Change: Critique of the Functionalist Theory of Social Change. London. (mir nicht zugänglich)

Smith, Wilfred Cantwell, 1959: Vergleichende Religionswissenschaft: wohin - warum? In: M. Eliade/J. M. Kitagawa (Hg.) 1959, 75 - 105.

Söderblom, Nathan, 1931: Tiele-Söderbloms Kompendium der Religionsgeschichte. 6. Aufl. Berlin.

Sölle, Dorothee, 1982: Vater und Mutter unser im Himmel: Anfragen feministischer Theologie. In: Erfahrung, Glaube und Moral/hg. von J. Blank und G. Hasenhüttl. Düsseldorf 1982, 205 - 224.

Spaemann, Robert, 1985: Funktionale Religionsbegründung und Religion. In: Koslowski (Hg.) 1985a, 9 - 25.

Spanknebel, Dieter, 1979: Die zwei Versionen der Säkularisierungsthese: ein Beitrag zu der religionssoziologischen Diskussion über die Entwicklung von Religion und Christentum in der Neuzeit. Marburg Diss. 1982.

Spiro, Melford E., 1966: Religion: Problems of Definition and Explanation. In: Anthropological Approaches to the Study of Religion/hg. von M. Banton. London, 85 - 126.

Sprondel, Walter M., (Hg.) 1973: Seminar: Religion und gesellschaftliche Entwicklung. Frankfurt/M.

Stoppe, Bernd, 1984: Religion im Sozialismus: theoretische und ideologische Aspekte. Leipzig. Manuskript.

Tenbruck, Friedrich H., 1972: Geschichtserfahrung und Religion in der heutigen Gesellschaft. In: Ders. u. a.: Spricht Gott in der Geschichte? Freiburg 1972, 9 - 94.

Thome, Helmut, 1973: Der Versuch, die "Welt" zu begreifen: Fragezeichen zur Systemtheorie von Niklas Luhmann. Frankfurt/M.

Tillich, Paul, 1922: Die Überwindung des Religionsbegriffs in der Religionsphilosophie. In: Ders.: Frühe Hauptwerke: ges. Werke. Bd. I. Stuttgart 1959, 367 - 388.

Tillich, Paul, 1925: Religionsphilosophie. In: Ders.: Frühe Hauptwerke: ges. Werke. Bd. I. Stuttgart 1959, 295 - 364.

Tillich, Paul, 1958: Die verlorene Dimension. Übers. in: Ders.: Die Frage nach dem Unbedingten. Schriften zur Religionsphilosophie: ges. Werke. Bd. V. Stuttgart 1964, 43 - 50.

Tillich, Paul, 1962: Auf der Grenze. In: Ders.: Begegnungen. Paul Tillich über sich selbst und andere: ges. Werke. Bd. XII. Stuttgart 1971, 13 - 57.

Tillich, Paul, 1956 - 1967: Systematische Theologie. 3 Bde. 3. Aufl. Stuttgart.

Timofejew, Wiktor, 1975: Kommunismus und Religion: über die sozialen Prinzipien. Berlin.

Tjaden, Karl-Hermann, 1969a: Soziales System und sozialer Wandel: Untersuchungen zur Geschichte und Bedeutung zweier Begriffe. Stuttgart.

Tjaden, Karl-Hermann, 1969b: Zur Kritik eines funktional-strukturellen Entwurfs sozialer Systeme. In: Kölner Zeitschrift für Soziologie und Sozialpsychologie 21, 1969, 752 - 769.

Tjaden, Karl-Hermann, 1971: Soziale Systeme: Materialien zur Dokumentation und Kritik soziologischer Ideologie. Neuwied.

Tjaden, Karl-Hermann, 1972: Rezension zu: Habermas/Luhmann 1971. In: Das Argument 14, 1972, 153 - 160.

Tjaden, Karl-Hermann, 1975: Krisenreflexion und Krisentheorie: sozialwissenschaftliche Paradigmen im Spätkapitalismus. In: Die Krise in der Soziologie/hg. von H. J. Krysmanski und P. Marwedel. Köln 1975, 73 - 96.

Tjaden, Karl-Hermann, 1978: Soziologische Systemtheorie als Gegensatz zur Gesellschaftstheorie? In: Theorienvergleich in den Sozialwissenschaften/hg. von K. O. Hondrich und J. Matthes. Darmstadt-Neuwied 1978, 125 - 139.

Track, Joachim, 1974: Überlegungen zum Problem der religiösen Interpretation der Wirklichkeit: W. Joest zum 60. Geburtstag. In: Kerygma und Dogma 20, 1974, 106 - 137.

Trillhaas, Wolfgang, 1972: Religionsphilosophie. Berlin-New York.

Ulrich, Hans Günter, 1978: Hat Religion eine kirchliche Zukunft? In: Verkündigung und Forschung 23, 1978, 54 - 65.

Varela, Francisco J., 1979: Principles of Biological Autonomy. New York.

Volkskirche - Gemeindekirche - Parakirche (Theologische Berichte; 10). Zürich-Einsiedeln-Köln 1981.

Volp, Rainer, (Hg.) 1975a: Chancen der Religion. Gütersloh.

Volp, Rainer, 1975b: Die Sprache der Religion: theologische Überlegungen zur Kritik und Theorie der Religion. In: Volp (Hg.) 1975a, 221 - 243.

Vrijhof, Pieter H., 1962: Was ist Religionssoziologie. In: Kölner Zeitschrift für Soziologie und Sozialpsychologie, Sonderheft 6, 1962, 10 - 35.

Vrijhof, Pieter H., 1967: Methodologische Probleme der Religionssoziologie. In: Internationales Jahrbuch für Religionssoziologie 3, 1967, 31 - 47.

Waardenburg, Jacques, 1972: Grundsätzliches zur Religionsphänomenologie. In: Neue Zeitschrift für Systematische Theologie und Religionsphilosophie 14, 1972, 315 - 335.

Waardenburg, Jacques, 1973: Religionen der Gegenwart im Blickfeld phänomenologischer Forschung. In: Neue Zeitschrift für Systematische Theologie und Religionsphilosophie 15, 1973, 304 - 325.

Waardenburg, Jacques, (Hg.) 1973/1974: Classical Approaches to the Study of Religion. 2 Bde. Den Haag-Paris. (Religion and Reason; 3+4)

Waardenburg, Jacques, 1978: Reflections on the Study of Religion. Including an Essay on the Work of Gerardus van der Leeuw. Den Haag-Paris-New York. (Religion and Reason; 15)

Waardenburg, Jacques, 1984: Über die Religion der Religionswissenschaft. In: Neue Zeitschrift für Systematische Theologie und Religionsphilosophie 26, 1984, 238 - 255.

Waardenburg, Jacques, 1986: Religionen und Religion: systematische Einführung in die Religionswissenschaft. Berlin-New York. (Sammlung Göschen; 2228)

Wach, Joachim, 1951: Religionssoziologie. Tübingen.

Wach, Joachim, 1962: Vergleichende Religionsforschung. Stuttgart.

Wagner, Falk, 1975: Systemtheorie und Subjektivität: ein Beitrag zur interdisziplinären theologischen Forschung. In: Internationales Jahrbuch für Wissens- und Religionssoziologie 10, 1975, 151 - 177.

Wagner, Falk, 1986: Was ist Religion? Studien zu ihrem Begriff und Thema in Geschichte und Gegenwart. Gütersloh.

Walther, Christian, 1983: Die Frage nach dem Sinn und der christliche Glaube. In: Neue Zeitschrift für Systematische Theologie und Religionsphilosophie 25, 1983, 273 - 289.

Warnke, Camilla, 1974: Die 'abstrakte' Gesellschaft: Systemwissenschaften als Heilsbotschaft in den Gesellschaftsmodellen Parsons', Dahrendorfs und Luhmanns. Frankfurt/M. (auch: Berlin 1974 in der Reihe: Zur Kritik der bürgerlichen Ideologie; 46)

Weber, Max, 1920: Gesammelte Aufsätze zur Religionssoziologie. Bd. I. 6. Aufl. Tübingen 1972.

Weber, Max, 1922: Gesammelte Aufsätze zur Wissenschaftslehre. 4. Aufl. Tübingen 1973.

Weber, Max, 1972: Wirtschaft und Gesellschaft: Grundriß der verstehenden Soziologie. 5. Aufl. Tübingen. 1964: Studienausgabe/hg. von J. Winckelmann. Köln-Berlin.

Weber, Wilhelm, 1984: Wenn aber das Salz schal wird ...: der Einfluß sozialwissenschaftlicher Weltbilder auf theologisches und kirchliches Sprechen und Handeln. Würzburg.

Weger, Karl-Heinz, (Hg.) 1980: Religionskritik von der Aufklärung bis zur Gegenwart. Autoren-Lexikon von Adorno bis Wittgenstein. Freiburg-Basel-Wien. (Herderbücherei; 716)

Weimer, Ludwig, 1981: Die Lust an Gott und seiner Sache, oder lassen sich Gnade und Freiheit, Glaube und Vernunft, Erlösung und Befreiung vereinbaren? Freiburg-Basel-Wien.

Weinrich, Michael, (Hg.) 1985: Religionskritik in der Neuzeit: philosophische, soziologische und psychologische Texte. Gütersloh.

Weizenbaum, Joseph, 1978: Die Macht der Computer und die Ohnmacht der Vernunft. Frankfurt/M.

Welker, Michael, 1983: Die Pflege von Rationalität und Wirklichkeitsunterstellung als Kontaktproblem zwischen Theologie und Systemtheorie. In: Akten des Kongresses: 'Teoria dei sistemi. Razionalità sociale.' Bologna 21. - 23. Oktober 1983. Bologna 1985.

Welker, Michael, (Hg.) 1985a: Theologie und funktionale Systemtheorie: Luhmanns Religionssoziologie in theologischer Diskussion. Frankfurt/M.

Welker, Michael, 1985b: Die neue "Aufhebung der Religion" in Luhmanns Systemtheorie. In: Ders. (Hg.) 1985a, 93 - 119.

Wellmer, Albrecht, 1985: Zur Dialektik von Moderne und Postmoderne: Vernunftkritik nach Adorno. Frankfurt/M.

Werbick, Jürgen, 1981: System und Subjekt. In: Christlicher Glaube in moderner Gesellschaft/hg. von F. Böckle u. a. Bd. 24. Freiburg 1981, 101 - 139.

Widengren, Geo, 1969: Religionsphänomenologie. Berlin.

Wienet, E., 1973: Säkularisierung - pro und kontra: ihre Diagnose, Interpretation und Wertungsimplikationen in der heutigen Religionssoziologie. Innsbruck. (mir nicht zugänglich)

Willke, Helmut, 1978: Systemtheorie und Handlungstheorie - Bemerkungen zum Verhältnis von Aggregation und Emergenz. In: Zeitschrift für Soziologie 7, 1978, 380 - 389.

Wimberley, R. C. et al., 1976: The Civil Religions Dimension: Is it There? In: Social Forces 54, 1976, 890 - 900.

Winckelmann, Johannes, 1980: Die Herkunft von Max Webers 'Entzauberungs'-Konzeption. In: Kölner Zeitschrift für Soziologie und Sozialpsychologie 32, 1980, 12 - 53.

Winter, Gerhard, 1987: Perspektiven und Perspektivlosigkeit der Religion: ein Beitrag zur marxistisch-leninistischen Theorie von der Überwindung der Religion. In: Forschungsberichte und Beiträge der Pädagogischen Hochschule "Liselotte Herrmann" Güstrow 52/1987, 61 - 127.

Wössner, Jakobus, 1972: Religion als soziales Phänomen: Beiträge zu einer religionssoziologischen Theorie. In: Wössner (Hg.) 1972, 16 - 46.

Wössner, Jakobus, (Hg.) 1972: Religion im Umbruch: soziologische Beiträge zur Situation von Religion und Kirche in der gegenwärtigen Gesellschaft. Stuttgart.

Yinger, John Milton, 1957: Religion, Society and the Individual. New York.

Yinger, John Milton, 1969: A Structural Examination of Religion. In: Journal for the Scientific Study of Religion 29, 1969, 88 - 99.

Zabel, Hermann, 1968: Verweltlichung/Säkularisierung: zur Geschichte einer Interpretationskategorie. Diss. Münster.

Zingerle, Arnold, 1981: Max Webers historische Soziologie: Aspekte und Materialien zur Wirkungsgeschichte. Darmstadt. (Erträge der Forschung; 163)

Zingerle, Arnold, 1985: Rezension zu: Daiber/Luckmann (Hg.) 1983. In: Kölner Zeitschrift für Sozialpsychologie und Soziologie 37, 1985, 594f.

Zulehner, Paul M., 1974: Religion nach Wahl. Wien.

Zulehner, Paul M., 1980: Artikel: Luckmann. In: Weger (Hg.) 1980, 201 - 204.